研究生规划教材

U0594605

新兴技术管理：
理论与中国实践

XINXING JISHU GUANLI
LILUN YU ZHONGGUO SHIJIAN

王 敏 银 路 编著

电子科技大学出版社
University of Electronic Science and Technology of China Press

·成都·

图书在版编目（CIP）数据

新兴技术管理：理论与中国实践 / 王敏，银路编著
. — 成都：成都电子科大出版社，2024.4
ISBN 978-7-5770-1000-7

Ⅰ．①新… Ⅱ．①王… ②银… Ⅲ．①技术管理—研
究 Ⅳ．①F204

中国国家版本馆 CIP 数据核字（2024）第 083419 号

新兴技术管理：理论与中国实践
XINXING JISHU GUANLI LILUN YU ZHONGGUO SHIJIAN

王 敏 银 路 编著

策划编辑　李燕芩　岳　慧
责任编辑　李燕芩
助理编辑　龙　敏
责任校对　刘　凡
责任印制　段晓静

出版发行　电子科技大学出版社
　　　　　成都市一环路东一段159号电子信息产业大厦九楼　　邮编　610051
主　　页　www.uestcp.com.cn
服务电话　028-83203399
邮购电话　028-83201495

印　　刷　四川省平轩印务有限公司
成品尺寸　185 mm×260 mm
印　　张　20
字　　数　487千字
版　　次　2024年4月第1版
印　　次　2024年4月第1次印刷
书　　号　ISBN 978-7-5770-1000-7
定　　价　88.00元

前 言
Foreword

　　《新兴技术管理导论》是电子科技大学经济与管理学院"新兴技术管理"团队在长期研究基础上出版的一本研究型著作。它是国内第一部以新兴技术为研究对象、系统探讨相关管理问题的专著。该书曾获得四川省哲学社会科学一等奖，并长期作为研究生新兴技术管理、新兴技术价值识别与探索和新兴技术管理等课程的教材。在教学使用的过程中，编者发现：该书中的主要内容及典型案例集中在2008年以前，此前新兴技术管理在美国等发达国家已是普遍现象，但我国与新兴技术相关的管理实践还处于探索阶段，因此《新兴技术管理导论》未能深入探讨"新兴技术管理"的中国特色。

　　自《国家中长期科学和技术发展规划纲要（2006—2020年）》实施以来，随着经济快速发展，中国在全球创新指数中的排名持续提升。"创新驱动发展，科技引领未来"成为我国经济社会发展的重要战略。党的二十大对"加快实施创新驱动发展战略"做出部署，强调"加快实现高水平科技自立自强""增强自主创新能力"。在此背景下，我们着手推动新兴技术管理理论向应用转化，结合过去十年的教学经验和团队的持续研究，筹备出版教材——《新兴技术管理：理论与中国实践》，并获得电子科技大学规划教材建设项目的资助。

　　新兴技术管理是科技创新驱动型经济体面临的主要挑战，是影响科技知识向生产力转化的关键价值创造环节。随着我国创新驱动发展战略的深入推进，科技创新越来越成为国家、产业和企业的核心竞争力的支撑，新兴技术管理将成为政府、产业部门和企业共同面临的主要管理问题之一。本书面向有志投身于科技产业创新发展的学习者，基于科技创新价值链，以"价值创造"为核心，运用技术商业化和技术社会化两大理论，从企业、产业、国家三个层面系统地探讨新兴技术管理的基本问题，不仅有较为系统全面的理论框架，还有新兴技术管理最前沿的案例和阅读资料，尤其是我国企业在新兴技术创新发展过程中的管理实践。

　　全书共分为4篇12章，具体结构安排如下。

　　第1篇概述篇。主要介绍新兴技术的概念、内涵和特征，并将新兴技术与相关概念进行对比分析。在此基础上界定新兴技术管理的概念和属性，阐述新兴技术管理涉及的层次和内容。

第2篇企业篇。该篇分章从新兴技术识别与动态评估、战略制定、市场拓展、企业组织形式、投融资五个方面对企业管理新兴技术的理论、策略和实践进行了阐述。

第3篇产业篇。首先运用新兴技术共生演化理论对新兴技术向新兴产业演化的要素、过程和特征进行分析；其次从技术生命周期、主导设计两大理论视角介绍了新兴产业形成的过程机理，并通过案例阐释了新兴产业形成过程中的关键管理问题。

第4篇政策篇。首先对新兴技术的知识产权战略进行了系统介绍；其次以新兴技术可能产生的负面影响为管理对象，系统介绍了新兴技术的治理框架。

本书以著作《新兴技术管理导论》为基础，融合了近十多年来最新的研究进展，借鉴参考了国内外相关领域的文献资料，在保证教材内容具有体系性和前沿性的同时，也吸收了国内新兴技术创新创业实践的最新动态，通过案例突出实践与理论的呼应，并增强教材的趣味性。但由于本书涉及的知识面较广，作者水平有限，难免有疏漏与谬误，欢迎读者批评指正，以便本书的进一步修订和完善！

本书的出版得到国家自然科学基金项目"新兴技术初创企业双重新进入缺陷及合法化机制研究（71772027）"和电子科技大学规划教材建设项目以及电子科技大学出版社高质量教材建设激励项目的联合资助。

本书可以作为经济管理相关专业本科、研究生课程的教材，也可供工程科学领域创新创业相关课程使用。

作　者
2024年4月

目 录
contents

第1篇
概 述 篇

第1章

新兴的技术的概念、内涵与特征

随着科技创新对经济和社会发展支撑作用的日益凸显，新兴技术在学术和实践中受到越来越多的关注。在本章中，将系统讨论新兴技术的概念、内涵、特征，科学、技术与经济的关系，对比新兴技术与高技术、新技术等相关概念的联系与区别，还将讨论与新兴技术相对应的一个概念——早熟技术，并介绍一个有助于识别、理解新兴技术的分析工具——技术炒作曲线。

1.1 引言

2016年，谷歌AlphaGo人工智能机器人在同世界著名选手李世石的围棋对局中，中盘获胜，掀起了人工智能（artificial intelligence，AI）的热潮。其实AI从概念的出现到进入大众视野，经过了长期而曲折的研究与发展过程。人工智能这一术语于1956年在达特茅斯学院人工智能夏季研讨会上被正式提出，标志着人工智能学科的诞生。进入20世纪70年代后，人工智能发展初期的突破性进展大大提升了人们对人工智能的期望，人们开始尝试更具挑战性的任务，然而计算力及理论等的匮乏使得不切实际的目标落空，人工智能的发展走入低谷。1980年以后，人工智能走入应用发展的新高潮。专家系统模拟人类专家的知识和经验解决特定领域的问题，实现了人工智能从理论研究走向实际应用，从一般推理策略探讨转向运用专门知识的重大突破。而机器学习（特别是神经网络）探索不同的学习策略和各种学习方法，在大量的实际应用中也开始慢慢复苏。1990—2010年，互联网技术迅速发展，加速了人工智能的创新研究，促使人工智能技术进一步走向实用化，人工智能相关的各个领域都取得长足进步。21世纪初，专家系统的项目都需要编码太多的显式规则，在降低了效率的同时增加了成本，因此人工智能研究的重心从基于知识系统转向了机器学习方向。2011年以后，随着大数据、云计算、互联网、物联网等信息技术的发展，泛在感知数据和图形处理器等计算平台推动以深度神经网络为代表的人工智能技术飞速发展，大幅跨越了科学与应用之间的技术鸿沟，图像分类、语音识别、知识问答、人机对弈、无人驾驶等人工智能技术实现了重大的技术突破，迎来爆发式增长的新高潮。2022年11月，ChatGPT的出现，标志着AI技术跨越了规模化应用的门槛，进入了新的阶段。但同时，关于强人工智能实现的技术路线仍然存在争议，人工智能的潜在风险以及人工智能意识等伦理问题也引起越来越广泛的关注。

作为基因编辑工具，CRISPR规律间隔成簇短回文重复序列（clustered regularly interspaced short palindromic repeats，CRISPR）已经成为生物医学领域最热门的技术。早在20世纪下半叶，CRISPR序列就已经被科研人员发现并记录，直到2002年，这些序列才被正式命名。

2012年8月，Doudna与Charpentier两个团队合作在 *Science* 杂志发表了关于利用CRIS-PR/Cas系统在体外对DNA进行精确切割的具有开拓性的研究论文。这篇论文指出，他们可以使用CRISPR/Cas9系统在任何想要的地方切割任何基因组。

随后，Broad研究所的华人学者张峰所在的研究组于2013年2月刊登的一篇论文表明，CRISPR/Cas9可用于编辑小鼠细胞或人类癌细胞的基因组。在同一期的 *Science* 期刊上，哈佛大学的George Church和他的团队展示了如何使用CRISPR技术来编辑不同的人体细胞，包括正常人的iPS细胞。

从那时起，研究人员发现CRISPR/Cas9的功能非常多样。科学家不仅可以使用CRISPR剪断基因来使基因"沉默"，还可以利用修复模板将剪切片段留下的缝隙替换为所需的基因。

随后，科学家们对CRISPR技术进行了多方面的改进研究，截至2017年，关于CRISPR的论文就已经超过14 000篇。目前，该技术发展得相当成熟，已经被广泛运用于基因疗法领域，有望帮助各类遗传性基因疾病患者获得新的治疗途径。

上述电子信息技术和生物技术领域科技前沿发展的历史表明，技术是科技创新与社会发展的"连接器"。作为具有典型"从0到1"特征的新兴技术，其发展过程面临着各种挑战和难题：不仅要促进新的科技知识的生成，还要推动新知识在经济社会不同部门的应用扩散，从而扩张生产要素组合的"前沿面"，提高社会生产效率。由此不难推断，新兴技术的发展，不仅要克服各种技术难题，更要解决复杂的管理问题。而且，对这类技术的管理不仅对传统的管理理论、思维方式和技巧提出了挑战，还对管理中的战略规划、产品开发、技术评估、市场预测、组织形式等提出了严峻的挑战，面对这些技术，需要一套新的管理思维和方法，这就是新兴技术管理。

新兴技术管理具有社会科学和自然科学交叉融合的特征，正在成为学术界和政策制定以及新兴产业发展领域关注的一个新方向。新兴技术的特征和对传统管理思维和方法带来的挑战，正在受到管理学界的极大关注。

1.2　新兴技术的概念

1.2.1　什么是技术？

1. 技术的本质

技术思想家布莱恩·阿瑟（W.Brian Arthur）在其经典著作《技术的本质：技术是什么，它是如何进化的？》中，以叩问"技术的本质是什么？"为目的，构建了第一个关于技术的完整理论体系。这一理论体系建立于三个基本原理（假设）之上：（1）技术（所有的技术）都是某种组合，这意味着任何具体技术都是由当下的部件、集成件或系统组件构建或组合而成的；（2）技术的每个组件自身也是微缩的技术；（3）所有的技术都会利用或开发某种或几种效应（effect）或现象（phenomenon）。

从本质上看，技术是被捕获并加以利用的现象的集合，或者说，技术是对现象的有目的的编程。现象是所有技术的来源，技术的本质隐藏在为达成目的而去组织、协调现象的过程中。而现象是隐秘的，需要发现或发掘。有些浅层的现象（如木头摩擦可发热并燃烧），是意外事件或偶然开发的结果；而深层的现象，则需要科学的帮助。科学往往是通过关注未按常规行事而出现的某些"异常"来揭示现象的。而现代科学的发现，又高度依赖于现代技术的手段（如显微镜对微观世界科学发现的作用）。至此，我们可以清楚地理解科学与技术的关系，也更能理解为什么现代的科学与技术的关系如此密切，以至于经常以"科技"的集成概念出现。

技术可以是物理现象（如量子霍尔效应），也可以是行为或制度等非物理现象（如海尔的平台化组织）。本书在研究技术创新时主要讨论的是基于物理现象的技术（硬技术）。

阿瑟进一步将技术与生物体进行类比：生物对基因加以编程从而产生无数的结构，技术对现象加以编程从而产生无数的应用。

2. 技术的定义

阿瑟从不同的角度和范畴给出了技术的三个定义。

第一个定义是最基础的：技术是实现人的目的的一种手段。在这个定义中，技术是指一项单数意义上的技术——例如蒸汽机。

第二个定义是复数性的：技术是实践和元器件（components）的集成。例如，电子技术和生物技术，是许多技术和实践构成的集合或者工具箱。

第三个定义是一般意义上的：技术是在某种文化中得以运用的装置和工程实践的结合。例如，韦氏词典将技术表述为"人类创造物质文化的手段的总和"。

综合来看，技术是人类在为自身生存和社会发展所进行的实践活动中，为了达到预期目的而根据客观规律对自然社会进行调节、控制、改造的知识、技能、手段、规划方法的集合，是用来控制各个生产要素及产品的一种资源。

3. 技术的特征

技术能够体现在人员、材料、认知与物理过程、工厂、设备和工具之中。技术的关键要素可能是隐含的，只以隐藏形式存在（称技术秘密或专有技术）。手艺和经验通常是不明确的，因此，技术的重要成分往往不能以手册、常规和程序、配方、经验规则或其他明确的方式表达和编码。技术的成功标准是技术上的（技术可行性），而不是商业上的（商业获利性）。技术通常是把发明和发现推向实际应用的开发互动的产物。概括来讲，技术具有以下特征。

（1）一次性。一项新技术一经发明创造成功，只需依靠知识的传播就可以满足社会的需要，再重新去发明创造它就没有多大意义了。

（2）创造性。技术的生产是以创造性的劳动为主的生产，是高智力投入的复杂劳动。

（3）垄断性。法律上的保护（如专利、软件著作权等）和事实上的保密（如专有技术），使其具有很强的垄断性。

（4）风险性。技术研发过程有风险，使用（采用）过程也有风险。例如，美国一家公司研发的抗组胺药物（seldane）效果很好，但投产后却因其与红霉素同时服用会引起心率异常而被撤出美国市场，这在研发时是很难预料到的。

（5）时效性。随着时间的推移，技术的价值会越来越小，其价格也会越来越低。例如胶卷相机、普通电脑等。

4. 技术的分类

（1）根据技术在生产中的地位和作用，技术分为原理技术、方法技术、使用技术和管理技术。

原理技术是指通过研究所获得的基础性原理的技术资料和经验。它是方法技术的基础和依据。原理技术的主要载体是设计和试验方面的原理、专有计算公式和方法、设计准则和数据等。

方法技术是指产品的设计方法、生产工艺、检验试验方法等。方法技术的主要载体是设计图纸、资料、工艺规程等。

使用技术是指使用某一种产品、工艺、设备等所需要的技术知识。它的主要载体是使用说明书、维修程序图以及机器设备本身。

管理技术是指如何组织用好原理技术、方法技术、使用技术等方面的管理方法和手段。它的载体是管理手册、经验总结资料等。

（2）从技术存在的形态来划分，技术可分为硬件技术和软件技术。

硬件技术是指各种先进的机械设备、器材等技术密集型产品。它们将技术物化在机械设备和器材之中。物化的技术设备是技术形式和技术应用的统一，机械设备、器材的先进性反映了生产这些机械设备和器材的技术工艺的先进性，而先进的机械设备和器材又恰好为产品生产经营中有关技术的应用和革新提供了条件。例如，石墨烯的材料结构在理论上早已被证明，但直到制备工艺被发明，石墨烯才从理论上的存在转变为实实在在的材料。

软件技术是指以专利、著作权、图纸、技术诀窍和工艺技术知识等形式存在的技术，例如计算机应用软件。

（3）从技术的功能来划分，技术可分为生产技术、产品技术和管理技术。

生产技术是指用于产品制造过程的技术，如新工艺、新流程、新设备及质量检测手段等。

产品技术是指用于产生一项新的产品或改进一项产品、实现一项功能的技术，如新产品设计发明等。

管理技术是指用于产品生产全过程，如在研究开发、试制生产、销售及培训等活动中的管理技术。

此外，技术还有一些其他的分类方法，例如，按照技术先进程度，可以划分为高新技术和传统技术。

1.2.2　科学与技术、技术与经济的关系

正如阿瑟所说，现象是技术赖以产生的必不可少的源泉。从本质上看，技术是被捕获并加以利用的现象的总和，或者说，技术是对现象有目的的编程。在对现象进行编程之前，首先要对现象进行"驯化"，而这一过程高度依赖于科学。因为科学提供了观察现象的手段，提供了与现象打交道时所需的知识，提供了预测现象如何作用的理论，提供了捕获现象、为我所用的方法。

科学是一种系统性和有组织的知识体系，我们通过观察、实验和推理来研究自然现象并发展对世界的理解。科学的目标是揭示事物的规律性和原理，以建立一种可验证和可重复的知识体系。科学是一种思维方式，是一种应用方法，是一种观念，是一种象征，是一

种可以不断积累、可以自我纠错的知识工具。

基于上述对科学与技术本质的探讨，阿瑟进一步阐述了科学与技术的关系：科学建构于技术，而技术是从科学和自身经验两个方面建立起来的。科学和技术以一种共生方式进化着，相互参与了对方的创造，互相接受、吸收、使用着对方。两者不可分离，彼此依赖。

从"技术是有目的的系统"这一观点出发，阿瑟遵循了"技术决定论"的科技哲学观点，将技术与经济的关系阐述如下：众多的技术集合在一起，然后创造一个结构，决策、活动、物流、服务流都发生在其中，由此创造了某种我们称之为经济的东西。经济从它的技术中浮现，不断从技术中创造自己，并决定哪种新技术将进入其中。每一个以新技术形式体现的解决方案，都会带来新的问题，这些问题又迫切需要进一步解决。经济是技术的一种表达，并随技术的进化而进化。

1.2.3　新兴技术的概念和内涵

1. 新兴技术的概念

乔治·戴（George. Day）和保罗·休梅克（Paul. Schoemaker）最早指出，新兴技术是建立在科学基础上的革新，它具有创造一个新的行业或改变某个既有行业的潜力。基于大量新兴技术实例的归纳，上述两位学者进一步提炼出识别新兴技术的三个特征：（1）技术的知识基础在扩展，即不断发展的技术知识。如移动通信从4G、5G到6G、人工智能技术等。（2）现有市场中的应用在经历着革新。例如5G技术的应用场景从高清视频到自动驾驶，再到物联网，不仅改进了原来市场中的应用形态，还创造了新的应用方式。（3）新市场正在发展或形成。技术是已经有的技术，但发现或开辟了新的市场。如超宽带（ultra wide-band, UWB）技术，是20世纪60年代兴起的脉冲通信技术。随着技术发展和功能演进，UWB成为一种无线通信技术和无线定位技术的结合。该技术最早主要运用于无线通信领域，而现在可以利用信号传输的定位原理，将其应用于室内精准定位，实现物联网中的搜索功能。

国内学者从时间属性、内容属性、功能属性、发展属性等来认识、定义、界定和分析新兴技术，在戴和休梅克提出的定义基础上，从不同的关注重点提出了新兴技术的定义：新兴技术是建立在信息技术、生物技术和其他学科发展基础上，具有潜在产业前景，其发展、需求和管理具有高度不确定性，正在涌现并可能导致产业、企业、竞争以及管理思维、业务流程、组织结构、经营模式产生巨大变革的新技术。

国内外学者对新兴技术的不同定义见表1-1所列。

表1-1　现有研究中新兴技术的定义

代表性文献作者	新兴技术的定义
戴和休梅克（2000）	建立在科学基础上的革新,并且具有创造一个新的行业或者改变某个既有行业的潜力,可以以一个部件、整个产品或一个行业的形态呈现,其知识基础在不断扩展,其应用在推动现有市场的革新或者新市场的孕育
赵洪江等（2005）	在某一实际应用领域里,相对于现有技术是新近出现的,具备蓬勃发展的趋势和较大的商业潜能,对现有企业将会带来突然的、急迫的、重大的变革或者影响

代表性文献作者	新兴技术的定义
斯尼瓦莎(Srinivasan,2008)	新兴技术的两个主要来源:新兴技术的接力赛进化和应用革命。新兴技术的四个特征:时钟速度特性、收敛性、主导设计特性和网络效应。新兴技术带来的三个影响:价值链转移、商品数字化和创新中心转移(从企业内部到外部)
斯大哈(Stahl,2011)	那些有潜力在未来10到15年内获得社会相关性的技术,目前仍处于开发过程的早期阶段,其确切形式、功能、约束和用途仍在不断变化
丹尼尔·罗特勒(Daniele Rotolo)等(2015)	一种完全新颖的且发展相对较快的技术,其特点是随着时间的推移具有一定程度的一致性,并有可能对社会-经济领域(包括伴随着相关知识生产过程中的社会行动者的构成、制度以及行动者与制度之间的互动模式)产生重要影响。然而,新兴技术最突出的影响是面向未来的,因此在其涌现阶段仍会表现出不确定性和模糊性
李蓓和陈向东(2015)	一种正在出现且具备蓬勃发展趋势和较大商业潜能的技术,存在高度不确定性,在未来对行业经济或产业结构可能产生重大影响的技术
周萌和朱相丽(2019)	一种正在兴起或发展的并且对未来的经济结构或行业发展将产生重要影响的根本性创新技术

资料来源:陈阳.制度逻辑视角下新兴技术创业企业合法性获取策略及其形成机制研究[D].成都:电子科技大学,2023.

2. 新兴技术的内涵属性

基于大量文献研究,罗特勒归纳了新兴技术的五个主要属性特征。

(1)技术的重大创新性(radical novelty)。这一属性解释了为什么说"新兴技术是建立在科学技术革新上的突破"。因为新兴技术是通过使用不同于以往的基本原理来实现特定的功能的,具有重大的创新性。如何判断哪些技术具有重大创新性呢?卡伦等(Callon等,1983)基于科学技术文献的引文和共词分析进行识别。斯摩等(Small等,2014)提出了一种基于直接引用和共引模型相结合的混合方法来检测技术的创新性。燕(Yan,2014)将共词分析与自然语言处理(NLP)方法(话题建模)相结合来识别新兴技术的出现。

(2)相对快速增长(relatively fast growth)。这一属性解释了为什么"新兴技术的知识基础在不断扩展"。因为与一般技术发展相比,新兴技术领域的知识产出速度相对较快。

(3)技术身份一致性(coherence)。这一特征解释了新兴技术"新兴"这一动态属性,表明新兴技术会持续地得到学术界和实践界的关注,逐渐形成专门的技术域[①]。Bettencourt等人(2009)研究了科学家层面的合著网络演变,以确定与新科学领域的出现相关的网络模式。共同作者的平均人数不断增加,被认为是新兴的信号,其中某一领域研究主题转型的信号,被视为是新兴技术集群涌现的信号。

(4)影响显著(prominent impact)。新兴技术具有创造一个新行业或毁灭(包括改造)一个老行业的巨大潜力。例如,自动驾驶技术一旦走入现实,将会对当前的汽车与出

[①] 技术域:某种具有共性的外在形式,或者是可以使共同工作成为可能而共同固有的能力,可以定义为一个技术集群,对于这种集群或技术体,我们称之为域。

行领域的产业结构产生深远影响，市场结构也将重新洗牌；人体器官克隆技术一旦取得成功并进入实用阶段，将对医学产生不可估量的贡献；新型替代能源的突破，将会对全球的能源结构产生重大影响。所有这些，无疑都将创造出新的行业或对原行业带来致命冲击。例如，随着 ChatGPT 的横空出世，人工智能被加速部署到创意生产、代码编写等领域，对现有行业带来极大的冲击。

（5）不确定和模糊性（uncertainty and ambiguity）。从上述新兴技术的属性特征可以推断：新兴技术产生的结果和用途可能是非预期的和不理想的，面临高度的不确定性；不同社会群体对特定技术及其潜在应用的理解具有模糊性。

1.3　新兴技术与相关概念的比较

1.3.1　高技术

1983 年，"高技术"作为一个正式的词条，被收入《韦氏第三版国际辞典增补 9000 词》中。随着高技术产业的蓬勃发展及其对经济、社会影响的迅速增强，高技术一词已在世界范围广泛流行。

对于高技术一词，目前尚未形成公认的统一定义。下面介绍几种有代表性的观点并做简要评述。

一种观点认为，高技术是以最新科学成就为基础，主导社会生产力发展方向的知识密集型技术，或者说是基于科学的发现和创新而产生的技术。

也有我国学者对高技术给出如下定义：高技术是建立在现代科学理论和最新工艺技术基础上的、知识密集、技术密集、能够为当代社会带来巨大经济效益与社会效益的技术。也可以说高技术是现代尖端科学知识密集和尖端技术密集的、在现代经济发展中起巨大革命作用的技术。总之，高技术是基于科学的发现、创造而产生的新技术。它具有高效益、高智力、高投入、高竞争、高风险和高势能的特点。

还有一种观点认为，高技术是指那些对一个国家的军事、经济有重大影响，具有较大的社会意义或能形成产业的新技术或尖端技术。

在上述三种定义中，第一和第二种定义侧重于技术本身，是从技术的角度来界定高技术，并兼顾了技术的现实经济意义；第三种定义侧重于技术对经济、社会的影响。我们更倾向于第一和第二种定义。第三种定义把能对经济、社会产生重大影响的新技术定义为高技术，忽视了技术本身的先进程度、技术含量等因素，也就是说，高技术是新技术中的一部分，这失之偏颇。虽然高技术必须要运用于经济和社会，并对经济进步和社会发展产生重要影响，但在高技术这一概念中，强调具有很高的技术含量应该是必不可少的。

我们认为，高技术一般有以下几个要素：（1）以最新科学理论为基础；（2）属于知识密集型技术；（3）对经济发展和社会进步有重要影响。

高技术作为一种社会经济现象，它具有自身的特征。相对于通常所说的一般技术或传统技术而言，高技术不只是人类实践经验的积累，还主要以当代科学技术成就为基础，具有更高的科学输入和知识含量。

高技术与尖端技术虽然相近，但它们并不相同。首先，尖端技术一般只指技术本身，而高技术总是与某些特定的产品或产业密切相关。其次，尖端技术是一种空间排列概念，它指在技术结构体系中处于顶端或前沿的技术；而高技术不只是一种时空组合概念，它更强调自身的功能和效益，具有广泛的科技、经济和社会意义。最后，尖端技术是在技术领域内对某类技术的界定；而高技术是更多地从经济领域内对某类技术的界定。

目前，国内外知识界和产业界关于高技术特征的概括和描述，能达成一定共识的主要有以下几个方面。

（1）创新性。高技术作为智力资源密集型技术，不仅是在原有发展道路上进行技术革新和积累，而且是在广泛利用现有科技成果的基础上，通过代价高昂的研究与发展（R&D）投入，进行知识的开拓和积累，创立新的技术思路和途径，不断进行技术创新。

（2）智力性。高技术是知识、技术、资金密集型技术，推进高技术的发展，人才资源比资本资源更重要，高技术主要依赖人才及其智力，其次才是资金。

（3）战略性。高技术标志着当今世界发展的制高点，它是以科学技术形态表现出来的一种战略资源和国家实力，直接关系到一个国家或地区在全球竞争格局中的经济、政治和军事地位，它是不容忽视的国家力量的重要组成部分。

（4）增值性。高技术是以最新科技成果为基础形成的先进技术，能够大幅度地增强产品的功能，显著地提高劳动生产率、资源利用率和工作效率，从而创造巨大的经济效益。

（5）渗透性。高技术处于综合性和交叉性较强的技术领域，能够广泛地渗透、辐射、扩散到传统产业部门，带动社会各行各业的技术进步。

（6）驱动性。高技术在相当大的程度上是经济发展的驱动力，它能广泛渗透到传统产业中，带动社会各业的技术进步。

（7）风险性。高技术的探索处在科学技术的前沿，是一份具有高度不确定性的工作。它的风险主要包括技术创新风险和市场竞争风险：高技术R&D处于科学技术创新链的前端，具有明显的超前性质，而任何一项开创性构思、设计和实施都具有不确定性，因此成败难以预见。同时，高技术R&D与形成产品、所处企业、市场需求关系密切，因此在激烈的竞争中具有极大的风险性。

（8）时效性。高技术的市场竞争激烈，时效性特别突出。只有适时地向市场投放最新成果，才能取得最佳效益，否则，时过境迁，也就意味着失败了。

由于具有这些特征，高技术不仅已经成为当代世界经济社会发展新的驱动力，而且日益成为衡量一个国家或地区科技水平和经济实力的重要标志之一。

高技术并非指某一单项技术，而是指处于科学、技术和工程前沿的科技群落（或群体），具有跨学科性质。作为一个发展着的概念，高技术在不同阶段包含的具体技术亦不相同。目前，国际上一般公认的高技术领域，主要有信息技术、生物技术、航空航天技术和精密仪器仪表等领域。

1.3.2　新技术

新技术主要是从时间上对技术的一种界定。对于新技术这个概念，国外和国内都很少有资料对其进行明确的定义，更没有一个明确的划分标准。

新技术可能是高技术，但也可能不是。例如，我国曾投入较多资金研发的秸秆回收和利用技术（防止焚烧秸秆后污染空气和影响飞机正常起落）中，用秸秆生产建筑材料、简易餐具等，就是一种新技术而非高技术。再如，农业上的水稻旱地育秧技术，就是一项新技术而非高技术；而转基因育苗（育种），则被公认为是新技术，同时也是高技术。

新技术是一个动态的、发展的，同时也是一个含混的、很难在学术上定义的概念。例如，在经济或科技发达国家的成熟技术，可能在经济或科技欠发达国家是新技术；在地区上也存在同样的问题。

关于新技术的概念，可以做如下解释：新技术是指在某个区域或领域内新近发展起来的、具有较高使用价值（或一定实用价值）的技术。

具体来讲，我们可以从以下几个方面来理解新技术这一概念。

（1）新技术是一种时序排列概念，它指出现时间较短或相对于传统技术具有新的特征的技术。

（2）新技术是一个动态的概念，今天的新技术，到明天运用广泛了，可能就成了成熟技术或者旧技术。

（3）新技术也含有一定的空间性，在某一国家或地区的成熟技术，可能在另一国家或地区就成了新技术。

（4）新技术更侧重于是一个经济学上的概念，它强调该技术要具有使用价值，要能够为使用者带来经济效益。

（5）在这一概念中，技术含量的高低并不是最重要因素，可以是高技术，也可以不是高技术而是一项实用技术。因此，高技术与新技术的一个重要区别在于技术含量的高低或者说知识的密集程度不同。

新技术与高技术的显著区别，在于新技术主要是从出现的时间上来划分的，与它依据的最新科学发展理论和包含的知识密集程度无直接关系；而高技术则是直接与这两个因素密切相关的。最典型的例子，许多新型实用技术是新技术而不是高技术。另一方面，新技术与高技术这两个概念也有交叉之处，即一部分高技术是新技术，如转基因技术、5G技术等，而另一部分高技术则不是新技术，如电视技术、集成度较低的集成电路设计和制造技术等。图1-1是高技术与新技术的关系示意图。

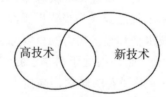

图1-1　高技术与新技术的关系示意图

1.3.3　通用目的技术

如前所述，新兴技术具有显著的潜在影响，因此通常被认为具有通用性质。描述技术通用性质的一个专有概念是通用目的技术。研究技术进步的学者认为长期的经济增长是由少数几种关键技术所推动的，经济学家称之为通用目的技术（general purpose technologies，简称"GPTs"）。通用目的技术被认为是"增长的引擎"，它有以下三个基本特性。

（1）普遍适用性（pervasiveness）：它能广泛应用到大多数行业。

（2）动态演进性（technological dynamism）：随着时间的推移，该技术能不断地得到改进，使用成本不断降低；

（3）创新互补性（innovational complementarities）：它提高了应用部门的研发生产率，这反过来促进了该技术自身的进步。

加拿大经济学家、熊彼特奖得主理查德·利普西（Richard Lipsey），在合著的《经济转型：通用目的技术和长期经济增长》（2005）中，把通用目的技术划分为产品、流程和组织三类。他们通过对西方技术史的研究认为，从古至今共有24种技术属于通用目的技术。其中，产品类有14项（轮子、青铜、铁、水车、三桅帆船、蒸汽机、铁路、铁轮船、内燃机、电力、机动车、飞机、计算机、互联网），流程类有7项（植物驯化、动物驯养、矿石冶炼、写作、印刷、生物技术、纳米技术），组织类有3项（工厂体系、批量生产/连续过程/工厂、精益生产）。

学者也常把半导体、IT、人工智能、5G等技术作为通用目的技术。通用目的技术可以是单一技术，也可以是一组密切相关的技术。因此学者也把包括计算机、互联网、人工智能等相关技术的数字技术作为通用目的技术。

1.3.4　使能技术

另一类与新兴技术具有相似作用、容易被混用的概念是使能技术（enabling technology）。由于使能技术具有明显的层次特征，其内涵受使能技术创新的目标影响，因此还未形成统一的定义。从技术创新链的角度，使能技术处于基础研究和产品研发之间，属于应用研究的范畴，其使命是通过使能技术的创新，来推动创新链下游的产品开发、产业化等环节的实现。使能技术能够被广泛地应用在各种产业上，并能协助现有科技做出重大的进步，还能在政治和经济上产生深远影响。使能技术是有差异的，主要表现在三个方面：一是地域差异。各国根据自身经济、科技、产业基础，结合国家发展目标，认定本国所需重点发展的使能技术，因此各国的关键使能技术是不同的。二是层次差异。比如有多项使能技术支撑信息技术，而在宏观角度，信息技术本身就是使能技术。三是领域差异。使能技术之间具有关联性，会交织或部分重叠。越是宏观层面，这一特点越是明显。

1.3.5　新兴技术与相关技术概念的联系与区别

1. 新兴技术与高技术的联系和区别

高技术中只有一小部分是新兴技术。新兴技术与高技术一样，都是充分运用最近的科学理论、科学发现和发明，具有较高知识、智力含量的技术。但两者之间有如下区别。

（1）按照现在通常的观点，高技术是一个相对稳定的技术群体，如信息技术、生物技术等，而新兴技术通常指的是一项单一技术，如转基因技术、互联网技术等。

（2）高技术这个群体通常是与对应的高技术产业相联系的，如生物技术群有对应的生物技术产业，在这个技术群中发展出来的任何一项技术，产业化之后都会加入生物技术产业的行列。

（3）高技术不一定是新近出现的技术，如信息技术中的许多技术，已经不是新近出现的技术，但在通行的分类中仍然被列为高技术，但显然不能被列为新兴技术，航空航天技术和其他高技术也是如此。

（4）对经济发展的影响程度也会有所不同。高技术中的新兴技术对经济发展的影响程度巨大，这是新兴技术的一个重要标志。

2. 新兴技术与新技术的联系和区别

新技术中只有很小一部分是新兴技术。前面已谈到，新技术与高技术有一定交叉，新技术中有一小部分技术是高技术，这其中又有一部分技术同时满足新兴技术的三个要素，这一部分新技术同时也是新兴技术。反过来，所有的新兴技术都是新技术。换句话说，新兴技术的范围要比新技术小得多，新技术中只有很少一部分是新兴技术。

新技术中不是高技术的这部分新技术一定不是新兴技术，如蔬菜的无土栽培技术，在某些地区是一项新技术，但无论如何它都不可能被列入新兴技术的范围。在现在看到的许多文献中，特别是在非学术文献中，经常把新技术也称为新兴技术，这是我们要小心区分的。

3. 新兴技术与通用目的技术、使能技术的联系与区别

根据三者的定义不难看出，通用目的技术是从经济学的角度，根据技术对社会生产系统带来影响的深度和广度给出的归纳性定义，主要关注的是技术带来的影响和结果；而使能技术更多的是从工程学的角度，根据技术对物化产品系统以及进化的作用给出的解释性定义，关注的是科技的"促成"作用，与实践中的关键共性技术的概念较为相近。而新兴技术与前两者的主要区别在于对"新兴"的关注。"新兴"是一个过程概念，是一个事物形成的过程，或变得重要和突出的过程。随着新兴技术的发展，前述新兴技术的五种属性将表现出显著的动态变化，如图1-2所示。具体而言，在一项技术的前新兴阶段（the phase of pre-emergence），其与某一领域的其他技术相比，具有重大创新性，尽管来自不同技术领域的专家参与了对其的研发，但该项技术的领域边界仍未形成，关于技术的后果和影响并未达成共识，这预示着未来发展存在着高度的不确定性和模糊性。直到该项技术获得某种推动力后，会在可能已经选定的一些发展轨迹上对某些方面的技术性能进行优先排序和改进。同时，一个专门的技术领域可能随之出现：出版物和专利中开始出现关于该项技术原理和应用的介绍，更多的研究人员和公司开始关注并参与到该项技术的研发中，该项技术的应用原型/产品相继出现。这些变化标志着该项技术进入了新兴阶段（the phase of emergence）。在新兴阶段，技术得到持续关注，关于技术应用和影响的共识逐渐形成，技术对经济社会领域的影响的不确定性和模糊性水平逐渐降低。最终，当该项技术进入后新兴阶段（the phase of post-emergence）时，该项技术对经济社会领域的影响和自身的成长速度趋于稳定或者降低，新兴技术就转变为主流技术领域。

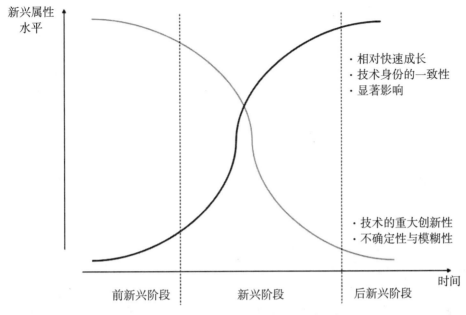

图1-2 新兴技术属性特征的动态变化

（图中标注）
新兴属性水平
·相对快速成长
·技术身份的一致性
·显著影响
·技术的重大创新性
·不确定性与模糊性
时间
前新兴阶段　新兴阶段　后新兴阶段

前沿实践　异种器官移植[①]

2022年3月8日，世界首例接受猪心移植的心脏病患者大卫·贝内特（David Bennet）在术后两个月去世。尽管令人遗憾，但给异种器官移植的未来带来了新的希望。围绕着异种移植的种种争议与讨论也并未随他的去世而终止。那么异种器官移植到底是什么？

异种移植，顾名思义是指将一个物种的细胞、组织和器官移植到另一个物种体内。移植供体从羊、狒狒到黑猩猩等灵长类动物，研究的移植器官包括肾脏、肝脏、心脏，甚至还有睾丸，从解决器官衰竭到提升器官功能，研究方式可谓层出不穷。但受技术所限，移植效果不佳，均以失败告终，也导致异种移植的研究进展十分缓慢，甚至曾一度被禁止。

近年来，随着免疫生物学、基因工程学的研究深入发展，异种器官移植获得了长足的进步，有望成为解决移植器官短缺的有效手段。早期的异种移植供体主要是类人猿。与灵长类动物相比，猪在免疫学和生理学方面与人类差距较大，但猪不是保护级动物，涉及伦理学的障碍相对较少，可以被大规模生产，且具有与人类器官大小相似、基因容易改造等优点，已逐渐成为目前异种器官移植最理想的供体。

对供体猪进行基因改造，使得异种移植在克服超急性排斥反应和跨物种感染上有了新的突破。这些成就催生了一系列"异种移植亚临床研究模型"。2020年12月14日，美国食品药品监督管理局（FDA）正式批准一种无α-半乳糖的基因修饰猪可用于生产食品和医药产品等潜在用途，这是全球首个获批的基因修饰猪产品，也是首次批准基因修饰动物的食用和医用双用途，具有里程碑式的意义。2021年10月20日，世界首例猪肾移植手术在纽约大学医学院朗格医疗中心完成。这是自异种移植临床研究被叫停后近30年以来，首例

① 根据网上资料和专家访谈整理。

在人体中进行的异种移植研究。随后，在美国先后又有两组医生将基因编辑的猪肾脏移植到脑死亡遗体上，以此来研究猪肾移植入人体后的器官功能及免疫反应。这些异种器官移植亚临床试验，为推进异种移植进入真正的人体临床观察提供了科学基础依据。2022年1月7日，美国马里兰大学医学中心外科医生为晚期心脏病患者贝内特进行了基因修饰猪心脏移植手术，这是全球首例将猪来源心脏移植到人类受体的手术。术中使用的猪经过改造，被"敲除了"三个会引起人体排斥反应的基因，以及一个预防猪心组织过度生长的基因。猪心脏移植术后，贝内特体内检测到正常的心跳、脉搏和血压，且没有明显的排斥反应。遗憾的是移植手术2个月后，贝内特不幸死亡。尽管患者难逃死亡的结局，但这一猪心移植手术是划时代的医学进步。其至少证明了转基因动物的心脏可以在人体内发挥作用且不会立即被排斥。这一临床试验给数十万遭受器官衰竭的患者带来了希望。但是横跨在异种移植中的四大障碍——免疫排斥反应、生物安全、跨种系适配、社会伦理，仍然是制约异种移植发展的难题。

在我国，心脏移植、肺移植已达到国际先进水平，但器官短缺问题仍然严峻。异种器官移植的发展，离不开供体产业、临床研究的共同发展。国内目前已有专门用于研究基因编辑猪的异种器官移植实验室。首个基因编辑小型猪供体产学研繁育基地，也于2020年在四川内江国家农业科技园内落户，且目前已经可以培育多种基因修饰的人源化供体猪。尽管我国目前基因编辑技术、基因编辑猪的生产能力已接近国际先进水平，但在异种移植技术的基础研究和临床前实验研究方面，与发达国家仍然存在一定差距。

虽然猪是目前异种器官移植的主要供体源，但在进行推广应用前，需要在猴、猩猩和狒狒这些灵长类动物身上做动物实验。如果不进行动物实验，那么无法明确具体的基因编辑应该怎样组合优化，才可以获得适配于人体的基因编辑供体猪。

目前，国际上多采用狒狒和猴进行动物实验，而由于地理环境限制，我国并没有野生狒狒，因此，我国主要是在猴体内进行动物实验。但实验常用的藏酋猴和食蟹猴数量稀缺、价格高昂，因此这类实验进行起来很困难。

除了动物实验之外，我国异种移植无指定病原体（FDA）设施的建设也是需要加强之处。DPF为医用供体猪提供一个完全封闭的饲养环境，保障猪在培育过程中不受外界病原微生物等因素的侵袭。而针对基因编辑的供体猪，美国FDA要求其必须要在DPF级别的超洁净环境中繁育两代以上，要定时检测FDA指定的各类病原体，只有指定病原体阴性的猪才能用于临床试验。

值得一提的是，2022年3月，我国的异种器官移植供体产学研用基地项目开始在四川内江启动建设。依据规划，将建设医用异种移植无指定病原体设施，包括封闭式检疫舍和一系列无菌级别的手术间、养殖舍等，这将推动把医用猪的心脏、肾脏等器官移植给人类的探索，挽救脏器功能衰竭患者的生命。

随着全球首例猪心脏异种移植临床试验的开展，异种器官移植迎来了新时代的开始，也许未来几年会有更多的异种器官移植临床试验陆续进行，但对未来保持乐观的同时，我们还需要保持冷静和理智。除了攻克尚待解决的异种器官移植的难题，还需要明确为了延长生命，科技手段的边界在哪里。

1.4 新兴技术的主要特征

作为高技术中一部分的新兴技术，除了具有高技术的一般特征之外（如前面提到的八个主要特征），还具有一些独有的特征，这些特征可以帮助我们加深对新兴技术的认识，同时也为我们有效地管理新兴技术提供了重要基础。

新兴技术的本质是具备改变现有产业或创造新行业的潜力，但其产生的结果和影响可能完全出乎人们最初的意料。换言之，新兴技术的本质特征是高度的不确定性和创造性毁灭，这些本质特征决定了管理新兴技术将面临诸多方面的挑战。

下面我们就来讨论新兴技术的这些本质特征。

1.4.1 高度不确定性

1. 关于不确定性的简短讨论

世界是确定的还是不确定的？现在的人们可能会认为这一问题十分简单，答案非常明确。但在西方哲学史上，对这一问题的回答却一直存在着两种对立的观点。

一种观点认为世界是确定的，在此基础上形成了一种追求秩序、必然、统一等的思想，可称之为确定性思想。确定性的含义主要包括有序性、统一性、必然性、精确性、稳定性和可预见性等。

另一种观点则认为世界是不确定的，并在此基础上形成了一种强调差异、矛盾、无序等的思想，可称之为不确定性思想。不确定性的含义主要包括无序性、差异性、随机性、模糊性、不稳定性和不可预见性等。

确定性思想起始于古希腊哲学家泰勒斯（Tellis），他把世界的本原归于"水"，强烈地表达了人类对世界秩序、规律、必然、确定性的追求。古希腊哲学家留基伯对确定性的描述最明确，他说："没有一件事情是随便发生的，每件事都有理由，并且是遵循必然性的。"

不确定性思想起源于古希腊哲学家阿那克西曼德，他认为世界的本源是不确定的。虽然不确定性思想未能成为主流，但这种思想从未中断过，其中掺杂着怀疑主义、虚无主义、不可知论等哲学思潮。

随着现代科学的进展和人类对现代理性社会的反省、反叛、解构，人们逐渐认识到，世界的绝对确定"是人们的一种错觉"（普利高津语），不确定性是世界的另一本真状态。

抛开哲学上的争论不谈，早在1921年，经济学家奈特（Knight）就在其经典名著《风险、不确定性与利润》中阐述了不确定性的思想，为不确定性经济学的发展奠定了理论基础。奈特认为，真正的不确定性与风险有着本质的区别：不确定性是指经济行为人面临的直接或间接影响经济活动的无法充分准确地加以观察、分析和预见的外生和内生因素，而风险是概率估计的可靠性以及因此将它作为一种可保险的成本进行处理的可能性。他相信风险不会为经济行为人提供获益的机会，相反，不确定性则提供了获利的机会。正是在一个充满不确定性的世界中，一部分人才会努力获取信息以寻求获益的机会，而这一部分行为者也会比他人得到更多的有关利润机会的信息。

凯恩斯继承和发挥了奈特的思想，把不确定性作为构建其理论框架的理念基础。认为大多数经济决策都是在不确定性的条件下做出的。他批评新古典主义使不确定性被赋予了一个确定的和可以计算的简单形式，把不确定性转化成了风险，把不确定性降低到那种本身可计算的地位。凯恩斯经济学在一定程度上可以说是分析在一个无法用概率计算的不确定的社会中，预期的形成与影响行为的方式。

进入20世纪70年代，不确定性研究步入成熟发展时期，代表人物首推诺贝尔经济学奖获得者阿罗（Arrow）。他与德布鲁（Debreu）在建立阿罗-德布鲁一般均衡模型时，引入了不确定性分析。20世纪80年代，随着信息经济学的蓬勃发展，不确定性分析逐渐渗入微观经济学的各个领域，使不确定性研究、信息经济学、博弈论成为西方经济理论的前沿阵地。

如果没有不确定性，一切都在预料之中，那么企业家创新就不可能存在。因为只要目标确定，拥有完全信息的企业经营者便可通过计算找到相应的最优化行为。实际上，经济决策环境的信息是不完全的，大量的经济决策都是在不确定的条件下完成的。信息的增加，只能意味着不确定性在一定程度上减少，而不可能完全将不确定性转变成确定性。

目前，对于不确定性的定义，仍存在一定的分歧，两种比较流行的认识如下。

一种观点是把不确定性与概率事件联系起来，用随机变量的方差来刻画其不确定性的大小。

另一种观点则认为不确定性没有稳定的概率，与概率事件没有联系，因此，人们无法用事件过去发生的频率预测其未来发生的概率。

第一种观点无疑为在定量测度和管理的实证研究中刻画不确定性提供了途径。例如，可以通过随机变量的方差定义不确定性，进而研究其对组织结构和绩效的影响。这种情况使不确定性的问题转变为一种"可预测的不确定性"。

对于后一种观点，刘怀德又做了进一步的阐述：不确定性是关于未来的未知，关于现在和过去，不存在不确定性的问题，而只有无知的问题。这种无知是可以消除的，而未来的未知是不可消除的。这种不确定性分为两类：（1）未来发生的事件和结果不知；（2）虽然知道可能发生的事件和结果（这意味着有多种可能性），但是不知道其发生的时间和概率。

王益谊等人也从管理学的角度提出了一个关于不确定性的概念，他们认为，管理领域中的不确定性是指：由于行为人的有限理性和行为不稳定性而使人在进行预期时产生的一系列未知。同时，他们认为，有限理性和行为的不稳定性是管理中的不确定性的两个来源。这个概念似乎更注意管理中"人"的不确定性的来源，而并没有真正去推究什么是不确定性的问题。

在研究新兴技术的不确定性时，我们除了关注对人的管理的不确定性外，还要高度关注另一类不确定性——环境不确定性。

不确定性是一个很宽泛的概念，当其描述的对象是组织环境时，（组织）环境的不确定性就产生了。在对组织理论及其相关问题的研究中，环境不确定性的定义最普遍的三种是：（1）没有能力对将来事件的可能性赋概率值；（2）缺乏有关因果关系的信息；（3）没有能力精确预测一项决策的结果是什么。

任何事物的发展变化都存在不确定性，根源在于未来的信息很多是未知的（即信息不充分），环境是变化的，而人类的认知能力是有限的。现代管理中有许许多多的问题都存在着不确定性，因此随着科学技术的发展，不确定性问题已成为管理科学、经济学、数学等学科研究的一个热点问题。

归纳来看，不确定性有以下属性。

首先，不确定性是一个动态概念，是从未来说明事物的属性和状态是不稳定和无法确定的，处于现在某一时间点的人无法对下一时间点的人、事件乃至整个世界进行准确的预测。与不确定性不同，另一个易混淆的概念——复杂性则是一个静态概念，是一种既定的客观存在，它说明环境和事物的属性是客观确定的，但是其内在的机构性对于人的认识能力和其他事物的结构具有复杂性，静态的复杂性在某种程度上导致了不确定性。

其次，不确定性应被看成一个多维概念（multi-dimensional concept），或者一个启发式结构（heuristic structure），它包含了事物多方面的特征与属性。

最后，不确定性与风险不同：风险的特征是其概率可以估计；不确定性是指人们缺乏对事件基本性质的认识，对事件可能的结果知之甚少，难以通过现有理论或经验进行预见和定量分析。

在研究新兴技术管理时，同时涉及技术的不确定性、市场的不确定性、管理的不确定性和配套环境的不确定性等多种不确定性，因此需要对不确定性进行全面、系统的认识和分析。

2. 新兴技术的高度不确定性

新兴技术的不确定性包含了以下几个方面的含义。

一是新兴技术的科学基础是不确定的。例如，2003年年底欧盟第六期框架计划（sixth framework programme，FP6）下的新兴科技研究计划（new and emerging science and technology，NEST）中，有一项人体疾病的侦测与预防技术研究（biodifence）项目，该项目的目标是对一种存活于人体消化道内的微生物乳酸杆菌（lactobacilli）进行研究，并开发一套全新的快速反应免疫机制，以达到在人体内快速产生多种抗体的效果。这项技术的科学基础是基因工程，虽然在2000年5月，国际人类基因组计划完成了人类基因组全部DNA序列的"工作框架图"，但人类关于基因的探索只是刚刚融化了冰山的边缘，基因工程的科学基础仍然是不确定的，很多知识领域是未知的，因此不难预见，欧盟研究的这项新兴技术在未来的发展和应用都具有极大的不确定性。

二是新兴技术的应用领域是不确定的。当一项新兴技术出现时，人们很难确定它到底有多大的用途。例如，互联网技术的前身是20世纪60年代美国国防部为了在战争中保障计算机系统不间断工作而建立的阿帕网，仅仅是军方的一个行业应用。后经各方不断扩展、完善，激发了无数数据通信厂商的技术创新并将技术创新的成果吸纳于其中，于是成了今天风靡全球的互联网。

三是新兴技术研发能否成功是不确定的。与所有的技术研发一样，新兴技术在研发过程中能否成功，具有高度的不确定性。一般技术的研发有时还能找到学习或模仿的对象或蓝本，而新兴技术的研发则没有这个有利条件。新兴技术不仅涉及本学科领域科学研究的理论支撑，而且还需要相关配套学科的科学和技术的支持。此外，新兴技术涉及的都是科学技术的最新成就，因此这种不确定性更大了。在这个系统中，科学技术的任何一个支撑无法跟上，或者无法获得，甚至本身就尚未研究成功，都会导致新兴技术无法获得技术上的成功。例如，把笔记本电脑做得更小的想法由来已久，但在零部件的配套上却遇到了障碍——减小零部件的体积可能会降低电脑的可靠性和坚固性，使体积的减小得不偿失。杜邦公司一度投资10亿美元以获得数字成像、取景和出版业务，希望从新成像技术中获利，但当时的基础结构并不适合。正如杜邦公司的特里·费德姆（Terry Fadem）所说："想法是正确的，但时机不对。"

四是新兴技术研发成功的时间是不确定的。在新兴技术的研发过程中，完成的时间受到多种因素的影响和制约，也存在着高度的不确定性。新兴技术研发成功的时间除了受到相关科学技术发展的影响和制约之外，还受到企业内部的组织管理、技术能力、创新动力、研究积累、组织学习等因素的制约。研发成功的时间不同，面临的市场和管理环境也将不同，可能竞争对手在技术和市场领先了，可能市场的需求已经发生了变化，或者出现了新的需求替代品等，这些要么需要更新的技术，要么要求对新兴技术的需求特征组合进行重新定义。

五是新兴技术的商业化能否成功是不确定的。新兴技术商业化能否成功，不仅涉及资金和市场问题，更重要的是还涉及补充性资产的获得、供给和保护问题。补充性资产是指一种能力资源，包括销售渠道、服务能力、客户关系、与配套产品提供商的关系和补充性产品。掌握这些资产的公司更有可能在新兴技术的创新中获得商业利润。但如果缺乏补充性资产，即便新兴技术在技术上研发成功了，也会在商业化的道路上面临巨大障碍。

前沿实践　生物芯片[①]

生物芯片是继20世纪50年代发明半导体芯片后芯片技术的又一重大发展。生物芯片凭借高通量生物信息及广泛的应用范围受到了越来越多的科学家、投资者和政府的重视，并以极快的速度发展。用生物芯片制作的各种生化分析仪和传统仪器相比较，具有体积小、重量轻、便于携带、无污染、分析过程自动化、分析速度快、所需样品和试剂少等诸多优点。这类仪器的出现将给生命科学研究、疾病诊断、新药开发、生物武器战争、司法鉴定、食品卫生监督、航空航天等领域带来一场革命。因此生物芯片现已成为各国学术界和工业界所瞩目的一个研究热点。

在一块很小的芯片面积上，通过并行反应，我们能获取无数的生命信息。生物芯片的概念来自计算机芯片，它发展至今不过10年左右，但进展神速，迄今已有近百家公司从事与生物芯片相关的工艺、设备及检测手段和软件的开发。所谓的生物芯片是指将大量探针分子固定于支持物上（通常支持物上的一个点代表一种分子探针），并与标记的样品杂交或反应，通过自动化仪器检测杂交或反应信号的强度来判断样品中靶分子的数量。该技术可将大量的生物分子（DNA、RNA、抗体、酶、蛋白等）作为探针固定于支持物表面上（塑料、玻璃等），且每一种分子或几种分子探针代表一种病原体或疾病（如：各种肿瘤、自身免疫、内分泌疾病），可满足快速、微量、准确地诊断疾病、了解病情的要求。生物芯片的实质是在面积不大的基本表面上有序地点阵排列了一系列固定于一定位置的可寻址的识别分子，在相同的条件下进行结合或反应，反应结果用化学荧光法显示然后用精密的扫描仪或CCD摄像技术记录下来，再通过计算机软件分析并综合成IC总信息。生物芯片的分析步骤通常可以分为生物芯片的制备、杂交和反应、测定或扫描和数据处理。在

① 银路，王敏.新兴技术管理导论［M］.北京：科学出版社，2010.

其分析步骤中涉及许多生化理论知识、光电子技术和计算机科学，是一项多学科融合的新兴技术。生物芯片技术由于在科研中的成功应用并正由实验室扩展到临床应用，具有广阔的市场前景。

1.4.2　创造性毁灭

新兴技术的创造性毁灭是指它可以创立一个新行业或者改变甚至毁灭一个老行业。历史上这样的例子比比皆是：晶体管的发明，几乎完全毁灭了电子管的应用领域；集成电路的发明和发展，又使分离的晶体管的使用数量锐减；MP3的出现，使诞生不久的"随身听"无容身之地，而智能手机的普及使得MP3几乎销声匿迹。互联网技术的广泛应用催生了在线购物、共享出行等一系列新的产业形态和市场需求，同时也造成了传统零售行业和出租车市场的萎缩。

新兴技术"毁灭"的不仅仅是原有的技术、产品、市场和行业，同时也在"毁灭"着从业者的原有能力。例如，随着Chat GPT的横空出世，生成式人工智能对传统的创意策划行业产生重要的影响，未来可能有大量从事文案策划的工作岗位被AI取代，而从事类似工作的从业者不得不另谋生路。由此可见，在新兴技术"创造性毁灭"的过程中，从业者要不断学习，更新能力，才能跟上时代前进的步伐。

"创造性毁灭"的例子见表1-2所列。其中一部分技术被完全毁灭了，还有一部分技术被部分毁灭。读者只要稍加思考，就可以结合自己身边发生的情况，举出多个新技术毁灭老技术的例子。

表1-2　技术"创造性毁灭"举例

颠覆性技术	被颠覆的对象	被毁灭(颠覆)程度
手机短信	寻呼	全部
U盘、移动硬盘	软磁盘	全部
VCD、DVD	磁带录像机	几乎全部
MP3、MP4	随身听	几乎全部
手机短信、电子邮件	电报、传真	几乎全部
晶体管	电子管	几乎全部
个人电脑	小型计算机	几乎全部
数码相机	胶卷相机	几乎全部
台式打印机、复印机	大型印刷机、大型复印机	几乎全部
电子表	机械表	几乎全部
通信光缆	同轴电缆	几乎全部
无线市话	固定电话	部分颠覆
手机短信、电子邮件	信函	部分颠覆
互联网	图书、报纸、电影院	部分颠覆

在新兴技术不断涌现的今天，强生、3M等世界著名公司进行了自我的创造性毁灭，他们主动废弃自己的产品，以便能跟上新兴技术发展的脚步。索尼和三菱公司则对其产品采纳了系统抛弃体制，在推出一种新产品的同时就主动放弃该产品的"日落期"，其目标是从每一个逐步淘汰的产品中创造出三种产品：改良产品、脱胎产品和纯粹创新产品。英特尔、微软、思科和太阳微系统公司这类技术创新企业更是凭自己的发明创新获得了良好的收益，并创造了新经济的支柱。对创新迷恋的战略家坚持创新高于一切："要么创新，要么死亡。"可以说，创新将成为经济全球化时代各国企业所面对的最为核心的战略挑战。

1.5　新兴技术举例

自2011年第一版以来，MIT技术评论（*MIT Technology Review*）每年都会评选出年度"全球十大突破性技术"。不少在当年崭露头角的技术，如今已经极大地改变了我们的生活，推动了人类社会的进步。2022年6月的《2022年十大新兴技术报告》，概述了未来三到五年将对社会产生积极影响的技术。上榜的科学技术突破代表了当前时代科技的发展前沿和未来的发展方向。以下仅列举其中几项典型的新兴技术。

1. 实用型聚变反应堆

2021年9月，联邦聚变系统（commonwealth fusion systems）的研究人员对一块10吨重的D型磁铁缓慢充电并提升其磁场强度，直到它的磁场强度超过20特斯拉。这是同类磁铁的一个新纪录。该公司的创始人说，这一壮举解决了开发一个紧凑、廉价的聚变反应堆过程中所面临的主要工程挑战。

几十年来，核聚变发电一直是物理学家的梦想。在远高于1亿摄氏度的温度下，就像在太阳中一样，让原子核融合在一起，并在此过程中释放出大量的能量。如果研究人员能够在地球上以可控和持续的方式实现这些反应，那么就可以利用几乎无限的燃料来源，提供廉价、持续、无碳的电力来源。

一种实现核聚变的方法中，磁铁被用于将离子和电子的气体，即所谓的等离子体，限制在甜甜圈形状的反应器内。更强大的磁铁意味着更少的热量损失，从而使更多的核聚变反应可以在一个更小、更便宜的设施内发生。这种改变不仅仅是一点点：磁场强度增加一倍，产生相同能量所需的等离子体的体积就会减少到$\frac{1}{16}$。

尽管过去数十年的研究已经耗费数十亿美元的投资，但还没有人建造出一个产生的能量比反应堆消耗的能量更多的核聚变工厂。但是，联邦聚变系统及其支持者充满希望，其他聚变初创公司的研究工作也报告了最近的进展。

联邦聚变系统正在建设一个工厂，以大规模生产磁铁，并为原型反应堆奠定基础。如果一切如愿，这家初创公司计划在21世纪30年代初期向电网提供聚变能源。

2. 密码管理器——密码的终结者

在20世纪60年代初，麻省理工学院教授费尔南多·科尔巴托（Fernando Corbató）想要开发一种新的共享计算机系统，并希望有一种方法让人们能够保护他们的私人文件，他的解决方案是使用密码。多年来，科尔巴托的解决方案战胜了其他技术手段，成为登录大多网站和程序等的标准方式。

但问题也接踵而至，密码本质上是不安全的，它可以被窃取、猜测或被暴力破解。随着用户网络账号的增多，用户为了方便记忆，倾向使用流行口令、在口令中使用个人信息、在多个账号重用口令，这些行为存在严重的安全隐患。且近年来频频发生的大规模口令泄露事件，为不法分子破解用户的账号口令提供了源源不断的素材，这引起人们对口令安全性的担忧。像 Dashlane 和 1Password 这样的密码管理器可以为你追踪所有这些不同的字母数字，甚至可以替换那些薄弱的密码。但在安全方面，密码管理只是措施的一半，真正的行动是完全消除密码。

在这一背景下，美国的奥克塔（Okta）和多（Duo）等面向企业用户的公司，微软和谷歌等面向个人用户的公司，都为用户提供了无须输入口令就能登录应用和服务的身份认证方案，最值得注意的是，微软在2021年3月宣布，其部分客户可以完全不输入密码，随后在9月，告诉人们可以完全删除他们的密码。那些被称为"其他"的认证方法，终于取得了胜利。

在无口令身份认证方案中，要么用户拥有一部带摄像头或指纹识别器的移动设备，并安装相应的身份认证应用程序；要么用户拥有专门的硬件设备（如U盾），以存储身份认证所需的密钥及算法参数。你可能已经亲身经历过这种情况。在登录一个网站或启动一个应用程序时，你没有被要求输入密码，而是被提示从认证应用程序中输入一组六位数的代码，点击你手机上的通知，或点击发送到你电子邮件的链接，抑或只需要把手机举到你的面前，都可登录成功。这些操作都很简单。

当前无口令身份认证方案仍在初级阶段，面临可扩展性低、部署成本高和隐私泄漏等挑战，这些问题亟待解决。在可预见的未来，口令将仍是最主要的身份认证方法，无口令方案可能会使普通用户与口令的直接接触变少，但口令仍在幕后保护着我们的网络与信息安全。

3. AI蛋白质折叠

到2020年年底，英国的人工智能实验室 DeepMind 已经在人工智能方面取得了许多令人印象深刻的成就。当该小组预测蛋白质折叠的程序于当年11月发布时，生物学家对它的工作效果感到震惊。

作为生命体最重要的功能载体之一，蛋白质在众多生命活动中发挥着关键的作用。蛋白质的多肽链是由氨基酸顺序连接而成的线性分子，它往往折叠成特定的三维结构来行使功能。换言之，蛋白质的序列决定结构，而结构又决定功能。

确定蛋白质的结构形状从而确定蛋白质的功能，这需要在实验室中花费数月时间。通过实验手段解析蛋白质的结构费时费力，远远无法满足现实需求。多年来，科学家们一直在尝试用计算机预测的方法来使这一过程更容易，但没有一种技术能够接近人类所达到的准确性。

2020年年底，DeepMind 开发的 AF2（AlphaFold2）改变了这种情况。该软件使用一种称为深度学习的人工智能技术，可以预测蛋白质的形状，甚至精确到原子。这是计算机第一次达到与实验室中使用的速度较慢但结果准确的技术相当的水准。世界各地的科学团队已经开始使用它来研究癌症、抗生素抗性和新型冠状病毒。

2021年，DeepMind 与欧洲生物信息研究所（EBI）合作，建立了基于 AF2 预测结果的数据库 AlphaFold DB。该数据库中已经储备了近一百万种蛋白质的预测结构，为生命科学各个领域的科学家们提供了重要的蛋白质结构信息。DeepMind 已将这项工作孵化成一家名为同构实验室（Isomorphic Labs）的公司，据说该公司将与现有的生物技术和制药公司合作。这很可能会改变很多领域的科研范式，促进分子层面的研究从以序列为基础转变为基于序列和结构的研究，从而加快生命科学定量化的步伐。AF2 的真正影响可能需要一两年的时间才能明确，但其潜力正在世界各地的实验室中迅速展开。当然，AF2 还有一定的局限性。但是无论如何，AF2 的提出展示了人工智能技术对生命科学研究的巨大促进作用。

4. 长时电网储能电池

2021年4月，可再生能源打破了加利福尼亚州主电网的纪录，提供的电力足以满足 94.5% 的需求，这一时刻被誉为低碳化道路上的一个里程碑。我们使用的可再生能源比以往任何时候都多。然而，可再生能源带来的波动式电力需用一种廉价且长时（数小时甚至数天）的储能电池保存，以备日后使用。

新型的铁基电池有望胜任这一任务。此次入选 2022 年 MIT 技术评论 "全球十大突破性技术" 的水系铁基电池是基于廉价和储量丰富的铁元素构筑的，其具有高安全性和环境友好等特征。

其中，美国俄勒冈州普能（ESS）公司的铁基液流电池以氯化亚铁为正负极电解液，通过电解液中铁离子的氧化还原实现电能的储存和释放，可实现长达 20 000 次的稳定循环。此外，该液流电池的储能活性物质与电极完全分开，功率和容量设计互相独立，便于模块组合设计和电池结构放置，其电网规模的储能模块可以实现 4 至 12 小时的能量储存。不同于液流电池，成能（Form Energy）公司的铁—空气电池是一种静态电池，其基本原理是基于铁的可逆氧化（生锈），可持续多达 10 000 次的循环。相比于铁基液流电池，铁-空气电池的储能容量更大，其可储存电能长达 100 小时（约可为电网提供超过 4 天的电力），这种电池将使具有成本效益的 "多日储能" 成为可能。铁-空气电池最终的成本可能仅为每千瓦时 20 美元，甚至低于未来几十年对锂离子电池的乐观预测。这两家公司都选择使用铁基电池，而铁是地球上最丰富的材料之一。这意味着他们的产品最终可能比其他电网存储候选者，如锂离子电池和钒系液流电池更便宜。

然而，这两种电池都有一些挑战需要解决。铁基电池的效率通常很低，这意味着投入其中的较大一部分能量无法被回收。另外，副反应也会随着时间的推移而使电池退化。但如果铁基电池能够以足够低的成本被广泛部署，那么它们可以帮助更多人使用可再生能源供电。

5. 除碳工厂

减少碳排放是缓解气候变化的关键步骤，但据联合国称，这还不够。为了避免未来发生灾难性的气候变暖，我们还应采取一定的措施清除空气中的二氧化碳。

2021年9月，瑞士科技公司克莱梅沃（Climeworks）开启了迄今为止最大的二氧化碳捕获工厂 Orca 的开关。该工厂捕获二氧化碳的设施位于冰岛雷克雅未克的郊外，每年可捕获 4000 吨二氧化碳。该 "除碳工厂" 工作时，先通过大型风扇将空气经过一个过滤器，在那里碳捕获材料与二氧化碳分子结合；然后，该公司的合作伙伴卡比非（Carbfix）公司将二氧化碳与水混合，并将其泵入地下，进而与玄武岩反应，最终变成石头。该设施完全依靠无碳电力运行，电力主要来自附近的地热发电厂。

可以肯定的是，4 000吨二氧化碳的年处理量并不多，比900辆汽车的年排放量还要少。而且，根据各种研究，这只是世界上可能需要从大气中抽出的数十亿吨二氧化碳的一小部分，以防止全球变暖超过工业化之前水平的2 ℃。

实际上，更大的除碳设施也在计划建设中。位于加拿大不列颠哥伦比亚省斯夸米什（Squamish）的碳工程公司，于2022年开始在美国西南部建设一个二氧化碳年处理量可达100万吨的工厂。此外，该公司与合作伙伴一起，启动了苏格兰和挪威除碳工厂的工程设计工作，这些工厂将每年捕获50万～100万吨二氧化碳。

除碳企业也希望通过更多更大的除碳工厂建设、运行调试和操作优化，进一步降低运行成本，并实现规模经济效益。克莱梅沃公司估计，到21世纪30年代末，捕集每吨二氧化碳的成本将从现阶段的600～800美元降低至100～150美元。

现如今，越来越多的个人及公司，包括微软、斯卓普（Stripe）和斯奎尔（Square），已经在支付高额费用来吸走空气中的二氧化碳，以努力抵消他们所产生的碳排放。而这些资金为除碳工厂提供了关键的早期收入。

6. AI数据生成——突破算法训练的数据"困境"

2021年，尼日利亚数据科学公司的研究人员注意到，旨在训练计算机视觉算法的工程师可以选用大量以西方服装为特色的数据集，但没有非洲服装的数据集。于是，该团队通过人工智能算法人为生成由非洲时尚服装的图像组成的数据来解决这一不平衡问题。

这种合成数据集，即通过算法人为合成出的符合真实世界情况的数据，具有与真实数据相似的统计学特征，且在数据饥渴的机器学习领域的应用越来越普遍。在真实数据稀缺或过于敏感的领域，如医疗记录或个人财务数据，这些合成数据可用于训练人工智能模型。

实际上，合成数据的想法并不新鲜，例如，无人驾驶汽车已经在虚拟街道上进行了许多训练。2021年，合成数据技术已经变得很普遍，许多初创公司和大学都在提供这种服务。德塔根（Datagen）和协同AI（Synthesis AI）公司可根据需要提供数字人脸，其他公司可为金融和保险业提供合成数据。例如，麻省理工学院数据和人工智能实验室在2021年推出的一个项目——合成数据库，为创建广泛的数据类型提供了开源工具。

这种合成数据集的繁荣是由生成对抗网络（GANs）推动的。这是一种人工智能技术，它善于生成逼真但虚假的案例，无论是图像还是医疗记录。

1.6 早熟技术与技术炒作曲线

在20世纪80年代，可视数据图文（videotext）被称作是报纸出版业的未来。骑士报与泰晤士报、道琼斯及其他主要的报纸出版商，匆忙地采取了这项可以将新闻通过线路而传播到电视监控器中，而不是使用传统的报纸印刷的新技术。但是，最终的结果却是希望落空，而且针对这项新技术的市场实际上并不存在。已经在其电子可视系统中投资5000万美元、耗时三年的骑士报于1986年放弃了这项计划。在那个时候，有投资者询问当时骑士报的总编詹姆士·巴特恩（James Batten），公司从这次失败的经历中学到了什么。他回击道："我们学到了什么？有时候首创者虽然受挫而归，却也能够获得封赏。"

在讨论了新兴技术的概念和特征之后，有必要讨论另一个与新兴技术有着密切关系的概念，这就是早熟技术。对早熟技术的研究，无疑同样是研究新兴技术管理的一个重要内容，这是因为有相当一部分新兴技术，在发明或创造之初，都经历了早熟技术这一阶段。换句话说，有相当一部分新兴技术是从早熟技术演化而来的，互联网、移动通信等都是其中的典型案例。

1.6.1 早熟技术的概念及其相关讨论

有很大一部分新兴技术总是在有实质性发展以后才为大家所认识，使开发或曾经开发它们的公司或喜或忧。一项技术在诞生之初，要想预测它的未来发展趋势，是一件十分困难的事情，因为技术的发展会受到众多因素的影响和制约，具有巨大的不确定性。在技术的萌芽期，可能很难清楚地预见谁会挺过黎明前的黑夜、顺利度过市场沉默期而成为最后的获胜者。不过，这正是管理者要面对的挑战。管理者必须从充满旋涡的技术可能性的大海中识别有商业潜力的新兴技术，做出是否投资、投资多少以及何时投资等一系列决策，其中任何一次决策的失误，都可能导致全盘皆输的结局。

有时，看似一夜间成功的新兴技术其实已经发展了几年甚至几十年。一些新技术的变革与其说是一项重大科学技术突破的结果，不如说通常是技术的应用领域发生了转变。例如，互联网的迅猛发展从根本上说并不是一项技术变革的结果，而是由于网页浏览器这一相对不起眼的发明将该技术的应用领域从政府和学术机构转到了大众消费市场。

早熟技术是一个新近出现、具有特定含义，且与新兴技术对应的概念。

早熟技术是指那些新近出现的，但对经济结构和行业发展暂时无法产生影响或者根本就无法产生影响的高技术。

当一项高技术出现以后，识别它是具有爆发性市场需求的新兴技术还是早熟技术；是经过一段市场沉默期后由早熟技术发展为新兴技术，还是一种如过眼烟云、很快被人们遗忘，或被更新的技术所替代的技术，是新兴技术管理要研究的重要问题。

早熟技术与新兴技术的显著区别，在于它们对经济结构和行业发展产生的影响。早熟技术能同时满足新近出现和高技术这两个要素，但它们却无法得到市场的认可，更不会、起码暂时不会对经济结构和行业发展产生重要影响。

随着科学技术的进步和经济、社会的发展，一部分早熟技术将演化为新兴技术，而另一部分早熟技术将被更为先进和实用的技术所淘汰。对于那些有可能在有朝一日演化成新兴技术的早熟技术，我们要尽早进行准备，以便在条件具备时在时间上赢得先机。

识别和区分新兴技术与早熟技术，是新兴技术管理的一项重要内容。如果把早熟技术作为新兴技术来投资和发展，将会对企业造成不必要的重大损失。

如果以是否进入商业化应用并且获得经济效益为划分标准，当一项高技术产生之后，会出现以下两种不同的情况。

一种情况是迅速进入商业化应用，并取得显著的经济效益。这类技术往往是市场期待已久的技术，它们中的一部分（对经济结构和行业发展有重要影响的那部分技术）正是我们要研究的新兴技术。

另一种情况是暂时没有大规模的商业化应用。研发这项新技术的公司也暂时无法从中获利，这类技术被称为早熟技术。

早熟技术又有可能向以下两个方向发展。

一部分早熟技术会随着科学技术的发展、配套环境的变化和市场需求的改变而成为新兴技术。例如，互联网技术就是从早熟技术转化为新兴技术的一个典型案例。再如，蓝牙技术在前几年曾被一些学者列为早熟技术，但现在已经开始有较大规模的市场应用，如蓝牙耳机、用蓝牙技术组建计算机网络等，使之有可能成为一项新兴技术。

另一部分早熟技术可能始终无法得到大规模的商业化应用，进而无法使研发和投资的公司从中赢利。出现这种情况又主要有两种可能：第一种可能是这项技术始终没有足够的商业应用前景；第二种可能是这项技术被更新的技术所替代。

对早熟技术的科学界定、识别以及对其演化过程的深入研究，会进一步丰富技术演化和成长规律的研究内容。例如，一些技术的演化可能不再呈简单的S曲线；再如，通过对早熟技术的研究，启发我们从另一个角度，即从技术的市场需求角度，以商业成功为临界线（这是技术创新成功的标志）来讨论技术成长的轨迹。

但也要特别指出，新兴技术是一个发展的概念和相对的概念，今天的早熟技术，完全可能成为明天的新兴技术，如有不少专家对蓝牙技术的市场前景看好，蓝牙技术完全可能成为一项重要的新兴技术。

早熟技术和新兴技术都具有动态性特点，是对某一时间点上的技术的界定。昨天的早熟技术，可能就是今天或明天的新兴技术；而今天的新兴技术，到明天或者后天，很可能成为成熟技术或淘汰技术。因此，必须用动态的眼光来看待和分析早熟技术和新兴技术，同时有必要对早熟技术向新兴技术的演化给予高度重视，提前做出预测和准备。

1.6.2 早熟技术举例

从早熟技术转化为新兴技术的一个典型例子是互联网技术。

因特网开始是一个规模不大的分析系统，是在第二次世界大战初期设计出来的。这种系统提供一种有助于研究的环境，同时也为产生今天全球网络的主要技术创造了条件。

在第二次世界大战之后，美国的军事计划人员把他们的注意力转向了新的冷战对手，主要是苏联。美国陆、海、空三军相继设立了许多新的研究课题，同时支持和扶持了一些大学的研究机构及民间研究机构从事作战研究工作。其中最有成效的是空军的主要咨询机构兰德公司。美国国防部则成立了另一个研究机构——高级研究计划局，专门负责分发高技术研究经费。

当时，在高级研究计划局最优先研究之列的是战争计划人员称之为C3的关于指挥、控制和通信的项目。国防部不仅想在五角大楼使用计算机，还想在战场上使用计算机。那时，计算机主机不仅体积庞大，而且故障率高，根本不适合在战场上使用，所以，高级研究计划局希望探索一种解决通信的办法。从战场上的终端传出的信号要到达设在司令部的计算机，必须把有线信号转换成无线信号，传送到卫星，再传回来。以前从未做过类似的工作，且当时计算机的主要功能均不在通信上。

同时，美国军方认为当时的通信系统过于脆弱，不能满足战争的要求，一旦通信中心受到攻击，将会导致整个通信系统的瘫痪。因此需要设计出一种新兴的通信系统，要求这种系统在一个点或多个点受到攻击时，系统仍然可以正常工作，即可以绕开故障并继续通信的网络。

兰德公司的保罗·巴兰（Paul A. Baran）根据空军的合同要求提出了一套解决办法，在巴兰描述的系统中，没有明显的中央指挥和控制点，当任何一个点遭受攻击时，所有幸存的联结点能够通过连通性的多余度重新建立联系。建立这种在某些部分遭受破坏而剩余部分还能继续工作的网络的关键技术，就是后来被称为分组交换的技术。

高级研究计划局同意为建立实验性的计算机网络提供资金，作为该局对研究给予支持的部分措施。高级研究计划局的官员们希望这个网络除了可以检验假定的第三次世界大战后部队通信网的潜力外，也可以验证战场远程计算机使用的可行性，还可以使分散在各地的研究人员共用那个时代为数不多的超级计算机。这样，国防部就不必为每个合同单位都购买一台超级计算机。1968年，高级研究计划局招标建立了一个可扩充的网络，连接已经在从事该局研究工作的四个地点：加利福尼亚大学洛杉矶分校（UCLA）及圣巴巴拉分校（UCSB）、设在加利福尼亚州斯坦福的斯坦福研究所（SRI）和犹他大学（盐湖城）。

建设高级研究计划局网络的合同给予了设在马萨诸塞州剑桥的一家研究公司——博尔特·贝拉尼克-纽曼研究公司（BBN）。该公司与麻省理工学院有密切联系。BBN公司于1969年8月给加利福尼亚大学洛杉矶分校安装了新的通信软件；同年10月又给斯坦福研究所安装了同样的通信软件。在当年11月进行的一次演示中，加利福尼亚州的这两台计算机交换了数据，这意味着第一个长途分组交换网络开通了。这一年的年底，所有四个节点全部联网成功。

就在那时，被《纽约时报》称为因特网之父的显要人物文顿·瑟夫（Vint Cerf）开始在因特网的发展过程中发挥重要作用。瑟夫1943年出生于康涅狄格州的纽黑文，他放弃了在耶鲁大学学习的机会，到斯坦福大学作本科生攻读数学专业，然后在洛杉矶加利福尼亚大学获得了计算机学硕士学位和博士学位。1969年，还是研究生的瑟夫，在洛杉矶加利福尼亚大学的网络测定中心工作，观察新建立的四个结点的高级研究计划局的网络是怎样运作的——并且研究它会采取什么行为使它失去作用。

瑟夫很快就开始同麻省理工学院的数学教授、当时休假在BBN工作的罗伯特·卡恩（Robert E. Kahn）合作。瑟夫和卡恩开发了一套软件"协议"，以使不同型号的计算机能够交换信息包。虽然信息包的大小和计算机时钟速度有差异，但是传输控制协议（transmission control protocol，TCP）和因特网协议（internet protocol，IP）还是于1973年被成功推出（当时瑟夫正在斯坦福大学执教）。传输控制协议是对信息进行打包并进行传送和接收；因特网协议是保证能在不同的节点甚至不同类型的网络之间传送信息包。瑟夫曾经指出，是数以千计的人的共同努力，才建立了我们今天的计算机网络通信系统。

到20世纪80年代中期，TCP/IP把高级研究计划局网络和其他部分联系起来，包括另一个联邦机构——国家科学基金会的NSF网络，以及北卡罗来纳大学和杜克大学（也在北卡罗来纳州）的研究生们创建的Use网络。于是形成了先被称为高级研究计划局因特网的网络，该网络随后被简称为因特网。之后，高级研究计划局的网络一分为二，与军方通信有关的称为MILNET（军事网络），而计算机研究人员最后在实际上和名义上接管了高级研究计划局的网络。该网络在1990年关闭，而NSF网络也于20世纪90年代末脱机。信息高速公路最繁忙的线路现在掌握在私人手中。几乎所有的网络都在使用TCP/IP协议。瑟夫1994年对《计算机世界》杂志说："我非常自豪的是，因特网能够使自身性能超过过去20年中发明的每一项通信性能。我认为这一成就并不算坏。"

1.6.3 技术炒作曲线

技术炒作曲线是描述一项新技术在其发展和采用过程中所经历的炒作（hype）和失望（trough of disillusionment）等情绪波动的概念模型。该曲线反映了人们对新技术的期望和现实之间的落差。技术炒作曲线常常被应用于描述新技术从引入广泛应用的全过程中的社会心理和市场动态。

技术炒作曲线的典型阶段包括技术引入期、炒作高峰期、失望之谷期、逐渐复苏期及成熟期和应用期。

（1）技术引入期（innovation trigger）：曲线的起点是技术引入期，这是新技术首次引入市场的时期。在这个阶段，技术通常处于早期阶段，但可能因为其潜在的创新性和前景而引起广泛的关注。媒体报道、研讨会和炒作活动可能会推高技术的知名度。

（2）炒作高峰期（peak of inflated expectations）：随着技术引入，期望和炒作可能迅速上升到高峰。在这个阶段，人们可能对技术寄予过高的期望，认为它能够解决一切问题，并且会迅速实现商业成功。这是技术炒作曲线中的顶峰。

（3）失望之谷期（trough of disillusionment）：紧随炒作高峰期之后，现实往往迅速迎来失望。技术面临挑战、困难和未解决的问题，导致投资者和公众产生失望情绪。在这个阶段，技术可能遭受质疑，市场可能回调，甚至可能有些项目被终止。

（4）逐渐复苏期（slope of enlightenment）：在失望之谷期之后，技术可能逐渐走向成熟。人们开始理性看待技术，对其真实潜力有更为清晰的认识。在这个阶段，一些解决方案可能得到验证，市场逐渐恢复信心。

（5）成熟期和应用期（plateau of productivity）：最终，技术可能进入成熟期，被广泛应用。市场对技术的认可度提高，企业和个人开始更广泛地采用它，技术成为一种常态。

技术炒作曲线对于投资者、企业决策者和消费者都有重要的启示作用。了解技术所处的阶段有助于避免过度乐观或悲观，制定更为合理的战略和决策。

本章参考文献

[1] 赵振元,银路,成红. 新兴技术对传统管理的挑战和特殊市场开拓的思路[J]. 中国软科学,2004(07):72-77.

[2] BRESNAHAN T F, TRAJTENBERG M. General purpose technologies 'Engines of growth'?[J]. Journal of Econometrics,1995,65(1):83-108.

[3] LIPSEY R G, CARLAW K I, BEKAR C T. Economic Transformations: General Purpose Technologies and Long Term Economic Growth[M]. RePEc,Oxford University Press,2005.

[4] ROTOLO D, HICKS D, MARTIN B R. What is an emerging technology?[J]. RESEARCH POLICY,2015,44(10):1827-1843.

[5] [美]布莱恩·阿瑟. 技术的本质[M]. 曹东溟,王健,译. 杭州:浙江人民出版社,2014.

［6］ 陈益升.高技术：涵义、管理、体制［J］.科研管理,1997(06):68-71.

［7］ 黄奕林,赵爱华.不确定性经济学的发展［J］.经济学动态,1997(09):55-58.

［8］ 李仕明,李平,肖磊.新兴技术变革及其战略资源观［J］.管理学报,2005(03):304-306.

［9］ 刘怀德.不确定性经济学研究［M］.上海:上海财经大学出版社,2001.

［10］［美］乔治·戴,保罗·休梅克.沃顿论新兴技术管理［M］.石莹等,译.北京:华夏出版社,2002.

［11］ 孙彦红.欧盟关键使能技术发展战略及其启示［J］.德国研究,2014,29(03):71-80.

［12］银路.技术创新管理［M］.北京:清华大学出版社,2022.

［13］银路等.新兴技术管理导论［M］.北京:科学出版社,2010.

［14］银路,石忠国,王敏,张徽燕,刘炬.新兴技术:概念、特点和管理新思维［J］.现代管理科学,2005
(04):5-7.

［15］银路,王敏,萧延高,石忠国.新兴技术管理的若干新思维［J］.管理学报,2005(03):277-280.

［16］朱恒源,杨斌.战略节奏［M］.北京:机械工业出版社,2018.

第2章

新兴技术管理

大量新兴技术产业发展早期的案例表明：新兴技术能够提供丰富的市场机会。掌握新兴技术的企业，能够拥有强有力的竞争优势，以令人瞠目的方式获取丰厚的利润，而行动迟缓、犹豫不决的企业，则往往在竞争中失去先机败下阵来。遗憾的是，许多企业并未在新兴技术出现之初做好准备，而是当一项新兴技术已经成为众多企业追逐的对象时才跟进，这显然已为时晚矣。因此，改变传统的思维模式，不断进行思维创新，不断学习新知识、新方法，迅速识别、有效应对新兴技术，是企业在新兴技术行业中生存的关键。

一项新兴技术，一开始可能只有少数人喜爱。管理者考虑一项新技术时，需要将精力集中在该技术的最终潜力上，千万不能被当前的现象、感觉或者市场反应所迷惑。这就要求管理者具备相当的能力，而新兴技术管理探讨的正是：面对新兴技术的高度不确定性和创造性毁灭特征时，企业应该具备什么样的能力？管理者应该如何重塑管理思维？

2.1 新兴技术管理的相关概念和属性特征

2.1.1 技术管理和技术创新的概念

1. 技术管理的概念

从学科分类上看，新兴技术管理是技术管理的一个分支，是技术管理的一个重要组成部分。

技术管理研究可追溯至20世纪70年代初期的R&D管理、创新管理、工程管理和战略管理，但技术管理作为专有词汇出现是在20世纪80年代。对技术管理的定义按其角度和侧重点可分为以下三类。

第一类以1987年美国国家研究委员会发布的题为《技术管理：隐蔽的优势》的报告中的定义为代表。该报告对技术管理的定义是"技术管理是指与工程、科学和管理相关的技术的管理，用于计划、开发和实现技术能力，从而影响和完成组织的战略和运营目标"。该定义包含了三个重要观点：（1）技术管理强调完成组织目标。该定义把为投资者创造价值当作公司技术管理的首要目标。（2）技术管理强调技术能力的发展和在产品与服务中的运用。（3）企业内部的技术管理与其他管理活动，如营销和制造是相互联系的。

第二类定义主要集中于技术发明和创新。例如，学者贝兹（Boytzi）认为，"技术管理是对公司产品和生产能力的及时创造和提高。技术管理问题可划分为两类，即鼓励发明和创新成功的管理"。特威斯（Twiss）等的定义也与此类似，强调了技术的采用是一个复杂的过程。成功不仅取决于对技术变化自身的管理，还取决于对实现技术潜力和环境的处理。因而技术管理往往也包括商业文化、战略、组织结构、管理态度、人力资源政策等问题。

第三类定义认为：技术管理是战略管理的一部分，在目前竞争残酷、社会价值观变化迅速、新技术开发速度加快的环境中，商业和技术的集成十分必要。贝德威（Bedwie）认为，"技术管理实际是公司将商业战略和技术战略集成的实践。该集成需要研究、生产、市场、财务、人力资源等部门的细致协调"。

根据美国国家研究委员会的上述定义，美国学者纳雷安安（V.K.Narayanan）对技术管理重新定义如下："技术管理强调技术选择中的战略和组织原则，以及为投资者创造价值为导向。"纳雷安安将技术管理的发展划分为R&D管理、创新管理、技术战略管理和基于价值的管理等阶段。

清华大学的吴贵生教授则将技术管理划分为四个学派：R&D管理学派、创新管理学派、技术规划学派和战略性MOT学派。

随着创新对企业发展日益重要，越来越多的学者和管理者认为：技术能力的发展及其在产品和服务中的应用是技术管理的核心功能，技术管理强调技术选择中的战略与组织原则。公司一方面通过技术选择来影响环境，另一方面通过技术选择来适应环境的变化。中国科学院的周寄中教授认为，在形成企业核心竞争力的多种模式中，"技术竞争力-核心竞争力"是符合科学发展观的一种可持续发展的战略选择。

2. 技术创新的概念

新兴技术管理与技术创新活动密切关联，新兴技术管理从主体到内容活动，都高度依赖于技术创新。新兴技术源自突破性的技术创新，且新兴技术的动态发展和产业化过程涉及大量技术创新活动，因此技术创新对新兴技术产业化至关重要。

创新理论的鼻祖熊彼特认为创新是"生产要素的重新组合"，并提出了创新的五种类型：第一，引入新的产品或提高产品质量；第二，采用新的生产方法、新的工艺过程；第三，开辟新的市场；第四，开拓并利用新的原材料或半制成品的供给来源；第五，采用新的组织方式。随着科技在经济社会发展中的重要性不断被认识，技术创新成为创新研究和管理的核心对象。

技术创新包括以下活动：创造新技术并把它引入产品、工艺和商业系统中，或者创造全新的产品和工艺以及对现有产品和工艺的重大技术改进，并且产品被引入市场（产品创新）或生产工艺得到应用（工艺创新）。

经济合作与发展组织（Organization for Economic Co-operation and Development, OECD）在《技术创新调查手册》（即《奥斯陆手册》）中，将技术创新定义为："技术创新包括新产品和新工艺，以及产品和工艺的显著的技术变化。如果在市场上实现了创新（产品创新），或者在生产工艺中应用了创新（工艺创新），那么就可以认为实现了创新。因此创新包括了科学、技术、组织、金融和商业的一系列活动。"由此可见，技术创新是一个经济学的概念，与技术发明有一定关系，但绝非同一概念。

不同研究者针对研究问题的角度不同，对技术创新的概念的理解和定义也略有不同，可从如下六个方面来把握技术创新的概念和内涵。

（1）技术创新是一种使科技与经济一体化，加速技术应用速度，提高技术应用效率与效益的发展模式。其核心是科研活动与经济建设的一体两面，本质是科学技术转化为现实生产力的"桥梁"与"中介"。

（2）技术创新是一个从新产品或新工艺设想的产生到市场应用的完整过程。它包括从某种新设想的产生，经过研究开发或技术引进、中间试验、产品试制和商业化生产到市场销售的一系列活动。

（3）技术创新的成果通常是以实体形态的技术装置和工具表现的物质产品，同时也包括工艺、方法等软件技术及设计图纸、技术文件等知识形态的产品。

（4）技术创新是一种以技术为基础与导向的创新活动。但它并不强调任何一项创新都以研究和开发为起点。这就是说，从科学发现的原理找到依据，构思出可行的技术模型，设计和制造出新的产品，是技术创新；不直接依靠发现和发明，而利用现有的大量技术储备，改进与组合已发明的技术，也是技术创新；将成熟的技术转移到新的领域或地区，同样也是技术创新。

（5）企业家是技术创新主体的灵魂。技术创新是企业家抓住市场潜在的赢利机会，重新组合生产条件、要素和组织，从而建立效能更强、效率更高和生产费用更低的生产经营系统的活动过程。一般来说，它主要包括新产品、新工艺的制造和改进，新生产方式、新组织体制的管理系统的建立和运行，新资源的开发和利用，以及新需求、新市场的开拓与占领。

（6）技术创新以商业化的生产产品和提供工艺为目的，并以商业价值的实现为其成功的标志。再复杂的高级技术，如果其成果不能为社会所接纳、不能在市场上实现其价值，那么技术创新就不能实现。而如果一个设想或技术非常简单，但其成果能被人们承认和接纳，实现其商业价值，那么技术创新也是成功的。

归纳这些观点，可将技术创新概要地定义为：技术创新通常是指新的技术（包括新的产品和新的生产方法）在生产等领域里的成功应用，包括对现有技术要素进行重新组合而形成的新的生产能力的活动。全面地讲，技术创新是一个全过程的概念，既包括新发明、新创造的研究和形成过程，也包括新发明的应用和实施过程，还包括新技术的商品化、产业化的扩散过程，也就是新技术成果商业化的全过程。

2.1.2 新兴技术管理的含义与属性特征

1. 新兴技术管理的含义

新兴技术管理，源于技术管理、技术创新管理，但是由于不同的发展环境和特定的研究对象，使新兴技术管理又异于技术管理、技术创新管理，成为新的学科领域。新兴技术管理研究的是由新兴技术这类特殊技术带来的一系列的管理问题。

新兴技术的发展，给人类社会、经济、文化等带来了巨大的冲击，任何一个置身其中的人都需要随着新兴技术的发展不断改变思考问题的方式和变换思考问题的平台（环境）。新兴技术的发展，使企业内的业务流程、组织结构，甚至经营模式都在不断发生变化，例如，随着数字技术的广泛渗透，组织边界、行业边界不断模糊，各类新型组织形态、产品形态、业务模式乃至管理文化开始涌现，对传统的管理思维和方法带来极大挑战。换言之，新兴技术的发展直接触发和导致了管理思维、业务流程、组织结构、经营模式等的变革。同时，在研究新兴技术时，由于新兴技术具有的显著特点（高度不确定性和创造性毁灭），人们不得不对传统的管理理论和方法进行重新审视，甄别哪些管理理论和方法的基本假设与新兴技术的特点相符，是可以使用的；哪些不符合新兴技术的特点，是需要发展和创造的。

新兴技术管理是研究在新兴技术及其变革所导致的不确定性和创造性毁灭的背景下，新兴技术及其新兴市场的相互演化、发展以及与此相关的管理思维、企业战略、市场开拓、融投资评价、组织结构、人力资本激励等管理挑战与变革。

新兴技术管理不是简单地将新兴技术纳入技术管理的框架内进行研究，它不仅包括技术管理，还广泛涉及由于新兴技术的挑战所带来的管理思维、发展战略、市场开拓、组织结构、价值评估等多方面的变革。如果把新兴技术管理的研究局限在技术管理研究的范围之内，那么研究新兴技术管理的意义将大打折扣。从管理上讲，研究新兴技术管理的意义，主要是基于新兴技术高度不确定性和创造性毁灭的特性，发展新的管理思维、管理理论和管理方法。举个简单的例子，对于新兴技术的融投资决策，传统的评价方法已暴露出其致命的弱点，因此需要发展新的融投资评价方法。有研究表明，运用实物期权方法是进行新兴技术融投资评价的一种有效方法，这种方法能较好地反映新兴技术的特点。其实，这种实物期权的评价方法，在诸如石油开采、矿藏勘探、市政建设甚至电影公司的价值评估中，也都是十分有效的。因此，新兴技术管理需要在更大范围内研究管理理论和管理方法。

新兴技术管理与技术管理的共同点在于，新兴技术管理所研究的标的物"新兴技术"属于众多技术中的一类技术，这类技术仍然属于技术管理的范畴。因此，技术管理中许多带有共性的知识，在新兴技术管理中同样适用，如技术的研发、技术的基本成长规律、技术战略、技术能力、技术转移、技术商品定价等。这些带有共性的内容，是技术管理的研究重点，而非新兴技术管理的研究重点。

从另一个角度看，技术管理研究所有技术（主要是高、新技术）中带有共性的管理，而新兴技术管理则重点关注具备"新兴"属性技术的有效管理。新兴技术管理不仅是不断发展中的技术管理的一个组成部分，还是对技术中具有"新兴"属性的一类技术的特殊管理思维和方法。

新兴技术管理十分重视新兴技术对行业结构和经济发展的影响，重视新兴技术对行业结构和区域经济的牵引、带动和辐射作用，这一点也是目前技术管理很少探究的内容。经济发展的实践一再表明，有效地管理新兴技术，正成为一个又一个行业成功的关键。

2. 新兴技术管理的内容属性

由于新兴技术的内涵属性（见第一章），新兴技术管理具有内生性的矛盾属性：一方面，无论是技术本身的发展，还是应用领域，都面临高度的不确定性；另一方面，这类技术具有创造性毁灭的潜在影响。因此，管理者在面对新兴技术时会陷入一种矛盾状态，让其管理活动面临高度的不确定性。综上所述，新兴技术管理的本质是应对新兴技术带来的环境的不确定性、管理的不确定性和发展过程的极度模糊和复杂性。

（1）新兴技术管理与环境的不确定性。

新兴技术的发展，除了受到市场需求、企业能力等主要因素的影响外，在很大程度上还依赖于配套环境的支撑，如政策环境的引导和支持、产业链上下游的支撑等。因此，配套环境的不确定性，就成为影响新兴技术发展的一个重要因素。新兴技术的配套环境主要包括配套技术、配套元器件或零部件、配套产品、配套企业能力、配套外协能力、配套政策等多种因素。例如2016年百度发布阿波罗自动驾驶平台，大力推进自动驾驶技术的研发和产业化探索，但受到合作伙伴、交通管制以及保险等领域配套环境的制约，自动驾驶技术发展受阻。

（2）新兴技术管理与管理的不确定性。

新兴技术存在高度的市场不确定性和技术不确定性，由此带来的结果是管理新兴技术也具有高度的不确定性。因此，管理这类具有高度不确定性的新兴技术，需要完全不同的思路、技巧和方法。简单地讲，在新兴技术的投资评价、战略规划、市场拓展、组织结构设计、学习方法等方面，都会对传统的管理提出严峻的挑战，相当大一部分传统管理的思路和方法在新兴技术管理中将不再适用，需要建立全新的管理思路和管理方法。

（3）新兴技术管理与发展过程的极度模糊和复杂性。

从技术角度看，组合是新技术的潜在来源。组合的威力在于它的指数级增长。如果新技术会带来更多的新技术，那么一旦知识元素超过一定的阈值，可能的组合数就会爆炸性增长，让新兴技术的发展过程表现出极度的复杂性。

随着科技创新活动加速迭代，新兴技术发展过程中的组合元素量级大大提高，这意味着许多行业的技术基础正在发生迅速和不可预料的变化。在许多行业中，某一特定产品的技术宽度已大大增加。例如，当前人工智能前沿领域技术的发展可能涉及电子学、信息学、物理学和数学各领域的知识，知识的涌现特征凸显。

从市场角度看，新兴技术的产业化会形成新的产业和市场，学者们将这类市场定义为新生市场（nascent market），具体是指新兴产业出现、形成早期阶段的商业环境。新生市场的典型特征是：未被定义或快速移动的产业结构、不清晰或缺失的产品定义、缺乏引导行动的主导逻辑。换言之，新生市场缺乏结构化的场景，具有高度的模糊性。而模糊性是指缺乏对特定事件或情形意义和含义的清晰解释，它的存在是因为缺乏因果关系的理解，以及关系和行为之间制度化的模式。因此模糊性会引起困惑和多种解释。

2. 新兴技术管理的阶段属性

新兴技术管理研究的核心问题是新兴技术对传统管理所带来的挑战，从"科学—技术—产品/服务"创新价值链来看，新兴技术管理关注的问题阶段是从科学研究揭示一种技术可能性到该技术商品化进入主要市场，这个阶段大致是图2-1中形式竞争和应用竞争两个交叉点之间的区域。新兴技术管理的不确定性以及极度模糊和复杂性，主要描述的就是在这个过程中与新兴技术发展相关的利益主体及发展要素之间的相互作用。

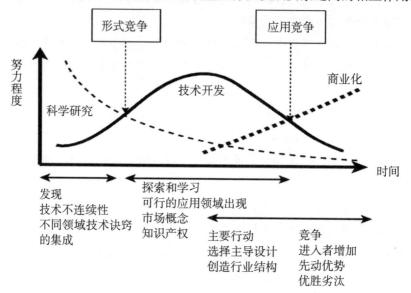

图2-1　新兴技术管理关注的阶段

资料来源：乔治·戴，保罗·休梅克. 沃顿论新兴技术管理[M]. 石莹，等译. 北京：华夏出版社，2002.

新兴技术管理的一个基本思路是：新兴技术的发展过程可以被划分为不同的阶段，在每个阶段，新兴技术演化的关键成功要素不同，所需要关注的管理重点也不同。从这个角度看，新兴技术管理具有高度依赖于发展情景的权变特征。

管理实践　一项新兴技术商业化的故事①

1. 项目起源

2013年，波士顿马拉松爆炸案发生后，麻省眼耳医院（MEE）的阿龙·雷蒙斯耐德（Aaron Remenschneider）医生接待了大量的耳鼓膜穿孔患者。这些患者需要通过手术重建耳膜以获得听力。当时，常规的做法是医生从患者身上采集组织移植物，并植入患者耳朵，诱导患者耳朵鼓膜修复。然而，从患者身体采集的移植物与正常的鼓膜结构很难匹配，所以手术经常失败。对手术方案进行了系统的研究后，雷蒙斯耐德医生最终把解决方案锚定在如何获得合适的鼓膜移植材料上。

2014年，雷蒙斯耐德和他的同事科津（Kozin）正好看到一篇关于3D生物打印技术

---

① 太湖知光公众号.大学技术商业化的真相是什么？没有持续性推动，再好的专利也走不出实验室，2021.9.3。

的文章，他们敏感地捕捉到这一信号，并联系该文章的作者詹妮弗·李维斯（Jennifer A. Lewis）教授。他们去李维斯教授实验室访问，并与其探讨 3D 生物打印技术是否可以用于改善鼓膜修复手术。讨论的结果是技术上有可行性，关键在于找到合适的移植材料。

于是，李维斯教授及其团队、MEE 医院的两名外科医生雷蒙斯耐德和科津，以及有产品开发经验的工程师组建了新的开发团队，着手研发一种产品——能改善鼓膜修复、可植入耳室的设备。他们为这个产品取名"PhonoGraft"，一项雄心勃勃的计划就这样开始了。

启示1：从一开始他们设定的目标就是开发一款产品——为耳鼓膜穿孔患者提供有效的解决方案。

2. 团队之初

最初发起者：MEE 医院外科医生雷蒙斯耐德博士以及他的同事科津博士。

项目领导者：李维斯，哈佛大学约翰·A. 保尔森工程与应用科学学院（SEAS）的教授、威斯生物工程研究所（Wyss）的教员。她既是本项目的领导者，也是相关背景知识产权的提供者。

团队灵魂人物：妮可·布莱克（Nicole Black），项目启动之初，她还只是一个研究生，不到20岁，刚加入李维斯教授的实验室，从事材料科学和生物工程方面的研究。毕业后，她去了威斯生物工程研究所，但一直在围绕项目做持续研究和开发。

启示2：随着项目的持续推进和进入的阶段，不断有新的项目成员加入。这个研究能够突破并在商业上取得成功，关键还在基于项目发展的需要，团队建设也在持续地推进，并最终形成了一支复合型的、多背景融合的专业团队。

3. 概念验证

项目启动之前，李维斯的实验室已经开创了多种可打印墨水和 3D / 4D 打印技术，用于图案化软和活材料，应用范围从软电子和轻质结构到血管化人体组织和器官，这是该项目很重要的研究基础。项目启动初期，布莱克尝试利用硅等大量现有材料来打印这种"生物设备"，但是并没有获得预期的结果。

于是，他们开始寻找新的材料。理想中的材料应具有可生物降解的特点，是一种可以直编程的"墨水"。经过不懈的努力，他们最终成功地开发出一种基于合成聚合物的墨水系统，实验获得突破性进展。

当然，这个过程中非常重要的是内窥镜技术和手术也得到了快速发展。采用内窥镜技术，研究团队能够在避免皮肤切口和耳后钻孔的情况下，直接通过耳道治疗患者。借助内窥镜，研究团队可以清楚地观察到移植物被新组织取代的过程。

启示3：李维斯的实验室前期大量的研究积累，以及内窥镜技术的发展成熟，都是这个项目能够获得成功的关键性技术配套。

4. 技术验证

技术上获得突破后，项目进入了技术验证阶段，这个阶段最为关键的是降低 PhonoGraft 平台背后技术的风险。在技术商业化的过程中，去风险是非常关键的一个环节，只有当技术的开发风险降低到可控范围内时，技术才会获得市场的青睐。因此，评估学术界产生的技术是否具有市场潜力时，很关键的一条是风险是否足够低或者是否可控。

技术验证接近尾声时，为了将研究成果尽快带给患者和市场，该团队决定成立一家初创公司。他们认为这对推动技术的商业化进程非常有帮助。于是，核心团队共同成立了一家生物公司——贝肯生物（Beacon Bio）。

正是这个时候，哈佛的技术转移办公室（OTD）和威斯生物工程研究所开始关注这个项目，并给予了一些关键性的支持。哈佛的OTD团队对PhonoGraft项目的商业模式进行了指导，并为其制定了与此相应的知识产权战略来支持该商业模式。威斯生物工程研究所将该项目列入研究所的高优先级项目之中，协助该项目开展技术验证。

启示4：具有市场潜力的技术，一般指的是那些已经在技术上和商业上完成了去风险的技术。也只有当市场潜力非常明晰的时候，与此相关的商业化策略、知识产权战略，以及配套资源才会出现。

5. 技术优化

当一项技术显示出较大的商业潜力，或是被威斯生物工程研究所确认为变革性的技术的时候，威斯生物工程研究所就会协助这些有潜力的项目开展技术优化，进一步消除其在技术和商业化上的风险，提高其在市场上成功的概率。

在这个项目中，威斯生物工程研究所不仅为该团队提供了新的研究基地，帮助他们制定了市场营销策略，联系了潜在投资者，支持他们做市场推广，还给予了团队最关键的支持——为其配置多元化、功能型的协作团队。除了原有的核心团队，根据项目需求，不断有新的成员加入团队。比如：尼古拉斯·塔格特（Nicholas Traugutt）博士，加入团队后负责新型聚合物的开发；索菲亚·史密斯（Sophia Smith）加入团队后负责特殊材料表征；蒙罗兹·蒙德（Moritz Mond），一位机械领域的研究员，他加入团队后负责调整PhonoGraft设备的3D打印设计；帕特里克·赫尔墨斯（Patrick Holmes），MEE医院的特遣员，加入团队后负责相关的体内研究工作；梅查·朱克威茨（Mischa Jurkiewicz），加入团队后，为PhonoGraft团队的商业战略提供了重要的支持。

2.2 新兴技术管理与相关概念辨析

2.2.1 突破性创新

1. 突破性创新的概念

突破性创新是具有高度影响力的创新，这种影响不仅体现在技术取得突破性发展，也体现在技术发展对市场的重要影响。阿伯纳西（Abernathy）和厄特拜克（Utterback）（1978）最早提出突破性创新（Radical Innovation）的概念，并将其视为新兴产业形成的源头。随着研究的不断深化和企业创新实践的发展，学者们对突破性创新的概念和内涵进行了进一步的细化和拓展。列佛（Leifer，2000）认为，根据创新程度，可将创新划分为渐进性创新与突破性创新。科特尼科夫（Kotelnikov，2000）认为突破性创新是在工艺、产品和服务领域出现的剧烈的变革，这种变革会改变现有的市场和产业，并创造出全新的行业和市场。高德（Godoe，2000）认为，突破性创新是一种推动技术更新、大范围取代现有产品的创新模式。梦特娇（Montaguti）等（2002）认为，突破性创新是采用突破性的方法研发新技术和新产品的一种动态过程。

综合前人研究以及对我国高新技术产业的突破性创新的理解，本书提出，突破性创新以突破性技术为起点，以产业的创造性破坏为结果。在此基础上进一步将突破性创新界定为：建立在技术的颠覆性革新基础上，由方法、产品、设备、材料等技术主题发生不连续性变化所引发的性能的跃迁或功能的变化，最终导致市场、产品、服务、商业模式等发生不连续性变化，覆盖原有市场或开启新的市场和潜在应用的一类创新。

2. 突破性创新的内涵特征

对突破性创新内涵特征的研究聚焦在两个方面：一是基于技术的重大创新（technology-based radical innovations），二是强调技术变革前提下带来的技术进步和市场扩充。突破性创新具有新颖性，伴随着突破性创新出现的新产品或新的用户需求，如产品、工艺或服务具有前所未有的性能特征或性能、成本均有巨大改进，产品具有全新性能或绩效的大规模提升；突破性技术具有较强的通用性，能够应用到多个潜在应用领域。

突破性创新有如下三个特征。

（1）突破性创新的新颖性。突破性创新使得技术轨道在演化过程中发生不连续跳跃，而科学知识的新颖性是推动技术轨道发生跳跃的主要因素，因此建立在全新的知识基础上的技术更可能产生突破性创新。通过被引科学知识的新颖性评判技术创新的新颖性，可以对突破性创新进行有效的识别。阿炬（Ahuja）和莫里斯（Morris）（2001）使用高被引专利进行识别，对1980—1995年全球化学产业进行分析的结果表明：新颖（novel）、新兴（emerging）和首创（pioneering）促进了突破性创新的形成，专利的新颖性越高，越可能产生突破性创新。

（2）突破性创新的通用性。一是广泛性，可以被用于很多产业部门；二是持续改进，技术本身随时间持续改进，降低用户使用成本；三是创新酵母，通用性技术能够刺激用户部门新产品和过程的创新，同时，驱动制造部门或研发部门提供补充性的技术和产品创新。

（3）突破性创新的价值性。突破性创新的价值性涉及对技术价值的评估和创新价值的评估。瑟瑞斯（Sorescu，2008）研究了突破性创新对企业绩效的正常利润、经济租金和企业总风险三个方面的影响；娄岩等（2010）认为新技术价值的评估应该在综合考虑不确定性和风险性的情况下，评价其可能的经济效益。突破性创新的价值应当使用实物期权的方式进行评估，突破性创新的价值性体现在未来的经济属性、创新的可实现性和风险性三个方面。

3. 突破性创新研究的焦点

现有对识别突破性创新的研究主要集中在两个方向，一个方向是管理学派的研究，它遵循"结果导向"，主要从突破性创新的结果表现进行测度，多从突破性创新所呈现出的重大技术突破和重大发展需求的"双重"特性来对突破性创新进行识别和界定，更多关注突破性创新的结果和影响。另一个方向则是科技情报的学者基于文献和专利方面的研究，通过对突破性技术创新的知识特征进行表征，进而提出识别突破性技术创新的方法，主要关注对突破性技术创新的早期识别和跟踪。

2.2.2 颠覆性创新

1. 颠覆性创新的概念

克里斯滕森（Christensen，1997）在《创新者的窘境》一书中首次提出了"颠覆性技术"（disruptive technologies）一词，并提出了颠覆性创新能够实现的基本假设和主要路径。经过20多年的发展，颠覆性创新理论已经成为管理学界和实践界最具影响力的理论之一。具体来讲，颠覆性创新是指企业基于够用技术（good enough technology）的原则，建立在新技术或是各种技术融合、集成的基础上，偏离主流市场用户所重视的绩效属性，引入低端用户或新用户看重的绩效属性或属性组合的产品或服务，通过先占领低端市场或新市场，从而拓展现存市场或开辟新的市场，引起部分替代或颠覆现存主流市场的产品或服务的一类不连续技术创新。

2. 颠覆性创新的分类

依据新产品对现有主流市场的侵入方式不同，克里斯滕森等将颠覆性创新划分为新市场颠覆性创新与低端市场颠覆性创新，还有学者在此基础上将其细分为高端颠覆性创新和低端颠覆性创新，斯特（Schmidt）和德鲁赫（Druehl）（2008）将新市场颠覆性创新进一步细分为边缘市场颠覆性创新和分离市场颠覆性创新。这种市场入侵方式的划分方法基于市场观的解释，将颠覆性创新视为市场策略或战略工具，忽视了产品技术在其中的重要作用，很容易与传统的低端创新、利基策略和蓝海战略等混淆，在一定程度上削弱了颠覆性创新的重要价值。

有学者基于创新产品和服务价值属性的提供方式，将颠覆性创新划分为颠覆性技术创新及颠覆性商业模式创新。这种分类方式倾向于现象和形式上的描述，林春培（2012）认为该种分类方法具有局限性，因为大量颠覆性创新都是颠覆性技术和商业模式共同作用下的结果，从集合论角度来说，没有明确的划分依据，两者存在交叉。像点对点航空、在线教育、网上书店等所谓的颠覆性商业模式创新，其本质上源于信息传输与存储、互联网和计算机等技术的发展，商业模式已经上升至业务经营等其他层面。而且，这种划分较为笼统，难以甄别颠覆性商业模式创新和一般意义上的商业模式创新。

不足的是，以上两种分类方式并未充分体现颠覆性创新的不连续性这一本质特征。此外，还有其他经典分类方式，并不局限于克里斯滕森的研究范式，例如亨德森（Henderson）和克拉克（Clark）（1990）从构件维度（改进和颠覆）和联结方式维度（变化和不变化）将创新分为渐进式创新、模块化创新、架构创新和激进式创新。不过，这种分类是基于技术变动方式的角度，强调了产品技术层面，但未结合市场需求。

2.2.3 不连续性创新

1. 不连续性创新的概念

不连续性创新与连续性创新是一组相对的概念。连续性创新（continuous innovation 或 sustaining innovation），又称维持性创新，从一个特定企业的角度来说，如果创新是建立在原有的技术轨迹、知识基础上的，不断地改进，推出新产品，那么这种创新就是一种连续性创新。

不连续性创新，又称间断性创新（discontinuous innovation），是指脱离原有的连续性的技术轨迹的创新，包括突破性创新、颠覆性创新等。

2. 不连续性创新的内涵——基于技术S曲线的解释

从上述概念对比可以看出，不连续性创新与连续性创新的划分，取决于是否脱离原有的轨道（trajectory），主要指技术轨道。而描述技术轨道最通用的工具就是技术S曲线。世界公认创新算法——TRIZ之父根里奇·阿奇舒勒（Genrich S. Altshuller）通过分析大量的发明专利发现技术系统的进化和生物系统进化一样，都满足S曲线进化规律。S曲线按时间描述了一个技术系统的完整生命周期。技术S曲线是指每一种新技术的发展都表现出S形曲线特征。在导入期，技术进步比较缓慢，一旦进入成长期就会呈现指数型增长，但是技术进入成熟期就走向曲线顶端，会出现增长率放缓、动力缺乏的问题。这个时候，会有新的技术在舆论推动下从下方蓬勃发展，形成新的S形曲线，并最终超越传统技术。新旧技术的转换更迭，共同推动形成技术不断进步的高峰，从而带动新经济的发展。而不连续最初的内涵就是转换更迭中的新旧技术的发展曲线的间断和跃迁。

从技术进步的角度看，一项技术并不一定都有机会到达它的极限。当一种技术的进步实现了类似的市场需求，但是以一种全新的技术为基础时，称之为不连续的技术创新。如：从螺旋桨式飞机到喷气式飞机的转变，从乙烯基录音技术（或者类似的磁带）到高密度唱片等的转变等。虽然新技术的出现往往伴随破坏性，但从技术驱动的角度看，企业总是会致力于开发新技术，获取高额利润。

从技术扩散过程看，用户更多地考虑技术或产品给自身带来的效用，或者说能否满足自身的需求（含潜在需求），而不是技术的先进与否。如果某种技术进步的速度超越用户需求或用户能够吸收的性能改进速度，或者技术的进步不能满足用户的需求，技术应用的扩展就会出现不连续性。此时，努力开发能更好地满足用户需求的新技术，获得先动优势及高额利润成为企业的重要动力。因此，企业不连续性创新的实现必须满足两个条件：一是发现新知识，二是发现新市场空间。

2.2.4 新兴技术管理与上述三类创新的联系与区别

通过上述三类创新概念的阐述，可以看到新兴技术管理与上述三类创新活动存在密切的关系，但关注的焦点存在差异，具体对比如下。

1. 突破性创新与新兴技术管理的对比

突破性创新强调的是创新的结果和影响，与新兴技术的显著潜在影响的属性特征高度一致。但需要注意的是，在突破性创新的研究中，技术和产品的概念是合二为一的，突破性创新既指代突破性的技术创新，也指代突破性的产品创新。突破性创新主要关注结果实现的商业和管理活动，忽视了科技创新价值链中从技术到产品，尤其是商品的鸿沟。而新兴技术管理研究的对象很明确，就是技术，不仅关注技术自身的发展和进化，也关注技术如何通过应用探索转化为产品、商品，实现价值的创造。从这个角度看，与突破性创新相比，新兴技术管理是一项链接科技与产业的跨界管理活动。

2. 颠覆性创新与新兴技术管理的对比

从颠覆性创新的概念以及克里斯滕森本人对这一概念的解读可以看出，颠覆性创新关注如何让更广大的人群能够享受创新带来的成果。从这一核心思想出发，颠覆性创新的本质是用户导向的创新，通过对用户价值的重新定位来实现创新，颠覆主流的市场格局。在颠覆性创新中，技术只是实现客户价值重新定位的工具，因此并不强调技术的领先性和前沿性。在对颠覆性创新的扩展讨论中，学者们在低端市场颠覆和新市场颠覆两种路径基础上，提出了第三类创新的颠覆路径——高度市场颠覆，即创新产品最初聚焦于高端市场，随着创新迭代、价值下降，最终进入主流市场。这一路径最有代表性的案例是特斯拉最早进入电动汽车市场的策略。

相较于颠覆性创新的市场导向特征，新兴技术管理在早期更多体现出市场创造的特征。其核心目的是为新兴技术寻找、探索可能的应用场景和市场空间。这一过程与颠覆性创新的第三类路径高度吻合，因为新兴技术的内在属性特征决定了其进入市场早期的价格非常昂贵，但随着"技术-应用"迭代创新，其价格改进的空间巨大，具有通过高端市场颠覆进入寻常百姓家的可能性和可行性。无论是计算机、互联网，还是生物技术领域的创新疗法的发展，基本都遵循从高端（专业）市场进入，最后惠及普通大众的技术进步和技术扩散路径。

3. 不连续性创新与新兴技术管理的对比

从不连续性创新的内涵属性来看，突破性创新、颠覆性创新和新兴技术都具有不连续创新的特征。突破性创新主要关注的是技术的不连续性，颠覆性创新主要关注的是市场的不连续性。但新兴技术的管理需要同时关注这两类不连续性。从创新的角度来看，新兴技术发展过程中的创新活动，不仅包括技术的不连续，也包括市场的不连续。在新兴技术的不连续创新过程中，技术性能的S曲线和技术扩散的S曲线是密切相关的：技术性能的进步加速了市场对技术的认可，用户将会不断累积；而市场的广泛认可又激发了对技术进步的投资，使技术日趋完善，逐渐接近其极限。但是技术进步和应用扩展并非总是协调一致的。一方面，技术的发展可能会超越市场的需求；另一方面，技术的发展可能不能满足市场的需求。这两种情况下，都会出现大量丰富的不连续性创新的机会。

2.3 为什么要关注新兴技术管理

2.3.1 研究新兴技术管理的重要性

新兴技术一直是学术研究的热门话题，也是政策讨论和倡议的核心议题。如图2-1所示，越来越多涉及新兴技术的出版物和新闻报道（在标题或主要段落中）都提到了新兴技术，这证明人们对新兴技术现象的关注与日俱增。从1980年到2012年，所有学科和社会科学方面有关新兴技术的出版物数量的年均增长率分别为12.5%和23.8%。SCOPUS的出版物总数平均每年增长4.9%。

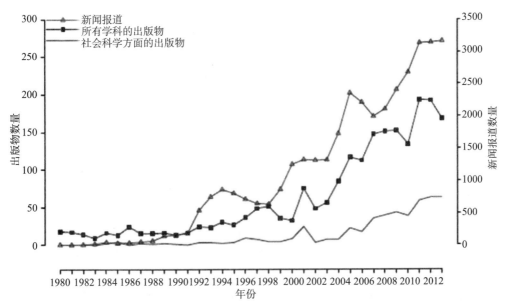

图2-1 包含"新兴技术"核心词的出版物数量变化趋势

资料来源：ROTOLO D，HICKS D，MARTIN B. R. What is an emerging technology？[J]. RESEARCH POLICY，2015，44（10）：1827-1843.

研究新兴技术和新兴技术管理无论对国家、企业，还是对促进管理理论的发展，都具有重要的意义，以下几点是其中最不可忽视的意义。

第一，新兴技术的产生和发展将会对经济结构和实现可持续发展产生重要影响，并不断催生出新的行业和新的产业。

历史经验告诉我们，一个国家或一个地区经济发展的过程，就是产业结构高级化的过程，新兴技术的发展正是实现产业结构高级化的根本途径。一项技术在萌芽之初，因演化环境、管理思路和技术自身的不同，可能会向多个方向发展，其中一些演化成为新兴技术，而另一些则可能昙花一现，成为过眼云烟。那么哪些技术会成为未来的新兴技术呢？这是一个具有重要现实意义的问题。在技术的萌芽和成长阶段能初步识别和判断，无疑对国家、地区和企业都是一件十分重要的事情，将会对发展新产业提供重要指导。深入研究和探索新兴技术从萌芽到产生、发展壮大的过程和规律，是发现和寻找在未来可能形成新产业或新行业的基础，可以为未来做好充分准备。

第二，对于发展中国家和中小企业来说，大力关注和发展新兴技术，是真正意义上实现跨越式发展的重要途径。

由新兴技术的概念和特点我们不难看出，在发展新兴技术面前，发达国家和大企业的优势在弱化，大企业臃肿的组织结构和思维定式并不是催生新兴技术的理想环境，中小企业打败大企业的案例比比皆是。这正是发展中国家缩小与发达国家的差距、中小企业加速发展的重大机会。例如，IBM公司在开发Linux中的关键硬盘管理软件修改版的竞争中，就曾败给了一家小公司——Sistina Software公司。稍后介绍的帕尔姆公司在数字个人助理的竞争中，击败众多国际著名公司，则是在新兴技术领域一家初创的小公司战胜众多大公司的又一个典型案例。再如，我国在通信设备行业的追赶与超越，就是抓住了新兴技术带来的弯道超车的机会。

第三，有效管理新兴技术将会对传统的管理方法带来极大的挑战。

传统的管理理论和方法大多是建立在持续性假设而非不确定性假设的基础上的，因此强调均衡性、持续性（可预知性）和最佳性。在面对新兴技术时，这些方法直接受到了新兴技术未来发展的高度不确定性以及不均衡性（间断性或突变性）的挑战，因此需要不断发展新的管理理论和管理方法。随着新兴技术管理研究的深入，必将对管理科学的发展做出重要贡献。比如，目前大多数常用的预测方法、投资决策方法等，可能都不能完全满足管理新兴技术的要求。

第四，有效管理新兴技术将会大大丰富管理思维的内容。

管理思维是一个正在引起管理学界重视的新兴研究方向，管理者所处的管理层级越高，管理思维的作用越显著。由于在管理新兴技术时，几乎很难找到可供借鉴的资料，因此新兴技术大多属于"前无古人，后无来者"。管理科学中常见的利用过去推测未来、站在现在看未来的思维方式（包括经验、数据等），由于既很难找到真正适用的案例和数据，又严重低估了未来的不确定性，所以在面对新兴技术时，时常会力不从心。在发展和管理新兴技术时，需要不断进行思维创新，发展出一套适用于新兴技术管理，特别是应对高度不确定性的管理思维。

第五，可指导发展中国家发展适合自己国情的新兴技术。

发展中国家与发达国家在科技、经济和社会发展水平等方面存在差异，且发展新兴技术的基础设施不同，因此发展中国家在选择和发展新兴技术时，应结合自身的实际情况。并非最先进的技术就是适合发展中国家的新兴技术。在选择技术的总体发展方向时，发达国家与发展中国家应该是一致的，如现在世界各国都将发展电子信息技术、现代生物技术、纳米技术等作为发展新兴技术的主攻方向。但在某一阶段选择某种具体技术时，结果可能会有所不同。发展中国家在基础理论的原始性创新上力量相对薄弱，因而可将应用性原始创新作为主要发展方向。

例如，2007年1月的Mac World大会上，乔布斯发布了搭载iOS原型的苹果第一款手机，当时的手机并未安装应用程序，但3.5英寸480×320分辨率的大屏幕、多点触控的交互方式以及从未见过的简洁UI，都颠覆了人们对于传统意义上手机的认识。2008年3月，苹果发布第一款iOS软件开发包，并在当年7月推出App Store，这是iOS历史上的一个重要里程碑，它开启了iOS和整个移动应用时代。收入三七分成的制度和良好的开发环境迅速吸引了大量开发者。开发者参与开发了海量应用，App病毒式地激增与蔓延，iOS生态逐渐建立。同时，iOS也凭借着苹果公司的产品，不断在自己的生态中发展壮大。

2007年11月，谷歌公司正式向外界展示安卓（Android）操作系统，并且宣布建立一个全球性的联盟组织，该组织由34家手机制造商、软件开发商、电信运营商以及芯片制造商共同组成。这个联盟支持谷歌发布的手机操作系统以及应用软件，将共同开发维护安卓系统的开放源代码。由于谷歌当时只做软件，其开源的属性让硬件厂商放下了很多被他人控制的担忧，积极加入安卓系统的使用之中。随着越来越多的厂商与开发者参与其中，安卓逐渐成为全球最大的手机操作系统。

与上述两个发达国家领先企业的高调发展策略不同，印度的KaiOS已经成为世界第三大的智能终端操作系统，其成功经验是面向印度十亿人口规模的单区域市场推出搭载印度KaiOS操作系统的Jiophone，并搭配极为低廉的4G套餐价格。每月花费49印度卢比（折合人民币约4.6元）就可以获得无限时长语音通话、1 GB数据流量以及许多免费的应用，以快速获取对价格敏感的广大用户（依赖4G网络服务吸引了1亿多用户），然后基于KaiOS手机操作系统做硬件，基于硬件做服务生态，打通网络—操作系统—硬件—服务一整套上下游产业链。

通过下面两个简单的案例资料，我们可以进一步从国家和企业两个层面更好地理解管理新兴技术的重要性。

案例资料　通信产业演进：技术换代与先动优势[①]

2015年10月26日至30日，在瑞士日内瓦召开的2015无线电通信全会上，国际电联无线电通信部门（ITU-R）正式批准了三项有利于推进未来5G研究进程的决议，并正式确定了5G的法定名称是"IMT-2020"。根据全球移动通信系统协会（GSMA）的预估，到2025年，5G连接将达到11亿，约占移动连接总数的12%。该机构还预测，到2025年，运营商总收入将以2.5%的增长率增长，达到1.3万亿美元。

面对中国在5G领域的领先优势，美国国防部在2019年的一份报告中写道：无线通信技术的历史变迁表明，该领域内先行者国家将获得巨额的收益，同时还将创造大量就业岗位，并在技术创新方面处于领先地位。同时先行者国家还会制定标准和规范，其他国家将不得不采用这些标准和规范。相反地，在以前的无线迭代转变中落后的国家，因为不得不采用领先国家的标准、技术和架构，从而丧失了新一代无线技术的开发能力和市场潜力。

以德国为首的欧洲为例，在2G时代获得了第一个竞争优势，诺基亚和爱立信等公司可以更早地推出更先进的设备，并在2000至2010年开始向3G转型，而当时的美国仍在推行2G。在这一转型过程中，美国失去了数千个工作岗位和可观的收入。在此期间，多家无线技术公司倒闭或被收购到外国公司中。

美国在4G和4G LTE的发展中吸取了教训。2010年率先推广LTE技术，4G手机和4G应用程序服务也传遍了全球，推动美国在全球无线和互联网服务领域占据主导地位。

自LTE推出以来，原来的无线竞争格局发生了变化。中国电信设备巨头华为的全球营收从2009年的约280亿美元增至2018年的1070亿美元，而爱立信、诺基亚等这些传统市场领军企业同期营收均有所下降。华为、中兴通讯、小米、VIVO和OPPO等中国手机厂商在全球市场的份额迅速增长，尽管在美国市场的销量还比较小，但在使用率和影响力

---

① MILO MEDIN，GILMAN LOUIE. 5G生态系统：对美国国防部的机遇与风险[R]. 2019，4.

方面仍在迅速增长。2009年，收入排名前十的互联网公司都是美国公司。如今，在前十名里中国企业占了四个席位。这种趋势仍在继续，如果中国继续领先，以5G为代表的未来网络有可能进一步向中国倾斜。

2.3.2 新兴技术对传统管理思维和方法的挑战

1. 新兴技术管理是一场不同的竞赛

在《沃顿论新兴技术管理》一书中，新兴技术管理被隐喻为"是一场不同的竞赛"。因为传统的管理理论和方法，如战略规划、金融分析、营销战略和方法，都建立在持续性的假设之上，强调均衡性、合理性和最佳方案，因此控制和管理不确定性被视为传统管理方法的核心宗旨。但由于新兴技术的内在属性特征，我们很难用传统的管理方法（控制不确定性）来有效管理新兴技术。成功的企业不仅能更好地与不确定性共存，更是能够操纵和利用不确定性为企业发展谋求机会空间的"高手"。这一思路与塔勒布的著作《反脆弱：从不确定性中获益》一书中的思想不谋而合。

传统的管理理论框架和方法在比较稳定的产业和市场情景中仍然具有重要的应用指导价值。但在新兴技术管理情景中，需要一套更适合新兴技术高度不确定性和创造性毁灭特性的理论框架和管理工具。而这一目标的实现是建立在理解这场"不同竞赛"的规则和内在结构上的，见表2-1所列。

表2-1 新兴技术管理与传统管理任务特征比较

领域	老技术	新技术
环境/行业	可控制的风险和不确定性(少量不持续性结果决定未来)	不稳定、不可预测(没有预测未来的基础)，高度复杂性和模糊性
(a)组织结构	稳定、可预测	混乱、不确定
(b)反馈	线性、结构化	随意、模糊
(c)参与者(例如:供应商、竞争对手、客户、渠道、管理者)	有限	正在形成中
(d)竞赛范围	清楚确定	形成中/变革中
	关注优势和资源的获取 提供时间表 传统的战略工具 收敛思维	适应性\多样化战略 实时,问题导向的程序 情景发展 发散思维
组织环境 / 氛围 (a)文化/制度	公认的规则，众所周知的熟悉领域	无规则,常识不适用或起误导作用
(b)边界	严格明确的边界,依赖现有能力	可渗透的边界,强调超越,利用合作伙伴克服能力的缺乏,依赖外部资源

领域	老技术	新技术
(c)决策	确定的程序和过程,避免矛盾冲突	决策速度不断加快,奖励建设性冲突和直觉
资源分配 (a)标准	传统现金流折现/投资回收期或股东价值创造	实物期权价值;启发式的标准
(b)过程与责任	确定的过程(风险明确/报酬权衡)	非正式而重复的(小规模投入)
(c)监控	尺度明确	可调整的判断
市场评估	稳定环境中的结构化研究,有已知特征、可辨认的公平交易和明确的竞争者,强调初级需求	实验和探索学习方法;潜在需求研究;主要用户分析;强调二级需求
开发流程	正式的阶段性,以可复制性、明确的步骤、固定的规范和时间市场压力为目的	通过实验的早期发展适应性过程,具有多重选择和灵活的时间框架
人员管理	传统招聘、选择、管理、提升和保障制度	新颖/强调多样化,打破规则,新的保障制度
利润分配	利润用于保持可承担的优势,主要是建立持久性专用和不易模仿的资源优势	利润用于各种机制,例如专利、保密、时间领先和控制补充性资产等

资料来源:乔治·戴,保罗·休梅克.沃顿论新兴技术管理[M].石莹,等译.北京:华夏出版社,2002.

2. 在位者的陷阱（incumbent curse）

在面对新兴技术带来的大量颠覆性创新机会面前，传统的在位企业不仅不能主动出击、抓住机会，还往往落入反应迟钝、应对不力的困局，管理学界将这种现象称为"在位者的陷阱"。常见的在位者陷阱有以下几类。

（1）参与过晚。面对新兴技术的高度不确定性，采取等待和观望的态度不仅具有吸引力，也有合理性。管理者通常采用把秩序强加于模糊环境的思维模式，想把不确定性降到可管理水平。换言之，管理者的判断和决策往往是基于过去的经验，其认知模式可能导致遗漏或错误理解新兴技术发展的各种可能信号。例如，在20世纪70年代末，当英特尔8080芯片让个人电脑具备技术可行性、Altair证明了个人电脑的商业可行性时，计算机巨人IBM并未能看到这种产品的巨大市场潜力，不能理解"个人有什么理由拥有一台计算机"。直到苹果公司在PC市场取得巨大成功之后，IBM才匆匆进入这一领域，但早已丧失了新兴产业发展的巨大先机。

（2）坚持熟悉的一切。另一个经常被用来说明在位者陷阱的例子就是柯达。作为胶片相机的全球霸主，虽然率先发明了数码成像技术，但最终却被这一自己发明的技术驱逐进入破产的境地。柯达之所以陷入这一陷阱，是因为它不愿意放弃原先积累的技术壁垒。数码照相所需的半导体技术与胶卷冲印相关的化学技术基本不搭边。面临数码照相的挑战，柯达很清楚，自己在半导体领域内没有任何竞争力，也没有任何战略能力的积累。所以柯达宁肯守着深耕了上百年的化学领域，也不进入自己毫无积累的芯片存储领域。从鼎盛期超过8万人到经历了破产重组之后只剩下2000人，今天的柯达缩小为一家特殊化学材料公司，因为这是它拥有最深厚的技术壁垒的领域。

（3）不愿全力投入。一项对27家老牌企业的调查表明，只有4家公司积极参与一项具有威胁力的技术，另有3家公司完全没有参与。多数公司一开始只是保守地投入，使得来自现有行业以外的公司获得时间。一个著名的案例是，2007年，面对苹果发布智能手机的颠覆式挑战，诺基亚应对缓慢，浪费了宝贵的时间。面对苹果基于iOS操作系统构建生态系统的全新战略，诺基亚虽然也对其操作系统进行了生态化战略的尝试，但却缺乏全力投入的决心。一方面沿用旧的系统，代码陈旧，不易加上新的核心功能，难以适应千变万化的市场形势；另一方面是缺乏对开发者培养的投入，对开发者不友好，应用程序开发者的门槛高。最终导致诺基亚所建立的硬件优势与品牌效应被无限弱化。

（4）缺乏耐心和持久性。作为PC行业的绝对主导者，英特尔（Intel）曾经一度是芯片行业的代名词。但这家由集成电路之父、摩尔定律提出者、数字时代最具远见的先知戈登·摩尔（Gordon Moore）一手创办，凭着x86架构在PC处理器领域领先的英特尔公司，却在智能手机时代败下阵来。英特尔向移动芯片领域发起过两次冲击，但都以失败告终。这成为英特尔半导体史上最大的败笔之一。英特尔首先花费数十亿美元设计和生产这些芯片，然后又花费数十亿美元鼓励硬件制造商使用它们，但最后并没有得到市场的青睐。在经历了长达七八年的苦苦挣扎后，英特尔最终选择了放弃。2016年，英特尔宣布停止对Broxton（主要面向高端）和SoFIA（主要面向低端）两款的ATOM系列处理器产品线的开发。放弃移动芯片市场并不代表英特尔放弃对整个移动市场的"野心"。做不好移动处理器，英特尔遂转战基带芯片。

针对在位者陷阱的普遍性，学术界展开了大量的研究，主要研究方向如下：一是对在位企业落入上述陷阱的原因展开研究，从组织惯性、路径依赖等理论视角提出解释；二是对在位企业参与颠覆性创新的阻碍因素进行了识别，包括资源分配的障碍、社会心理方面的障碍等。此外，也有一些研究关注的是在位企业如何克服在位者陷阱、更好地参与颠覆性创新活动。

3. 挑战者的双重新进入缺陷

新兴技术初创企业是新兴技术商业化的重要载体，是不连续性创新的挑战者，是实现经济创新驱动的重要新生力量，但它却没有得到充分的研究。以电子显示行业为例：当业界都寄希望于三星、夏普、京东方等成熟在位企业发展新兴柔性显示技术的时候，初创企业柔宇科技（Royole）携柔性显示"黑科技"创业，在短短4年内成为估值超过30亿美元的独角兽，与华大基因、大疆等企业一起被评为深圳2015年十大创新公司。而这样的"明星式"新兴技术创业活动，也引起业界的质疑。与此相应的是，理论界陷入熟悉性陷阱，忽视了对这一新兴现象的关注和研究。一方面，在新兴技术管理、颠覆性创新等创新研究领域，理论界重点关注不连续性创新对在位企业带来的挑战以及应对策略，忽视了作为颠覆者（disruptor）的新兴技术初创企业，面临着不一样但更为巨大的困境（dilemma）。另一方面，技术创业活动是将新兴技术转化为价值创造系统的关键性商业活动，却没有得到创业领域学者的充分研究，虽有研究主要围绕微观的创业过程和创业者，但忽视了新兴技术创造的不连续性所带来的系统性（结构性）不确定性对初创企业机会空间的双面影响。例如，特斯拉创业之初，不仅面临由于新生性（newness）导致的成长劣势（liability）或弱性（weakness），还面临着将不同于传统燃料电池的锂电池技术路线合法化的挑战。

为了更好地研究新兴技术创业这类特殊创业活动的规律，王敏等提出双重新进入缺陷这一概念来描述新兴技术初创企业面临的真实挑战。第一重新进入缺陷被定义为Ⅰ型进入缺陷，指初创企业因创业者经验和信任的缺乏导致资源不足而形成的生存挑战；第二重新进入缺陷被定义为Ⅱ型进入缺陷，指作为颠覆者的新兴技术初创企业面临着将新兴技术合法化（legitimation）为产业标准（主导设计）的发展挑战。以自动驾驶技术（autonomously driving）领域的新兴技术创业活动为例，对双重新进入缺陷加以说明。自动驾驶的核心挑战是多传感器融合。目前这一问题的技术解决方案有两种：一种是毫米波雷达+光学摄像头，另一种是激光雷达。特斯拉采用的是前一种方案，而谷歌旗下的Waymo公司采用的是后一种方案。自动驾驶初创企业Otto开发出一种激光雷达系统，将原本10万美元的成本降至1万美元以内。因为自动驾驶产业远未成熟，Otto公司不仅面临企业因资源不足而形成的Ⅰ型进入缺陷，也面临Ⅱ型进入缺陷：其他企业会开发出新的技术方案并成为产业主导设计，从而导致企业失去发展的机会空间。新兴技术产业孵化期和成长期是颠覆性创新的主要机会窗口，表2-2对这两个阶段新兴技术初创企业面临的双重新进入缺陷类型和成因做了归纳。

表2-2　不同阶段新兴技术初创企业双重新进入缺陷类型及成因

类型		阶段	
		孵化期	成长期
Ⅰ型进入缺陷	企业内部缺陷	认知缺陷：内部角色、结构、流程、关系定位不足	认知缺陷：内部角色冲突，内部结构、流程、关系低效率
	企业外部缺陷	认知缺陷：产品应用场景不清(任务认知缺陷)、对新兴技术产品领先用户的知识缺乏(用户认知缺陷)	认知/实用缺陷：对新兴技术利基市场的利益相关者不清(行业准入缺陷)
Ⅱ型进入缺陷	创新生态系统形成缺陷	认知缺陷：角色定位不清；竞争一合作关系不清；主要应用领域和目标市场不清晰；规范缺陷：技术轨道流动性；主导设计竞争性。创新生态系统最小可行方案(MVP)未形成	认知缺陷：创新生态系统结构不清；缺乏治理机制和策略的知识；规范缺陷：创新生态系统的扩张和迭代知识不足

2.4　新兴技术管理的内容

综合国内外新兴技术管理与技术创新管理领域的研究成果，结合团队前期的研究成果，以及对国内外新兴技术产业发展实践的观察，本书认为新兴技术管理的内容涵盖企业、产业、政策三个层次。

2.4.1　企业层次的新兴技术管理内容

1. 新兴技术的识别与评估

新兴技术因其创造性破坏的潜在影响引起产业界的极大关注，但这种关注具有滞后性：突破性的技术创新只有在取得实质性发展后才为公众所认识。在技术发展初期，没有人知道哪些技术会成为最终的赢家。这正是新兴技术管理面临的第一个挑战。企业必须从纷繁复杂的技术可能性中识别有商业潜力的新技术，并基于对技术的评估做出相应的投资决策。

2. 新兴技术的发展战略

新兴技术未来发展的高度不确定性和创造性毁灭的特性，给企业制定新兴技术的战略规划带来了前所未有的困难，也给制定战略的思维方式带来了巨大冲击。一些在传统意义上相对稳妥的战略选择，被应用到新兴技术的战略制定上则完全可能是一种冒险的选择。降低新兴技术未来发展高度不确定性的重要途径，就是保持战略的灵活性。因此，制定新兴技术发展战略的艺术，制定战略的指导思路，构成战略的支柱，制定战略的核心，如何保持战略的柔性，如何发展新型的战略思想和战略模式，如何进行战略的组合，以及技术战略的制定与实施等，都将是新兴技术管理要研究的内容。

3. 新兴技术的市场管理

新兴技术面对的大部分市场是一种新兴市场（与国际贸易中的新兴市场有相同之处，也有区别），这种新兴市场的最大特点是很少有可供借鉴的资料。新兴技术的市场又主要可分为爆发性市场和团簇性市场两类。从大的方面看，新兴技术的市场管理就是要解决如何根据新兴技术来开发市场和如何根据新兴市场来开发新兴技术两个问题。具体来讲，又主要包括新兴技术的市场特征，新兴技术未来市场的评估，细分市场中的团簇性，在团簇市场中解决技术障碍，在团簇市场中确定有价值的技术，团簇性市场的开发，爆发性市场的开发与管理，新兴市场中需求信息的搜寻和获取，一些有价值的管理方法（如实物期权法和情景分析法等）在新兴技术市场拓展中的应用，以及新兴技术的扩散与采用，市场拓展中的技术战略等内容。

4. 新兴技术的融投资评价方法

传统的融投资决策方法的基本假设与新兴技术的特点明显不相符，因此需要建立新的关于新兴技术的融投资评价方法和价值评估方法，包括发展和建立适用于新兴技术的融投资评价和价值评估的定量方法，进一步分析和研究实物期权思维和方法如何应用于新兴技术管理，实物期权价值的计算，如何开发和管理实物期权，如何创造和构架新的期权等；此外，还应研究新兴技术的风险评价和管理，包括技术风险、市场风险和商业化风险的评价及管理等。

5. 新兴技术的组织与人力资源管理

新兴技术作为一种先进的技术手段，会对企业的组织产生影响，如随着信息技术的发展产生出了诸如网络组织、虚拟组织等各种新型的组织形式；新兴技术管理的特殊性也会对企业的组织理论产生影响，如发展新兴技术需要新型的组织形式以减小其高度的不确定性；同时，新兴技术的发展将在更大程度上依赖于人力资本的作用。因此，新兴技术管理在组织与人力资源管理方面将致力于以下基本问题的研究：新兴技术对企业组织结构的影响和要求；发展适应新兴技术的企业组织理论；企业组织理论与企业战略的协调；如何用战略联盟来构筑竞争优势；新型组织形式的设计；新型的人力资源管理；新兴技术管理中的人员稳定与激励；在新兴技术环境，如网络环境下如何更加有效地管理新兴技术等。

6. 新兴技术的赢利模式分析

一项新兴技术在技术上研发成功之后，最终能否为企业赢利，不仅取决于企业决策者的战略制定是否正确，还取决于战术运用是否得当。一项新兴技术要想在商业上取得成功，获得创新所得，需要在战略上把握哪些要素，又需要在战术上恰如其分地运用哪些要素呢？这就是新兴技术赢利模式要研究的问题。新兴技术的赢利模式，就是促使新兴技术赢利的要素有机组合。不同的新兴技术，其赢利模式不尽相同；即便一些新兴技术包含了基本相同的赢利要素，这些赢利要素在不同新兴技术的赢利中发挥的作用也会有所不同。值得注意的是，一些赢利要素是各新兴技术所共同的，而另一些赢利要素则可能是一些新兴技术所独有的。

2.4.2 产业层次的新兴技术管理内容

新兴技术对行业结构和经济发展有重要影响，但同时也面临着更广泛的不确定性和结构刚性。产业层次的新兴技术管理主要探讨新兴技术向新兴产业演化过程中的关键问题，这些内容对科技和产业主管部门具有重要的管理价值。在本书中，涉及这部分的新兴技术管理内容主要包括以下两个方面。

1. 新兴技术的共生演化

新兴技术的演化不仅与技术本身有关，还与企业的能力、市场需求和配套环境等多种因素密切相关，不同的技术，其演化的路径和制约因素会各不相同。因此，基于新兴技术的新兴产业形成过程，可以被视作一个共生演化系统，是一个随着技术本身性能和功能演化而动态变化的复杂调适系统（complexity adaptive system）。从技术系统的观点来看，新兴技术的演化过程，就是系统要素出现并建立联系、系统边界逐步形成的过程；从产业的观点来看，新兴技术的演化过程，就是新兴技术向新兴产业动态演化的过程。因此，要理解新兴技术演化的过程，不仅要厘清参与演化的要素，还要分层次分析要素间的共生演化。

2. 新兴产业的形成

新兴技术的重大影响最终是通过形成新的产业来实现的。新兴产业的形成在经济、影响、社会技术系统、产业动态学等研究领域中都有涉及。但现有研究更关注新兴产业演化的整个生命周期，而不是新兴出现的阶段。在大量现有的产业演化模型中，关于产业形成期的知识比产业后期（成长和成熟期）的知识少得多。提斯（Teece）和皮赛罗（Pisano）提出，对企业来说，成熟期的产业环境（结构）被假设为外生变量是合理的，但在产业形成期，产业的结构是内生的，企业可以通过战略加以影响，使产业的环境和结构向着对自身更有利的方向发展。因此，对新兴产业的形成过程进行深入研究，对企业、政府管理新兴技术和新兴产业都具有重要的作用。

2.4.3 新兴技术管理中的政策问题

1. 新兴技术的知识产权管理与知识产权战略

新兴技术作为在管理上没有历史资料可供参照的一类新技术，其知识产权保护、管理和战略，有诸多值得研究的内容。不同类型的新兴技术，其知识产权的管理也是不尽相同的，如信息技术中的新兴技术与生物技术中的新兴技术的知识产权管理就不尽相同。公司如何寻求机会获得知识产权并予以保护，以防止合作者或竞争者的行为所带来的损失？如何制定新兴技术的知识产权战略，以确保在发展新兴技术时获得应有和足够的利润？如何针对不同类型的新兴技术，选择和采取不同的知识产权战略等，都是新兴技术管理要研究的内容。

2. 新兴技术治理

由于技术创新的双刃剑效应，新兴技术在给经济社会发展带来巨大潜在影响的同时，其自身发展、未来应用前景及其可能带来的社会与伦理上的后果也具有突出的不确定性，并由此给社会、环境以及伦理等方面带来一系列风险。一方面，新兴技术的不确定性和风险性具有全球性和不可逆性特征；另一方面，全球性竞争已将新兴技术推向一种远离常规的状态，这导致新兴技术发展中涌现出多种事实不确定、价值有争议、风险巨大、决策紧迫的典型争端，致使没有任何一个机构能够提供支撑决策的全部知识。种种迹象表明，在新兴技术发展过程中，传统的政府单一主导的技术发展模式导致了风险规避乏力、风险评估不足，继而引发了社会公众对于新兴技术发展的信任缺失。此种情形下，如何规约新兴技术的发展，有效预测新兴技术的应用前景，是新兴技术治理要回答的关键问题，也是当代新兴技术政策设计的重要内容。

案例分析　禾赛科技的激光雷达为何能实现"逆袭"？[①]

2004年，美国国防部高级研究计划局为了能够找到为军方打造无人驾驶汽车的解决方案，发起了一项名为DARPA无人驾驶车挑战赛的比赛。音响品牌企业维勒迪尼（Velodyne）的创始人兼首席执行官（CEO）戴维德·豪（David Hall）改装了一辆带有全景摄像头的皮卡参赛。虽然未能完赛，但戴维德·豪从这场比赛中听说了一个新玩意儿——激光雷达。随后，戴维德·豪带领维勒迪尼制造了一款360°旋转式激光雷达，这一发明让维勒迪尼成为谈及自动驾驶必提的一个名字，上市估值超过了30亿美元。

音响起家的维勒迪尼转变为专业的激光雷达制造商，并推出了其知名的64线激光雷达产品。2010年，开始布局无人驾驶汽车的谷歌也选用了维勒迪尼提供的激光雷达。随着

---

① 根据网上公开资料整理。

维勒迪尼的崛起和无人驾驶汽车配备激光雷达的前景被看好，越来越多的企业开始了车载激光雷达的研发。

禾赛科技于 2016 年进入激光雷达领域，开始时，它选择了不被投资人看好的机械式激光雷达技术路线，融资困难。但在 2017 年 4 月正式推出 40 线旗舰产品 Pandar40 后，禾赛科技凭借着优秀的产品性能和性价比打破了维勒迪尼在海外市场的垄断。

在产品策略上，禾赛科技的创业团队不仅盯着高端市场，满足全自动驾驶，还在中低端市场提前做了布局。新能源电动车的快速发展，虽然带来了很大的激光雷达辅助驾驶的需求和商业化机会，但对激光雷达的成本控制要求很高。禾赛科技提前布局固态激光雷达的研发，因而在电动车辅助驾驶爆发时抓住了这一波市场机会。

一方面，禾赛科技把芯片研发和高端制造这两个关键环节牢牢地掌控在了自己手里。半导体芯片是固态雷达的核心部件，但由于激光雷达市场规模尚小，故能够采购到的多为通用芯片。若要降低成本、提高性能，则需要对芯片做特殊的优化。光速中国基金的创始合伙人宓群提及，禾赛科技有很强的技术功底，针对激光雷达的应用，它组建的芯片团队设计研发了一系列的专用芯片，增加了集成度和性能，保证了量产一致性和可靠性。

另一方面，禾赛科技将激光雷达的制造工艺融入研发设计流程中，最终形成了"研发—设计—校准—测试"的闭环。自建工厂的生产能力又使其能够完成从激光雷达的产品设计到最终交付的全流程，不仅从源头上把控各个生产环节，还能及时优化和改善生产流程。

这些发展中关键时刻的战略举措都使得禾赛科技能快速成长，真正实现产品的快速迭代和高技术壁垒打造，在自动驾驶爆发期还没有到来时，就占据了行业领先地位。

2023 年 2 月 9 日，禾赛科技成功登陆纳斯达克，成为一家全球化的激光雷达研发和制造商，也是中国"激光雷达第一股"。它的产品被广泛应用于支持高级辅助驾驶系统（ADAS）的乘用车和商用车，以及自动驾驶汽车。其中，激光雷达技术也致力于赋能各类机器人应用，例如无人配送车和封闭区域内的物流机器人等。截至 2022 年年底，机器人累计交付量超过 10 万台，客户包括全球主流汽车厂商、自动驾驶和机器人公司，遍及全球 40 个国家，90 多个城市。

在上市现场，禾赛科技的早期投资机构光速中国基金的创始合伙人宓群表示，"禾赛在激光雷达核心领域拥有全球领先的技术研发能力和自有的先进制造生产能力，团队不断挑战自己，审时度势，快速地响应市场变化，前瞻性地布局未来的发展方向。通过持续的创新，成长为全球激光雷达行业的领导者。"根据全球知名市场研究与战略咨询公司 Yole Intelligence 发布的《2022 年汽车与工业领域激光雷达报告》，在众多厂商中，禾赛科技获得了多个"全球第一"：ADAS 前装量产定点数量全球第一，L4 自动驾驶激光雷达市场份额全球第一，车载激光雷达领域总营收全球第一。

本章参考文献

[1]　FOSTER R N. Innovation：The Attacker's Advantage[M]. Innovation：The Attacker's Advantage, 1986.

[2]　HENDERSON R M, CLARK K B. Architectural Innovation：The Reconfiguration of Existing Product Technologies and the Failure of Established Firms[J]. Administrative Science Quarterly, 1990, 35(1)：9-30.

［3］ CHRISTENSEN C M. The innovator's dilemma：when new technologies cause great firms to fail［M］. Boston，Mass：Harvard Business School Press，1997.

［4］ 吴贵生，谢伟. 中外技术管理研究述评［J］. 科研管理，1999(02)：9-14.

［5］ 吴贵生. 技术创新管理［M］. 北京：清华大学出版社，2000.

［6］ 柳卸林. 不连续创新的第四代研究开发——兼论跨越发展［J］. 中国工业经济，2000(09)：53-58.

［7］ ［美］V. K NARAYANAN. 技术战略与创新——竞争优势的源泉［M］. 程源，高建，杨湘玉，译. 北京：电子工业出版社，2002.

［8］ 徐河军，高建，周晓妮. 不连续创新的概念和起源［J］. 科学学与科学技术管理，2003，24(7)：53-56.

［9］ 赵振元，银路，成红. 新兴技术对传统管理的挑战和特殊市场开拓的思路［J］. 中国软科学，2004(07)：72-77.

［10］ 李仕明，李平，肖磊. 新兴技术变革及其战略资源观［J］. 管理学报，2005(03)：304-306.

［11］ MARKIDES C. Disruptive Innovation：In Need of Better Theory［J］. Journal of product innovation management，2006，23(1)：19-25.

［12］ 周寄中. 在国家创新系统中培育企业的技术竞争力和核心竞争力［C］. 香山科学会议，2007.

［13］ SCHMIDT G M，DRUEHL C T. When is a disruptive innovation disruptive ?［J］. JOURNAL OF PRODUCT INNOVATION MANAGEMENT，2008，25(4)：347-369.

［14］ 娄岩，张虹，黄鲁成. 新技术价值评估研究综述［J］. 科技管理研究，2010，30(17)：24-27.

［15］ 林春培，张振刚，薛捷. 破坏性创新的概念、类型、内在动力及事前识别［J］. 中国科技论坛，2012(02)：35-41.

［16］ 蒋军锋，李孝兵，殷婷婷，等. 突破性技术创新的形成：述评与未来研究［J］. 研究与发展管理，2017，29(06)：109-120.

［17］ 施萧萧，张庆普. 基于共词分析的国外颠覆性创新研究现状及发展趋势［J］. 情报学报，2017，36(07)：748-759.

［18］ 邵云飞，詹坤，吴言波. 突破性技术创新：理论综述与研究展望［J］. 技术经济，2017，36(04)：30-37.

［19］ CHRISTENSEN C M，MCDONALD R，ALTMAN E J，et al. Disruptive Innovation：An Intellectual History and Directions for Future Research［J］. JOURNAL OF MANAGEMENT STUDIES，2018，55(7)：1043-1078.

［20］ SUAREZ F F，GRODAL S，GOTSOPOULOS A. Perfect timing? Dominant category，dominant design，and the window of opportunity for firm entry［J］. Strategic Management Journal，2015，36(3)：437-448.

第3章
新兴技术的管理思维与常用方法

如前所述，传统的管理思维与新兴技术的内涵属性特征存在根本性的冲突，有效管理新兴技术必须运用和发展出新的管理思维和管理方法。在本章中，我们对新兴技术管理的思维原则与常用方法进行介绍和讨论。

3.1 新兴技术的管理思维

什么是管理思维？简单讲，管理思维就是指导管理行为或与管理行为相伴而生的思考活动，亦即管理者在履行各项管理职能过程中的思考活动。要有效管理新兴技术，必须从新兴技术内涵属性特征出发，发展新的思维方式，克服管理者的认知偏差、组织的能力惯性和结构刚性。以下介绍新兴技术管理的几种指导原则。

3.1.1 必须正面研究并降低巨大的不确定性和复杂性

传统的管理思维和方法都很少直接面对不确定性问题，在遇到不确定性问题时，总是或多或少采取回避的态度，甚至把不确定性问题隐含为确定性问题，如预测中的一些方法或多或少地将未来的发展变化假定为可知的或按照某种路径变化的。虽然经济学和管理科学都对风险进行了研究，但风险只是不确定性中的一部分，不是全部。事实上，不确定性问题得不到深入研究，风险问题也就不可能有多大进展。无论怎样回避，不确定性总是客观存在的，科学技术的发展总有一天会把不确定性（包括复杂性）作为攻克的对象。

一项新技术会在何时诞生，以及其中有哪些技术会成为抢手的新产品（新技术变成新兴技术）？这是一个具有巨大不确定性的问题。因此，新兴技术管理思维的第一个原则就是接受高度的不确定性和复杂性，通过灵活的方式处理不确定性和内在的矛盾冲突，并从中获益。

3.1.2 突破管理思维定式

在传统管理理论和方法中，有许多内容已不再适合于新兴技术管理。例如，在对未来的预测中，传统的大多数方法都是假设事物的发展具有均衡性和稳定性，可以利用历史数据揭示的规律来外推未来的情况，即采用"历史推未来"的思维方式。但新兴技术不仅没有历史数据可供引用，而且未来的发展变化（如市场需求）也并不均衡和稳定，因此这种思维方式以及由此产生的数量方法都很难获得满意的效果；在新兴技术的市场分析中，由于没有现存的用户可供调查，因此新兴技术的市场调查方式、市场拓展思路等，也需要重新设计和建立新的方法；新兴技术的投资评价、战略模式选择、研发管理、组织设计等，也都与传统管理存在着许多明显的差异，需要建立新的管理思维和管理方法。

由此不难看出，在管理新兴技术时，如果不彻底改变管理思维方式，突破原有的管理思维定式，是很难抓住机会和取得成功的。

3.1.3 跟上技术发展和融合的速度

通过我们身边层出不穷的新产品、新技术和越来越密集的技术利用曲线，我们很容易看出技术发展的速度正在不断加快。信息技术、生物技术、纳米技术以及新材料、新能源等众多领域的重大发展和相互融合，进一步加快了技术发展的速度。

作为以发展新兴技术为主要目的的公司，将目标仅仅定位于跟上技术发展的步伐显然是远远不够的。他们还要密切观察和分析其他行业或领域的技术发展给本行业带来的冲击和机会。不同技术之间的融合已经成为当今世界技术发展的一个极其重要的方向，一个领域的发展会引起并促进另一个领域的发展。例如，人工智能的快速发展给蛋白质结构研究领域带来了颠覆性影响。

"快速跟进"战略在传统技术、传统行业中是一种成功的战略，但在对待新兴技术时，情况却发生了很大的变化。在新兴技术的管理中，快速跟进战略曾经看似小心谨慎，但在当今胜利者获得一切的市场中，却经常成为一种冒险的选择。因为在新兴技术的市场中，领导者和追随者之间有很大差别。在许多新兴技术领域，跟随都是冒险和徒劳的，最起码也是薄利的，因此不断加快技术创新的速度和力度，做新兴技术的领先者，包括技术研发领先和市场开拓领先才是更好的选择。在一些文献中，我们经常会见到赢者通吃、胜利者获得一切、领先者获得一切、先发优势、后发劣势等词句，这些新词句都表达了一个共同的中心思想，即技术或行业的领先者将获得高额垄断利润，而后来者不仅追赶起来异常困难，而且几乎没有多少生存和发展的空间。这种现象也并非最近出现的新现象，当前许多世界级的大公司，都是这一现象的获益者，如谷歌之于搜索，英伟达之于AI芯片，人工智能领域的竞争更是白热化，赢者通吃是很多新兴技术市场竞争中遵循的规律。

在新兴技术领域，只有跟上技术发展和融合的速度，才能有所作为。但如何才能跟上技术发展和融合的速度，则给每一位致力于发展新兴技术的企业家和公司提出了一个新的课题，值得认真思考。

3.1.4 企业和员工均需要发展新能力

新兴技术除了具有高度不确定性这一特点之外，还具有另一个显著特点，即创造性毁灭：新兴技术将创造一个新行业，毁灭一个或数个老行业。这一显著特点也同样给传统的管理理论和方法带来了挑战。

这种创造性毁灭的现象由来已久：一方面是替代或毁灭老行业，例如晶体管替代电子管，电子计算机替代机械式计算机，数码照相机替代安装胶卷的照相机，光缆替代铜轴电缆等；另一方面是创造新的行业，例如医疗用CT机、核磁共振机、扫地机器人等。随着科学技术融合创新的加速，这种创造性毁灭发生的周期越来越短。

为了应对新兴技术创造性毁灭的特点，员工和公司都需要发展新的能力。

一项新兴技术的诞生和发展，会对现有从业人员的能力提出新的要求。例如，ChatGPT发布之后，一些创新的企业已经开始积极拥抱新技术，发展新能力。例如，一家软件公司通过三个阶段的实践创新帮助员工发展与AI协同的能力：第一阶段，鼓励有意愿的员工使用AI编写代码，定期总结经验并在团队中交流，通过内部锦标赛的方法帮助更多员工理解AI如何帮助提升研发效率；第二阶段，要求所有员工使用AI助手编写代码；第三阶段，对上一阶段员工使用AI助手后研发效率的改进进行评估。

不仅员工需要发展新能力，企业也要发展新能力。而发展新能力最好的办法就是组织学习。同时，企业还应随时注意能力的储备。若缺乏良好的学习机制和充沛的能力储备，企业要想适应发展和管理新兴技术的需要，便成了空中楼阁，是完全不可能实现的。等到新兴技术出现，企业再去发展与之相关的能力，不仅为时已晚，而且新兴技术所带来的巨大收益也会随之消失。

案例分析　ChatGPT掀起大语言模型竞赛——百模大战，谁领风骚？[①]

2022年11月30日，由OpenAI公司研发的一款智能聊天机器人程序ChatGPT横空出世，其一经发布，便迅速引起了全球范围内的广泛关注。短短两个月时间，月活跃用户数便突破了一亿人次，引发了新一轮智能技术革命热潮。

为何ChatGPT能够在短时间内迅速获得广泛关注与认可，成为公众热议的焦点呢？原因在于相比之前的生成式对话产品，ChatGPT在大范围连续对话能力、生成内容质量和语言理解能力上得到了大幅提升。ChatGPT在许多任务上的性能甚至可以与人类专家相媲美，而"涌现"又使得GPT拥有类似人类的复杂思维逻辑和知识推理能力，这极大地增强了模型在处理前所未见的新指令时的能力，远远超出了大众对于一款聊天机器人的心理预期。

作为一款生成式预训练大语言模型，ChatGPT爆火的背后离不开人工智能技术的突破与应用。2016年，AlphaGo引爆舆论，潜行中的人工智能技术又一次进入大众视野，激起大量科技企业的投资热情。2017年，Transformer架构问世，推动大规模预训练技术成为新主流之后，更多训练策略，诸如基于人类反馈的强化学习、代码预训练以及指令微调等，开始崭露头角并被进一步应用于提高模型的知识推理和任务泛化能力。我们可以粗浅地把大模型这个概念理解为一个黑箱：往箱子里扔一个需求，它就会开始计算你可能想要什么，并最终生成计算结果。伴随着训练方式的探索与模型参数量的几何级数增长，这个返回给用户的结果也展现出更高的专业性与全面性。

而随着ChatGPT的爆火，这只来自美国东海岸的机械蝴蝶也掀起了一场大语言模型的竞赛风暴。从参数规模来看，2018年，谷歌推出BERT，模型参数量为3亿；2019年，OpenAI公司推出GPT-2，模型参数量增至15亿；2020年2月，微软发布Turing-NLG，模型参数量增至170亿；2020年6月，OpenAI公司发布GPT-3，模型参数量增至1750亿；之后不到一年，谷歌发布Switch Transformer，模型参数量暴涨至1.6万亿，成为人类历史上首个万亿级语言模型。在我国，尽管大语言模型研发起步略晚于国外，但发展势头却异常迅猛。2021年4月，华为发布盘古大模型，模型参数量达1000亿；同年6月，北京智源人工智能研究院发布悟道2.0，模型参数量达1.75万亿；同年12月，百度推出模型参数量为2600亿的文心一言；同期，阿里巴达摩院推出模型参数量达10万亿的M6模型，将大模

---

① 根据网上公开资料整理。

型参数再度提升了一个量级。

截至 2023 年 7 月底，国外已经发布了 138 个大模型，国内科技巨头也不甘落后，仅 2023 年 1—7 月，就有 64 个大模型亮相。目前，国内已有超过 130 个大模型问世，展现出百模大战的竞争态势。从大模型的应用类型来看，国外研发的大模型以通用性为主，而国内研发的大模型则以行业特色为主。虽然国内大模型的数量与国外相当，但在算力支撑与应用落地等方面还存在着差距。

从实际应用来讲，大模型可分为通用大模型和垂直领域大模型。通用大模型具有强大的任务泛化能力，可在不进行微调或少量微调的情况下完成多场景任务，ChatGPT、文心一言等都是通用大模型。对于通用大模型而言，数据、算力、算法缺一不可。而垂直领域大模型则是以通用大模型为基础，利用垂直领域数据对大模型进行训练，从而满足不同行业的需求，并提供针对特定业务场景的解决方案，譬如金融领域的 BloombergGPT、医疗领域的扁鹊、法律领域的 ChatLaw、教育领域的子曰等。当然，大模型能够如此快速地应用到各行各业，也离不开技术平权和开源社区的发展。

大模型所展现的通用智能能力具有重要的现实意义和影响力，是人工智能发展中里程碑式的突破，或许大模型正是推动我们迈向数智时代的那一台"蒸汽机"。据《2023 大模型现状调查报告》显示，截至目前，全球范围内已发布超过 200 个大模型，中、美两国在大模型领域的研发尤为活跃，两国大模型数量合计占全球大模型数量的近 90%，由 ChatGPT引领的百模大战呈现出如火如荼、势不可挡的新局面。究竟谁能够在激烈、快速的市场竞争中独领风骚，在未来的产业和市场中占据主导地位，有待时间的揭晓。

3.2 组织学习

3.2.1 组织学习的含义

认知科学对学习的定义是：学习是通过实践获得的对行为模式的改变。在生物学上，学习一词的含义甚广，它不仅包括语言材料的学习和新技艺的掌握，还包括原有习惯的放弃。学习本是用来描述个人的行为的。因此，用学习来描述一个组织的行为实际上是一种类比，即借用描述个人行为的方式来形象地描述一个组织的行为。之所以能这样类比，是因为一个由很多人组成的企业组织是可以学习的，从宏观上它确实能表现出一个整体性的学习行为。

阿吉瑞斯最初提出组织学习的概念是发现错误，并通过重新建构组织的"使用理论"（人们行为背后的假设，却常常不被意识到）而加以改正的过程。因此，阿吉瑞斯也被誉为"组织学习"之父。其他研究者也从不同的角度对组织学习的概念进行了界定，如组织学习是通过理解和获得更丰富的知识来提高行为能力的过程；是对过去行为进行反思，从而形成指导行为的组织规范；是管理者寻求提高组织成员理解和管理组织及其环境的能力和动机水平，从而使其能够决策如何不断提高组织效率的过程；是通过信息处理而改变潜在行为的过程；是组织成员积极主动地利用有关资料与信息来规划自己的行为，以提高组织持续适应能力的过程。从以上这些定义中可以看出，不同的研究者，其着重点各有不同，有的强调认知的改变，有的强调行为的变化，有的二者兼顾。

目前被广泛接受的一种定义是：组织学习是指企业在特定的行为和文化下，建立和完善组织的知识和运作方式，通过不断应用相关的方法和工具来增强企业适应性与竞争力的方式。或者说，组织学习是改变组织成员的认知，进而改变组织行为的全员学习过程。

对组织学习的理解包含以下三个方面。

（1）组织学习有两层含义：其一，学习本来是用来描述人的行为的，组织的学习实际是一种比喻，是用人的行为来比喻组织的行为；其二，组织学习实际是指组织不断努力改变或重新设计自身以适应不断变化的环境的过程，是组织的革新过程。

（2）组织学习与个人学习的关系：个人是组织学习的基本个体，即组织要学习，首先需要组织中的每个人进行学习，组织学习只能通过个人的行动来完成。但个人学习并不是组织学习的充分条件。个人学习只有上升到组织的层面，在组织中传播并与其他组织成员分享，才能叫作组织学习。因此，组织学习是描述组织作为一个整体的学习行为。组织学习也不是高层管理者的特权。

（3）上面定义的假设是虽然学习的内容可能是负面的，但学习对以后的影响是积极的。例如：组织可以从以前失败的决策中学习，这种学习对企业将来的发展是有利的。

3.2.2　组织学习的类型

目前对组织学习的类型的划分，主要有以下四种。

1. 按学习形式划分

按学习形式划分，组织学习可以分为三种形式：（1）单环学习，即知道如何做，是一种维持学习，主要用来发现并纠正错误；（2）双环学习，即知道为何这样做，是对自己（个体或组织）行为的正确与否进行反思，实质上就是改变认知模式；（3）再学习或次级学习，是学习如何检查自己的学习并进行探索式学习的过程。也有人将上述三种形式分别称之为适应性学习、重构性学习和过程学习。

2. 按学习层次划分

按学习层次划分，组织学习可以分为四个层次：（1）个体学习，即激励个体学习新技能、新规则和形成新的价值观；（2）团队学习，即利用自组织小组或联合攻关小组等形式来激励学习；（3）组织学习，即通过建构组织结构和文化来促进组织学习；（4）组织间的学习，即不同组织间相互借鉴、相互学习以提高组织效率。

3. 按学习策略划分

按学习策略划分，组织学习可以分为两类：探索性学习与适应性学习。探索性学习指组织成员不断搜寻并试验新的组织活动形式及程序来提高组织效率；适应性学习指组织成员学习如何提炼和改善现有的组织活动形式及程序，以提高组织效率。从组织层面来看，企业探索性学习的活动包括搜寻、发现、试验、承担风险及创新；而代表适应性学习的企业行为包括精炼、执行、效率、生产和选择等。

4. 按学习目的划分

按学习目的划分，组织学习可以分为四类：（1）维持学习，即学会处理日常工作、制定短期工作计划的一种学习形式；（2）危机学习，即依靠应变策略来处理危机和动荡的一种学习形式；（3）期望学习，即对问题或未来形势进行预测的一种策略学习；（4）忘却学新兴技术管理：
理论与中国实践
XINXING JISHU GUANLI
LILUN YU ZHONGGUO SHIJIAN

习，学习者扬弃知识的过程，是一个有计划、有目的的主动的忘记过程，这一过程不仅是记忆忘却，更是有意的扬弃。

3.2.3 组织学习的方式

人们从不同的角度对组织学习的方式进行了论述。其中有三种代表性的流派。

1. 不同深度的组织学习：单环学习、双环学习与再学习

不少研究者都根据深度对组织学习的方式进行了分类，见表3-1所列。其中最有代表性的是阿吉瑞斯提出的分类：单环学习和双环学习。其他均与之类似，只是名称不同。因此，我们以阿吉瑞斯的理论为基础进行介绍。

表3-1 几位学者对组织学习方式的分类

学 者	学习方式分类
阿吉瑞斯（Argyris）	单环学习；双环学习
彼得·圣吉（Peter Senge）	适应性学习；产生性学习
熊恩（Schon）	维持性学习；变革性学习
埃得蒙森（Edmondson）和莫吉（Moingeon）	学习如何做；学习为什么

阿吉瑞斯将组织学习的方式分为单环学习和双环学习，如图3-1所示。

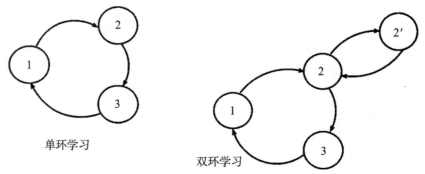

单环学习

双环学习

说明：1：感知、监测环境的变化；
　　　2：将所获取的信息与企业规范及目标进行比较；
　　　2′：思考企业规范与目标的正确性；
　　　3：对行动进行改进。

图3-1 单环学习与双环学习示意图

（1）单环学习：单环学习是将组织运作的结果与组织的策略和行为联系起来，并对策略和行为进行修正，以使组织绩效保持在组织规范与目标规定的范围内。而组织规范与目标本身，如有关产品质量、销售额或工作绩效的规范，则保持不变。显然，单环学习只有单一的反馈环，它是在当前的系统和文化框架下提高组织的能力，完成已确定的任务目标。这种学习的目标是适应环境、取得最大效率并延长组织生命，学会如何在相对稳定的环境下生存下去。如果一家企业的目标是利润最大，那么单环学习就会使企业学习如何不断地调整自己的行为，从而达到企业利润最大。但单环学习并不对组织的目标本身产生怀疑和提出思考。所以，单环学习在短期内会促进企业达到自身认为的理想水平，但在长期是不够的。

（2）双环学习：双环学习是重新评价组织目标的本质、价值和基本假设。这种学习有两个相互联系的反馈环，它们不仅要发现与良好的绩效有关的策略以及行动的错误，还要发现规定这些绩效的规范的错误。当企业目标从自身利润最大转向更多地满足用户的需求时，组织的双环学习就发生了。由于双环学习对企业的价值观和目标等基本问题提出了挑战，可能会导致企业的经营战略和行为的巨大变动，所以，也有人将它称为变革性学习。

单环与双环学习对组织都很重要，它们适用于不同的环境。组织要学会在不同的情况下进行不同深度的学习。

（3）再学习：单环学习与双环学习都是针对具体的企业过程，其对象是企业的各种组织、过程和事务。但是组织还应该对其学习过程本身、学习的方式质疑，并加以改进。贝特森（Bateson）指出，组织应该学习如何学习，并将之命名为再学习（relearning）或次级学习（secondary learning），这是最深程度的学习。

2. 组织学习中知识的创造与转化：四种模式

日本学者野中和竹内认为，组织学习也是组织内获取、创造和传播知识的过程。他首先将知识分为隐性知识（tacit knowledge）和显性知识（explicit knowledge）两种。隐性知识是存在于组织个体的、私人的、有特殊背景的知识，即组织中每个人所拥有的特殊知识。它依赖于个人的不同体验、直觉和洞察力。显性知识是指能在个体间更系统地传达、更加明确和规范的知识。然后，他们将组织学习描述为以下过程（见表3-2所列和如图3-2所示）。

（1）组织学习是从个人间共享隐性知识开始的（称为社会化）。隐性知识在团队内共享后经整理被转化为显性知识（称为外在化）。

（2）团队成员共同将各种显性知识系统地整理为新的知识或概念（称为合并）。

3）组织内的各成员通过学习组织的新知识和新概念，并将其转化为自身的隐性知识，（完成了知识在组织内的扩散（称为内在化）。

（4）拥有不同隐性知识的组织成员互相影响，完成了社会化的过程。此后，新一轮的组织学习循环又开始了。

表 3-2　知识转换的四种模式中知识的变化

转换过程	知识变化
社会化	从隐性知识到隐性知识
外在化	从隐性知识到显性知识
合并	从显性知识到显性知识
内在化	从显性知识到隐性知识

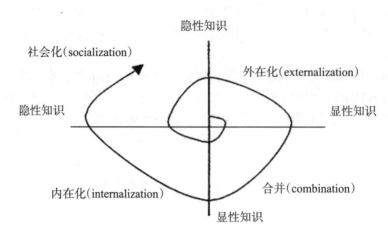

图3-2　知识转换的四种模式

3. 组织学习的过程模型

组织学习的过程模型用来抽象地描述组织学习的过程，对分析该过程中发生的问题有很好的辅助作用。最早的、也是最有代表性的组织学习模型是由阿吉瑞斯和熊恩在1978年提出的四阶段模型（图3-3），即发现（discovery）、发明（invention）、执行（production）和推广（generalization）。

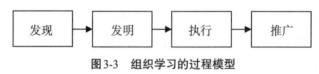

图3-3　组织学习的过程模型

阿吉瑞斯认为，组织要作为一个整体进行学习，必须完成四个阶段。发现阶段：包括发现组织内部潜在的问题和外界环境中的机遇。发明阶段：公司着手寻找解决问题的方法。执行阶段：解决方法在该阶段得到实施，会产生新的或修改了的操作程序、组织机构或报酬系统。然而，即使实施了成功的新程序也不足以保证学习发生在组织水平上，因为学习必须传播到组织内所有相关区域。推广阶段：学习不仅应从个人水平上升到组织水平，还必须贯穿组织各部门或组织边界，这些就是推广。

3.2.4　组织学习与新兴技术管理的关系

组织学习在新兴技术管理中发挥着极其重要的作用。

1. 获得全新的知识需要组织学习

根据前面讨论的新兴技术的含义可知，新兴技术面对的是一个全新的环境，技术是新的，市场也是全新的。从新兴技术的研发到市场拓展，会融合多个学科的最新发展成果，会涉及诸多全新的知识，会遇见许多以前从未见过的新情况，如技术实现需要采用什么技术路线，需要运用和借鉴哪些其他学科的最新成果，需要采取和创造何种市场调查方法，如何为新兴技术制定战略决策，如何评价新兴技术的投资价值，发展新兴技术需要采用哪种组织形式等。获得发展新兴技术所必需的各种知识靠什么？只有靠学习。诚然，企业中每一个人的学习是十分重要的，但却是远远不够的。一项新兴技术要想取得成功，不仅仅需要个人的学习，更主要的、也是必需的，是企业有目的的共同学习，即组织学习。

2. 降低新兴技术的不确定性需要组织学习

新兴技术的最大特点是不确定性，包括技术、市场和管理的不确定性。从抽象的角度看，不确定性可分为两大部分：一部分不确定性是不可能降低的，一些文献将这部分不确定性称为剩余不确定性，如外部环境所造成的不确定性；而另一部分不确定性是可以通过组织自身的努力得以降低的。

降低新兴技术不确定性的一条主要途径，就是不断收集和更新与新兴技术相关的信息。掌握的信息越多，不确定性就会越小。信息经济学的发展，使不确定性分析的内涵得到了极大的拓展。信息经济学的奠基人阿罗分析了不完全市场与经济行为人的信息非对称问题，他认为只要经济中存在着不确定性，就会有通过获取信息减少不确定性的可能性。在不确定性的环境中，信息的价值是显而易见的，因为不确定性具有经济成本，因而减少不确定性就是一种经济收益，信息的价值就体现于这一收益。人们可以通过花费一定的资源来获取更多的信息，以减少经济领域中的不确定性。组织学习是有目的的收集和更新信息的有效途径，而且是企业能够掌控的一条途径。

3. 发展新能力需要组织学习

新兴技术具有创造性毁灭的特性，它毁灭的是一个老的行业和人们以前所拥有的能力，创造的是一个全新的行业，这就需要企业和个人不断发展新能力以适应新兴技术的要求。根据新兴技术的本质特点，企业和个人在发展新能力的过程中，很少能找到现存的模式供借鉴，甚至在发展新兴技术之初，究竟要发展什么新能力都不会十分明朗。那么发展新能力的捷径是什么呢？答案其实很简单：组织学习。新能力的获取和提升，那么不仅需要企业和个人有针对性地进行学习，还需要企业和个人认真审视如何进行学习（学习如何学习），这是一种深层次的组织学习，即前面介绍的再学习或次级学习。在面对新兴技术、发展新能力的过程中，如果学习的方法、思路和途径不当，那么不仅花费了时间和精力，而且可能很难达到预期的效果，只能是事倍功半。因此，组织学习在企业和个人发展新能力的过程中将发挥十分重要的作用。

4. 技术的快速变化需要组织学习

组织学习不仅在新兴技术管理中十分重要，而且在整个技术管理和技术创新领域的重要性都是有目共睹的，现在几乎没有一本技术管理或技术创新的专著不涉及组织学习的问题。即使不同的研究者可能会从不同的研究角度提出不同的答案。但其中有一点是共同的，那就是技术变化的速度越来越快，企业和个人要跟上技术的快速变化，必须进行有效的组织学习。

纳雷安安在《技术战略与创新——竞争优势的源泉》一书中指出，技术变化动态性对技术管理提出了三层重要含义：创新、模仿和采用，技术和市场因素的作用，学习的核心地位。创新、模仿和采用这些技术变化的核心，是企业的学习，包括个人和集体的学习。在众多学习方法中，该书提出了学习的三种重要作用。

（1）通过技术和市场知识来监测环境的变化。技术知识使企业能够了解科学和技术知识的有效性，了解技术的可行性或采用的可能性。市场知识使企业明确顾客的需求和市场潜力。

（2）企业可以通过内部试验来学习解决问题的方法，包括模拟和试验。创新过程中的成功和失败都能给企业带来丰厚的回报，告诉企业什么有用，什么没有用。

（3）模仿竞争者。学习和吸取竞争者的成功经验和失败教训，能使企业无须投资于学习所必需的实验就能获得知识。

5. 提升企业技术能力需要组织学习

企业要发展新兴技术，没有强大的技术能力作保障，是根本不行的。换句话说，技术能力是企业发展新兴技术的主要技术保障。企业技术能力的本质是企业的知识，企业技术能力的提高应以知识的学习和积累为基础，因此，组织学习和技术学习是形成和提升技术能力的最主要途径。在一般技术领域，企业的技术能力还可以通过一些外部获取途径获得，如并购或控股、购买专利、雇佣外部技术人员等，但这些外部获取途径对于发展新兴技术来说不是主要的，效果也不会显著。

从以上几个方面的分析可见，组织学习与新兴技术管理的关系十分密切，组织学习是企业有效管理新兴技术的重要方法之一。

3.3 知识搜索

3.3.1 知识搜索及相关概念内涵

知识搜索最早源于组织搜索理论，组织搜索是组织在不确定环境中为解决问题或发现机会而进行的信息搜集过程。组织中的知识搜索是组织学习过程的一部分，企业通过搜索、获取外部知识源来解决不确定事件中的问题。进一步的研究认为，知识搜索除了知识的搜寻与获取外，还应包括知识整合、知识利用等基本活动与流程。具体而言，知识搜索是指对外部知识源的种类、数量、地理位置等情况进行查找、扫描与测评等活动。知识获取主要指组织在科学地实施知识搜寻后，对各类知识源知识所进行的知识捕获与采集活动。知识整合主要指组织将从外部知识源所获取的知识有效地加以转化，并推进这些知识与组织自身内部原有知识实训融合、成为组织用以解决现存问题与新问题所需要的知识。知识利用将从外部获取的知识整合转化为组织内部所需的知识，有效地运用到组织现有问题及新问题的解决中、生产技术与工艺流程的优化以及新产品开发中。

综上，知识搜索是指组织对外部现有知识与新知识的搜寻、获取、整合与利用的活动过程。从该定义可知，知识搜索既是一种发现机会、解决问题的活动，也是组织的一种学习过程。研究人员从不同视角对组织搜索的概念进行了扩展探讨，并形成了创新搜索、跨界搜索、联盟搜索、技术搜索等差异化的相关定义。例如，创新搜索指组织在创新过程中为解决问题而对不同来源的知识进行创造性整合的活动；跨界搜索指企业跨越现有组织边界或技术边界进行的搜索活动。表3-3罗列了不同类型的组织搜索的衍生概念。

表3-3 组织搜索衍生概念辨析

作者	概念	内涵
纳尔逊(Nelson)和温特(Winter)(1982) 胡贝尔(Huber)(1991)	组织搜索	组织在不确定环境中为解决问题或发现机会而进行的信息搜集过程
劳伦森(Laursen)和索尔特(Salter)(2006)	创新搜索	组织在创新过程中为解决问题而对不同来源的知识进行创造性整合的活动
罗森科普夫(Rosenkopf)和内卡尔(Nerkar)(2001)	跨界搜索	企业跨越现有组织边界或技术边界进行的搜索活动
卡蒂拉(Katila)和阿胡贾(Ahuja)(2002) 弗莱明(Fleming)(2004)	产品搜索	为产品创新的需要而对各种来源的技术思想进行创造性整合的活动
弗莱明(Fleming)和索伦森(Sorenson)(2001)	技术搜索	在发明过程中,对技术知识的重构过程
法姆斯(Faems)等(2005);林(Lin)等(2007)	联盟搜索	搜索新的合作伙伴或者新的联盟,以探索新机会

3.3.2 知识搜索的分类

学者们根据不同的研究目标和分类标准,对知识搜索进行了如下分类研究,表3-4总结了相关研究对知识搜索维度的分类。

表3-4 知识搜索分类维度

作者	分类依据	分类维度	内涵简述
陈(Chan,1996)	搜索聚焦程度	广泛搜索	与组织当前惯例评价相关的,并导致其改变甚至急剧变革或者被替换的那些组织活动
		集中搜索	
罗森科普夫(2001)	搜索目的用以解决问题的方式	本地搜索	组织搜索解决问题方法的行为
		激进式搜索	
		跨越内部技术边界搜索	
		跨越组织边界外部搜索	
阿胡贾和卡蒂拉(2010)	搜索内容	科学搜索	组织在本地搜索中面临技术竭尽和要求超越本国市场扩张时的搜索新知识和机会的行为
		地理搜索	
西度(Sidhu,2007)	搜索方向	供应维搜索	组织为发现新的技术、产品和业务方法,寻求新知识和试验新的可供选择的机会,从远程到本地搜索信息或知识的行为
		需求维搜索	
		地理维搜索	
格林佩(Grimpe)和索夫卡(Sofka)(2009)	搜索内容	技术知识搜索	对组织外部有用新知识的搜索行为
		市场知识搜索	

续表

作者	分类依据	分类维度	内涵简述
法布里齐奥（Fabrizio，2009）	搜索效果评价	搜索质量	跨越可能新组合多维空间的一个不确定的过程
		搜索速度	
		非正式搜索	
劳伦森和索尔特（2006）	搜索聚焦程度	搜索宽度	组织解决问题的活动，它涉及技术构念的创造和重新整合
		搜索深度	
吴（Wu）和刘（Liu）（2018）	搜索国别范围	本国搜索	以是否跨越国界分类，搜索界限影响着知识的先进性
		国际搜索	

现有对知识搜索分类的研究中，不同维度的分类存在内容的交叠，容易引起内容的混淆。通过系统的归纳和梳理，本书总结了以下四种影响最为广泛的知识搜索分类维度。

第一种是基于搜索距离进行分类，将组织的知识搜索活动划分为本地知识搜索（local search）和远程知识搜索（distant search）。这两类知识搜索的目标源都为组织外部的知识源，其中本地知识搜索的地域范围限于组织所处当地及其周围一个较小的区域，搜索到的是一些与该组织原有知识基础非常相近且紧密相关的知识。而远程知识搜索的行为发生在一个更为广阔的地域范围内，通常跨越了地区与地区、国与国之间的边界，表现为一种国际性的搜索活动。远程知识搜索跨越了组织原有的惯例、知识基础以及科技与 R&A 边界，搜索到的是一些与该组织原有知识基础相近性不高、关联性不大但具有较高价值性、前沿性的新知识。

第二种是根据聚焦程度进行分类，将知识搜索划分为深度搜索和宽度搜索。搜索宽度和搜索深度是衡量企业知识搜索能力的重要指标，前者指的是企业获取信息所使用的外部知识源和渠道的数量，后者则指的是企业从不同的知识源中提取信息的深入程度。企业可以从不同的知识来源中获取信息，以使企业的知识更加丰富，从而更好地学习和吸收，进一步提高知识的类别和完整性，并且有效地将这些信息整合起来。企业的知识搜索能力取决于它们使用的搜索通道的密度、提取的知识的强度以及利用的能力。如果能够提高搜索通道的密度，就能够更好地重复搜索和利用同一类别的知识，从而更有效地避免搜索过程中出现的错误，提升搜索结果的可靠性。重复使用同一种搜索方式可以帮助企业更好地掌握和理解所需的信息，大大减少搜索过程，提高搜索效率，并且可以让企业获得更多的经验和技能。值得注意的是，对于新兴经济体的新创企业，深度搜索和宽度搜索之间的组织和管理资源将面临激烈的竞争。这是因为外部知识搜索会消耗大量的时间、金钱、注意力和其他组织资源。

第三种是基于搜索的内容属性分类，将知识搜索分为技术知识搜索与市场知识搜索。技术知识搜索指的是跨越组织边界，在企业外部进行知识的搜索与学习，企业可以发现并掌握前沿技术、可靠生产工艺以及其他各种可能的信息，以满足其发展的要求。市场知识搜索则试图通过广范围搜索，寻找潜在的机会，从而开拓出全新的市场领域，开拓出全新的产品线、推广渠道、改变传统的营运方法，通过有效的沟通，深入了解消费者的需求，并且能够提供有效的产品方案，为顾客创造更多价值。

第四种是根据企业知识搜索的正式化程度分类，将知识搜索分为正式知识搜索和非正式知识搜索。正式知识搜索是指以签订和约等正式渠道来搜寻并获取知识的方式，如技术许可、技术购买、产学研合作等。非正式知识搜索指的是以非契约关系进行搜寻并获取知识的方式，例如，与供应商、客户私下的会谈与谈论沟通；以非雇佣方式邀请科技人员到企业进行指导等。

3.3.3　知识搜索的影响因素

理论与实践研究表明，不同组织知识搜索的表现水平迥异，因而辨识影响组织知识搜索的因素受到研究者的高度关注。基于相关文献的梳理，学者们主要从内部资源、外部环境与网络嵌入等方面挖掘影响组织知识搜索的因素。

冗余资源（slack resource）对知识搜索存在影响。当组织存在冗余资源时，管理者放松对搜索行为的控制，允许组织在不确定的世界中搜索新知识，从而激励企业进行创新。但也有学者认为，组织冗余资源丰富时，企业可动用储备资源应对外部挑战，加之跨界搜索意味着不确定性，因而管理人员不愿意搜索新知识进行创新。

组织吸收能力也是影响组织搜索的因素之一。已有研究表明，高水平的吸收能力使组织知识搜索具有效率高、范围广和灵活性强等特点，促进组织跨越认知、空间与技术边界搜索陌生、远距离的知识，从而提升组织知识搜索的深度与宽度。

随着环境动荡性日趋显著，外部环境愈加成为影响知识搜索的重要外因。因为搜索策略根植于既往的经验以及经理人员对未来的预期，在动态环境下，特别是组织知识基受到环境变化扰动变得混乱的情境下，组织难以抉择搜索深度与宽度组合的最优策略。因此，有学者建议，在动态环境下组织应展开探索式搜索策略，以培育组织的吸收能力；而在低不确定性环境下组织应实施开发式搜索策略，以提升组织财务绩效。也有研究发现环境不确定性显著影响组织知识搜索活动，在动态环境下组织应导入供方知识搜索，而在稳定环境下组织应实施需方与空间跨界知识搜索。关注外部环境对知识搜索的影响成为该领域研究的热点，也契合当前组织理论注重探查情境因素的调节作用研究趋势。

3.3.4　知识搜索与企业创新的关系

很多学者研究了组织外部知识搜索策略对企业创新产出的影响，但现有研究结论存在不一致：部分研究表明外部实质搜索对企业绩效有正向的促进作用，另有部分研究发现两者之间是倒U形的关系。针对实证研究结果，学者们探讨了知识搜索对创新绩效产生倒U形影响的机制。其中一种观点认为，搜索宽度的增加拓展了组织知识基，强化了知识的变异与重新组合，可实现变异的选择效应，从而提升组织创新绩效。然而，过宽的搜索幅度也可能导致需要整合的不同范式新知识比例增加，扩大整合的难度与成本，以及获取的知识可能超越企业吸收能力的负载等问题，从而降低企业创新绩效，因而知识搜索宽度对创新绩效的影响呈现先升后降的倒U形关系。同样，增加搜索深度可以促进惯例的形成，使得搜索更迅捷，从而正面影响组织创新绩效。但是，过深的搜索也会导致搜索的边际收益递减，以及使组织陷入能力陷阱等问题，从而负面影响组织创新绩效，因而知识搜索深度对创新绩效的影响也表现为倒U形相关。

3.4 实物期权及其思维

3.4.1 期权的概念和分类

有关期权（option）的理论可以说是20世纪经济学领域最伟大的发现之一。期权理论和方法的重大突破来自金融学。1997年的诺贝尔经济学奖颁给了两位杰出的美国金融学教授，以表彰他们自20世纪70年代以来在期权定价理论方面的杰出贡献。这两位获奖者分别是哈佛大学的资深教授罗伯特·默顿（Robert Merton）和斯坦福大学的荣誉退休教授马尤·斯科尔斯（Myron Scholes）。

按照期权的标的物和期权发挥的作用不同，期权大体可分为金融期权、实物期权、激励期权和新型期权等。显然，由技术构成的期权属于实物期权，且具有美式期权的特点。

1. 金融期权

金融期权是一种标准化法律合约赋予其所有者在一个预先规定的时间，或在这个时间之前，以一个预先确定的价格买进或卖出一定数量的某种事先约定的证券的权利。这种交易的权利可以进行买卖，买卖这种交易权利的交易就称为期权交易。期权是一种权利而不是一种义务。因此，即使不行使这种权利也无妨，也就是说，拥有期权的一方，可以在对自己有利的时机行使；若无行使的必要，可以不行使。当然，要获得这种权利，必须付出相应的代价，这种代价称之为期权费用。

2. 实物期权

实物期权是金融期权理论在实物（非金融）资产期权上的扩展。也就是说，实物期权的标的物是实物而非金融资产。

实物期权思维和方法具有强大的作用，因为它能够帮助管理者利用拥有的机会规划和管理战略投资。实物期权的思维对管理者来说，拥有巨大的应用空间，从某种意义上讲，这种思维方式甚至比实物期权方法更为重要，更为有用。

3. 激励期权

激励期权包括激励用的股票期权和股份期权。

在国外，激励制度中的期权主要指股票期权。由于我国的公司绝大多数是非上市公司，因此，就我国建立的期权激励制度而言，可以将期权分为股票期权和股份期权两大类。

4. 新型期权

新型期权是指比标准欧式或美式看涨期权和看跌期权盈亏状态更复杂的衍生证券。大多数新型期权在场外交易，它们是由金融机构设计的以满足市场特殊需求的产品。

新型期权的内容十分丰富，且随着市场需求的不断变化和金融创新的持续推进，会不断创造出不同的新型期权。大多数新型期权隶属于金融期权的范畴，也有一些期权在不断创造和发展中，融合了金融期权和非金融期权的内容，形成混合期权。由于新型期权的内容十分广泛，难以在此一一详述，故这里不再展开介绍。

3.4.2　实物期权的特征与实物期权思维

1. 期权的一般特征

所有期权都具备一个必不可少的特征：投资回报风险分配的不对称性——可能赢得的回报数额大于可能带来的损失数额。这是因为期权买方可以在不利的时候停止执行期权以控制损失，而在有利的时候则执行期权，以充分获取利润。

期权不仅承认这种灵活可变性具有价值，而且认为不确定性越大，期权的价值也越高。正是期权的这一特征，使其在长期激励、投资评价、证券市场投机等方面具有独特的优势和其他工具无法比拟与替代的魅力。

2. 实物期权的特征

与金融期权相比，实物期权具有以下五个具体特点。

（1）整体非交易性。

现在大多数实物期权的研究者认为，实物期权与金融期权最本质的区别在于非交易性。不仅大多数作为实物期权标的物的实物资产一般不存在交易市场，而且实物期权本身也不大可能进行市场交易。如果把实物期权作为一个整体来看，上述观点无疑是正确的。但如果把各种实物期权分别看待，上述观点也有不竟然之处。一方面，实物期权具有各种各样的表现形式，其中一些标的物是可以进行交易的，比如研发出来的技术商品，就是可以进行交易的，其附着在技术商品上的期权，会在技术商品的交易中体现其期权的价值。另一方面，金融期权的交易有统一而固定的交易场所，而将实物期权作为一个整体看待时，却没有统一而固定的交易场所。因此，整体（而非个体）非交易性是实物期权与金融期权的一个区别。

（2）期权和标的物的交易同时完成。

在那些可以交易的实物期权中，其标的物的交易和期权本身的交易是合二为一的。例如，技术商品的交易，是将作为实物期权标的物的技术商品的交易和将来是否大批量商业化的期权交易合二为一、同时完成了。而在金融期权的交易中，期权和其标的物的交易是分开进行的。一般是先进行期权的交易，在期权拥有者认为有利时，再进行期权标的物，如股票、证券等的买卖。

（3）非独占性。

许多实物期权不具备所有权的独占性，即它可能被多个竞争者共同拥有，因而是可以共享的。例如，一项技术成果为多家企业所掌握，这项技术所具有的实物期权就是共享的。对于共享实物期权来说，其价值不仅取决于影响期权价值的一般参数，还与竞争者选择的竞争策略有关系。而金融期权的情况则完全不同，某一种金融期权可能会有许多买家，但具体到某一份金融期权上时，却只能有一个买家，完全不可能出现同一份金融期权为多个人所共有的情况。

（4）先占性。

先占性是由非独占性导致的，既然一些实物期权可能被多个竞争者共同拥有，那么在行权时间上就会有先后之分。抢先执行实物期权可能获得先发制人的效应，取得战略主动权和实现实物期权的最大价值，但也可能面临较大的风险。当实物期权的拥有者之一抢先行权后，其他拥有者的同一项实物期权的价值会随之降低，这是因为该实物期权行权后的预期利润的一部分已被抢先行权者分享，同时未来的不确定性也得到降低。金融期权却没有这种特点，无论拥有同种期权的人行权与否，只要期权在你的手中，在有效期内你都可以行权，而且别人行使期权对你手中的期权的价值的影响不明显。

（5）复合性。

在大多数情况下，各种实物期权之间存在着一定的相关性，这种相关性不仅表现在同一项目内部各子项目之间的前后相关，还表现在项目各个阶段的完成质量上，以及多个投资项目之间的相互关联。例如，某种新产品的商业化可能由多个子项目构成，各个子项目又要顺次经过研发、中试及小批量试制后才能大规模产业化，那么该项新产品的期权就取决于各个子项目的完成情况和各个阶段的完成质量，是一种复合期权。而金融期权原则上不具备这种特点，除非一些有意设计的新型复合期权。

3. 实物期权思维

实物期权绝不仅仅是价值评估和投资决策的一种方法，更重要的是一种新的管理思维方式。实物期权思维方式主要包括以下内容。

（1）期权是或有决策。

期权是一种权利而非义务。期权拥有者有行使期权的权利，也有不行使期权的权利。由于建立期权和行使期权的投入相差悬殊，因此，相对于传统的投资决策方法而言，期权是一种可以用较小的投入取得较大权利的战略规划方法和管理思维工具。期权可以使投资者利用一笔较小的投资来获得今后是否追加大笔投资的权利，并且可以在已经看清了事物的发展变化方向时，再从容地制定是否进一步追加大笔投资的决策。投资者无须在建立期权时就立即为今后的投资做出决策。在决策时，如果投资者做出暂时不投资的决策，投资者在以后仍然可以继续根据事物的发展变化情况做出下一步决策。而固定的（非或有）决策具有线性的损益，因为不管在决策之后发生什么事情，项目都将沿着同一个决策来执行。例如，传统项目中的水电站、高速公路等的投资决策一般都是一次性做出的，一旦敲定，无论今后环境怎么变化，中途要想大幅度修改决策都是一件很困难的事情。

（2）能够用来设计和管理战略投资。

前面已谈到，创造期权与执行期权的投资额度悬殊，相对于执行期权而言，创造期权只是一笔很小的投资。换句话说，运用实物期权思维可以通过"有限"的投入或风险获得"无限"的收益，这就是期权损益的非线性。这种非线性损益的特点可以作为管理战略投资的一种设计思路。运用这种设计思路，不仅可以充分降低未来的不确定性和投资风险，而且可以在出现有利结果的情况下增加收益（如在最佳时刻做出投资决策等）。

运用实物期权思维来管理战略投资的设计思路和步骤可大体归纳如下。

第一，辨别和估价战略投资中的期权。投资者要不断分析、寻找和创建期权，并定期对拥有的期权价值进行评估和价值排序，密切关注期权的行权时机，选择最恰当的时机行使期权。如果建立期权后便将其束之高阁，对管理投资将毫无益处。

第二，为了更好地使用期权而重新设计投资。简单地讲，就是尽最大可能将项目投资划分成若干个阶段，前一个阶段的投资和完成，就是为后一个阶段建立期权。

第三，运用产生的期权来管理投资。运用期权思维和期权的价值评估方法来进行投资决策分析,从中选择哪些项目值得投资,哪些项目应该在什么时机进行投资等(详细内容将在"新兴技术的投融资"一章中讨论)。

(3)创造期权可为今后的发展占得先机。

创造期权可最大限度保持战略的灵活性。通过相对较小的投资创造众多的实物期权,就相当于手上掌握了一手"好牌",当环境变化需要出牌时,可以根据实时情况,灵活而迅速地行使这些期权。相对于那些没有建立期权的对手而言,在时间上便占得了先机。在竞争越来越激烈的今天,时间领先已成为赢利模式中的关键要素之一。仍然以技术研发为例,投资研发一项新兴技术,就拥有了在未来的某一时刻继续投资,将该技术推进至中试或批量生产的权利。当该技术的市场机会凸现时,已经研发完成该技术的公司可以立即投资并进行批量生产,很快将产品投放市场以满足需求;而没有预先进行研发的公司(没有建立这项期权),则需要从产品研发做起,这两者之间的时间差就是期权所带来的先机。"机会总是偏爱有准备的人"这句至理名言,搬到战略和投资管理上,就是指要有意识地建立期权,不断创造和管理好期权。

(4)期权估价与金融市场估价是一致的。

实物期权方法是使用金融市场的输入量和概念,来为所有类型的实物资产复杂的损益进行定价。其结果是使管理期权、金融市场的选择方案、内部投资机会以及交易机会(例如合资、技术许可证、收购)等具有等值基础上的可比性。通俗地讲,是指在运用实物期权进行价值评估和投资决策时,直接借鉴已成熟的金融期权理论中的价值计算方法,只将金融期权的定价方法中一些参数进行适当的修正和重新赋值,而无须另外建立一套定量的方法。这样不仅可以减少大量的工作量,而且还可以不断借鉴金融期权的最新理论和方法。

3.4.3　实物期权的优点和应用情景

1. 实物期权的优点

实物期权思维和方法主要具有以下独特优点。

(1)提供了一种管理不确定性的思路,未来的不确定性越大,实物期权思维和方法越有价值。运用实物期权思维分阶段决策的特点,可以将相对远期的决策分解为若干个相对近期的决策,这就是运用实物期权思维管理不确定性的核心。当不确定性很大时,可以保留期权以静观环境的变化;当环境因素逐步明朗且不确定性变得可以接受时,再做出决策。如果此时仍然无法做出决策,还可以继续等待更好的决策时机。

(2)提供了一种非线性损益的设计工具,可设计出各种以较小且有上限值的投入获取较大且没有上限值的产出的投资组合。

(3)提供了一种创造、识别和获取机会的思路和方法。运用实物期权思维,可以通过不断创造期权来把握未来获利的机会,也可以解决哪些创造价值的机会是企业独有的、要实现这些价值如何规避风险和必须在何种程度上承担何种风险等问题,还可以使企业在发展中取得先机和在竞争中处于有利地位。

(4)提供了一种分阶段投资和降低投资风险的思路和方法。期权是一种权利而非义务,拥有期权后不仅可以在投资上分阶段决策,而且可以在风险较大和投资收益不理想时做出不进行后续投资的决策并保留期权以降低风险。夏普（Sharp）认为，对于高风险投资，期权方法具有更大的适用性。

（5）提供了一种对未来价值进行评估的思路和方法。未来价值的评估一直是管理学和经济学中的一个难题，在不确定性较高的情况下，利用历史资料进行趋势外推并不是一种理想的方法，而只是一种权宜之计。在企业价值评估、技术商品定价等领域，评估和计算的难点和实质都是对未来价值的确定，是在与不确定性"斗智斗勇"。期权定价方法正好提供了一种在不确定环境下计算未来价值的思路和方法。

2. 实物期权的应用情景

实物期权思维和方法在下列情况下是需要的。

（1）存在或有投资决策，且没有其他方法可以正确评价这种类型的机会时。

（2）当不确定性足够大时，最明智的做法是等待。保留期权的同时获取更多信息，以避免因不可逆投资感到遗憾。

（3）当价值看起来是由未来增长期权的可能性决定，而不是由当前现金流决定时。

（4）当不确定性足够大，必须考虑灵活性时。

（5）当需要项目修正或中间战略调整时。

尽管实物期权的概念正在迅速传播，并为越来越多的管理工作者所喜爱和使用，但实物期权的思维方式却还远远没有达到普及的程度。

3.5 情景规划

3.5.1 情景规划概述

情景规划（scenario planning）作为现代管理工具，是由一种军事规划方法演化而来的。"二战"后，美国国防部在制定新武器系统的研发决策时，面临着技术、政策等的巨大不确定性，决策制定派生了两种特殊的需要：（1）使大规模、多种背景的专家团队可以达成可靠共识的方法论；（2）建立未来环境的仿真模型，以使替代政策及其后果可以得到研究。前者促成了德尔菲法（Delphi Method）和系统分析（System Analysis），而后者则催生了情景规划法。

情景一词最早出现于1967年卡亨（Kahn）和威纳（Wiener）合著的《2000年》一书中，其基本含义是指对事物所有可能的未来发展态势的描述，描述的内容既包括对各种态势基本特征的定性和定量描述，也包括对各种态势发生可能性的描述。

国外学者对情景的定义多种多样，在定义中强调的重点也有较多差异。作为情景规划的创始人之一，卡亨认为，情景是关于未来事件的一连串假设，这些假设形成了足以引起关注的一连串因果关系和决策的重要阶段。彼得·施瓦茨（Peter Schwartz）认为，情景是关于世界在未来如何发展的故事情节，这些故事能够帮助我们认知并适应我们所面对的不断变换的环境。波特（Porter）将情景描绘为"关于未来发展方向的大纲或提要"，他强调情景与战略规划是密不可分的。芬雷（Finlay）将情景定义为关于未来可能实现状态的内部一致的叙述，他强调了情景的内部一致性。德·珠瓦内（De Jouvenel）用精练的语言指出了情景与预测的区别，他认为情景是虽较粗糙但却相当好的估计，优于虽较精确但却错误的预测。休梅克认为，情景在关注未来的同时，自身也应当是清晰和具体的，他指出，情景是关于可能未来的特性描写，它具备脚本样式和详细的细节描述，并特别关注因果关系、内部一致性和具体性。

国内学者宗蓓华对情景含义的描述比较认同的是：情景指对事物所有可能的未来发展态势的描述，描述的内容既包括对各种态势基本特征的定性和定量描述，也包括对各种态势发生可能性的描述。实际上，在宗蓓华的研究中，情景规划被看作是一种有别于传统预测工具的战略预测工具。

凯瑞·塔克（Kerry Tucker）认为，情景规划可以简单描述为针对未来创造一系列等可能性的故事的过程，每个故事都可能向前发展。皮埃尔·瓦克（Pierre Wack）则认为，情景规划是一个重新发现企业家创造力的过程，这种创造力体现在面对快速变化、高度复杂和巨大不确定性的环境时进行的创造性预见上。

国内学者朱跃中提出，在进行情景设定之前，人们需要对过去的历史进行回顾，然后对未来的趋势进行一系列合理的、可认可的、大胆的、能自圆其说的假定，或者说确立某些未来希望达到的目标，亦即对未来的蓝图或发展前景进行构想，最后再来规划达到这一目标的种种可行性及需要采取的措施。

综合上述观点，可以将情景规划理解为：情景规划是一种进行未来研究的系统性方法，它以系统分析和系统思考为理论基石，主张思维的开放性、系统性和多维性，融合多种分析工具（如头脑风暴、STEEP分析、聚类分析，以及结构分析、利益相关者分析、形态分析、交叉影响分析等），解析组织面临的内、外部环境条件（尤其是外部环境条件）及其可能变化，从中识别主要的影响因素，在相容性分析的基础上构建若干可能的未来状态，并对其展开深入分析，从而更为有效地应对不确定性。

3.5.2　情景规划的原理与过程

已有文献较少对情景规划的原理进行研究，对情景规划的理论基础也并未做出系统性的解释与情景规划有关的内容常散布在对情景规划与传统预测工具在应对不确定性方面的比较分析中。综合国外学者的研究发现，系统分析（system analysis）和系统思考（system thinking）奠定了情景规划的理论基础。

系统分析理论诞生于20世纪30年代，系统分析采用系统方法对所研究的问题提出各种可行方案或策略，进行定性和定量分析、评价和协调，帮助决策者提高对所研究问题的认识，以便决策者选择行动方案。Fink认为传统的管理方法侧重于对单一个体的分析，忽略了对系统整体的认识，因此常常导致失败，所以必须加强对复杂系统的整体性分析。系统思考是一种综合系统内外反馈信息、非线性特性和时滞影响的整体动态思考方法，是一种分析、研究和处理社会经济等复杂系统问题的系统方法架构。系统思考的内涵在于强调系统、辩证和发展的观点；强调系统内各子系统之间、系统与环境之间相互作用、相互影响、不断发展变化的关系；强调系统结构和行为的动态性；强调正确发挥人的主观能动性，充分掌握并全面运用系统规划、综合推理及整体动态思考等方法。

美国学者托马斯·切瑞梅克（Thomas J. Chermack）将情景规划的概念归纳为一个通用系统（general system），该系统包含一系列输入、加工和输出的过程，如图3-4所示。

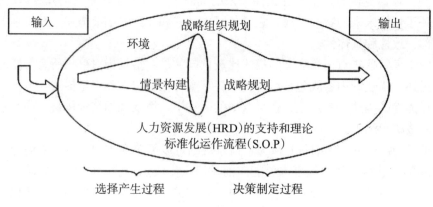

图3-4　情景规划通用系统

由图3-4可以看出，情景规划作为一个完整的系统，包括选择产生（option generation）和决策制定（decision formulation）两个过程。选择产生过程通过情景构建（scenario building）实现，决策制定过程通过战略规划（strategic planning）实现，情景构建和战略规划共同组成了战略组织规划（strategic organizational planning）。情景规划理论所描述的对象就是选择产生和决策制定二者怎样在一个系统内交互作用。

在上述研究的基础上，Thomas J.Chermack 构建了一个包含情景（scenario）、学习（learning）、心智模式（mental models）、决策（decisions）和绩效（performance）五个要素（unit）在内的情景规划理论模型，并分析了各要素间的相互关系，如图3-5所示。

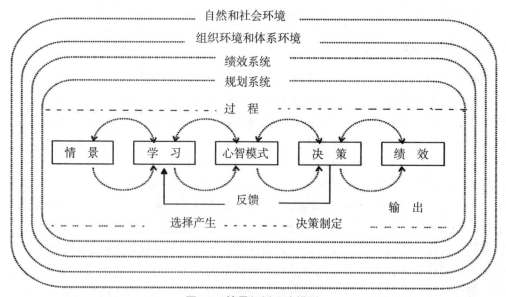

图3-5　情景规划理论模型

根据图3-5的概念模型，托马斯·切瑞梅克提出了五点主张：第一，如果情景与学习正相关，那么作为情景规划的一个组成要素，学习会加强；第二，如果学习与心智模式的改变正相关，那么作为学习的结果，心智模式就会有变化；第三，如果心智模式的变化改变了决策结构，那么心智模式的变化也就暗含了决策过程的变化；第四，如果决策过程的变化与公司绩效正相关，那么作为决策过程改进的结果，公司的绩效会提高；第五，如果情景与学习正相关、学习与心智模式的改变正相关、心智模式的改变与决策的改进正相关、决策的改进与公司绩效正相关，那么，情景就与公司绩效正相关。

作为应对不确定性的重要方法，情景规划由众多具体的方法或工具组成（也有学者称之为工具箱）。由于各学派研究的侧重点不同，应用情景规划期望得到的结果不同，因此对具体方法或工具的选择也有较多差异。直觉逻辑学派更侧重于定性的方法，如头脑风暴、STEEP规划、对关键人物的访谈等；概率修正趋势学派则更侧重于定量的方法，如条件概率、贝叶斯公式以及最优化方法等。因此本节以戈迪特（M. Godet）的研究为例，对情景规划的方法框架做一个介绍，如图3-6所示。戈迪特将情景规划过程分为了三个阶段（即预期、决策和实施）、九个步骤（各步骤如数字1～9所标注，方框中文字描述了所要做的工作和借助的工具）。

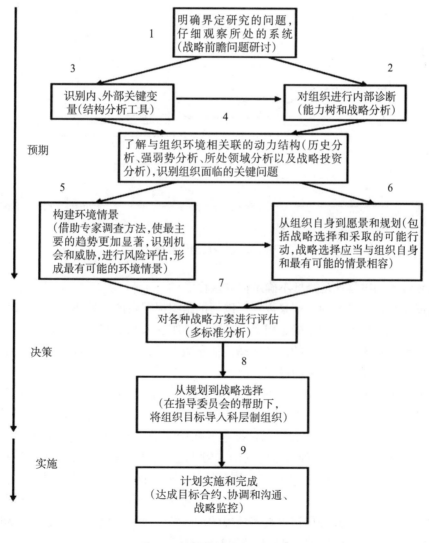

图3-6 情景规划的方法框架

3.5.3 情景规划如何应对和降低不确定性

任何事物的发展变化都存在不确定性，其根源在于未来的信息很多是未知的，同时环境的变化和人类认知能力的局限也会加剧这种不确定性。降低不确定性的一条主要途径，就是不断收集和更新相关信息，掌握的信息越多，不确定性就会越小。信息经济学的奠基人阿罗在分析不完全市场与经济行为人的信息非对称问题时，也认为只要经济中存在着不确定性，就会有通过获取信息减少不确定性的可能性。情景规划可以使组织不断获取环境信息并不断增强人们的认知能力，从而降低环境的不确定性；还可以使组织对不确定的未来预先做好应对准备，因此，情景规划是应对高度不确定性的有效工具。

下面结合图3-7来分析情景规划是如何应对并降低不确定性的。

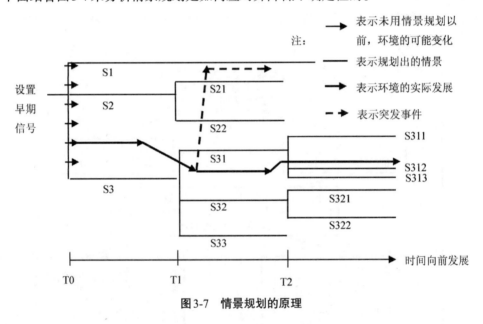

图3-7　情景规划的原理

1. 规划情景的过程就是降低不确定性的过程

在高度不确定的环境中，情景规划可以帮助组织根据当前所处环境，识别环境变化的趋势与影响环境变化的关键不确定因素，抽象出组织在未来最有可能面对的几种情景。这样，多种可能性被压缩为有限的几种选择，情景减少了，不确定性就降低了，所以，规划情景的过程就是降低不确定性的过程。

在实际应用中，首先规划出几种初始情景，一般是2~3种。现实的环境变化可能不完全符合任何一个情景，但必然接近其中一个或两个情景，好比将不确定性限定在由特定情景组成的区间内，这样组织就可以依据这些初始情景对未来进行适当的准备。在图3-7中，假设在T0时刻开发了三种初始情景S1、S2与S3，组织依据这三种初始情景为未来做准备，而真实的环境变化接近S2与S3，则环境的不确定性就被限定在S2与S3之间。

前面已谈到，情景规划是一个持续的过程，它在整个规划期内都遵照上述思路对情景进行持续开发，以形成几个更接近真实环境的细致情景，使环境的不确定性大为降低。在图3-7中表现为T2时刻的S311、S312、S313等情景。

2. 通过早期信号的识别不断获取信息可以降低不确定性

通过建立情景，即抽象出数种组织最有可能面对的情景，从而有针对性地制定应对措施，可以大幅度降低环境的不确定性，但这仍然是不够的。环境到底会向哪种情景发展，仍然不确定。情景规划开始就为环境设置早期信号，通过对早期信号的识别，不断进行判断，大致可以确定环境将向哪些情景发展，哪些情景不会出现。从而预知环境的变化，未知的未来在一定程度上变成了已知，不确定性继续得到降低。

早期信号是指可以确定未来是何种情况的关键指标，即预示着新的未来的事件。通过不断判断早期信号在各情景中出现的频率与明晰度，组织可以发现当前有哪些事件、趋势和动向会对未来的环境产生重要影响，哪些环境变化需要特别关注，情景中的哪些部分已经展开，哪些情景正在成为主流或趋于消失等等。

以图3-7为例，在T0时刻设置早期信号。在从T0向T1发展的过程中，可以观察到早期信号主要出现在S2、S3中，所以，S2、S3成了需要重点关注的主流情景，以后将主要对它们进行继续规划，而S1就被剔除掉了。重复进行前面的过程，随着时间的推移，信息不断充分，后面开发的情景将越来越明晰，越来越接近真实的未来环境。

3. 情景规划作为一种管理思维可降低不确定性

情景规划作为一种管理思维，不提倡立即决策，而是通过积极的等待以获取更多的信息。传统的管理方法不提倡等待，把决策环境看成"非白即黑"：要么认为未来都是已知的或者假设未来是已知的，要么认为未来是完全不可知的。第一种情况决策者会立即做出决策，第二种情况则给予决策者放弃决策和立即决策两种选择。第一种情况做出的决策往往只是在主观假设条件下的所谓最优决策，真正能达到最优的概率是很小的。第二种情况做出的决策又会带来下面两种严重后果：放弃决策，认为自己对环境无能为力，实际上是在放弃机会；立即决策则是基于人们的主观臆测，相当于碰运气，与胡乱猜测没有什么差异。

事实上，未来环境既不是完全未知也不可能完全已知。即使是看似最不确定的环境，也包含着许多信息，例如，管理者可能预见环境的发展趋势。还有很多看似不可知的因素，事实上是已知的，只要经过正确的分析就可得到，认为其未知是因为没有深入挖掘，如竞争对手扩大产量的计划、某种技术发展的趋势等。

情景规划将积极的等待作为一个连续的过程，在此过程中，人们主动收集和挖掘有用信息，信息增加了，不确定性就降低了。从图3-7也可以看到，随着时间向前发展，暴露在人们面前的信息会越来越丰富，通过对这些信息的收集与挖掘，环境的不确定性被大大降低了。

4. 通过有规则的想象可以应对不确定性

如何将环境的无穷多种可能抽象为有限几种情景呢？情景规划的共同思路是通过有规则的想象来思考不可思考之事。情景规划通过科学的分析找出环境的发展趋势与主要不确定因素，在此基础上，按照合理的逻辑和各种科学方法运用直觉，想象各种不确定性在未来一段时间的相互作用状况，将未来的各种典型环境构建出来，这就是有规则的想象。这里的规则主要是趋势与规律，以及各种科学方法，而想象则是发挥人的逻辑思维能力与直觉。

有规则的想象是情景规划的基本思路，在实际应用中，一个人的能力是有限的，如果将多人的信息集合起来，围绕某一具体问题进行深入想象，就能得到更多的信息。情景规划运用大规模、多背景的规划团队来达到这个目的。规划团队主要由两类人员组成：一类是与待规划问题相关的各领域的专家，另一类是卓越人士。一般来说，专家所在的组织是待规划问题的利益相关者，他们对影响环境变化的不确定性有深刻的理解，对环境的发展趋势有较强的预见性，甚至可以影响环境的发展。选择专家时，在年龄、专业和工作经历方面力求差异较大，因此，可通过德尔斐法、头脑风暴法、McTAFE法、MOFFAT Model等科学工具帮助专家想象并激发思维，减少群体思维的负面影响，还可以提出多样的、新颖的、意料之外的问题，使组织对未来环境的认识能力大大提高。卓越人士是指那些具有强烈好奇心和敏锐眼光的了解世界的运行方式且能够把握变革脉搏的观察者。他们不是业内人士，但往往能够提出超越性的设想，如突发事件，引导情景规划团队将直觉性知识和盘托出，然后将其纳入对环境的现有认知结构，使组织对未来环境的认识更加深刻。

5. 通过学习情景可以应对不确定性

情景被规划出来以后，组织就围绕情景展开组织学习，学习情景不是关心情景是否会发生，而是关注一旦情景发生了或者与情景相近的情况发生了，组织应该怎么办。所以，学习情景的目的是收集和挖掘与情景相关的信息，然后通过学习提出解决的方案，做到对未来不确定性的提前准备。

6. 依据情景进行适应性战略调整可以应对不确定性

情景规划还要求组织依据情景的发展对战略进行适应性调整，以进一步应对不确定性。传统方法强调为特定情况制定一成不变的战略，柔性较差。如果未来的环境不属于这种特定情况，那么决策就失去了意义，组织只能被动接受环境。但是，情景规划并不预测未来到底发生哪种情景，它将环境在未来的多种可能情景演示出来，组织依据情景演示的未来环境制定多种可选择的战略。

情景规划要求组织不能只关注于某一特定情景，而是要为每种情景都做出适当的准备。且情景规划一般只开发少数几个初始情景，使组织在进行准备时不致因为情景过多而手忙脚乱，人为地增加不确定性。因为初始情景是粗线条的，所以为初始情景进行准备时，战略规划也只是框架性的。随着规划的深入，情景变得集中、细致，相应的战略规划也变得更具操作性。例如，在图3-7中，时间发展到T1，根据早期信号，已经判定S1不可能发生后，就停止继续开发对应S1的战略；而对主流情景S2、S3的战略继续深入开发，使它们适应于更细致的情景S21、S22、S31、S32与S33。

随着时间的推移，情景也在发展。最终，情景将被集中于接近真实情景的特定情景。当真实情景发生的时候，组织已经提前在战略上做好了准备，虽然与真实情景的需求可能有差距（差距的大小取决于规划的质量），但只要进行一下微调即可，不确定性由此得到应对。竞争的胜利者属于走在环境变化前面的人，情境规划使组织真正实现了与环境一起变化，甚至变化得更快，由此建立或加强竞争优势。

7. 通过情景规划可以降低突发事件带来的不确定性

高度不确定的环境经常带给管理者一大难题——突发事件。看似平静向前发展的环境可能会被一些突发事件打破，例如，20世纪70年代的全球石油价格飙升，突然爆发的新兴技术改变了某个领域的竞争规则，等等。这些突发事件在短时间内就会使环境变得十分复杂与动荡，出乎人们意料，导致管理者束手无策。

情景规划通过预先制定的战略，使组织提前为突发事件做好准备，大幅度降低突发事件带来的不确定性。仍然以图3-7为例，虚线箭头代表突发事件。可以看到，虽然突发事件远远偏离正常的环境发展，但它始终会接近某一个情景，如S1。因为事先已经规划了这种情景，所以组织不至于束手无策，虽然应对措施不一定完美，但总比没有好。建立竞争优势的本质不是做到最好，而是比竞争对手做得更好。在竞争对手对突发事件没有任何准备的情况下，这些不完美的应对措施就足以为组织赢取竞争优势。20世纪70年代，壳牌石油公司运用情景规划成功应对了全球石油危机，使壳牌石油一跃成为全球盈利排名第二的石油企业，这就是情景规划降低突发事件不确定性的成功典型。

8. 通过要素的变化监测环境的变化，从而可以应对环境的不确定性

通过情景规划得到的情景与真实环境或多或少总是存在差异。应对不确定性，要求组织能对环境的变化做出迅速而准确的反应，这就要求组织密切监测环境的变化，及时对原有的战略进行微调。但由于不确定性太高，组织所处的环境变化又快速而复杂，因此密切监控环境变化的每一处细节显然是不可能的。

情景规划通过深入研究影响环境变化的要素，搭建起要素与环境（情景）之间的互动关系，这种关系搭建好之后，环境的变化就可以通过要素的变化反映出来。观测整个环境变化的每个细节很困难，但是可以通过观察要素的变化来判断环境可能的若干个变化方向。由于要素的数量是有限的，所以监控起来相对容易。根据这些监控结果，组织就可以及时地对以前依据情景进行的适应性准备作适当调整，做到对环境的变化迅速反应甚至同步反应，为组织应对环境不确定性奠定良好的基础。

3.5.4 情景规划与新兴技术管理的关系

通过前面的分析，我们知道情景规划是一种分析未来环境的多种可能情形的战略规划工具，也是预见复杂、模糊及不确定的未来的过程，同时还是一种使组织提前感知其经营环境变化、思考其含义，进而采取针对性的行动的管理思维方式。情景规划的这些特点使得其在新兴技术管理中具有广阔的应用空间和明显的优势。

1. 运用情景规划可以更好地应对不确定性

情景规划从不确定的未来中识别环境发展的趋势和主要的不确定因素，运用形态分析和系统思考来描述这些不确定因素之间的相互作用情况，构造若干（通常不超过4个）情景来预演未来的可能变化，同时，通过对早期信号的识别与判断，运用持续渐进的规划过程，不断对主流情景进行深入开发并剔除非主流情景，从而达到预见环境变化，不断降低不确定性的目的。在此过程中，组织可以提前感知未来可能面对的环境及其变化，并根据当前的环境对未来进行选择。运用情景规划应对不确定性的原理及过程如3.5.2节所述，这里不再赘述。

2. 运用情景规划可以加速组织学习

组织学习的概念及其与新兴技术的关系如3.2节所述，这里仅简要说明情景规划为什么可以加速组织学习。凯斯·万·德·黑伊登的研究认为，情景规划的中心内容，是组织感知其经营环境的变化，思考其含义，进而根据这些新知识来采取行动的能力，情景规划在察觉变革信号、理解其含义，并激发应变举措方面有着不可估量的价值。黑伊登把组织提前感知、思考未来可能面对的环境及其变化并进而采取行动的过程称为适应性组织学习。通过适应性组织学习——包括感知、思维和行动，情景方法提供了一种强有力的独特方法来驾驭组织的洞察力，并使其能够适应变化。随着情景规划方法被更多地采用，管理者们对不确定性、模糊性和复杂性的接纳程度也会相应提高，这将促进其思想的飞跃，实现组织的竞争优势，这种优势和收益的独特源泉是情景规划的真正力量之所在。

3. 情景规划是新兴技术管理的一个有效手段

休梅克的研究指出，情景规划的优越之处有：（1）可以使组织考查由新兴技术所塑造的市场和技术之间的相互作用。（2）可以使得参与者们能够预测到技术的间断性对于组织现行的经营模式的影响。（3）可以帮助优化公司内部的资源分配过程，通过描述一幅关于未来行动线条清晰的图画，帮助管理者更好地了解新兴技术的潜在经济价值，并运用这种了解来优化资源配置。（4）能够使组织更充分地了解应该将有限资源投资于哪一项技术，以便在未来获取竞争的有利地位。

简单讲，情景规划在新兴技术管理中的作用可概括为两个方面。一方面，情景规划可以放大并且分析微弱的信号。在新兴技术所处的动荡、快速变化和激烈竞争的环境中，任何一项看似微不足道的事件都有可能对行业的发展产生深远的影响，情景规划则致力于察觉类似的微弱信号或转折点，并努力通过这些暗示得出合理的逻辑结果，看是否会有不同的结果发生。另一方面，情景规划可以创造应对危机的可选择方案。新兴技术像众多的新机遇一样，总是能够有在某些行业或市场引起浩劫的潜力，完善的情景规划既能够用生动的细节来描述这些威胁和机遇。情景规划能够帮助公司避免像把头埋在沙子里的鸵鸟一样回避现实，也不会像无头苍蝇一样盲目行动。

本章参考文献

[1] 陆昌勤,方俐洛,凌文辁."组织学习"研究的历史、现状与进展[J].中国软科学,2001(12):115-118.

[2] GOH S C. Toward a learning organization: the strategic building block[J]. Sam Advanced Management journal,1998(Spring):15-22.

[3] DODGSON M. organization learning: a review of some literatures[J]. Organization Studies,1993:25-34.

[4] 陈国权,马萌.组织学习的过程模型研究[J].管理科学学报,2000(3):15-23.

[5] 陆昌勤,方俐洛,凌文辁.'组织学习'研究的历史、现状与进展[J].中国软科学,2001(12):115-118.

[6] 陈国权,马萌.组织学习的过程模型研究[J].管理科学学报,2000,(3):15-23.

[7] [美]V.K.NARAYANAN.技术战略与创新——竞争优势的源泉[M].程源,高建,杨湘玉,译.北京:电子工业出版社,2002.

[8] 银路.技术创新管理[M].北京:机械工业出版社,2004.

[9] 梦帆硕.科技型企业外部技术知识、市场知识搜索对产品创新的影响研究[D].电子科技大学硕士论文,2023.6.

[10] 冯玲.期权——金融风险管理的创新手段[J].福州大学学报(社会科学版),1995,(4):12-13.

[11] 银路,赵振元等.股权期权激励——高新技术企业的激励理论与实务[M].北京:科学出版社,2004.

［12］［美］约翰·赫尔.期权、期货和其他衍生工具(第三版)［M］.张陶伟,译.北京:华夏出版社,2000.

［13］［美］乔治·戴,保罗·休梅克.沃顿论新兴技术管理［M］.石莹,等译.北京:华夏出版社,2002.

［14］［美］马莎·阿姆拉姆,纳林·库拉蒂拉卡.实物期权——不确定性环境下的战略投资管理［M］.张维等,译.北京:机械工业出版社,2001.

［15］SHARP D J.Uncovering the hidden value In high-risk Investments［J］.Sloan Management Review,1991,(Summer):69-74.

［16］RON BRADFIED,GEORGE WRIGHT,et. al. The origins and evolution of scenario techniques in long range business planning［J］. Futures ,2005,(37):798.

［17］ANNA KYRKI. Scenario analysis in evaluation of emerging technology-case bluetooth. Master's Thesis. Lappeenranta University of Technology(Finland). 2001 ,15.

［18］［美］彼得·施瓦茨.情景规划:为不确定的世界规划未来［M］.石忠国,李天柱,等译.北京:华夏出版社,2008.

［19］PORTER M. Competitive advantage［M］.New York: Free Press,1985.

［20］IAN WILSON. From scenario thinking to strategic action［J］.Technological Forecasting and Social Change,2000 ,(65): 23-29.

［21］FINLAY PAUL N. Steps towards scenario planning［J］.Engineering Management Journal,1998,8(5): 243-246.

［22］DE JOUVENEL HUGUES. A brief methodological guide to scenario building［J］. Technological Forecasting and Social Change,2000,65(1): 37-48.

［23］宗蓓华.战略预测中的情景分析法［J］.预测,1994,(2):50.

［24］张学才,郭瑞雪.情景分析方法综述［J］.理论月刊,2005,(8): 125.

［25］朱跃中.未来中国交通运输部门能源发展与碳排放情景分析［J］.中国工业经济,2001(12):30-35.

［26］Robert Bood,Theo Postma. Strategic Learning with Scenarios［J］. European Management Journal,1997,15(6): 633-637.

［27］银路,李天柱.情景规划在新兴技术评估中的应用［J］.科研管理,2008,29(7):12-18.

［28］［英］凯斯·万·德·黑伊登,等. 第六感:运用情景方法加速组织学习［M］.黄一义,李勇,冀书棚,译.北京:人民邮电出版社,2004.

第2篇

企 业 篇

第4章

新兴技术识别与动态评估

新兴技术因其创造性破坏的潜在影响引起产业界的极大关注，但这种关注具有滞后性，因为突破性的技术创新只有在取得实质性发展后才为公众所认识，给开发它们的公司带来机遇或挑战。在技术发展初期，难以预知哪些技术会脱颖而出，成为行业的领航者，正是新兴技术管理面临的第一个挑战。因为企业必须从纷繁复杂的技术可能性中识别有商业潜力的新技术，并基于对技术的评估做出相应的投资决策。本章重点关注新兴技术发展早期，对新技术的识别、评估和投资情况。

4.1 新技术成长

4.1.1 新技术成长的机制和主要观点

以下是几种新技术成长的典型情况。

（1）看似一夜之间成功的新技术其实已经发展了几十年。与其说新技术的变革是一项重大科学突破的结果，不如说通常是技术的应用领域发生了转变。例如，因特网的迅猛发展从根本上说并不是一项技术变革的结果，而是由于网页浏览器的发明将该技术的应用领域从政府和学术机构转到了大众消费市场。

（2）一项新技术在最初应用的领域与它最终大范围应用的领域常常大相径庭。最早的蒸汽发动机用来从矿井里抽水，无线电的首次商业用途是海船与海船之间、海船与海岸之间互发密码信息，首台电子数字计算机被设计用于计算美国军队枪支的发射台。

（3）一些新技术，如遗传工程是完全在科研实验室完成的，在它们最初的、惊人的商业应用之前没有任何商业应用先例。激光、透明晶体管等新技术也是在实验室中诞生的。许多被认为是突然出现、在商业上迅猛发展的新技术，如静电复印技术、互联网技术等，实际上在相对较小的缝隙市场已经有很长的技术发展史前史。

新技术从萌芽、生长、成熟到被更新的技术所替代，可能走出多种不同的轨迹。深入分析和揭示新技术的成长规律，对企业乃至国家制定正确的技术发展和产业发展战略，都有重要指导作用。

一项新技术的诞生，就如同生物界中一颗种子萌芽。不同的是，这是一颗从未见过的种子。植物从萌芽到开花、结果，再到萌芽，是周而复始的。生物界中一颗种子萌芽后最终将长成一棵大树，还是一株小草，可以通过对相同或类似事件（种子）的历史分析做出预判。对萌芽的种子和其成长的信息掌握得越多，预判的准确性就会越高。而完全相同的新技术却是没有的，因此没有完全相同的技术成长案例可供借鉴，这是新技术萌芽和成长的一个重要特点。因此，研究新技术的成长规律，只能通过相似或类似技术的成长规律和统计结果，来尽可能揭示或逼近一项新技术可能的成长规律或轨迹。这样，运用站在今天看过去的思维方式，对各种技术的成长规律进行归纳、总结和提炼，寻找各种可能的新技术成长轨迹，就显得尤为重要。

基于物种进化思想的隐喻，阿瑟关于技术进化的探讨对理解新技术的成长具有重要的启发性。一种观点是：一项给定的技术，在某一特定时间内会有许多变种。这主要是因为技术要达到的目的不同，操作的环境不同，此外，不同设计者提供的设计理念也会影响技术的进化。简而言之，技术的进化受两种基本力量的驱使：一是技术发展的内在规律；二是技术系统设计者的设计理念。这种观点解释了技术的渐进性变化。另一种观点是：新技术不是在"前任"技术基础上积累形成的，而是一种突发的、根本性的新颖性，就像是新物种的出现。从新兴技术的内在属性特征出发，结合上述两种技术进化的机制，可以得出关于技术成长的三个简单结论：（1）单一技术的改变是渐进的。（2）技术的融合是创造性破坏的途径之一。（3）应用领域的改变是创造性破坏的另一个途径。

4.1.2　新技术成长的四种路径

根据上述技术成长的机制和基本的观点，结合大量新兴技术成长的案例，宋艳等（2007）归纳总结了以下四种新技术成长的路径。

1. 技术突变型

技术突变型新兴技术是指一项高新技术在原有应用领域的发展过程中取得重大科学突破，且应用得到迅速扩展。其类似某一物种在地理隔离条件下的进化过程中，因基因发生突变，产生新物种，并得到迅速繁衍。例如，晶体管代替真空管、软磁诞生、集成电路的发明等都是计算机发展史上的转折点，且都具有代表性的技术突破，正是由于这些技术突破，计算机技术的应用才得以不断拓展。因此，晶体管技术、磁盘技术、集成电路技术均可称为当时的技术突变型新兴技术。技术突变型新兴技术是沿着现有技术和应用路径，在渐变过程中技术发生跃变而产生的。其驱动力主要来源于技术本身的突破性进展，多生于有较强技术实力的大公司以及从事基础研究的科研人员和实验室，一般具有突破创新的三个主要特征：①一系列全新的性能特征；②已知性能特征提高5倍或5倍以上；③产品成本大幅度削减（降低30%或30%以上）。此外，该类技术的发明还能给应用空间带来突破，并常常能开启新的市场和潜在的应用。

2. 技术植入型

技术植入型新兴技术是指某一项高新技术在原有应用领域发展过程中引入其他技术，也可以说是2个或2个以上并不相干的高新技术在某一技术的原有应用领域进行合并或结合，产生新的系统，从而替代或终结原有技术。例如，医学影像CAT扫描仪就是X光技术和计算机技术结合的产物。X光技术在医学领域已经得到应用，但计算机技术以前仅用于数据处理，这两项技术的结合创造了性能更卓越的新型扫描系统，最终，新型扫描系统在医学领域完全替代了传统的CAT扫描仪。在这个例子中，产生的新技术创造了以新型CAT扫描仪（集扫描成像和数据处理为一体）为核心的新的医疗诊断设备及其生产制造和应用行业，从而替代或终结了以传统CAT扫描仪为核心的老行业。再如，6G网络将是一个地面无线与卫星通信集成的全连接世界。通过将卫星通信整合到6G移动通信，实现全球无缝覆盖，网络信号能够抵达任何一个偏远的地区，让深处山区的病人能接受远程医疗，让孩子能接受远程教育。此外，在全球卫星导航系统、电信卫星系统、地球图像卫星系统和6G地面网络的联动支持下，地空全覆盖网络还能帮助人类预测天气、快速应对自然灾害等。6G的数据传输速率可能达到5G的50倍，时延缩短到5G的十分之一，在峰值速率、时延、流量密度、连接数密度、移动性、频谱效率、定位能力等方面远优于5G。

技术植入型新兴技术的特点有：①原有单项技术并不一定是新兴技术；②多项技术在原有某一技术领域内有效融合；③融合后的新兴技术的性能大大优于原有技术，能极大影响或替代原有技术，甚至终结老行业。当企业在某项技术发展过程中遇到障碍，导致应用扩展受阻时，不要局限于在原有技术路径上寻找突破，还要努力探索存在于其他领域的相关技术，创造性地植入并使其有效结合，以排除原有技术障碍，从而使产品跨过以前的技术平台，得到一个增量市场的份额。

3. 应用创新型

应用创新型新兴技术是指一项高新技术从原来的应用领域转到新领域，或为一项纯粹的技术找到恰当的应用空间，从而使技术本身在获得迅猛发展的同时也得以完善和改变。类似物种迁徙到新的地域，由于某些事件，如气候、栖息条件、物理屏障等的变化，产生新物种。为了适应新环境，新物种具备了与先辈大为不同的特性。例如，燕麦和黑麦在中亚和西亚本来是混生在小麦、大麦田内的杂草，但到了更北的地方种植时，由于耐寒性强于小麦和大麦，其生长优势得以充分发挥而成为寒冷地区的主要农作物。这类创新的一个经典案例是凯夫拉纤维，英文原名KEVLAR，它是美国杜邦（DuPont）公司研制的一种芳纶纤维材料产品的品牌名。这种材料原名叫聚对苯二甲酰对苯二胺，具有防火、高强度、高韧性等突出的性能优势，但在技术发明之初，杜邦公司面临着该技术在传统材料领域"无用武之地"的困境，直到发现在国防、军事领域的新应用场景，该技术才爆发出巨大的商业价值。

4. 融合创新型

融合创新型新兴技术是指两项或多项技术经历融合过程，产生的新技术被应用到新领域而得到快速发展，并对其他领域产生重大影响。这类新兴技术具有我们在第一章所提的通用目的技术和使能技术的特征，其创新发展过程中包含了大量不同领域技术和知识的重新组合。例如，区块链技术就是分布式账簿、共识算法、智能合约等多个领域技术的重新组合，其实现了某种功能的突破性创新。

4.2 新兴技术预见与技术预测

对新兴技术进行预测和预见，是新兴技术管理的一个重要任务。技术预测（technological forecasting）与技术预见（technology foresight）是两个具有紧密联系又有区别的概念，从目前的文献资料来看，讨论技术预见的文献多一些，概念也更加清晰一些。技术预测兴起于20世纪40年代。到20世纪60年代末，定量预测方法已发展得相当成熟，但在企业界，量化的技术预测却逐渐失去了其原有的吸引力。20世纪70—80年代，基于德尔菲法的技术预见开始流行。20世纪末，技术预见形成了一股世界潮流，除了发达国家外，发展中国家也在积极酝酿开展预见活动。从技术预测到技术预见，既反映了人类对未来的态度在变化——从"适应未来"到"塑造未来";也反映了改造世界的方法论在变化——从使用单一方法解决单一问题到综合运用各种方法解决系统性问题。

4.2.1 技术预测

1. 技术预测的定义

什么是技术预测,目前还没有形成共识。不同文献依据研究的目的不同,给出了不同的解释。下面列举了几种关于技术预测的定义。

一种是由苏联专家提出的、使用较多的定义:技术预测就是根据社会与经济发展目标的设定,预测那些在国民经济发展中必须解决的技术和科学技术问题。

清华大学吴贵生教授认为,技术预测是指对技术发展趋势、技术发明和技术应用的预计和推测。预测的对象包括技术发展趋势,新产品性能、结构,新工艺,发现和发明的应用范围,技术推广应用范围等。

中国科学院穆荣平教授等人认为,广义的技术预测可以分为两大类——探索性预测(exploratory forecasting)与规范性预测(normative forecasting)。"探索性预测立足于现有技术,做出关于未来技术发展的预报。规范性预测是在假设探索性预测所预言的未来技术革新确定能实现的情况下,指出实现这些技术的方式或方法。"如果技术预测的最终结果是要形成企业或政府部门行动计划的基础,那么就需要将上述两种类型的预测结合使用:首先通过探索性预测方法确定计划所要达到的目标;然后根据该目标的要求,用规范性预测方法选择要采取的相应措施。而狭义的技术预测主要指探索性预测。

我们认为,技术预测有三层含义:第一层含义是预测随着经济的发展必须解决哪些技术问题;第二层含义是预测可能会出现什么新技术以及这些新技术的未来发展趋势;第三层含义是预测某项或某些已有的特定技术未来的发展趋势,如VR/AR技术未来的市场是上升还是下降,上升或下降遵循什么轨迹。

2. 技术预测的特点

无论是过去还是现在,技术预测都是根据企业团体和政府部门的特定需要形成和发展的,其中包括技术预测的目的、方法、术语和利用等等。毋庸置疑,技术预测的未来将取决于公众及其代表关于技术进步的观念、经济竞争的现实以及政府部门在技术发展过程中所发挥的作用等。

威·科茨等人在"论技术预测的未来"一文中指出,未来几十年是技术预测发展的关键时期。一般而言,技术预测的特点可以体现在以下几个方面。

(1)对于技术预测来说,新技术的应用是一个决定性的因素,因此,人们必须充分了解各种组织因素、市场因素和社会因素。目前军事问题和政治问题已退居为次要问题,而经济竞争则成为从事技术预测的首要促动因素。换言之,决策者应当意识到市场竞争的重要性。

(2)技术发展是科学研究的直接结果,这一迹象已日益明显。这一事实表明,人们需要创建出一种理论工具,以此来说明复杂多变的技术发展进程。相应的,科学预测也将支持和服务于技术预测。

(3)社会环境和政治环境为技术预测和技术评估的再度振兴创造了有利的条件。在企业团体的兴衰过程中，利益分配和技术成本问题也是显而易见的。除此之外，人们已逐渐认识到，技术管理同样是不可或缺的重要环节。

（4）技术预测的研究方法在不断更新。传统的研究方法虽然保留了其自身的价值，但也在逐渐被新方法所取代。新方法不仅能够挖掘电子信息资源，而且可以解决各种难以解决的复杂问题。

（5）技术预测的外部环境已经发生了重大变化，换言之，技术预测与公司团体和政府部门的联系更为紧密。

（6）技术预测和技术评估的客户与研究人员均来自各行各业，其成分也更加复杂。值得一提的是，已有越来越多的客户逐渐加入研究者的行列。

3. 技术预测与新兴技术研究的关系

技术预测的上述三层含义都与我们研究新兴技术密切相关。

就第一层含义来讲，根据经济的发展必须解决的技术问题中，有一部分很可能就是今后要重点发展的新兴技术。比如，人体器官的克隆技术，一旦在技术上得到突破并进入实际应用，人类许多疾病将得到治疗，可大大提高人类的寿命和生活质量，必将带来巨大的市场需求。又如，随着5G、6G等新一代通信技术的发展，数字孪生、万物互联的物联网等生产和生活方式将成为可能。再如，地球上的非再生资源总有枯竭的一天，开发新型能源和可再生清洁能源，显然是每个国家都需要高度重视的工作，是经济发展和社会发展的一个重要趋势。

就第二层含义来讲，预测可能会出现什么新技术以及这些新技术的未来发展趋势，也是新兴技术研发和管理的重要内容。新兴技术可以创立一个新行业，破坏或毁灭一个和数个老行业，如果我们不对未来可能出现的新兴技术进行预测，那么当创造性毁灭来临时，我们将会措手不及。因此，未来的新兴技术会毁灭哪些老技术，会毁灭什么行业，会产生什么新行业，我们现在所在的行业是否属于被毁灭的行业等，这些问题都十分重要，是发展新兴技术的企业必须关心的问题。

就第三层含义来讲，与我们研究新兴技术的关系就更为密切和现实了。随着技术进步速度的加快，每天都有成千上万的新技术在产生和发展，但正如前面多次提到的，一些技术会迎来爆发性市场，而另一些技术则可能是昙花一现。那么哪些新技术会迎来爆发性市场而最终成为人见人爱的新兴技术呢？这就离不开技术预测（也包括技术预见），而且关键是要在这些技术出现的早期进行较为准确的预测，以提前做好准备，赢得先机。

综上所述，在研究新兴技术时，要随时关注和思考新兴技术的预测问题；等到某项新兴技术已经被大多数企业和消费者所认识，甚至已经蓬勃发展之时，才开始加以关注，则为时已晚。不断预测经济和科技发展中将可能出现的新兴技术，是新兴技术研发人员和新兴技术企业管理人员的一项重要任务，必须要有专人负责，随时搜集相关信息，不断积累企业相关能力，有选择地进行投资研发，建立相应期权，以便在未来的竞争中赢得先机。

4.2.2　技术预见

1. 技术预见的定义

什么是技术预见？目前学术界使用比较广泛的定义是由英国技术预见专家马丁

（B. Martin）在1995年提出的：技术预见就是要对未来较长时期内的科学、技术、经济和社会发展进行系统研究，其目标是要确定具有战略性的研究领域，以及选择那些对经济和社会利益具有最大化贡献的关键技术和通用技术。

经济合作与发展组织（OECD）给技术预见也下了类似的定义：系统研究科学、技术、经济和社会在未来的长期发展状况，以选择那些能给经济和社会带来最大化利益的通用技术。

技术预见最初是以德尔菲调查为核心的一种预测活动。据考证，将"foresight"一词用于对未来的研究，最早出现在20世纪30年代，但其流行则到了20世纪80年代才初见端倪。牛津字典对"foresight"的解释是"ability to see future needs: care in preparing for these"（发现未来需求的能力，为这些需求做准备的努力）。

从技术预测到技术预见，不仅仅是一个名词的变化，技术预见所涵盖的内容也要广得多。

2. 技术预见的特点

马丁认为，技术预见活动具有五个特点。

（1）它对未来的探索过程必须是系统的。

（2）预见着眼于远期未来，时间范围一般为5～30年。

（3）预见不仅关注未来科技的推动因素（science/technology push），而且着眼于市场的拉动作用（market pull），也就是说，预见既包括对科学技术机会的选择，也包括对经济、社会相关需求的识别。

（4）预见的主要对象是通用新技术，即处在竞争前（pre-competitive）阶段的技术，世界贸易组织（WTO）规则允许政府对此类技术的R&D予以一定支持。

（5）技术预见必须关注未来技术可能产生的社会效益（包括它对环境的影响），而不仅仅着眼于其经济影响。

3. 技术预见方法

技术预见需要集合不同专家的判断。美国是技术预见的先驱者，20世纪50年代，美国兰德公司发展了一种新的专家调查法——德尔菲法。这种方法以不记名的方式征询专家对开发和实施某项技术的看法，然后将调查结果整理后再反馈给各位专家，让他们重新考虑后再次提出自己的看法，并特别要求那些持极端看法的专家详细说明自己的理由。经过几次循环往复的调查和反馈，大多数专家的意见趋向集中，从而使调查者从中获取凝聚了众多专家集体智慧的预见信息。它不一定要以唯一的答案作为最后结果，因为它的目的只是尽量使多数专家的意见趋向集中。通过技术领域的专家（供给方）、技术的使用者（需求方）和其他人士之间的沟通，最终可以达成开发和实施某项技术的方案。

由于技术发展的不确定性因素越来越多，传统的定量预测方法不能满足新技术发展预测的要求，而技术预见的精髓是"着眼于远期未来、沟通、协商、合作与承诺"，因此技术预见可用于应对技术发展的不确定性。日本专家认为："对尚处于萌芽状态的新技术趋势分析和寻求技术突破的预测，只能根据专家的远见卓识和经验判断。"日本科技厅每五年调查一次，至今已经完成的七次技术预见中均采用德尔菲法，使其成为比较成熟、规范和值得效仿的基础调查工作方式。

4. 全球技术预见活动的动向

进入21世纪，全球技术预见活动呈现出一些新的动向。

第一，各个层面的技术预见活动不断出现。最初的技术预见由政府组织发起，只集中在国家层面。现在，区域技术预见、跨国技术预见活动在逐渐兴起。

第二，各国不断探索新的技术预见方法。虽然各国的技术预见仍以德尔菲调查为基础，但已不局限于这一方法。为了让更多的相关利益人参与预见活动，基于互联网的调查与对话逐渐流行起来。德国2001年启动的"Future"计划就是一个典型的例子，各领域专家可以通过网络参加"虚拟研讨会"，"听"到更多专家的声音，也让自己的想法被更多的人知道。此外，为了把握未来发展对技术的需求，情景分析法越来越受到技术预见专家的青睐。

第三，在继续开展针对技术领域的预见活动的同时，一些国家开始围绕重大问题进行预见研究。如英国、德国等在其新一轮预见计划中着手开展以问题为中心的预见活动。

第四，技术预见活动的国际交流与合作日趋频繁。2000年3月、2003年2月，分别以"新型技术预见的方法与潜力""第三代预见与科技政策优先领域选择"为主题的两次技术预见国际会议在日本东京召开。2003年3月27—29日，联合国工业发展组织（UNIDO）在布达佩斯召开有多国政府首脑、部长参加的"2003年技术预见峰会"。此外，日本与德国、德国与法国之间已经开展了关于技术预见的双边合作。

第五，更加重视对预见结果的跟踪、监测以及预见结果的决策支持作用。由于大型德尔菲调查成本很高，不可能成为经常性活动。因此，依靠技术预见形成的专家网络，结合文献计量、数据挖掘等其他方法，跟踪和监测关键技术发展趋势已成为一种明智的选择。日本文部省科技政策研究所科学技术预见中心2001年1月成立后，其中一项重要工作就是利用技术预见活动形成的专家网络，定期收集、整理关键技术进展情况，每月出版一期《科学技术动向》，为政府提供重要的决策参考信息。

技术预见着眼于中长期、带战略意义的关键技术，因此要预见的技术大多是具有重大意义的技术群，或者能带动一大批技术的关键技术，代表着未来一段时间技术发展的方向。技术预见是综合众多领域专家，尤其是技术专家的判断来发现新兴技术的一条主要途径。

阅读思考　预测还是预见？2023年世界经济论坛提出的十大新兴技术[①]

柔性电池

传统的刚性电池可能很快就会过时，因为由可以弯曲、折叠和拉伸的轻质材料制成的薄型柔性电池即将进入市场。这种新一代电池技术预计到2027年将达到2.4亿美元的市场价值，在医疗可穿戴设备、生物医学传感器、柔性显示屏和智能手表等领域具有应用前景。

生成式人工智能

生成式人工智能是一种新型人工智能，通过学习大规模数据集生成新的原创内容，在2022年年底因ChatGPT发布而引起了公众的广泛关注。生成式人工智能正在迅速发展，将在教育和研究等多个行业引发颠覆性变革。

可持续航空燃料

航空业每年产生全球2%至3%的碳排放。由于长途电动飞行仍无迹象可言，因此使用

---

① 世界经济论坛发布2023年十大新兴技术[OL]. (2023-06-27). https://m.gmw.cn/2023-06/27/content 1303419258.htm.

可从生物和非生物来源生产的可持续航空燃料可能是短中期内减少航空业碳排放的重要方法。

工程噬菌体

噬菌体是有选择性感染特定类型细菌的病毒。科学家现在可以借助越来越复杂的基因工程工具，重新编程噬菌体以感染指定细菌，使其能够针对植物、动物和人类微生物群落中的诸多共存的细菌类型中的一种进行控制。虽然许多近期应用都仅限于研究，但有证据表明，这种工程噬菌体最终可用于治疗与微生物群落相关的疾病或消除食品供应链中的有害细菌。

改善心理健康的元宇宙

针对不断加重的心理健康危机，产品开发者正在构建共享虚拟空间以改善心理健康。目前，已经有视频游戏被用于治疗抑郁和焦虑，通过虚拟现实技术实现的冥想也越来越受欢迎。未来的元宇宙结合可使用户获得触感或对用户情绪状态做出反应的下一代可穿戴设备，可成为改善心理健康的良方。

可穿戴植物传感器

传统上监测大型农场依赖人工土壤测试和视觉观察，而无人机和卫星在这方面已经带来了革命性的变化。如今，我们有了新一代的植物传感器。这些小型的、无侵入性的设备可以"佩戴"在每株植物上，并持续监测温度、湿度和营养水平。如果能够克服成本问题，可穿戴植物传感器可改善植物健康状况并增加产量。

空间组学

空间组学通过将先进的成像技术与DNA测序的特异性结合，可以让科学家在细胞内的分子水平上"观察"生物过程。通过揭示以前无法观察到的生物结构和事件，可以加速对生物学的理解，并帮助研究人员开发复杂疾病的新治疗方法。

柔性神经电子学

脑机接口能让大脑与外部计算机直接进行通信，在医学和神经科学领域将有潜力改变人类健康状况，如癫痫、抑郁症或瘫痪的治疗。迄今为止，这项技术基于刚性电子器件，受限于与脑组织在机械和几何上不匹配等问题。但是，柔性电子学和更具生物相容性的材料已经出现了突破，这意味着患者可以获得更少侵入性且更舒适的体验。预计到21世纪20代末，这项技术的市场规模将从17.4亿美元增长至61.8亿美元。

可持续计算

数据中心约消耗全球产电量的1%。如今，多种技术相互交织，使零能耗数据中心成为可能。可持续计算技术包括液体冷却系统、人工智能分析以及能与甲烷等现有能源共存的模块化数据中心。

人工智能辅助医疗

从诊断到药物设计，人工智能被广泛誉为改善医疗的推动者。人工智能在支持医疗系统方面的作用很多，包括监测疫情、辅助决策、个性化治疗和提高医疗服务效率等。人工智能辅助医疗具有巨大的潜力，将在未来几年对医疗行业产生深远影响。

4.2.3 技术预见与技术预测的对比

技术预见关注的是在国民经济发展中必须解决的科学技术问题，强调技术的通用性和战略性影响。技术预见活动主要由政府部门或公共研究机构实施。而技术预测活动关注的是具体的技术发展潜力和可能的路径，强调技术的生命周期特征。技术预测活动往往由企业等微观组织来实施。表4-1从思维方式、分析工具、解决的问题等方面对技术预见与技术预测进行对比分析。

表4-1　技术预见与技术预测的比较

	技术预见	技术预测
作用	主要对政府决策提供指导	主要对企业选择技术提供指导
思维方式	综合科学、技术、经济、社会的影响，判断哪些技术会成为将来的核心技术和通用技术	寻找技术成长的规律
运用工具	基于德尔菲法	具体的定量和定性的预测方法
对象	各类技术的发展趋势	某个或某类技术的发展趋势
解决的问题	哪些技术会成为未来的关键技术或通用技术	某个或某类技术未来会如何发展
参与人员	大量技术专家	少数预测专家
研究的期间	相对较长	相对较短

4.3　新兴技术的识别

4.3.1　新兴技术识别的概念和研究现状

1. 新兴技术识别的概念

对新兴技术进行准确识别和动态跟踪是管理新兴技术的必要环节，有助于跟踪新兴技术的最新发展动态，为国家、企业、学术界提供最新的进展。新兴技术作为技术前沿的重要"领头兵"，其识别研究工作是技术分析的重中之重。广义来看，新兴技术识别是指以目前掌握数据的信号为依据和判断条件，确定哪些是新兴技术。而从最新的识别手段来看，新兴技术识别是以获取技术的基础数据及相关特征为基础，通过模型及算法进一步在众多技术中识别新兴技术的过程。

2. 新兴技术识别的研究现状

新兴技术识别是技术识别研究领域中的一个重要分支。因此德尔菲法、技术路线图法、文献计量法等，也都被广泛运用于技术的识别。近年来，随着数据挖掘和机器学习相关技术的进展，学者们融合了文本挖掘等定量方法，进一步提升新兴技术识别的准确率。目前，国内外学者依托测度模型、文献计量、文本挖掘等分析方法，不断地深入研究，使得新兴技术识别领域发展开始步入快车道。

新兴技术识别的初始研究阶段多采用德尔菲法、层次分析法，利用宝贵的专家经验提出描述新兴技术特征的指标，例如IPC（国际专利分类）数量、前向引用次数等。在此基础上，学者们提出了基于测度模型的新兴技术识别模型，与之前的研究相比，基于测度模型的识别方法更加注重新兴技术的内核，通过模式化的识别工作，使得识别流程科学严谨且具有极强的逻辑性。学者在构建测度模型的过程中会仔细研判，认真考虑新兴技术的识别标准，从而选取合适指标进行模型构建，完成识别工作。具有代表性的是黄鲁成等在属性集和属性测度理论基础上构建新兴技术识别指标体系模型，见表4-2所列。

表4-2　基于属性的新兴技术识别指标体系

维度	指标
技术指标	技术先进性
	技术独特性
	技术复杂性
	研发投入
	研发产出
	形成技术标准的可能性
市场指标	市场规模、前景
	市场增长速度
	改变市场格局的可能性
	为客户创造价值

宋欣娜等在罗特勒的基础上，提出了表征新兴技术的四个指标：新颖性、持久性、社区性和增长性，在此基础上运用LDA主题模型构建了新兴技术的识别模型，如图4-1所示。

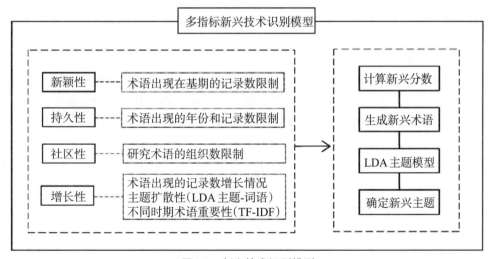

图4-1　新兴技术识别模型

资料来源：宋欣娜，郭颖，席笑文.基于专利文献的多指标新兴技术识别研究[J].情报杂志，2020，39（6）：7.

4.3.2 新兴技术识别的理论

1. 知识发现理论

知识发现是指从海量原始数据中识别出有效的、新颖的、有潜在价值的并最终形成可理解的模式的非平凡过程，这个定义目前被该领域内的学者们普遍认同，也体现了同数据挖掘等术语概念上的区分。通俗来讲，知识发现不是从研究中发现，而是对现有知识进行再加工的凝练过程，因此知识发现产生的结果，即新知识应当真实可靠、富有创新性并具备一定实用价值；此外发现过程要能够被人们所理解，整个过程智能化且富有创造力。图4-2描述了基于数据挖掘的知识发现过程。

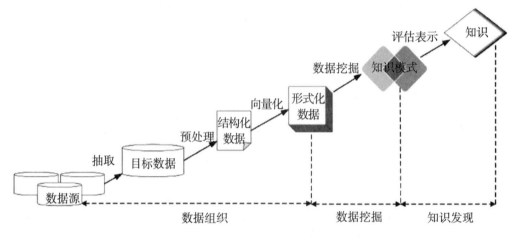

图4-2 知识发现过程

资料来源：魏明珠.面向新兴技术追踪预测的专利数据组织与知识发现研究[D].吉林大学，2023.5.

2. 技术范式理论

范式一词最初源于学者默顿，他认为包括普遍主义、公有性、无私利性以及有组织的怀疑态度在内，是科学在制度化过程中形成的四种制度上必需的规范。而范式的概念以及理论的正式提出则是来自美国著名科学哲学家库恩。库恩在其著作《科学革命的结构》中对范式这一术语进行了系统阐述，并强调了范式对于科学发展的重要性。随后，范式这一概念广为传播，并被融入技术创新的研究中，形成了技术范式的概念。通俗来讲，技术范式就是任何自然科学中用来解决问题的方法原理等，可以是科学知识，也可以是资源协调，是对技术领域中涉及问题的本质回答。

3. 路径依赖理论

路径依赖这一概念最早是由生物学家埃尔德雷奇和古尔德在针对物种绝灭问题的研究中提出的，随着科学技术发展，其适用范围逐步扩展到社会科学领域。生物学在研究时发现物种进化过程中一旦受到偶然因子影响，可能会脱离原本渐变的进化方式发生跳跃进化，最终产生对进化路径的影响。依托于生物学家对路径依赖概念的理解，社会科学领域的专家结合自身研究特点对路径依赖的概念内涵进行了拓展，并最终形成了各领域学者对路径依赖的基本共识。即路径依赖是一种呈现在既定路径或结构体系中的局限状态，这种类似物理惯性的依赖并不区分当前所在路径的好坏。路径依赖有两种可能的结果，一是在变革过程中受限于某种原因不产生任何变化出现滞后效应，二是被细小、突发的事件引入特定路径中。基于QWERTY键盘发展过程中"劣币驱逐良币"这一经典案例，保罗·戴维通过路径依赖理论对这种次优技术解决方案成为常态化现象进行了解释。他将造成上述情况的原因进行了归纳总结，提出技术上的相互关联性、规模经济和投资的不可逆转性三个路径依赖的重要机制。阿瑟通过对路径依赖思想进行深入研究，开创性地提出技术演化过程具有自我强化和路径依赖性质，并指出新技术的采用往往具有报酬递增的性质，使得路径依赖成为技术演化过程的重要依托。

4. 技术组合理论

在《技术的本质：它是什么以及如何演化》一书中，阿瑟认为所有新技术均来源于一定体量的现有技术的排列组合，且这种组合是可以无限构成的，因此这一理论思想也构成了技术组合理论。在作者看来，一切技术都是组合而来，并从四个层面详细阐述了组合与技术的关系。首先，所有的技术都是从子技术组合而来，底层技术组件通过组合形成单元技术，单元技术进一步集成形成总体技术；其次，已有技术产生了新组合意味着将诞生某种新技术；再次，对于技术组合的探究驱动了技术创新；最后，未来技术组合将随着技术数量的增加而变得更为复杂。在现代科学技术高速发展的大背景下，技术角色也向以组合形式呈现转变。基于众多不断汇集的相似技术观点，技术角色也将成为无限组合的客体，并且不再扮演固定目的独立客体。无论在生产、发明、创新过程中还是其所扮演的角色，技术都在以组合的形式进行内容呈现，因此技术的演化也能够以组合的形式完成转变，组合原理也将会成为技术演化及预测中的重要理论基础。

4.3.3 基于数据挖掘的新兴技术识别相关方法

1. 知识图谱与专利知识图谱

知识图谱是一种由实体、概念和属性组成的类似于网状的用以揭示实体间关系的有向图结构知识库，通过不同实体间的关系网络，进一步形成结构化语义描述，从而为知识驱动的智能任务提供支持。知识图谱能够有效表达关系链接，基于关系网络处理并分析知识实体单元。数智时代背景下，知识图谱技术的诞生为大数据和知识组织提供了更为有效的处理手段、工具和方法。作为一种较为成熟的数据与知识组织方法，其对关系链的有效表达促使知识图谱在医学、教育、金融等领域中得到广泛应用。曹树等以专利摘要为数据基础，构建相应的知识图谱，揭示了专利技术之间的知识关联。邓亮等提出了一种实用的基于种子知识图谱、文本挖掘以及关系补全的专利知识图谱构建方法，并使用机器学习的方法对种子专利知识图谱进行扩展和图谱补全。赵雪芹等将领域知识图谱应用于非遗档案的知识组织过程中，对非遗档案资源进行开发，更好地发挥非遗档案的价值。潘东华等认为可基于专利文献的文本表示模型来绘制技术图谱。目前，古籍诗词、开放公文政策文件、生命医学、金融股权等各行各业均通过领域知识图谱构建实现了数据组织与知识发现，这为专利数据组织与利用提供了理论与实践依据。

专利作为技术知识载体，是技术发展与创新的智慧结晶，对相关产业发展和技术突破有重要影响。因此，深度挖掘专利相关信息，能够在技术识别及预测等中发挥至关重要的作用。然而，技术专利数据具有规模大、碎片化的特点，这给人们高效、全面地理解数据内涵带来较大的挑战。专利知识图谱是以专利数据中涉及的实体为节点，实体之间的具体关系为边而形成的复杂语义网络，能够全面深入地描述、分析和挖掘专利技术知识，完成专利数据向技术知识的进化。专利知识图谱的构建，不仅能够满足专利技术的认知需求，而且有利于理解和分析技术专利数据的整体性和关联性，以此实现专利数据组织，为新兴技术的追踪预测奠定基础。

2. 表示学习

表示学习是指计算机通过自我学习将初始数据进行特征提取与转换，从而使数据能够更有效地被计算机开发免除特征工程方法的烦琐的学习过程。在这一过程中，计算机将通过多层神经网络使初始数据由非线性模型转变为更高层次的特征表示，并学习如何对特征进行提取与使用，最终将研究对象的语义信息映射为低维度的、连续的语义向量，形成各类任务输入。

3. 链路预测

链路预测是指以研究主题所含的信息内容构建网络结构，并通过结构中已知网络节点之间的链接关系对未产生关系的节点预测将产生链接关系的可能。该方法在交叉领域中，既能找寻未知的交叉研究主题，又能对隐藏直观交叉研究主题下缺失的交叉研究主题进行补全。将链路预测应用到复杂网络中，可以通过多种相关性指标进行公平比较，从而发现网络的最佳演化机制及其演变过程，进而分析其成因。

4. 关联规则

关联规则挖掘是从大量数据中发现事物的特征或数据之间频繁出现的相互依赖关系和关联关系，即通过数据分析可挖掘隐含的重要关系。学者们根据关联规则挖掘算法，在热门关键词与新兴术语之间进行深度关系挖掘，用以预测特定技术领域的发展情况、演进特征、关键技术，以及技术融合趋势和路径等。

4.3.4 基于知识图谱的新兴技术的追踪和预测

新兴技术追踪预测是指发现和监测新兴技术前沿及其发展态势，在明确新兴技术的前提下，对新兴技术进行演化追溯，并进一步研判其趋势走向。因此，对新兴技术追踪预测，应从新兴技术的识别、演化及预测三个维度切入，由表及里、由浅入深地逐步实现新兴技术的追踪预测。

1. 新兴技术的识别

新兴技术识别的相关研究主要可以分为无监督的识别方法和有监督的识别方法。无监督的识别方法中较为典型的是融合机器学习的链路预测。与无监督的识别方法相比，有监督的新兴技术识别方法结果具有可控性，更加聚焦新兴技术的内核本质，基于其属性特征进一步探寻能够有效表征新兴技术的测量维度，并通过不同视角与思路不断改进表征维度的计算方法，在此基础上构建相应的模型来提升新兴技术识别的准确性。

2. 新兴技术的演化

作为记载着技术创新内容的专利，是当前技术演化研究的主要分析对象，有专利文本、专利引证网络、专利分类共现网络三个分析维度，主要从单一维度出发，或者将引证网络或分类共现网络与专利文本同时分析，采用社会网络分析与文本挖掘相结合的方式探索技术的演化发展。而新兴技术的主要特征之一是具有较强的影响力，因此对新兴技术的演化分析需要考虑更多维度特征，例如将专利文本语义信息、专利引证网络、专利分类共现网络作为新兴技术演化分析的重要基础，充分利用不同专利信息源，多维度、多层面吸收新兴技术的影响特征，实现较为全面、准确的新兴技术演化追溯。

3. 新兴技术的预测

新兴技术预测是指对新兴技术未来发展机会的研判。主要通过判断未来两种新兴技术或多种新兴技术之间的相互利用、重组与借鉴的可能性或相关性，进一步表征新兴技术融合，从而引起技术创新与变革。新兴产业的不确定性、复杂性与融合性等特征，促使技术融合多领域、多学科、多主体技术与知识。在此背景下，众多异质性技术领域经过耦合、重组，能够产生多种技术融合序列，进一步结合新兴技术的融合特征，提取出更有价值的技术组合，研判新兴技术未来发展态势，从而在一定程度上引导国家、产业及企业不同层面的技术发展方向，塑造具有竞争优势的技术核心能力。技术融合更强调技术领域之间的边界融合，因而以技术融合为核心的新兴技术预测研究重点为技术领域之间潜在的融合趋势。以往许多预测都是基于定性方法，例如与有关专家进行深入探讨，这种方式无法应对新兴技术快速迭代更新的技术环境，因此近年来更多采用定量分析方法对技术领域之间的相似程度进行测度，进而基于相似性大小研判技术融合的可能性。最近的研究分别从技术相似性和融合测度指标两个视角出发，技术相似性维度按照由粗及细、由大及小的方式，分别从网络结构、节点关系、节点属性三个维度出发，利用链路预测结果、技术影响关系、技术语义关联进行表征；融合测度指标维度分别从单维、二维、三维指标进行表征。进一步利用这些技术融合特征，基于机器学习算法实现新兴技术融合预测。

4.4 新兴技术动态评估

4.4.1 新兴技术动态评估的一般过程

一项新技术在萌芽和成长之初，就应该对它进行初步判断，评估它是否具有发展成为新兴技术的潜质；这种评估不是一次可以完成的，而是需要随着新兴技术的成长，不断地进行评估，即这种评估是一个动态评估和反复纠错的过程。新兴技术的高度不确定性的特点，使得传统的技术评估静态分析工具不再适应。

传真机的开发很好地说明了识别和持续地评估这些不确定性因素的重要性。施乐在20世纪60年代末就开发了所需的技术，但一直未能从中经营获利。在接下来的十年中，构件上的技术进步使高速传输、图像质量提高、自动化、降低成本、使用简便成为可能。同时，邮寄成本的增加、邮寄的不可靠以及电话成本的降低都改变了市场，传真开始被市场接受。如果施乐公司能够更好地识别和跟踪传真机的技术和市场障碍，产品开发和商业化的机会也许就能更早地被识别。

在现有的新兴技术评估方法中，最有代表性的是多令（Doering）和帕瑞尔（Parayre）（2000）提出的新兴技术动态评估模型，该模型指出新兴技术评估遵循划定范围、研究、评价和付诸实施四个循序渐进的阶段。高健、魏平（2007）提出了"新性能过滤线"，用以在划定范围时指导技术选择。我们首先介绍多令和帕瑞尔提出的新兴技术动态评估模型，进而提出一种修正模型。

技术评估过程通常有四个相互关联的步骤，如图4-3所示。

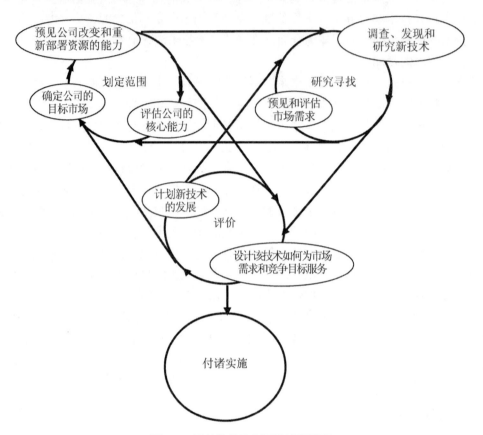

图4-3　新兴技术动态评估过程模型

（1）划定范围：公司管理者必须充分考虑公司的战略意图，以公司能力和技术的潜在威胁或机会为基础，结合公司自身发展历史、基础设施等条件，确定搜索和评估技术的范围或领域，包括目标市场和目标消费者，以及新技术可以满足的现有的或潜在的需求。该范围或领域应随着对公司技术的了解的加深而不断变化。

（2）研究寻找：公司可以从内部和外部寻找和发现新技术，包括自己的研发成果、发布的新技术、颁布的专利及竞争对手的行动等。但公司必须在怎样监测信息和技术源、遵循什么步骤、组织如何安排等方面做出决定，并持续运作，才能不断有效地筛选技术、研究新技术并获得其商业可行性的信号。

（3）评价：候选的技术必须一一识别，并按优先顺序排列，再根据公司的技术力量、目标市场的需求、公司的竞争机会加以评价。要起草一个技术发展和市场进入的计划，分析新技术在经济、竞争、组织上的影响。

特别需要提出的是，技术评估必须在特定的公司环境中进行。新技术对公司来说可能是全新的，也可能是在现有的技术能力里找到的。利用现有技术为现有市场服务，其成功的可能性更大。技术和市场越新，成长的道路就越危险。但是，不论是靠现有的技术还是新的技术，都可以通过争取合作来降低新市场开发的危险，因为合作有助于解决公司对市场缺乏经验的问题。

（4）付诸实施：前三步用于决定是否从事某个特定技术的发展。而第四步着重于如何以一种特定的战略姿态将新技术战略性地付诸实施。

由图4-3可见，这个技术评估过程是个动态、重复进行的过程，将对市场和技术的不确定性的预见与公司自身能力和资源的洞察反复结合，这是与传统静态技术评估方法的最大不同之处。随着每一次调查，将不断加深了解技术在满足市场需求方面的应用和它是否适合公司目前和将来的能力等。技术评估过程本身对公司就是一种学习，而这种学习又充实了这个过程。

管理实践　小灵通在中国的成长与新兴技术的动态评估[①]

"小灵通"又称"无线市话"，简称"PHS"，是一种个人无线接入系统。PHS技术最早起源于20世纪90年代初的日本，它采用微蜂窝技术，通过微蜂窝基站实现无线覆盖，将用户端（即无线市话手机）以无线的方式接入本地电话网，使传统意义上的固定电话不再固定在某个位置，而是在无线网络覆盖范围内移动使用，随时随地接听、拨打本地和国内、国际电话。PHS技术的突出优点是费用低廉，相对于固定电话而言可以移动。但该技术也有一些缺点。它的第一个缺点是不适合给处于高速移动中的用户提供完善的通信链接；第二个缺点是PHS网络只是有线市话的延伸，而不是一个全国范围内的整体大网（目前正在完善这方面的技术）。在日本，由于该国的经济发展水平、人们的消费观念、市场总容量等原因，该项技术发展得并不十分理想。但对不需要漫游服务的用户和对移动性要求不高的用户，也包括对通信话费敏感的用户，小灵通这种经济实惠的通信方式却是不错的选择。

1. 中国电信、中国网通的经营范围划定

2002年前，不对称管理原则把中国电信、中国网通两大运营商阻挡在移动通信市场之外，规定只能以其固定电话业务为主业。但就中国电信、中国网通本身而言，固定电话网络建设投入巨大，且移动电话的发展，在很大程度上分流了固定电话的用户，固定电话的发展空间已非常有限。把移动通信作为电信运营的发展方向，已成为各大运营商的战略重点。因此，面对庞大的移动通信市场，中国电信（网通）必须创新求变，确定的目标就是要挤进该市场，重新给自己的业务划定范围。此时，建设与中国移动、中国联通类似的GSM、CDMA移动通信网，显然是不现实的。如何充分利用现有固定电话网络资源向移动通信领域扩展，便成为此时中国电信（网通）的战略重点。

2. 寻找并从外部获取新技术

用怎样的技术来实现公司的战略目标呢？中国电信（网通）必须寻找一种新技术来实现突破与创新。经过调查并与国外电信发展类比，不难发现发展移动通信的途径有多条，但结合中国电信（网通）具有丰富的固定局用程控交换机资源的基础和核心能力，选择投入少、见效快的小灵通便成为实现固定电话运营商进入移动通信市场的一个现实举措。此项技术经过改进之后可使其同时支持有线交换和无线交换，而且还有费用低廉的独特优点。

[①] 宋艳. 新兴技术的动态评估与小灵通的成功之道[J]. 管理学报，2005，2（3）：337-339.

3. 评价

对这一看似并不算先进的技术，人们会不会真的接受？功能上是否能满足人们的期望？到底会有多大市场空间？明知政府主管部门不支持、不鼓励、不提倡，但会不会强加限制？有没有合作者愿意加入而降低风险？……这一切都具有极大的不确定性，但要实现公司战略目标，这是唯一现实的举措，因此必须进行博弈，与市场、与政府、与竞争对手博弈，在博弈过程中逐步克服这些不确定因素，一直到能顺理成章地进入移动通信市场。上述问题意味着这个过程必定是个艰难而曲折的，而且更需要公司实施策略的创新，不断对该技术进行动态评估，不断根据动态评估结果修正公司的策略和提升公司相应的能力。

4. 实施

建设初期，小灵通由于网络采用的是日本已经淘汰的第一、二代基站，多是10毫瓦，功率小、信号弱，所以切换频繁，覆盖效果较差，在室内覆盖也有问题，室内信号很弱，容易掉线。尽管如此，小灵通却吸引了许多低端用户，真可谓小灵通走到哪里，使用小灵通的热潮就涌现在哪里，这足以让中国电信（网通）坚信：市场的接受和潜力将是公司克服其他不确定性的动力源泉，也正是市场的显现，大大降低了改良技术、加大投资力度和进一步扩展市场的风险。

5. 原有技术的改进与发展

中国电信（网通）投资对小灵通的技术进行全面改良，新版小灵通系统用的都是500毫瓦的第三代基站，接近于下一代软交换网络结构。大功率基站能确保用户在室内或在车上（车速在80～110千米/小时）也能打电话。另外，小灵通的增值业务能力也已经不弱于其他网络。小灵通的数据接入速度已经能达到128 K，与中国市场普遍64 K的传输速率相比，这个传输速率是相当高的。在整个实施过程中，针对市场反馈，不断地对原有技术进行改进和升级，是中国电信（网通）小灵通业务不断扩大市场占有率的重要原因之一。在整个技术改进过程中，设备提供商的积极加入，也是小灵通成功的又一重要因素。设备提供商看到小灵通迅猛增长的势头后，如UT斯达康、中兴通讯、华为公司等，都纷纷在其无线市话平台上投入巨资进行相关技术创新和研发新产品，并大胆地采用与各地电信局共同投资经营，用共担风险的方式在各地开通了小灵通网络，减轻了中国电信（网通）的投资压力，与中国电信（网通）共同打造了一个运营与设备提供通力合作的模式。

6. 市场战略和策略的修正与创新

小灵通以"固定电话的补充和延伸"的战略姿态，从二、三线城市包抄进入市场，既避免了一开始就与中国移动和中国联通发生正面冲撞的局面，又实现了挤进前景广阔、利润丰厚的移动通信市场的战略目标。在产品策略上，小灵通手机以低价格为核心，在低价的基础上辅之以低辐射（绿色手机）、低能耗、待机时间长、外表纤细秀丽等优秀品质来打动用户。在市场不断拓展的同时，产品也不断地进行改进，厂商开始提供全中文显示菜单的彩屏手机，普通手机平均价格也已降到了五六百元，比全球通（GSM）手机和CDMA手机具有更强的价格竞争优势，用户群迅猛增长。可以看出，准确的市场定位，极高的性能价格比，二、三线城市突围，震撼的促销方式，完善的销售渠道等都是小灵通成功的重要原因。小灵通不仅切分了中国移动和中国联通的用户群，而且在实现收入的同时，形成了固话运营商未来进入移动通信市场的砝码。一旦拿到移动牌照，这些小灵通用户通过优惠条件转网，将会成为电信、网通手机用户的基础，到那时，定位为固话运营商的中国电信（网通）也就顺理成章地进入了移动通信市场，实现了其战略目标。小灵通的成长奇迹不仅充分体现出中国电信（网通）的业务创新能力，更重要的是公司对这种不确定条件下的新兴技术与市场的有效管理。

4.4.2 新兴技术动态评估的修正模型

通过以上中国电信（网通）对小灵通的成功运作与原有新兴技术动态评估做比较，不难看出，中国电信（网通）除在划定范围、研究寻找、评价、付诸实施四个相互关联的步骤上动态地、循环地进行评估外，在原有技术的改进与发展、市场战略和策略的修正与创新两个环节上做出的努力与成效更是功不可没，从而使其在整个评估过程中格外重要。在这两个环节中要特别注意吸引外部资源，以降低投资风险、加速市场扩展速度。这两个环节是在实施过程显现出来的，并与其他步骤相互关联且伴随整个评估过程始终。这样，宋艳等提出了一种新兴技术动态评估过程的修正模型，如图4-4所示。这一模型更能适应发展中国家或技术优势不明显的企业，因为这些企业在其经济、技术和市场背景下与中国电信（网通）运作小灵通时的背景极其相似。

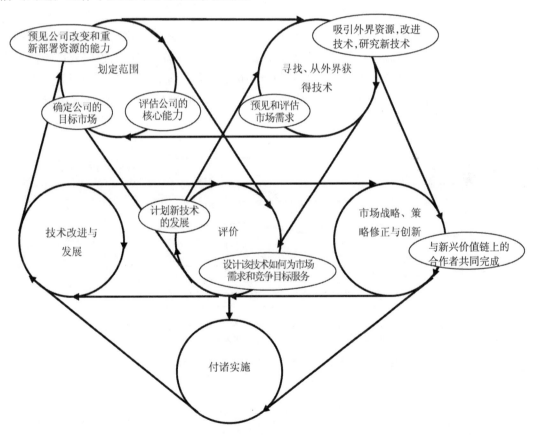

图4-4 新兴技术动态评估过程的修正模型

4.5　情景规划在新兴技术动态评估中的应用

新兴技术通常是在已经获得了广泛应用之后才被公众所熟悉，但市场竞争中赢家的地位却往往在这之前就已经确定下来了。在技术成长早期，准确地对技术的发展前景进行评估与预测，超前制定相应战略，是在新兴技术这场不同寻常的竞赛中占得先机的必要条件。下面将讨论情景规划在新兴技术动态评估中的应用，并以微硬盘技术为例，对这一评估过程进行说明。

4.5.1　新兴技术的动态评估与情景规划

情景规划从不确定的未来中识别环境发展的趋势与主要不确定因素，运用系统思考方法分析这些不确定因素之间的相互作用情况，构造有限的情景演示未来环境的可能发展变化。同时，通过对早期信号的识别与判断，运用持续渐进的规划过程，不断对主流情景进行深入开发并剔除非主流情景，从而达到预见环境变化、不断降低不确定性的目的，最终可以做到对未来环境比较精确的预测。在此过程中，组织可以理解未来可能面对的环境，并根据当前的环境对未来做出选择。

运用情景规划对新兴技术进行动态评估，可以按照下面的思路进行：对于具体的一项新技术，首先需要发散思维，为其寻找尽量多的潜在应用市场；然后通过研究影响技术成长的不确定因素，规划技术未来成长的多种典型情景；最后通过持续深入的规划过程，使情景不断逼近技术的实际成长前景；在此过程中，不断通过学习情景对技术进行动态评估。这个思路可以用图4-5表示。

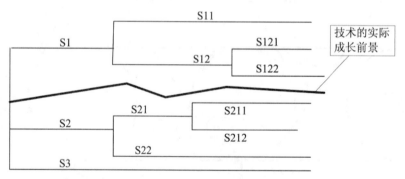

说明：从图中可以看到，随着规划过程的深入，情景与技术的实际成长前景之间的差异越来越小，S1、S12、S122等均代表技术的成长情景。

图4-5　情景规划思路在新兴技术动态评估中的应用

4.5.2　基于情景规划的新兴技术动态评估模型

根据前面介绍的思路，我们开发了如图4-6所示的基于情景规划的新兴技术动态评估模型，该模型包括筛选、规划、评价、实施四个过程。由于新兴技术从早期的研发到最终的商业化成功要经历一段较长的过程，其间面临着高度的技术与市场不确定性，因此，不可能通过一次性的评估对技术的前景做出精确预测，技术评估的结果只能指导未来一段时间。所以，实施过程完成以后，还需要不断判断与识别早期信号，监测环境变化，对技术进行持续的评估，故而在实施与筛选之间是闭环，这也反映了新兴技术评估是持续渐进的动态过程。

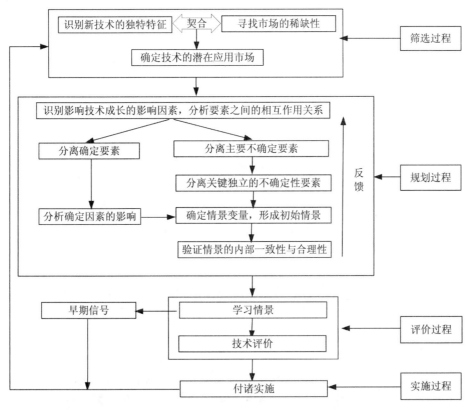

图4-6 基于情景规划的新兴技术动态评估模型

1. 筛选过程

筛选主要是确定技术的潜在应用市场，基本的出发点是在技术独特的技术特征（独特性）与市场尚未被满足的需求（稀缺性）之间寻找契合，这些契合点就是技术的潜在应用市场。

直观来看，一项新技术可能有众多的潜在应用市场，但并不是每个市场都适合技术的成长。因为新技术往往是比较粗糙的，而成熟技术已经通过规模优势、学习曲线效应、分销渠道、顾客忠诚等途径建立起了竞争优势，因此，新技术在现有的领域内超越成熟技术的可能性很小（渐进性创新除外）。但稀缺性意味着市场中的某些需求现有技术无法满足。如果能准确地发现市场的稀缺性，且新技术具有的独特性能满足这些稀缺性，那么就可以避开与现有成熟技术的正面竞争并获得超额利润，这对稚嫩的、需要精心培育的新技术无疑至关重要。

寻找独特性与稀缺性的契合点，对潜在应用市场进行筛选，可以使技术评估的范围更加具体，也更符合新兴技术成长的实际特点。筛选过程的要点是思维要发散，既要将技术现有的应用领域划分为多个细分市场（特别需要关注缝隙市场），又要到其他领域为技术选择市场（一项新技术的最初市场定位与它最后的大规模应用市场往往大相径庭，如移动通信、晶体管等）。

2. 规划过程

规划是规划新技术在潜在市场内未来成长的典型情景，这样做至少有两方面优点：（1）投资新兴技术的价值主要体现在未来，技术的未来成长空间和潜力是投资者最关心的，通过规划技术成长的未来情景评价技术的潜力与价值，而不是依据技术当前的应用情况对其进行评估，符合新兴技术投资决策的特点；（2）通过规划多个典型情景对新兴技术进行评价，避免了陷入单一情景的弊端，更符合新兴技术高度不确定性的本质特点。

规划过程本质上是情景规划的过程，因此在该过程内部的各环节之间存在反馈，形成了一个单独的闭环。一个典型的规划过程主要包括以下关键步骤。

（1）收集影响环境发展的因素，对影响因素进行归类，分析各类因素之间的相互作用关系。

（2）在步骤（1）的基础上，将影响因素分为恒定的、可预测的以及不确定的三类：恒定的和可预测的因素归纳为确定的因素，确定的因素是情景的组成部分，不确定性因素最终决定不同的情景。

（3）在步骤（2）的基础上，将不确定因素分为独立不确定因素与相关不确定因素。其中，独立不确定因素是开发情景的基础，相关不确定因素是独立不确定因素的衍生变量，一旦独立不确定因素及其作用关系被确定下来，相关不确定因素也就被确定下来，从而成为情景的一部分。

（4）将重要的独立不确定因素作为开发情景的情景变量，对情景变量在未来的可能变化做出合理假设，并分析这些变化最终将产生哪些影响。将各情景变量的假设变化组合在一起形成基础情景，再将确定因素加入基础情景之中形成完整的情景，即

$$情景=基础情景+恒定因素+可预测因素$$

（5）对情景进行内部一致性检验，剔除不合理与不可能的情景。一致性检验可以通过编制计算机程序完成，如果基础情景的数量较少，也可以采取人工检验。

3. 评价过程

评价是在学习技术成长情景的基础上，对技术的发展潜力和价值进行评估，该过程主要包括下面两个步骤。

（1）通过学习情景为情景设置早期信号，预判技术将向哪些主流情景发展，主流情景是技术评价重点考察的范围。早期信号是预示新的未来情景的关键指标，设置早期信号以后，就可以通过观察早期信号的变化判断技术将向哪些情景发展、哪个情景已经展开、有哪些关键事件和趋势将会对技术的未来产生重要影响等等。

（2）根据对主流情景学习的结果，分析在不同的情景内技术的成长情况与关键事件，结合企业的战略目标和定位，评价技术在各市场内的成长潜力与价值，以及技术对企业战略目标的意义。

以学习情景为基础对新兴技术进行评价，一方面进一步缩小了技术评价需要考察的范围，降低了评价的难度；另一方面将技术评价与企业的战略目标与定位结合起来，使新兴技术评估更加有的放矢，符合企业的战略需要。

4. 实施过程

实施本质上是战略过程，即依据评价结果为企业选择合适的技术与技术的应用市场，并确定相应的战略将技术付诸实施。通过前面的规划与评价过程，企业已经对未来的环境有了深刻的理解，此时，传统的战略制定工具就可以应用于实施过程。

（1）观察和等待。如果不确定性太高（情景的数量较多），对技术采取观察和等待的态度，不失为一种较好的选择，这样可以让市场领先者去承担开发技术、教育消费者、确立标准等方面的风险和成本。但是，我们强调观察和等待不能是消极的等待技术的发展变化，而是要通过观察早期信号密切监视技术与市场的变化，并依据情景的发展进行积极的准备，以保证在未来的竞争中不至于落后。

（2）下注于最佳情景。选择最有利的情景进行大量投入，可能在未来为企业带来巨大利益，如获得先行者优势、控制技术标准等。但这需要承担较大的风险，因为这种最佳情景完全有可能并不发生。

（3）下注于最可能情景。可以评价各情景发生的可能性，将资源投入最有可能发生的情景。当然，这也要冒着情景不发生的风险（理论上比下注于最佳情景的风险小），因为所谓的最可能情景其实只是对情景发生概率的一种主观评估。

（4）运用期权思维。如果不确定性较高，可以针对多个情景同时进行小规模投入，创造多项期权。有了众多的期权，就掌握了一手"好牌"，可以进行不同的排列组合，到该出牌的时候，就会得心应手。为了创造期权，试探性的少量投资是必要的，但大规模的投资须等待不确定性降低至可控制的程度。如果不确定性一直很高，那么可以不做进一步投资来终止期权，或者将之延迟至情况更加明确时再做决策。

（5）多方下注。如果不确定性较低（情景数量较少），而且对各种情景的投入又不是很大时，如新技术处于研发阶段时，可以针对所有情景（几种可望发展的新技术）进行投入，但对每种情景的投入强度要做认真推敲，孰重孰轻要有所区分，将来不论发生哪种情景，都可以有所准备，从而在新兴技术的发展上占得先机。但是由于每家企业的资源都是有限的，多方下注的思路会面临多线作战的风险，所以这种实施战略只适合那些实力强大的企业，或者投入较小、建立期权的项目。

另外，实施并不代表新兴技术评估的结束，它既是本次评估的终点又是下一次评估的起点。也就是说，实施这一过程结束后，还需要通过对早期信号识别与判断，密切观测环境的变化与走势，当环境发生明显变化时，就要着手准备对技术进行更深入的评估。

管理实践　微硬盘技术的评估[①]

微硬盘（MagicStor）技术是指1.8英寸、1.0英寸以及0.85英寸硬盘技术，它的发展有可能会使计算机、移动存储设备、数码产品等领域内的竞争规则发生革命性的改变，对于在上述领域内竞争的厂商来说，企业未来的命运可能就取决于能否在当前对微硬盘技术的未来成长进行准确的评估。

1. 筛选

微硬盘的独特性主要体现在存储量大、价格低（与闪存相比）、体积小、重量轻、省

① 银路，李天柱. 情景规划在新兴技术动态评估中的应用[J]. 科研管理，2008，29（4）：12-18.

电（与普通硬盘相比）。而从技术发展趋势看，未来大部分移动数字产品需要体积小、容量大、价格低的存储设备，现有的普通硬盘与闪存难以满足这些需求；笔记本电脑市场需要体积小、省电、容量大、价格低的存储设备；部分笔记本电脑由于用途特殊（例如在特种生产线上用于检测），要求体积超小（可以装在口袋里面），因而需要微型硬盘存储器，目前的主流2.5英寸硬盘显然难以满足这样的要求，这些都是市场的稀缺性。

因此，我们将微硬盘的潜在市场筛选为普通笔记本电脑市场、袖珍笔记本电脑市场、普通移动数字产品市场与大容量移动数字产品市场。

2. 规划

（1）影响因素分析。影响微硬盘技术成长的因素主要有技术、市场、政策、社会、企业自身的资源与能力、行业竞争环境等。通过分析，我们将影响微硬盘技术成长的因素归纳见表4-3所列，各影响因素之间的相互作用关系用图4-3来表示。

表4-3　影响微硬盘技术成长的因素

T1	技术的发展趋势
T2	社会价值观(人们喜欢大容量、小体积、低价格的移动存储设备)
T3	闪存等竞争技术的发展
T4	微硬盘存储量的突破
T5	技术推动者的努力和影响
T6	产品成熟度与稳定性
T7	微硬盘与数码产品的文件系统的兼容性
T8	微硬盘与闪存之间的技术融合
T9	移动数字设备市场的需求
T10	笔记本电脑市场的需求
T11	与竞争技术的相对价格
T12	消费者偏好

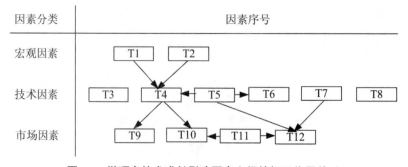

图4-3　微硬盘技术成长影响因素之间的相互作用关系

（2）分离不确定因素。通过分析各影响因素的可能变化情况以及变化结果是否能精确分析，可将影响微硬盘技术成长的不确定因素归纳见表4-4所列。

表4-4 影响微硬盘技术成长的不确定因素

U1	闪存存储量的发展将带来什么样的影响？
U2	每GB闪存价格将如何变化？
U3	微硬盘存储突破可以达到何种程度？
U4	每GB微硬盘价格将如何变化？
U5	数码产品的文件系统能否为微硬盘修改？
U6	微硬盘与闪存能否融合？
U7	移动数字产品市场对微硬盘的潜在需求有多大？
U8	笔记本电脑市场对微硬盘的潜在需求有多大？

（3）独立不确定因素分析。经过分析，U1、U3、U5、U6成为独立的不确定要素。以U3为例，它主要受微硬盘技术进步的影响，与其他因素关系不大，将其界定为独立不确定因素。而对于U4，虽然微硬盘的未来价格是不确定的，但主要受微硬盘存储量变化的影响，所以它是相关的不确定变量。各独立不确定性因素之间的重要性也是不同的，U6虽然会影响微硬盘技术的发展，但是其影响力很小。

（4）情景变量及假设。情景变量为重要的独立不确定因素，表4-5列举了微硬盘技术的情景变量并对它们的变化进行了假设。

表4-5 情景变量的说明

情景变量	变化假设	
闪存存储量	提高较慢，远低于微硬盘	提高较快，与微硬盘差距缩小
微硬盘存储量	迅速提高，1.8英寸微硬盘存储量接近2.5英寸硬盘	提高较慢，与2.5英寸硬盘差距较大
数码产品的文件系统格式	与微硬盘兼容	与微硬盘不兼容

（5）一致性检验。本案例中，由于变量较少，情景的一致性检验是通过人工考察情景的内部一致性与合理性。例如，考查微硬盘存储量与数码产品的文件系统格式这两个情景变量时，根据微硬盘技术现在的发展情况，如果微硬盘的性价比明显高于闪存，数码产品生产商为了自身利益，很可能修改数码产品的文件格式系统，使其与微硬盘兼容；否则兼容的可能性很小。因此，"微硬盘存储量提高较慢，数码产品文件系统格式与微硬盘兼容""微硬盘存储量提高较快，数码产品文件系统格式与微硬盘不兼容"这两种组合内部是不一致的，对应的情景应该被删除掉。上述思路如图4-4所示。

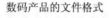

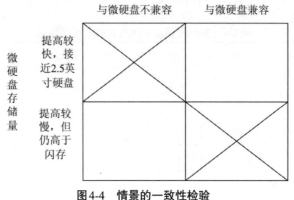

图4-4　情景的一致性检验

3. 评价

经过一致性检验后，我们将最终的典型情景收录如下。

S1 "存储概念的革命"

在这个情景里，闪存技术发展很慢，而微硬盘技术取得突破，价格迅速降低。1.0英寸与0.85英寸微硬盘在大容量移动数字设备市场上占据绝对优势，主要的PDA、数码相机、MP4厂商将其文件系统格式修改为FAT32以保证与微硬盘兼容。1.8英寸微硬盘的存储量达到160 GB的水平，价格大幅降低，1.8英寸与1.0英寸微硬盘成为笔记本电脑的标准配置。手机、数码相机、MP4、电脑四机合一数码产品被开发出来并在3G环境下成为热销产品，微硬盘成为这种创新产品的绝对主宰。

S2 "曲折前进"

闪存与微硬盘技术均取得突破，存储量不断提高，价格降低较快。但主要的数码产品厂商并没有将其产品的文件系统格式修改为FAT32以保证与微硬盘兼容，闪存占据了主动，0.85英寸微硬盘被局限在高端PDA、数码摄像机等需要超大存储量的移动数字设备细分市场内。而在笔记本电脑市场，1.8英寸与1.0英寸微硬盘成为标准配置。

S3 "夹缝中求生存"

闪存与微硬盘的存储量均提高较慢，存储量在5 GB以下时，闪存有价格与稳定性的优势，10 GB以上时，微硬盘有价格优势，5～10 GB之间双方不相上下。仅在高端PDA、数码摄像机等需要超大存储量的移动数字设备细分市场内，0.85英寸微硬盘获得广泛的应用，其他领域大部分被闪存所占据。在笔记本电脑市场，2.5英寸硬盘依然是主流，1.0英寸与0.85英寸微硬盘被限制在需要超薄型的特殊笔记本电脑细分市场内。

S4 "悲观的未来"

微硬盘的存储量提高较慢，但是闪存技术取得了重大突破。存储量在10 GB以下时，闪存在价格与稳定性上有明显优势；存储量在10 GB以上时，微硬盘虽然有一定价格优势，但是很微弱。闪存在移动数字设备市场保持绝对的统治地位。在笔记本电脑市场，2.5英寸硬盘依然占据主流，仅在个别需要超薄、超小的特殊笔记本电脑上，0.85英寸微硬盘获得应用。

按照前面讨论的评价过程，对这四个情景进行了学习。

（1）早期信号。微硬盘的情景目前有三个比较明显的早期信号：一是诺基亚、东芝等企业已经开始生产分辨率高达320万像素摄像头的手机，这指示未来的数码产品对大容量存储器的需求迫在眉睫；二是日立公司成功地将微硬盘的读写速度提高到7200转/分钟，微硬盘存储量的突破指日可待；三是MP3行业的霸主iPOD正在主推采用微硬盘为存储器的MP3平台，其他公司迅速跟进，微硬盘在数码产品领域获得认可很可能成为一种趋势，数码产品的文件系统格式针对微硬盘进行修改并不是梦想。

（2）评价。依据上面的早期信号，可判断微硬盘技术未来的发展将介于情景S1、S2之间，而且每种微硬盘的前景也不同：1.8英寸与1.0英寸这两种微硬盘在笔记本电脑市场的前景看好；0.85英寸微硬盘在大容量移动数字设备市场的前景十分乐观；在有可能出现的"四机合一"产品上，0.85英寸微硬盘处在最有利的位置；而在普通移动数字设备市场，微硬盘技术的前景还不明朗。

4. 实施

依据上述评价结果，可认为对于致力于开发微硬盘产品的公司来说，下面两种战略思路是较好的选择。

（1）微硬盘在笔记本电脑市场内的前景乐观，应该采取投资于最佳情景战略，将大量的资源投入这个市场，创造先动优势。

（2）对于移动数字产品市场来说，还存在较高的不确定性，采取期权思维是较好的选择。即根据S1、S2描述的情景，针对数码相机、手机、MP3/MP4等产品市场分别进行小规模投入，以保证对未来的选择权；特别是对有可能引发技术革命的手机、数码相机、MP4、电脑"四合一"的创新产品，这种投入是值得的也是必要的。即使情景不发生，公司的损失也是有限的。

需要提及的是，目前微硬盘技术还处在发展阶段，不确定性较高，更精确的评估结果还要依赖于后续持续渐进的评估过程。

新兴技术的高度不确定性使得现有的技术评估方法无法对其精确评估。运用情景规划对新兴技术进行动态评估，一方面可以应对其高度不确定性；另一方面通过持续渐进的规划过程，最终可以取得精确的评估结果。只要方法运用得当，该方法在制定新兴技术的发展战略方面将有不可替代的明显优势。

本章参考文献

［1］［美］乔治·戴,保罗·休梅克.沃顿论新兴技术管理［M］.石莹等,译.北京:华夏出版社,2002:45.

［2］宋艳,银路.新兴技术的物种特性及其形成路径研究［J］.管理学报,2007(2):211-215.

［3］GEORGE BASALLA. The Evolution of Technology［R］.Cambridge, England: Cambridge University Press,1988:141.

［4］吴贵生.技术创新管理［M］.北京:清华大学出版社,2000:47.

［5］王瑞祥,穆荣平.从技术预测到技术预见:理论与方法［J］.世界科学,2003,(4):49-51.

［6］［美］威·科茨等.论技术预测的未来［J］.国外社会科学,2002,(2):99-100.

［7］穆荣平,王瑞祥.技术预见的发展及其在中国的应用［J］.中国科学院院刊,2004(4):259-263.

［8］浦根祥,孙中峰,万劲波.技术预见的定义及其与技术预测的关系［J］.科技导报,2002,(7):15-18.

[9]　叶继涛,胡建绩.技术预见与可持续经济发展[J].研究与发展管理,2004,(4):58-62.

[10]黄鲁成,卢文光.基于属性综合评价系统的新兴技术识别研究[J].科研管理,2009(4):5.

[11]宋欣娜,郭颖,席笑文.基于专利文献的多指标新兴技术识别研究[J].情报杂志,2020,39(6):7.

[12]魏明珠.面向新兴技术追踪预测的专利数据组织与知识发现研究[D].吉林大学博士学位论文,2023.5.

[13]高健,魏平.新兴技术的特性与企业的技术选择[J].科研管理,2007,28(1):47-53.

[14]宋艳.新兴技术的动态评估与小灵通的成功之道[J].管理学报,2005,2(3):337-339.

[15]银路,李天柱.情景规划在新兴技术动态评估中的应用[J].科研管理,2008,29(4):12-18.

[16]MENS E,PATRICK R,OSPINA L,WEST N. Scenario Planning：A Tool to Manage Future Water Utility Uncertainty[J].American Water Works Association Journal,2005,97(10)：68-76.

[17]SCHWARTZ P. The Art of the Long View：Planning for the Future in an Uncertain World[M].New York：Currency Doubleday,1996.

[18]SCHOEMAKER P J. H. When and How to Use Scenario：A Heuristic Approach with Illustration[J].Journal of Forecasting,1991,10(06)：549-564.

[19]SCHOEMAKER P J. H. Scenario planning：a tool for strategic thinking[J]. Sloan Management Review,1995,36(2)：25-40.

[20][美]迈克尔·波特. 竞争优势[J]. 陈小悦,译. 北京：华夏出版社,2001.

[21]KEES VAN DER HEIJDEN. The Six Sense：Accelerating Organizational Learning with Scenarios[M]. New York：John Wiley & Sons. 2002.

[22]赵振元,银路.实物期权思维及其在新兴技术管理中的若干应用[J].预测,2005,24(1):20-24.

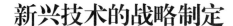

第5章
新兴技术的战略制定

新兴技术的战略制定是在高度不确定的环境中进行的，战略所涉及的周期越长，面临的不确定性就越大，因此，分阶段的战略制定思想和最大限度保持战略的柔性，便成为新兴技术战略制定中的两个重要的因素。在本章中，我们将简要回顾战略管理理论的发展，归纳和总结新兴技术战略制定的特殊性，进而讨论如何使新兴技术的战略具有柔性，并给出一些具有操作性的思路和做法，最后介绍情景规划方法在新兴技术战略制定中的应用。

5.1 战略管理理论的发展与新兴技术带来的挑战

5.1.1 战略管理的提出和发展

战略是指企业为了实现其经营目标，在考虑其内部条件和外部环境后，对于企业以后的发展所做出的方向性的谋划。

1938年，美国经济学家切斯特·巴纳德（Chester I. Barnard）在《经营者的职能》一书中，首次使用了战略概念，把战略观念引入企业管理理论与实践。1962年后，美国著名管理学者小阿尔福莱德·D·钱德勒（Alfred D. Chandler Jr）出版了《战略与结构——美国工业企业史的考证》一书，揭开了企业战略理论研究的序幕，并逐步形成了战略管理研究的热潮。

最初，战略研究的基本内容是寻找企业的战略对策，即通过对企业自身以及竞争对手的优势和弱点的分析，为企业给出具有针对性的、能扬己抑彼的对策。其代表人物是美国人安索夫，他于1965年发表《公司战略》一书，为战略研究提供了基点。其后，安索夫及其追随者更将此推演为一套规范性的框架。

20世纪70—80年代，战略管理理论得到了蓬勃发展，其核心内容是寻求战略定位优势，代表人物是哈佛商学院的迈克尔·波特（Michael E. Poter）。他从产业组织理论出发，创建了竞争结构分析和价值链分析两套分析工具，一外一内有效地解决了企业的战略定位问题。

20世纪90年代以后，新的理论不断出现，并且至今仍然处于不断成长期。代表性的理论包括美国加里·哈默（Gary Hamel）的核心竞争力理论和战略柔性思想等。

按大的年代划分，企业战略管理理论的发展见表5-1所列。

表5-1　战略管理理论的发展

阶段	20世纪50年代	20世纪60年代	20世纪70年代	20世纪70年代后期到80年代初期	20世纪80年代后期到90年代初期	20世纪90年代中期到90年代末期
主题	预算计划和控制	公司计划	公司战略	产业和竞争的分析	寻求竞争优势	战略性创新
主要问题	年度预算控制	计划增长	计划组合	产业和市场的选择、市场的细分和定位	公司竞争优势的来源	战略性和组织的竞争优势
关键的概念和技术	预算、投资计划和项目评价	投资计划预测模型	SBU的协同、多方案规划矩阵	波特的五种竞争力分析	核心竞争能力的分析	竞争优势的动态来源，标准的控制，知识和学习

5.1.2　企业战略管理理论的演进及主要学派

战略管理理论的每个学派不但具有不同于其他学派的特征，而且这些学派的形成过程反映了战略观念的变化和逐步深化的趋势。总体来说，战略管理理论发展至今大致分为三个阶段，十个学派。这些学派分别是设计学派、计划学派、定位学派、企业家学派、认知学派、学习学派、权力学派、文化学派、环境学派和结构学派。

1. 第一阶段

第一阶段在战略的性质上进行了规范，强调理性分析，研究战略应如何形成，以理性主义为特征。这个阶段的研究重点主要在于如何进行战略的制定。这个阶段主要有设计学派、计划学派以及定位学派。

设计学派：设计学派认为，战略是对公司实力和机会的匹配，是领导者有意识的但非正式的构想过程。该学派建立了著名的SWOT（strength,weakness,opportunity,threat）模型。该模型考察了企业面临的威胁和机会（外部分析）以及企业本身的优势和劣势（内部评价），充分体现了组织内外部关系对制定战略的重要性。但设计学派将战略管理静态地划分为战略形成和战略实施两个阶段，割裂了它们之间的动态联系。

计划学派：计划学派认为，战略制定是客观的、系统的、正式计划的过程。同设计学派相似，计划学派也把市场环境、定位和内部资源能力视为制定战略的出发点。但它认为企业战略的制定过程应该是一个正规化、条理化的计划过程，不应该只停留在经验和概念的水平上。比如，企业应采用什么方法去评价自己和外部环境，以保证对SWOT的分析是客观的；哪些优势、劣势、机会和威胁对企业最具有战略意义等等。基于这样的理念，计划学派引进了许多数学、决策科学的方法，提出了许多复杂的战略计划模型。

定位学派：哈佛大学商学院的迈克尔·波特教授提出，企业战略的核心是获得竞争优势，而竞争优势取决于企业所处行业的赢利能力，即行业吸引力和企业在行业中的相对竞争地位。因此，战略管理的首要任务就是选择最有赢利潜力的行业，其次还要考虑如何在已经选定的行业中自我定位。该学派将战略分析的重点第一次由企业转向了行业，强调了企业外部环境，尤其是行业特点和结构因素对企业投资收益率的影响，并提供了诸如五种竞争力模型（供应商、购买者、当前竞争对手、替代产品厂商和行业潜在进入者）、行业吸引力矩阵、价值链分析等一系列分析技巧，帮助企业选择行业并制定符合行业特点的竞争战略。

总之，设计、计划和定位学派是属于理性主义的，它们注重规范性、计划性、正式性和运用规范的模型来分析问题。但也存在相应的缺陷。设计学派忽略了对内部条件，包括组织结构、管理机制和企业文化等的分析；计划学派过分强调理性思维、数量方法和模型的运用，忽略了战略思维的非理性方面以及环境变化对企业的影响；定位学派更是将企业的成败归结为企业外部的行业因素，过分依赖对行业的选择，相对忽略了企业内部因素，尤其是企业内部资源、核心竞争力等对企业战略选择的影响。

2. 第二阶段

第二阶段强调非理性因素。这个阶段注重对战略制定过程中行为因素的研究，主要有企业家学派、认识学派、学习学派、权力学派、文化学派以及环境学派。

企业家学派：该学派认为，具有战略洞察力的企业家是企业成功的关键。许多成功企业没有系统的、成文的战略，但它们同样经营得很好，这与管理者对企业基本价值以及存在原因的信念是息息相关的。企业家学派的最大特征在于强调领导的积极性和战略直觉的重要性。

认识学派：认识学派认为，认识过程和认识特征对战略形成具有重要的作用。它提出，战略的制定过程实质上是战略者的认识过程；由于战略者所处的环境是复杂的，这种复杂性限制了他们的认识能力；更何况面对大量真假难辨的信息和有限的时间，战略过程也可能被歪曲。由于战略很大程度上依赖于个人的认识，所以不同战略者在战略风格上差异很大。

学习学派：学习学派认为，战略制定者们应通过学习过程来制定战略。战略的形成与发展，就是思想和行动、控制和学习、稳定与改变相结合的艺术性过程。在此过程中，不仅单个的领导需要学习，作为整体的领导系统都必须学习；领导的作用不再是预先决定战略，而是组织战略学习的过程。

权力学派：权力学派认为，整个战略制定的过程实际上是各种正式和非正式的利益团体运用权力、施加影响和不断谈判的过程。对战略制定发生作用的不再是某个人，而是一群人。这一群人利用自己的权势既相互争夺又妥协合作，使得战略制定过程成为谈判和讨价还价的过程，这时组织的活动不再受某一共同利益的驱使，而是受一些局部利益的驱使。在这种情况下，总是存在对战略认识的争议，不存在共同认可的战略意图，很难形成统一的战略和对战略的执行活动。

文化学派：文化学派将战略制定过程视为观念形态的形成和维持过程。文化学派认为，战略制定过程是集体行为的过程，建立在由组织成员共同拥有的信仰和价值观之上；战略采取了观念的形式，以组织成员的意愿为基础，表现为有意识的行为方式；由于存在共同的信仰，组织内的协调和控制基本上是规范的；战略的变化不会超出或违背企业的总体战略观点和现存文化。

环境学派：与第二阶段其他五个学派相比，环境学派没有将战略的制定归结为组织内部的某个成分，而是将注意力转移到组织外部，重点研究组织所处外部环境对战略制定的影响。他们认为，事实上并不存在组织内部的战略者，也不存在任何内部的战略过程和战略领导；环境迫使组织进入特定的位置，从而影响战略，拒绝适应环境的企业终将被淘汰。

以上六个学派更注重对人性、环境、文化等非理性因素的研究和分析，从非理性角度完善了对企业战略的认识，真实描绘了种种现实因素对战略制定的影响力量，但各执一端，过于分散。许多人试图将以上各个流派的观点兼收并蓄，从多方面而不是一个方面反映企业战略的本质特性。于是，进入了下一个阶段，出现了一个新的学派——结构学派。

3. 第三阶段

该阶段各流派趋向整合，随着企业管理环境的发展，对大企业管理的有效性和效率问题研究变得重要起来。企业能否灵活有效地综合利用内部资源以适应外部环境的变化，成为企业成败的关键因素，结构学派也就应运而生了。

结构学派：该学派把战略看作一个转变的过程。一方面把组织和组织周围的环境状态描述为结构，另一方面把战略制定过程描述为转变，认为转变是结构的必然结果。保持连贯需要一定的时间，变化也有一定的时间。战略制定可以始于改变组织的发展方向，而最终形成的战略则在巩固既定的发展方向。结构学派描述了战略在既定状态下的相对稳定，同时穿插着偶然的新战略的快速飞跃。

5.1.3 新兴技术管理对传统战略管理的挑战

新兴技术发展的内在属性特征，使得发展新兴技术的企业都面临高度不确定性和极度模糊的外部环境，传统战略管理理论在应对这类环境挑战时，主要表现出以下不足。

1. 对不确定性重视不足

通过以上简单叙述，我们不难发现一个事实，上述战略理论都没有对未来的不确定性给予充分的关注，仍然采用了"非白即黑"的思维惯式。一些战略管理理论在对不确定性显得无能为力时，采取了回避的态度。这不仅与人们的认知能力有关，也与研究的基础和当时需要解决的主要问题的现实需求有关。

2. 对不确定性的正面研究不够

大多数战略管理的新理论都是基于旧有理论，对其不足予以补充和修正，而不是彻底的推翻。在考虑到安索夫理论和波特理论对于复杂性和不确定性分析不足的同时，仍然离不开它们对于环境、各竞争企业的相对优劣分析，以及对于战略选择的框架性分析。诚然，上述战略管理理论都有其理论依据和适用范围，所涉及的战略要素无疑也都是正确的，其分析思路和框架在不确定性较低和环境相对简单的情况下也常常是有效的。但是，当面对的环境具有动态、复杂和高度不确定性的特点时，大多数传统的战略管理理论就有些无能为力了。原因很简单，那就是大多数战略管理理论都没有正面研究不确定性，没有把战略制定置于不确定性环境之下。

3. 应对不确定性的思维方式需调整

正如在前面所指出的，一成不变的战略选择和传统的基于平台的规划方法，显然不适用于新兴技术管理。其实，要寻找一种固定的战略模式且能够完全适应不同企业、不同时期所面临的动态、复杂和高度不确定性的环境的想法，也是不现实的。此时，调整制定战略的思维方式将比增加制定战略的要素或在战略中考虑更多的因素显得更为重要。

在高度不确定性环境下，战略制定者面临的首要问题不是选择哪种战略模式，而是如何使战略能适应环境的变化。20世纪90年代中后期发展起来的战略柔性思想正是战略制定思维方式的转变。

5.2 新兴技术战略制定的特点

5.2.1 是在高度不确定环境下制定战略

由于新兴技术具有技术、市场、管理等多方面的高度不确定性，因此，新兴技术的战略制定是在高度不确定的环境下进行的，这是新兴技术战略制定的最根本特点。技术将如何发展，市场将如何变化，环境将如何演化，都存在着高度的不确定性，为新兴技术这种具有高度不确定性的技术制定战略，需要新的战略思维，需要运用与传统战略制定所不同的战略工具。正如前面所述，在不确定环境下制定战略的理论和方法，正在不断充实和完善之中，因此，为新兴技术制定战略，在很大程度上就转化为如何根据某一项特定新兴技术的具体特点、在高度不确定条件下制定战略的问题了。

5.2.2 是探索式的战略制定

新兴技术的创造性破坏特征，令企业制定新兴技术战略具有典型的"探索式"特征。一是没有可以借鉴的范式、没有模仿的对象。借用同类企业、同类技术在战略制定上已经取得的成功经验的想法，不仅幼稚，而且这种思维方式本身就是错误的。即便有同类或类似技术成功的战略模式和战略选择的经验，也绝不能成为另一项新兴技术的战略选择的依据和蓝本。二是新兴技术战略的本质是一个学习探索过程，通过学习发现（创造）战略机会空间，通过探索试错发现机会开发利用的可行路径。因此，在为新兴技术制定战略时，不要把希望寄托在"模仿"上，必须根据所发展的新兴技术的具体情况和特点，充分考虑企业所处的内外部环境和企业的战略意图等因素，有针对性地为新兴技术制定出切实可行的战略。

5.2.3 面临的环境既复杂又动态

新兴技术面临的是快变、复杂的环境。市场需求是快变的，技术本身是快变的，竞争性技术是快变的，竞争对手也是快变的；新兴技术面对的市场、竞争、配套、商业化等环境本身就极其复杂，而上述快变特性更使得这种复杂性进一步提高。

举个简单的例子，2016年谷歌推出的阿尔法围棋以总比分3比0战胜世界排名第一的柯洁，掀起新一轮人工智能热潮，国内外在以图像识别为主战场的领域展开了激烈的创新竞赛。但2022年ChatGPT的横空出世，让AI技术的主要路线发生了变化，竞争的焦点也随之重新汇聚，让之前AI领域企业的技术优势面临"过时"的风险。由此可见，为新兴技术制定战略，不仅需要战略具有柔性，还需要战略制定者充分掌握和运用各种现代管理理论和工具，增强对环境和未来的预见能力。

5.2.4 尽量使战略分阶段制定

在新兴技术的不同发展阶段，可能需要采取不同的战略选择。而新兴技术从研发到大规模商业化可以分阶段决策的特点，正好为新兴技术在不同发展阶段选择不同的战略模式提供了机会。因为新兴技术的未来存在着巨大的不确定性，当前选择的战略模式，未必能在以后长期适用。应对新兴技术未来不确定性的一种方法，就是尽可能使战略制定分阶段进行。这种分阶段制定战略的思想，就是说一项新兴技术的战略选择，只适用于当前和今后很短一段时间，公司不可能、也完全没有必要为一项新兴技术的发展制定一种长期不变的战略。对于新兴技术来说，一种主导战略模式，只能适应当前的特定情况和环境，未来的主导战略模式是什么，必须根据环境的变化情况而定。例如，对于一项具有爆发性市场前景的新兴技术，公司最初集中人力、财力，采用市场最大化战略可能是正确的；但当有强大的竞争对手介入，且市场已经进入平稳增长区时，或许成本最小化战略的风险会更小一些。如果公司不顾竞争环境的变化，一直采取市场最大化战略，那么公司在很大程度上会得不偿失，前期的利润完全可能被后期高额的费用所耗尽。

5.2.5 战略需要时常修正

由于新兴技术的发展具有不确定性、复杂性和动态性的特点，因此新兴技术的战略需要根据时间的推移和环境的变化不断进行修正或调整。当前的战略总是在对未来的一定假设条件下制定的，一旦未来的发展变化与当前的假设不一致，战略就需要调整。在为新兴技术制定战略时，对未来情景的描述和对早期信号的识别就显得十分重要。利用情景规划方法可以降低未来的不确定性，利用早期信号识别可以及时准确地预知未来可能的发展变化方向或趋势，为修正或调整战略提供基础。战略刚性对新兴技术的发展没有任何好处，它无法为今后的战略调整和重新制定战略提供帮助。在为新兴技术制定战略之初，就需要考虑到今后调整或修正战略的要求，为战略修正或调整留出足够的空间。

5.3 不确定环境下制定战略的新思维

新兴技术的战略是一种动态的战略，是复杂和高度不确定性环境下的战略。因此，在为新兴技术制定战略时，首先需要做的事情就是思维创新，建立制定战略的新思维。这些新思维主要包括以下内容。

5.3.1 创新思维

创新，是技术创新、观念创新、组织创新与制度创新等的有机整合。所谓战略创新理念，是指企业在战略制定过程中，应该时刻融入创新的内涵。这里尤其要强调观念创新的重要性，因为这一点常常为人们所忽视。一种全新的观念、理念有时可以为企业的发展开辟一条全新的道路。譬如，在动态竞争的条件下，越来越多的企业战略管理者意识到，客观环境、市场结构和行业结构是会随着企业战略的主动选择行为而改变的，而且这种改变的速度越来越快。

5.3.2 动态思维

新兴技术是动态发展的技术，技术本身在发展，市场、竞争对手和配套环境也在快速变化。为新兴技术制定战略，要求企业战略管理者要充分认识这种动态竞争的特点，用变化发展的眼光看待战略规划。在为新兴技术制定战略时，既应该了解企业的过去、把握企业的现在，更应该着眼企业的未来，并采用适合动态竞争特点的措施与步骤应对动态竞争的挑战。

企业竞争的动态性明显表现出以下特征：（1）企业优势的可保持性降低，即任何优势都是暂时的，都有可能被竞争对手通过模仿与创新所取代；（2）动态竞争表现出高强度与高速度的特点，竞争对手间战略互动的节奏明显加快，企业战略的制定与实施必须以竞争互动为依据；（3）动态竞争的有效性将主要取决于企业改变竞争规则、创造新需求以及预测反应的能力。

5.3.3 柔性思维

柔性是相对于刚性而言的，指的是事物的伸缩性、弹性等。战略柔性，一般指企业战略面对复杂多变的环境做出迅速反应的能力。它贯穿企业战略的各个环节，即战略构思环节、制定环节、实施环节、反馈环节和调整环节等。战略柔性的出现，是管理科学向纵深发展的必然，它是人类创新与企业环境动态性和未来发展高度不确定性的必然要求。

今天的战略要为明天的变化做准备，这就是在为新兴技术制定战略时柔性思维的最主要体现。在面对新兴技术时，战略刚性不仅不会对竞争对手产生任何威慑，反而会使自己陷入泥潭。在动态竞争和未来高度不确定的环境中，新兴技术的战略必须具有极强的适应性和可调整性，不存在任何一劳永逸的战略。新兴技术的战略必须不断适应环境，而不可能让环境来适应新兴技术的发展。战略柔性要求企业战略与环境实现动态的匹配。如果条件变化而企业战略又刚性过强，有可能导致企业战略调整成本过大，甚至使企业战略根本无法调整，最终导致整个战略的失效。

5.3.4 期权思维

期权理论内含的思维方式，是先以少量的前期投资创立期权，使企业获得在未来继续投资的权利，而不必承担相应的义务；经过一定时期，在情况变得较为明朗之后，再做出是否进一步投资的决策。此时，若市场条件比较有利，企业可以继续投资并享有投资带来的收益；若条件不利，企业可以放弃投资而只承担少量前期投资的损失。也就是说，期权是一种或有决策权，创立期权可为决策者赢得时间，占得先机，使其能够搜集信息、进行思考，并在情况较为明朗之后再行决策，以避免失误。期权理论的思维方式为企业的战略投资决策提供了可参照的系统框架，使企业能够通过创立期权并等待适当执行时间的方式，更好地识别和规避经营风险，有效地开发和利用市场机会。

由于战略投资往往在不确定的环境下发生，并具有不可逆的性质，因此具有较大的风险性，实物期权理论为妥善地安排战略投资提供了可行的途径。在经营环境高度不确定的情况下，准确地识别投资机会中所蕴含的期权，并以一定的前期投入来创立期权，从而使企业保持必要的环境适应能力，对企业的成长十分重要。

期权思维不仅为合理地进行战略投资提供了出路，也可加以推广使之适用于所有战略决策。由于每一项战略决策都是后续战略决策的前提和基础，并影响着企业未来的收益，因此每项战略决策都可以用实物期权的思维方式来考察。如一项战略选择给予企业进一步选择的权利而不是义务，就可将其视为战略期权。期权可分为灵活性期权与成长性期权两类。成长性期权是指前期成功的投资或决策为企业带来新的投资或决策机会。灵活性期权则指投资或决策中所包含的灵活性因素给予决策者的权利，它包括延迟投资或决策的权利

（延迟期权），放弃继续投资或后继选择的权利（弃置期权），在多种决策方案之间进行转换的权利（转换期权），以及增加或削减投资的规模或范围的权利（变更期权）。

5.3.5　情景思维

情景思维主要包括以下五个内容。

（1）积极的等待。与大多数传统管理方法的立即决策思想不同，情景规划不提倡立即决策，而是通过积极的等待以获取更多的信息，逐步降低环境的不确定性，提高决策质量。情景思维将未来的决策分解为一系列关键步骤，通过持续渐进的规划过程提高决策质量，在面对巨大的不确定性时，不轻易做出决定，只决定那些可以确定的事，等待信息增加后再做出下一步决策，因为信息的增加意味着不确定性降低。但是，情景思维并不是消极地等待环境的变化，而是在等待的过程中，主动去收集与挖掘信息，使组织对环境的认识提前于环境的变化。

（2）通过情景界定不确定性。情景思维通过分析环境发展的趋势与主要不确定性之间的相互作用关系，将未来环境的无穷多种可能抽象为有限的情景（其中包含未来环境的极端情景，相当于把能考虑到的不确定性都规划在内），虽然其中一些情景实际发生的概率很低，但这些情景相当于多维空间的边界，将未来的不确定性进行了界定。环境不论如何变化始终不会超过情景的约束，其原理可用图 5-1 来形象描述（简化为二维情况）。

从图 5-1 可以看到，虽然在情景 1、2 所界定的范围内，环境可能还有多种变化，但其变化范围与不用情景规划时相比，已被大大压缩了。组织可依据情景所演示的环境发展情况对未来进行准备，有的放矢地防患于未然。

A：不用情景规划，未来
环境有无穷多种可能

B：规划出的情景将不
确定性进行了界定

说明：作者仅以规划两种情景的情况进行说明，如果
规划 3～4 种情景，就形成一个三维或四维的空间。

图 5-1　通过规划情景界定不确定性

（3）学习而非预测。情景思维的根本目的不是预测未来到底会发生什么，而是为未来创造"有准备的头脑"，它的核心是对情景的学习。情景被规划出来以后，组织就围绕情景展开学习，收集和挖掘与情景相关的信息，通过这种有目的的学习，一旦情景发生了或者与情景相近的情况发生了，组织将知道应该如何应对。通过这种组织学习和制定各种情景的相应解决方案，可使组织做到对未来不确定性的提前准备。

（4）重视直觉与想象。情景思维充分发挥人类的直觉与想象，通过多背景、大规模规划团队的头脑风暴和归纳抽象，避开个人固有的狭隘思维，最大限度地开拓了人们的视野，加深了对未来的认识。就其本质而言，所有的思维都是某种形式的情景思维，在面对不确定性时，人类的大脑会自动地对一系列可能发生的情景进行探索，例如，人们在面临重大决策中的高度不确定性时，就会自然而然地运用直觉在头脑中探索并发展各种可能的未来情景。另外，在预测未来环境方面，想象这种看似不严谨的方法也发挥着重要作用。

（5）通过情景的不断细化使不确定性得以降低。情景规划将环境的变化分为两部分，一部分可以精确分析，余下的则不能，不确定性集中体现在不能精确分析的部分。也就是说，不确定性越高，未来环境中可以精确分析的部分就越小，情景也就越粗糙。在情景规划初期，人们拥有的信息有限，对不确定性认知不深，所以初始情景一般是粗线条的。随着规划过程的深入，人们掌握的信息越来越多，情景可以规划得越来越细致。随着信息量的增加和情景的细化，不确定性便不断得到降低。

5.4 不确定条件下的战略选择

5.4.1 不确定性使传统战略规划方法左右为难

面对环境的高度不确定性，管理者们究竟如何做出决策？是孤注一掷、大赌一把呢，还是多方下注或者是走到哪歇在哪？战略意图和远期愿景是否还是必需的，是否还能发挥重要作用？

传统的战略管理方法容易导致管理人员以非白即黑的态度来对待不确定性。即要么认为环境是确定的，因而可以对未来做出精确的预测，战略可以明晰规划未来；要么认为环境不确定，所以前景不可预测，企业战略不具有实际指导价值。

在面对不确定性时，极端地认为环境完全是不可预测的，会导致决策者们完全放弃传统规划过程中的严谨分析，而主要凭直觉进行战略决策。这种只管去做的方法，会使决策者将赌注错误地下在可能导致巨大损失的新兴产品和市场上。

那些反对冒险的决策者认为，自己处于非常不确定的环境中，他们不相信自己的直觉，并且患上了决策瘫痪症。他们避免就有关产品、市场及技术开发的重要战略进行决策，而是以关注企业再造、质量管理、内部成本控制等工作代之。诚然，这些工作都很重要，但却不能代替战略。

5.4.2 环境不确定性的定义和类型

要在不确定的环境中为新兴技术制定战略，首先要对环境的不确定性有清楚的认识。

曼诺力斯（Manolis）等人认为，不确定性不是一个一维的概念，而应被看作一个多维概念，或者一个启发式的结构，不确定性包含了事物多方面的特征与属性。例如，在研究环境的不确定性时，不确定性包括任务环境、一般的市场背景、规划环境、与激励和文化困境相联系的社会因素等。

麦力肯（Milliken）将感知到的不确定性分为三类：状态的不确定性（state uncertainty）、影响的不确定性（effect uncertainty）和反应的不确定性（response uncertainty）。状态的不确定性是指对环境的客观状态不确定，人们不知道环境的组成要素将怎么变化；影响的不确定性是指个体没有能力预测环境的未来状态对组织影响的特性；反应的不确定性是指没有能力预测相应选择决策的可能结果。这三种不确定性揭示了环境不确定性的不同本质属性。在这些研究的基础上，麦力肯提出了他对不确定性的一般定义：由于缺乏信息或者没有能力区别相关的或不相关的数据，个体感到不能精确地预测组织的环境。

5.4.3 剩余不确定性的四个层次

休·考特尼（Hugh Courtney）等人认为，那些经过最精密的可能性分析之后仍然存在的不确定性，可称之为剩余不确定性，例如一个正在辩论中的结果和正在开发中的技术特征等。然而，即使属于剩余不确定性，人们往往也可以在相当程度上了解其情况。据此，休·考特尼等人认为多数战略决策者遇到的剩余不确定性主要分成四个层次，如图5-2所示。

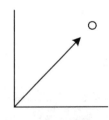

清晰明确的前景

可了解到什么	•对确定战略足够精确的预测
分 析 工 具	•传统战略工具
实　　　例	•针对低成本航空公司的战略

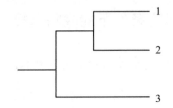

有几种可能的前景

可了解到什么	•一些明确未来的离散结果
分 析 工 具	•决策分析 •选项评估模型 •博弈论
实　　　例	•长途电话公司进入解除管制的地方服务市场的战略 •化工厂的产量战略

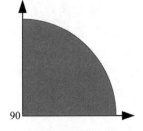

有一定变化范围的前景

可了解到什么	•一系列可能的结果，但不是自然的未来状态
分 析 工 具	•潜在需求调查 •技术预测 •未来情境规划
实　　　例	•进入新兴市场，如印度开发或获得电子消费品的新兴技术

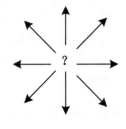

不明确的前景

可了解到什么	•没有预测前景的基础
分 析 工 具	•类比和类型确认 •非线性动态模型
实　　　例	•进入多媒体消费品市场 •1992年进入俄罗斯市场

图5-2　剩余不确定性的四个层次

第一层次：清晰明确的前景

在这个层次上，决策者可以进行单一性前景预测并精确到足以进行战略开发。尽管所有的企业环境天生就是不确定的，这会使预测不准确，但预测仍能细微到指向单一战略方向。换言之，在第一层次，剩余不确定性虽然存在，但与进行战略决策是无关的。

第二层次：有几种可能的前景

在第二层次，前景可被描述成一些可能的结果或离散的情景。尽管详细的分析有助于确定结果出现的概率，但人们很难预测一定会出现什么结果，而最好的战略是根据肯定会出现的那种结果而定的。

在第二层次的另一个常见的环境中，一项战略的价值主要取决于竞争对手的战略以及那些还不能被观察和预测的因素。在新兴技术领域，公司采取何种战略以及在什么情况下需要及时调整战略，也与竞争对手的决策密切相关。在我国宽带互联网建设中，在竞争对手较少时，多数公司采用了利润最大化和积极稳妥的发展战略；当后来多家有雄厚经济实力的公司加入竞争行列时，其中许多公司开始采取市场最大化战略，以期迅速占领市场，一度取得了较好效果。

第三层次：有一定变化范围的前景

在第三个层次，人们可以确定未来可能发生的一些变化范围。这个变化范围是由有限的变量确定的，但实际结果可能存在于此范围中的某一点，不存在离散的情景。如同在第二层次中一样，如果结果是可以预测的，那么某些战略因素或者所有的战略因素都将改变。

新兴行业或进入新地区的企业，常会遇到不确定性的第三个层次。例如国内某手术机器人创业企业，正面临着是否将产品投放到印度市场的抉择。最好的市场调查也只能确定一个潜在的客户渗透率的大概变化范围（如10%~30%），此范围内不会有明确的结果。在向市场投放全新产品和服务时，这样一个估计范围是很常见的，因此很难确定潜在的需求等级。假如进入印度的公司了解到其客户渗透率更接近30%而非10%，它就有可能采取一种不同的更加积极的进入战略。

由技术革新驱动的公司也存在类似的问题，如半导体行业。在决定是否要在一项新技术上进行投资时，制造商通常只能估计出该技术的潜在成本和性能属性的大概变化范围，在这个范围内，投资是否赢利则仍是不能确定的。

第四层次：不明确的前景

在第四个层次，不确定环境的各层次相互作用，使得环境实际上无法预测。与第三个层次的情景不同，第四个层次可能出现的结果变化范围是不能预测的，更不必说在此范围内的未来情景了。

第四个层次的情景是罕见的，它们会随着时间的推移而向其他层次的情景转变，但它们确实存在。

5.4.4　战略态度与战略选择

企业战略选择的内容包括选择战略态度、确定行动组合以及根据环境的不同，确定战略方案。

1. 选择战略态度

在制定战略时，首先要明确选择什么样的战略态度。战略态度决定了公司会相应采取什么样的战略举措和行动组合。公司面对不确定性环境时主要有三种战略态度：影响环境的市场引导者、适应市场（环境）的市场适应者和以静制动的保存实力者。

（1）影响环境的市场引导者的目标是使行业朝着自己设计的新结构发展，其战略是要解决如何在市场上创造新机会的问题：要么改造相对稳定的成熟行业的价值和竞争结构，要么努力控制不确定性较高的行业的市场发展方向。如特斯拉和比亚迪在新能源汽车市场的定位，通过积极进取的姿态，影响市场预期和产业的发展路线。市场引导者往往会塑造环境，通过其强大的研发实力或者营销能力来改变环境的不确定性层次乃至创造新的市场需求。

（2）适应市场（环境）的市场适应者将当前的行业结构及其未来发展看成已知事实，进而对市场提供的机会做出应变。在不确定性较低的环境中，适应者会在目前行业中进行战略定位，即选择竞争的领域和时机。在不确定性较高的环境下，市场适应者通过发现市场变化并做出快速反应以适应市场的变化。

（3）以静制动的保存实力者的战略态度是一种特殊的适应方式，它只与不确定性的第二层次至第四层次有关。它需要现在就逐步增加投资，以便将公司置于得天独厚的位置。其方法要么是利用较有效的信息，要么是利用较合理的成本构成或客户与供应商的较好关系。这就使公司可以等到稍微稳定时再制定战略。现在许多制药公司在基因治疗应用市场上实行保存实力的战略，其手段是收购或联合拥有相关技术的小型生化企业。这种投资使得企业能充分利用行业最新的发展成果，与内部开发基因治疗项目相比，这种做法的成本相对较低。

2. 确立行动组合

在不确定条件下，企业一般有三类战略行动组合可以采用。一是孤注一掷，二是多方下注（组合投资），三是稳妥举措。

（1）孤注一掷是指动用巨额资金甚至倾其所有，投向公司认定的方向，而不管未来将如何变化。这种做法与另外两种做法都可能在未来赢利，也可能亏损。但与另外两种做法不同的是，这种做法的风险是很大的，一旦出现亏损，就是巨大的，甚至会使公司一蹶不振，从此消失。市场引导者往往具有雄厚的实力和冒险精神，因此经常会有孤注一掷的情况，而市场适应者和保存实力者通常不会考虑这种行动。

（2）多方下注的目的是在出现最坏的情景时使损失最小化，在出现最好的情景时能获得较大盈利。这种不对称的盈利结构的实质，就是前面介绍的实物期权思维。在发展新兴技术时，这种战略是大多数企业可以采用的一种积极稳妥的战略。比如，在多个新技术的研发上进行少量的初期投资，或者收购拥有目标技术的小型公司，以便公司今后能根据市场的发展而增加或减少投资。又如，在新产品全面上市之前进行小规模尝试，成立有限合资公司进行分销，使打入新市场的风险最小化。积极稳妥的管理者大多偏爱多方下注的做法，但市场引导者也会运用这些战略，要么是尝试性地塑造新兴但不确定的市场，要么是多方下注，为以后的发展做准备。

（3）稳妥举措是把资源投向那些不管出现什么未来情景都有益无害的地方，如挖掘潜力旨在降低产品生产成本的技术，进行组织学习，提升企业的技术能力，收集和分析竞争对手的情况和发展动向等。然而，即使是在高度不确定的环境中，在生产能力上进行投资，或者进入某些市场的战略决策，只要分析决策思路得当，也都是稳妥的。稳妥的举措对任何战略都是必不可少的要素，因此三种战略态度均有选择此种战略行动的可能性。

3.选定战略方案

对于四种层次不确定性环境下的战略选择，有如下讨论。

第一层次：清晰明确的前景下的战略选择。

为了有助于对第一层次的未来前景进行精确、有效的预测，管理者可运用全套常用分析方法，如市场调查、竞争对手的成本和产量分析、价值链分析、迈特尔·波特的五力模型等，还可以用融合了这些预测的贴现现金流量模型来确定各候选战略的价值。遇到第一层次的不确定时，多数决策者感到极其轻松。这没有什么可惊奇的，因为这些手段和框架都是曾在工商管理的课程中学习过的内容。

在企业未来环境可预知的情况下，多数公司都是市场适应者。此时，其战略行动多由一系列稳妥方案构成。市场适应者通过对其产品或服务进行革新，或者通过改善企业运作制度的方式来创造价值，一般并不主动从根本上改变行业结构。真正能改变行业结构而成为市场开拓者的很少见，但是在第一层次的不确定性环境中做市场领袖也是有可能的。因为第一层次不确定性环境中的市场引导者在试图从根本上改变长期存在的行业结构和行为时，在一个原本可预计的市场中（因其自身和竞争对手）增加了剩余不确定性的数量。

第二层次：各种可能前景中的战略选择。

在第二层次的剩余不确定环境中进行战略选择，管理人员必须先依据其对重要剩余不确定因素如何逐渐减弱的理解，来设计一组离散的未来情景，例如是否会解除行业管制，竞争对手是否会扩大产量和降低价格，是否有新的竞争对手加入，是否有竞争对手退出等。出现这些情况中的一种或几种，未来将会如何？这就是最容易挖掘的典型情景之一。对未来情景的设计不同，对所面对的剩余不确定性的理解不同，战略选择也将不同。

对于市场开拓者来说，如果在第一层次中的目的是试图增加不确定性，那么他们在第二层次至第四层次中将努力降低不确定性，并逐渐从杂乱无章中理出头绪。在第二层次，开拓性战略态度的着眼点是使未来发展更加符合自己的偏好，是增加其所偏爱的未来情景出现的概率，促使某个离散结果出现。例如，一项新技术在出现之初，市场开拓者可以加大其应用前景的宣传力度，尽量多地参加各类博览会、展示会，不断与政府和行业主管接触以帮助他们更加了解该技术的优势，尽快形成企业标准并促使行业标准形成，建立各类联盟等，这些可能都有利于该技术向着他们希望的情景方向发展。

在第二层次中对初始变量进行监控，一般是相对简单的，因而适应市场和保存实力的战略是比较容易的。例如，一些化工和医药企业在采纳新技术和新产品的时候往往采取积极稳妥型战略行动，在新技术的价值未得到证实之前，以创建和保留期权为主，不会轻易以大量资金作赌注。再如，发电公司（以及那些对能源集约依赖度高的生产企业）在确定不同燃料的成本时，常遇到第二层次的不确定性。通过离散的未来情景，就能确定天然气还是石油将成为低成本燃料。因此，在建造新工厂时，许多公司选择了适应性战略——采用了可以很容易转换不同燃料的灵活生产方式。

在第二层次，重要的不仅是确定未来可能出现的结果，还要考虑行业为实现此情景可能采取的措施。战略的改变是否会出现在某种特定的重要举措之后，如在做出一项管理规定或竞争对手决定进入市场之后？或者战略的改变是否会在相互竞争的技术标准确定后逐步进行？这是至关重要的，因为它决定了哪些市场信号或哪些触发变量应得到密切监控。随着情况的明了和未来情景相对概率的变化，其战略可能也需要进行调整，以适应这些变化。

即使是最好的市场引导者，也必须准备去适应市场。战略态度的选择不是一成不变的，战略选择强调在不确定条件下保持战略灵活性的价值。引导性战略会出现失败，所以，最优秀的企业会采取一些必要时能让其迅速改变发展方向的做法，以对引导性战略进行补充。在不确定的环境中，让战略自行发展，并且满足于仅仅通过年终的战略回顾对其更新的做法，显然是错误的。

第三层次：前景变化范围中的战略选择。

从程序上说，第三个层次的情景分析与第二个层次中的情景十分相似。二者都需要确定一组描述未来的典型情景，并随时监控早期信号以不断判断未来的发展方向和修正情景。然而，在第三个层次上设计一组有意义的未来情景，就不那么简单易行了。设计前景变化范围的极端情况（最大值和最小值）相对容易，但这些极端的未来情景很少能对当前的战略决策提供具体指导。因此在不确定的第三个层次没有其他自然的未来情景，决定将哪种可能的结果完全发展成未来情景，是一种实际的技巧。不过，还是有一些一般规律可以遵循。首先，要设计有限的未来情景，因为设计5个以上的未来情景可能会使问题复杂化，不利于决策；其次，要避免设计对战略决策没有独特意义的多余未来情景；再次，要确保每个未来情景都能反映行业结构、行为和特性的一个独特情况；最后设计一组未来情景说明未来结果的大概范围，但不必是全部的变化范围。

市场开拓者努力使市场朝着某个有利于自身发展的大致方向发展，因为管理者只能确定某种可能结果的大致范围。持有适应性态度的企业在面对第三层次和第四层次的不确定性时，应该将主要精力放在提升企业的能力柔性和资源柔性上，以便在情况进一步明了之时，能够及时跟进。无论选择哪种战略态度，在实际运作中都需要迅速了解准确的市场信息，并建立高度灵活性的组织结构。

在第三层次，引导性战略采取了一种不同的形式。如果在第二层次，市场引导者会努力促使某个离散的结果出现；那么在第三层次，他们将努力使市场朝着某个大致的方向发展，因为他们只能确定可能结果的范围。例如，电子货币交易的标准之争，目前就属于第三层次的问题，因为人们可以确定，产品和服务的潜在变化范围介于纯纸币和纯电子货币之间，但是现在还不清楚此范围内是否有任何离散的自然未来前景。

第四层次：前景不明确的环境中的战略选择。

该类型的不确定性一般是短暂的，经常出现在重大技术、经济和立法震荡之后。在该情境中，大多数企业采取保存实力的做法，但可能伴有坐失良机的风险。由于没有哪个企业能够确切知道在这种环境中的最好战略是什么，因而大多数企业会选择保存实力的战略。这种情形出现时，对于市场开拓者来说，就是一个好机会。主动开拓市场，做市场的引导者可能比第二或第三层次不确定环境中的回报更高，只要能提供一个行业结构和行业标准的前景，市场开拓者就能推动市场朝更稳定和更有利的结果发展。技术标准、主导设计、核心专利等，是高技术、新兴技术未来发展中的典型情景之一，要想做新兴技术的市场引导者，这些情景是不可忽视的。移动通信产业兴起之初，多个国家的大企业抢先制订"移动通信技术标准"的现象，有力地证实了这一点论断。另外，在该情境中驾驭投资组合存在一定难度，常常迫使竞争对手采取权宜之计。最终随着第四层次向第三和第二层次转化，企业很快就要进行战略调整，以适应市场环境的变化。

第四层次的情景分析更为定性。在第四层次中，虽然剩余不确定性比其他三个层次都高，但这并不表示管理者就无从下手了。在这里，避免绝望地放弃尝试而仅凭直觉行事仍然至关重要。管理者应对其已经了解的和可能了解的结果进行系统分类。即使管理者不能确定第四层次情景中的大概或可能的结果，他们仍能获得有价值的信息。通常，他们会确定一小组变量，这些变量将决定市场随着时间的推移而如何发展，如客户渗透率或技术的性能属性。而且，管理人员能够确定这些变量的有利或不利指标，这些指标帮助他们了解市场的发展，并在获得新信息时对其战略进行调整。

在第四层次中，很难确定逐步增加投资到底是保存实力还是坐失良机。尽管如此，仍然有一些通行的规则。首先，要寻找杠杆效应。对于那些具有杠杆效应的事情，前期的试探性投资是值得的，如投资于未来可能的几种技术发展方向的研发投资。其次，坚持动态评价。每当重要的不确定因素澄清后，就应对以前做出的选择重新评价，每6个月甚至更短时间就应当进行一次评价。

综上，不同层次的不确定性条件下，企业战略的选择可以简要地总结为表5-2。

表5-2　不确定性的层次和战略态度/战略行动组合矩阵

战略态度	不确定性层次			
	第一层次：清晰明确的前景	第二层次：有几种可能的前景	第三层次：有一定变化范围的前景	第四层次：不明确的前景
市场领导者	有时采取稳妥行动;创造新行业;试图增加不确定性	先发制人,阻止对手;减少不确定性	努力朝某个大致确定的方向发展	发挥市场领袖作用,引导市场,推动行业发展
	经常采取孤注一掷的战略行动			
市场适应者	正常行动(比较普遍的情况);偶尔孤注一掷	分析前景;采取投资组合	力图确定自己的市场前景;适应性战略行动	经济稳妥;跟风
保存实力者	大多采取积极稳妥行动:适应环境	少量投资:减少不确定性	少量投资:减少不确定性	有时暂不行动:随波逐流
	经常采取经济稳妥的战略行动			

案例分析　颠覆性创新下的博弈：占位与选择[①]

当面对具有潜在颠覆可能的创新技术冲击时，在位者与挑战者战略思维有何不同？这种不同，对它们未来的生存与发展会产生何种影响？为研究这些问题，从2021年下半年开始，刘学、张倩对传统汽车主机厂和以智能驾驶相关技术切入汽车业的科技公司进行了深度调研。调研发现，这两类企业对战略制定都高度重视，均认为战略的基本问题是方向与路径选择，但企业在选择方向与路径时的站位却明显不同。在位者（传统主机厂）将战略分析的重点放在起点（starting point）：基于初始条件分析来制定战略。而挑战者（科技公司）却将战略分析的重点放到了终点（end point）：基于产业终局的洞察来制定战略。在选择战略路径时，在位者是朝前看：站在现在展望未来；而挑战者则是回头看：站在终局回望现在。站位不同，展望方向不同，使得两类企业的战略方向与路径选择，以及选择时面临的挑战，存在明显的差异。

站在现在展望未来，具有颠覆潜力的重要技术突破被隐藏在众多环境变量（PESTEL，大环境分析）之中，不能在萌芽状态及时发现，无法做到未雨绸缪成功转型。站在终局回望现在，前提是知道终点在哪里、终局图景为何种模样。由于战略理论没有为洞察终局提供合适的方法和工具，虽然每个挑战者均强调战略要洞察终局，以终为始，但挑战者看到的终局，视角各有千秋，架构各不相同。终局判断错误导致战略方向和路径选择失误，最后千般努力、万般心血付之东流，美梦成空的创业者，也不在少数。

刘学和张倩在调研在位者（传统车企）和挑战者（科技公司）如何看待智能车产业未来时发现，它们在分析外部环境、资源能力时，观察视角、收集数据、解读数据与信息、对不同变量的复杂作用进行综合的方式等，均存在明显不同。或者说两类决策者在认识自我、感知环境、进行决策时的参照体系存在明显不同。不同的根源，在于决策者战略思维时的"站位"不同：在时间空间中的站位——决策者站在什么时点来观察、思考、判断公司未来的战略选择；进行选择时，考虑的时间范围有多长。在地理空间中的站位——决策者站在何种位置来思考公司战略；考虑的范围有多广（如城市、省域、全国、全球）、层次有多高。在角色空间中的站位——在产业链生态体系中，决策者以何种角色来观察环境、采集解读数据，形成分析判断。是在位者、挑战者、投资者，还是监管者？若是在位者，它在产业链中居于何种角色，是终端产品集成者，还是部件产品的整合者，或是产品下游的服务提供商、产品运营商？在立场/价值空间中的站位——立场、价值取向是指决策者已经确立起来的政治取向、价值观等。立场、价值取向不同，观察的视角、数据的解读，都会有显著的差异。

为什么在位者习惯于初始条件分析，而非产业终局洞察？面对颠覆性创新，在位者与挑战者战略抉择时站位明显不同，并非偶然。在互联网发展初期，在位者与挑战者在战略思维的方式方面就出现了明显的差异，后来有新科技企业家明确提出了洞察终局，以终为始的理念，为越来越多的科技企业家所认同，并深刻地影响他们的战略实践。但许多传统的在位者不为所动，依然坚持基于初始条件分析的战略思维。

[①] 刘学，张倩.颠覆性创新下的博弈：站位与选择，《哈佛商业评论》中文版，2023，7.

　　原因何在？一方面，在位者多数历史悠久，拥有专门的战略规划部门，集中了受过非常好战略训练的专业人才。而经典的战略管理理论，都是以初始条件分析为出发点的战略理论。如波士顿矩阵的需求增长率、相对份额；麦肯锡-通用电气矩阵的产业吸引力、企业竞争地位等，均是站在在位者的视角来思考问题。大公司制定战略的过程，几乎就是经典战略教科书的翻版：站在企业的现在，分析所处的外部环境，识别机遇与威胁；分析公司内部的资源与能力，识别优势与劣势；然后将机遇与威胁、优势与劣势进行匹配，做SWOT分析或者麦肯锡-通用电气矩阵，来决定公司的战略。另一方面，在位者的决策机制和组织文化，也使其从初始条件出发制定战略。在位者的关键决策人员，一般出自现有核心业务。企业成功的历史，辉煌的业绩，引以为豪的文化，以及它们自身的话语权、影响力、地位，均与现有业务发展的状况紧密相关。这必然产生克里斯坦森在《创新者的窘境》中所描述的结果：关注满足现有客户需求、关注在现有技术路径上进行延续性创新；投资决策重视获得合理的财务回报，不愿在那些不确定性高，因而风险较大的新技术领域进行投资。关注现有对手，并对其战略做出及时反应，但对那些名不见经传，以新技术与之进行竞争的潜在对手常常视而不见。

　　与在位者相反，凭借创新性技术谋求为客户创造价值，进而颠覆传统产业的创业者，却奉行完全不同的战略思维模式：洞察终局，审视自我，决断自身在终局中的定位，进而构建愿景；然后回望起点，选择达成愿景的路径；在资源能力方面提早布局，在步调节奏方面顺势而为。创业者选择与在位者不同的站位，不是它们在战略方面的高瞻远瞩或者思维方式的独树一帜，而是环境和任务所迫，不得已而为之。

　　首先，创业者的初始条件较弱。作为创业公司，除了引以为豪的某些具有颠覆潜力的知识产权、数量有限的团队成员，能够对外展示的东西实在乏善可陈。企业的市场地位、拥有的客户数量、实际的现金流，更是惨不忍睹。其次，创业者发现，在具有颠覆潜力的领域进行创业，从创业启动到获得稳定现金流之间的时差很长。在此过程中，失败与碰壁是家常便饭。特别是创业早期阶段，团队所做的大多数工作几乎不产生任何现金流，所有讲精确盈利预测的创业者都会被视为骗子。就在这种极其艰难的情况下，创业者需要完成这些管理企业最基本的任务。在事业发展关键阶段，能够获得投资者的投资、合作伙伴支持，克服困难，走出困境，使事业达到新的阶段、新的水平。

　　创业者怎么才能完成这些任务？普遍的做法是，给团队成员、投资者、合作伙伴等利益相关者构建一个极具吸引力的愿景。这个愿景不但要有非凡的想象力，而且要有令人信服的内在逻辑，才能使利益相关者相信，这个愿景最终能够达成。这个愿景描绘的是什么？有吸引力的创业愿景，就是将创业者及其团队对产业终局的洞察、在产业终局中的定位，以独特、生动、有吸引力的方式描绘出来，并刻画出达成愿景的关键路径。比如地平线（智能驾驶计算方案提供商）刘兴鹏说："公司创始人经常跟我们讲，我们要做智能车领域的Wintel（Windows-Intel联合体，芯片+操作系统）。我们的方向很清晰，资源配置，业务布局，均朝这个方向努力。"

5.5 如何获得新兴技术战略柔性

5.5.1 战略柔性的内涵

环境的不确定性是一个多维的概念，包含丰富而具体的内容，不同内容的不确定性对企业的影响也不同。战略柔性应对环境的不确定性，是通过内部结构相关因素的调整来实现的，不同内容和类型的不确定性，涉及的内部结构要素以及具体影响有所不同，如应对企业产品需求量的不确定性，要求能够低成本地进行产量结构调整，也就是具有产出柔性；应对供应链系统的不确定性，要求企业原料价格、数量、品种及供应商结构的可调整性，具有供应链柔性。与不确定性的各种类型相对应，战略柔性不是一种笼统的属性，而是因环境不确定性的类型不同而形成的一组内容不同的属性，每一种柔性有相应的内容和增强途径。因此，研究环境不确定性的内容，并与战略柔性的类型联系起来，成为关于不确定性和战略柔性研究的重要内容。

对企业柔性的系统研究开始于生产制造领域，以制造柔性为中心，逐步扩展到其他功能柔性，如组织柔性、财务柔性、营销柔性等。关于战略柔性的研究尚处于起步阶段，迄今没有明确的定义，学者们从不同的角度理解战略柔性，下面是部分学者通过分析环境变化与企业内部结构变化的关系对战略柔性的解释。

（1）战略柔性是企业适应环境变化的能力。

战略柔性首先与企业环境的变化与不确定性相联系，一些学者以企业外部环境的变化为着眼点来定义战略柔性：普瑞斯（D. H. R. Price）认为，研究战略柔性的动机在于越来越多的剧烈的环境变化；麦德海温（Madhavan）把战略柔性定义为在企业的战略基础上考虑并且实现变化的主动性和能力；瑞简（Ranjan）认为，战略柔性不仅是组织对外部环境的被动适应，还包含企业能够以行动改变组织环境的能力。这些学者从企业外部的环境特征来界定战略柔性，认为战略柔性是应对环境不确定性的能力，这种能力能增强企业在动态环境中的竞争优势。

战略柔性与企业环境的动态性和不确定性相联系，意味着并不是所有的企业都要依赖战略柔性获取竞争优势。战略柔性的实质是增加企业在环境变化时的选择权，使企业在转变策略时付出较小的成本，如可以生产多种产品的生产线、具有多种能力的人力资源可以增强柔性，因而战略柔性的增强需要占用企业的资源，可能降低企业的工作效率。相对静态环境中不确定因素较少的企业，竞争优势的来源可能依然来自规模、范围、成本等传统要素所带来的高效率；而不确定性较高的企业，则应注重战略柔性的增强，以应对可能出现的环境变化。也就是说，企业要依据环境不确定性的程度，实现战略柔性与企业效率的平衡。

（2）战略柔性是企业内部结构在一定范围内的可调整、可变革性。

企业为应对外部环境的变化或不确定事件的影响，往往需要适时调整内部结构，如果某些结构的调整成本太高，代价太大，企业就难以对变化做出相应的反应，这意味着这些结构是缺乏柔性的。从这个意义上讲，战略柔性是企业内部结构所具有的一种属性，是结构在一定范围内的可调整、可变革性。比如企业在市场需求发生变化时，需要调整产品的品种结构或产量结构，而品种结构和产量结构的调整依赖于设备、技术、人力、组织等结构的调整。如果企业能够较为轻松地实现结构调整，则具有较高的战略柔性，如果企业难以通过内部结构调整实现产品品种、产量的变化，则战略柔性较低。

结构的可调整、可变革性可以从三个方面加以反映：第一，范围。是系统经一定调整可适应的不确定变化的范围，是反映柔性程度的基本表征。如果两个系统调整所需要的成本和时间相同，而一个系统适应的不确定变化范围大于另一个，则表明这个系统的柔性程度更高。第二，成本。是系统从一种状态转移到另一种状态需要付出的费用，如果这些费用过高，则表明系统缺乏柔性，难以进行调整。以生产系统为例，系统快速、平稳、经济的变化比以很大的费用获得同样变化的系统更具柔性，一些可以用很小的成本实现大幅度调整的结构因素，具有更大的柔性。第三，时间。系统从一种状态转移到另一种状态需要时间，这种时间的长短决定着系统能否对不确定变化做出快速反应，这是柔性的另一个重要表征。特别是在动态环境下，时间是竞争优势的关键因素之一。

实际上，外部环境和内部结构是相互联系的，战略柔性分析内部结构的特征是为了适应企业外部环境的变化，而企业要应对外部环境的变化需要企业结构的变革，把二者割裂开来，只考虑外部环境或者内部结构都不能完整反映战略柔性的含义。综上所述，从企业环境特征分析，战略柔性是企业战略应对内外部环境不确定性的能力；从企业内部结构特征分析，战略柔性是企业内部的战略结构在一定范围内的可调整、可变革性。

5.5.2 新兴技术战略柔性的含义

使新兴技术的战略具有柔性，具有两方面最直接的含义：一是使战略模式的选择具有柔性；二是在战略的实施过程中，战略具有可调整性。

一成不变的战略选择和传统的基于平台的规划方法，除了对极个别企业还有一定作用外，已经不能适应绝大多数企业的战略规划了，对新兴技术企业的战略规划更是无用武之地。保持新兴技术战略的灵活性或柔性，是制定新兴技术发展战略的主导思路，它对于有效应对新兴技术高度的不确定性具有重要作用。

在新兴技术的战略制定中，正确的思路是根据新兴技术的技术特点、市场特征、竞争对手的强弱和采取的策略、自身的实力和核心能力等因素，在不同的环境和不同的阶段灵活采用战略，通过分阶段的战略制定，以充分保证战略的柔性。

那么，在实际为新兴技术制定战略的过程中，如何根据新兴技术的特点最大限度保持战略柔性呢？具体思路和方法如下。

5.5.3 新兴技术战略制定中如何获得或保持柔性

1. 利用新兴技术投资决策分阶段特点获取柔性

（1）新兴技术可以分阶段决策的特点，为企业战略柔性创造了得天独厚的条件。

在为新兴技术制定战略时，要充分运用新兴技术的投资决策具有分阶段的特点，这一特点为战略制定中保持柔性创造了得天独厚的条件。分阶段的战略制定过程本身就使战略更加具有柔性，战略一旦分阶段制定，那么本阶段的战略只针对本阶段企业的内外部条件和环境，不仅不确定性较小，而且会更符合本阶段的现实情况，出错的可能性会大大降低。在执行过程中，还可以根据好坏得失和环境的变化，在下一阶段的战略制定中进行修正和调整。分阶段本身表明战略的制定是一个过程，而不是一件一劳永逸的事情，这是保持新兴技术战略具有柔性的一个有利条件，一定要充分利用。大多数信息技术的投资决策一般可以分为研发、中试、小批量生产和大批量生产等几个阶段，生物技术也可以至少分成上述几个阶段，应用于人体的生物技术的阶段划分会更多（如还包括动物实验和人体实验等）。

（2）"今天"只为"明天"制定战略。

抽象地讲，在面对新兴技术时，"今天"只为"明天"制定战略，而无须过多考虑"后天"该怎么办；"后天"的战略是"明天"的事情。对于"后天"，"明天"所能得到的信息一定比"今天"更充分，环境的变化也一定会更小，因此"明天"为"后天"制定的战略一定比"今天"为"后天"制订的战略更具有针对性和适用性。在为新兴技术的研发制定战略时，完全无须为其中试或商业化也制定出应采取的战略，因为研发是否成功，研发成功后环境会如何变化，竞争对手会采取什么战略等，都是高度不确定性的，所以，即便在新兴技术的研发之初就为后续环节制定出相应的战略，也很难完全符合未来的现实情况，甚至完全是徒劳的。

在快速变化的产业中，观时而行的策略可以帮助决策者们主动应对变化；即使在变化相对小的产业中，观时而行的方法也可以抵消由于决策者们观望、行动缓慢和缺乏冲动等习惯惰性而带来的不良后果。

（3）正确区分中长期规划与当前战略的不同定位。

有人可能会讲，"今天"只为"明天"制定战略，那么战略的长期指导作用不是荡然无存了吗？这正是下面要回答的问题。

我们一再强调，一成不变的战略选择已经不能适应新兴技术的发展。这好像给人一种感觉，企业中长期战略规划的重要地位被削弱了。其实，一成不变的战略选择与中长期战略规划是两个完全不同的概念。在新兴技术企业里，中长期的战略规划同样重要，关键是要正确区分中长期战略规划与当前的企业战略选择的不同定位问题。

企业中长期的战略规划与目前的战略实施方案的功能定位是不相同的。前者是企业发展新兴技术的宏观愿景和较长时期的目标和纲领；而后者则是企业当前发展新兴技术的具体指导。企业当前的战略选择，是对中长期战略规划的细化和具体实施，是为了更好地执行和完成中长期战略规划。例如，大力发展现代生物技术产业，在五年内使现代生物技术产业的产值达到1亿元以上，可能是企业中长期规划的内容；而在现代生物技术的研发过程中，是自主研发，还是合作研发，是采取领先战略，还是采取跟随战略，则是企业根据各个不同时期的客观条件的具体战略选择了；在商业化阶段，是采取市场最大化战略，还是采取成本最小化战略，也同样需要企业根据当时的具体情况做出相应的选择。

（4）不同阶段采取不同的战略。

前一个阶段所采取的战略，并不是后一个阶段也必须采取的战略。在新兴技术从研发到商业化过程中一系列的决策点上，企业完全可以根据环境的变化和企业的优势能力而采取不同的战略模式。

在新兴技术从研发到商业化的过程中，不同的发展阶段面临各异的内外部环境，采用不同的战略显然比采取同一战略的效果更好。由于新兴技术从研发到商业化过程中，各个阶段都存在着高度不确定性和风险，"陷阱"密布，所以每一个阶段对企业的要求也是各不相同的。企业技术能力和技术创新能力突出，并不代表企业的商业化能力和市场拓展能力也一定优秀；反过来也一样，一些企业的资金实力雄厚，市场开拓经验丰富，但同样并不能代表该企业的研发能力一定很高。从新兴技术创意、研发到大规模商业化，不同的阶段考验的是企业不同的能力。由于新兴技术的投资结构呈"倒金字塔"形，即在一个项目上的商业化投资，会数十倍甚至上百倍于其在研发上的投资，因此在研发中采取领先战略是大多数企业的优先选择。但如果技术研发的难度较大，企业的研发实力又不是出类拔萃，采用跟随战略也是一种很好的选择，当领先企业在研发上取得实质性进展后快速跟进，可以降低技术研发不确定的风险，领先企业研发成功了，或者取得了阶段性成功，表明总有一条技术路线是可行的，这一早期信号可给跟进企业树立信心，要么继续按照自己设定的技术路线继续研发，要么寻找领先企业的技术路线完成研发。

在商业化阶段也一样，如果竞争对手足够强大，可以在新兴技术的研发阶段采取领先战略以保持期权，而在商业化阶段采取跟随战略，以进一步降低新兴技术商业化阶段的不确定性和风险。

在新兴技术发展的同一阶段内，如研发阶段、中试阶段，还可以细分不同的时间而采取不同的战略。如在新兴技术的研发阶段早期，可采取领先战略，但在研发过程中一旦发现企业自身的能力有限，研发难度太大时，也可以调整战略，转而采取跟随战略。例如，摩托罗拉公司在RISC芯片开发方面就故意延缓了其开发行动，待仙童公司、MIPS公司、AMD公司等率先开发的RISC芯片产品推向市场、用户需求不断增长、市场风险和技术风险大幅下降后，才推出自己的RISC芯片。

2. 通过创建和执行实物期权保持新兴技术战略柔性

（1）分析和辨识新兴技术管理中的期权。

在这里有必要从认识上将期权的概念进一步广义化。新兴技术的研发成功，为下一步是否进行中试建立了期权，中试的成功又为是否进行小批量生产或大规模商业化建立了期权，这些都是我们已经熟悉的情况。其实，这只是期权中的冰山一角。在前面章节我们已经介绍，期权就是指在当前做出很小的投入或付出，取得在未来可以行使也可以不行使的某种较大的权利。只要深入理解了期权的含义，我们可以发现，在新兴技术的管理过程中，期权还有许多许多。例如，新技术、新产品的构思、创意，收集相关文献资料，进行拟发展技术的市场调研和分析潜在市场需求，分析竞争对手的情况和可能采取的策略，了解某项新兴技术的发展趋势等等，都是在创建期权，而且创建这类期权所需的花费不多，可尽量多地建立这方面的期权。只要比竞争对手先想到，哪怕只是一小步，在激烈的市场竞争中，也是十分关键的，甚至是决定性的。所有一切可以为企业以后的行动占得先机、赢得时间的活动，都可以看成是创立期权。再如，加强合作、构建联盟、参股感兴趣的公司、提前为新兴技术的供应链和营销网络做准备等，也是在创立期权。

需要特别指出，期权是需要辨识的，期权虽然广泛存在但却不会主动打上期权的标记，就像石油、天然气埋藏于地下而不会自动显露一样。石油、天然气需要勘探，期权也需要辨识。否则，即便你周围有许多创立期权的机会，你也会视而不见。在不同的企业和不同的技术领域，可能会存在不同的期权，这就需要企业的决策者根据企业的实际情况，不断分析和辨识那些与其他企业不相同的期权，并加以充分利用。

许多期权不加以认真辨识，是看不见的，一些创立期权的机会是稍纵即逝的。例如，在某位专家的讲座上偶尔听到一项新技术的名字，如果只停留在听听而已，则不能形成期权；但如果听了之后做一些深入的了解，掌握其来龙去脉，摸清其主要用途和优势特点，这就建立了一个小小的期权，虽然这种期权只是初步的，今后也没有任何义务一定要在这项技术上做些什么，但有这个期权总比没有好，虽然为此付出一定时间或资金，但以后企业在搜索新技术时，这就是候选技术中的一种，如果不做上述投入，在搜索技术时一般很少会搜索到这项技术，因为企业决策者根本就不了解这项技术。企业要特别重视那些看不见的期权，把隐性期权显性化作为企业日常工作的一部分。

（2）创立尽量多的期权。

创立期权为什么会使新兴技术的战略更加具有柔性呢？答案很简单，因为期权是权利而非义务，权利是柔性的，义务是刚性的，因此创立期权只会增加柔性而不会增加刚性。创立的期权越多，以后的选择也就越丰富，战略选择和调整的余地就越大。选择和调整的空间大，就增加了新兴技术战略选择上的柔性。比如，企业建立了某项新兴技术研发上的期权，那么在该新兴技术的中试和商业化阶段，企业既可以采取领先战略，也可以采取跟随战略，但具体采取领先战略还是跟随战略，主动权完全掌握在企业手上。如果没有建立研发上的期权，当竞争对手推出该项新兴技术时，企业可能只能采取跟随战略，领先战略显然已经与企业无缘了。创立更多的期权，就为新兴技术企业选择不同的新兴技术、采取不同的战略打下了良好的基础。创立期权好比打牌，创立的期权多了，就好比手上掌握了一手好牌，通过一手好牌的排列组合，获胜的机会就会更大。创立的期权多了，战略的选择和组合也就越多，战略选择的柔性也就增强了。在战略制定或实施过程中，如果还缺少哪张关键的"牌"，还可以通过有针对性地建立相应的期权来加以弥补。

（3）注意新兴技术中的期权是一种复合期权。

为新兴技术创立的期权，原则上是一种"复合"期权，即从一般意义上讲，上一个期权的执行，同时又是下一个期权的创立（最后一个期权除外）。从第一个期权到最后一个期权，是一环扣一环的，这是由新兴技术的决策可以分阶段进行的特点决定的。在实际操作中，决定执行上一个期权，就要想到又创立了什么期权，后面还有没有期权，有什么样的期权。复合期权表明了我们在执行上一个期权时可以采取一种战略，而在执行下一个期权时既可以采取同一种战略，也可以采取另一种战略。

（4）期权不要一次性全部行权。

既然为新兴技术创立的期权是一种复合期权，那么就要充分利用这一特点，尽可能逐步行权，而不要将所有的期权一次性地行权。例如，一项新技术研发成功后，如果一次性地做出中试和商业化的决策并为此制定相应的战略，就会把中间的阶段忽视和合并了，只会增加战略的刚性，对于减小未来的不确定性和适应未来环境的变化毫无帮助。

尽可能多地创立期权，并不意味着要将所有的期权都行权，如果将所有的期权都行权，对增加战略的柔性是没有任何帮助的。创立尽量多的期权的目的，正是要有选择地执行期权，只有通过有选择地执行期权，才会对增加战略柔性有所帮助。

3. 投资多个新技术研发项目，保持技术路线灵活性

新技术的研发具有很高的风险性，任何企业都不能保证研发一个项目就成功一个项目。例如，制药行业的产品开发总是一种非常不确定的努力。据估算，实验室里发现的新化合物中只有万分之一最终能成为商业化的药品①。如果企业只研发一个项目并且把全部的希望都寄托在这个项目的成功上，那么企业的战略选择就不具有柔性了。因为一旦这个项目研发没有取得成功，或者没有在预定的时间取得预期的效果，那么为该项目制定的后续战略不论具有多大的柔性，也是完全没有现实价值的。

所以，尽量在多个新技术的研发项目上投资，同时根据各个项目的进展和环境的变化配置不同的后续战略，并在实施过程中不断有针对性地调整战略，是保持新兴技术战略具有柔性的一个重要思路。

这里所指的在多个新技术、新产品的研发项目上投资，除了在企业关注领域的技术研发投资外，还应包括一定比例的基础理论探索和前瞻性研究。即既要为"明天"进行研发，还要为"后天"进行研发；既要为直接进行生产的新技术、新产品进行研发，还要为后续的技术储备进行研发。目前我国大多数企业的研发投入长期不足，对前瞻性研究的重视程度严重不够，直接涉足理论研究的企业更是凤毛麟角，这是我国大企业与发达国家大企业的一个明显差距。研究与生产脱节，技术转化为生产力困难，也是我国企业面临的问题，这一不足很难在短时期内得以解决，因此我国的高技术企业，尤其是大企业一定要从新技术的源头开始工作，而不能等着高等院校、科研院所将技术成果生产出来之后，再考虑如何转化为现实生产力的问题。如果我国的大企业不从技术的源头开展工作，不进行基础性、前瞻性研究，我国将难以出现世界级的大型高技术企业。

在多个新技术的研发上投资，是创立期权的一个最直接、最重要的方面，也是新兴技术保持在新兴技术战略柔性的一个最直接、最重要的措施，每一个从事新兴技术的企业必须给予高度重视。

4. 通过技术路线多样性获取战略灵活性

一些技术的实现路径可能是唯一的，但也存在大量技术，它们的实现路径可能有多种，例如许多电子仪器仪表。尽量通过不同的技术路径来实现相同或类似的技术特性，对于处于激烈竞争中的新兴技术企业会有诸多好处。

一是通过不同技术路径实现的技术，会有不同的优缺点，当环境发生变化后，一种技术路径实现的技术特性可能不再适用或者缺乏足够的竞争力；而采取另一条技术路径实现的技术特性则可能在此时大放异彩，这就为应对环境的变化提供了多种准备，显然增加了新兴技术企业应对不确定性的能力。

二是当配套技术发生变化时，例如某种配套技术的价格大幅度下降时，企业可以及时调整战略，主推可以受益的技术路径，这对于降低成本、增强竞争力会有所帮助。

三是当某种配套技术因过时而被淘汰时，因为有多种技术实现路径可供选择，企业将不至于措手不及。

四是当某种技术路径所依赖的技术取得进步时，可能会增强在这条技术路径上实现的产品的竞争能力，此时企业可调整战略，主推这种技术路径的产品。

---

① [美]伊恩斯蒂，等.高技术产业管理[M].北京：中国人民大学出版社，2002.

五是针对不同的竞争对手，可以采取不同的策略。

5. 通过现有资源拼凑实现战略柔性

在发展新兴技术时，要充分审视企业资源和能力的存量，在发展新技术、拓展新市场时，要充分考虑跨度问题，要尽量坚持逐步进入而非一步进入的原则，尽量选择跨度小的领域，以便能充分借用原有的资源和能力存量。一家从事信息技术的企业，与其选择现代生物技术的基因工程、转基因工程领域，不如选择进入生物技术领域中的信息检测仪器仪表生产，否则企业原有的资源和能力都无法利用。

保持新兴技术战略柔性还包括尽量增加零部件、元器件的共用性（一种零部件、元器件供多种产品使用），尽量增加机器设备的互用性，尽量使用通用生产线，尽量使用共同的销售网络，尽量充分利用现有的市场等。

在一般企业中保持战略柔性的原理和方法，在新兴技术企业也是同样适用的，如保持生产能力柔性、供应链柔性、组织柔性等。

5.6 情景规划在新兴技术战略制定中的应用

从战略制定的角度来看，对未来信息的拥有直接决定了战略质量的高低，情景规划可以为新兴技术的战略制定提供丰富的未来信息，从而将新兴技术的战略制定置于有的放矢的基础之上。下面将结合微硬盘技术，站在微硬盘生产厂商的角度，来讨论情景规划在新兴技术战略制定中的应用问题。

5.6.1 规划情景

1. 确定技术的应用市场

为新兴技术制定战略首先要考虑的问题是，对于这项从没有人见过的技术，它的应用市场在哪里，这点在新兴技术发展的早期显得尤为重要。那些通过技术推动、从实验室诞生的新技术，比如激光，透明晶体管等，需要为其确定应用市场是很容易理解的；即便是市场需求拉动的新技术，一样需要重新审视其市场，当初的创意与现实的情况未必十分吻合，比如移动通信在发明之初，主要是为那些在野外作业的人开发的，而如今这部分人只占移动通信用户的很小一部分。因此，为新兴技术制定战略首先需要大范围搜索技术的应用市场，没有这个搜索过程，战略制定就无从下手；或者在制定战略时，容易陷入局部最优，甚至错过发展新兴技术的最佳机会，那样战略制定也就没有太大意义了。

在情景规划的过程中，采用多背景的规划团队，运用头脑风暴等激发思维的方法，大范围搜索技术的潜在应用市场，再将市场细分，分析每个细分市场中现有技术无法满足的市场需求缺口。然后对比现有技术分析新兴技术本身不可替代的技术特征（技术的独特性），两者相结合的部分就成为发展新兴技术可选择的应用市场。

以微硬盘技术为例，如果不对技术的应用市场进行搜索，会直观地认为微硬盘技术的应用领域应该是传统硬盘的应用领域，即计算机市场。然而通过情景规划，会发现微硬盘的应用领域至少包括台式机市场、工控计算机市场、普通笔记本电脑市场、袖珍笔记本电脑市场、普通移动数字产品市场以及大容量移动数字产品市场等等。但这只是宏观上的分析，通过进一步搜索会发现，微硬盘的独特性主要体现在存储量大、价格低（与闪存相比）、体积小、重量轻、省电（与普通硬盘相比）。而从技术发展趋势看，未来大部分移动数字产品以及笔记本电脑需要体积小、容量大、价格低的存储设备，现有的普通硬盘与闪存难以满足这些需求；部分笔记本电脑由于用途特殊（例如在特种生产线上用于检测），要求体积超小（可以装在口袋里面），因而需要微型硬盘存储器，当前的主流2.5英寸硬盘显然难以满足这样的要求，这些可能才是市场需求的真正缺口，是微硬盘启动市场的切入点。通过上述简单分析，可以将微硬盘的潜在应用市场以及市场中需要的技术确定为以下四点。

（1）普通笔记本电脑市场，需要1.8英寸与1.0英寸微硬盘；

（2）袖珍笔记本电脑市场，需要1.0英寸与0.85英寸微硬盘；

（3）普通移动数字产品市场，需要0.85英寸微硬盘；

（4）大容量移动数字产品市场，需要1.0英寸与0.85英寸微硬盘。

2. 规划技术的未来情景

确定新兴技术的应用市场后，就可以广泛收集影响技术发展的因素，规划技术未来的成长情景。经过规划，我们得到微硬盘技术的四种典型未来情景分别是：S1"存储概念的革命"，S2"曲折前进"，S3"夹缝中求生存"和S4"悲观的未来"。[①]

5.6.2　依据情景制定适应性战略

规划新兴技术的未来情景之后，就需要依据情景对环境的描述，结合公司自身的能力与资源，按照新兴技术战略的特点为其制定适应性战略。

1. 为典型情景制定战略

首先，从所有情景中选择有代表性的典型情景（典型情景综合在一起，可以基本代表规划到的主要情景），为它们制定相应的战略。然后，根据企业的实际情况选择一些重点情景为其制定战略，这是因为各情景的发生不是等概率的，例如，可以选择最佳情景作为重点情景制定战略；也可以选择为最可能发生的情景制定战略，但这很大程度上是一种主观的估计；还可以重点为悲观情景制定战略，当悲观情景发生时，将损失降到最低。至于为不同的情景制定战略时，采取什么样的战略，则主要依赖于公司的目标与战略取向。

当然，如果不确定性较低（情景数量较少），则可以考虑为每个情景都制定相应的战略。

微硬盘技术的全部未来情景可以用前文收录的4种典型情景来代表，可以针对这4种情景分别制定不同的战略。现举两例说明。

（1）如果公司想成为市场的领导者，因而准备采取扩张战略：对于乐观情景S1（存储概念的革命），可以同时对三种微硬盘加大研发力度，加速技术的中试与小批量试生产，在商业化阶段采取市场最大化战略加速对市场的开拓与渗透，资源强大的公司甚至可以采用纵向一体化扩张、横向兼并等更激进的战略手段；而对于悲观情景S4（悲观的未来），可以研发三种微硬盘技术，但是只对0.85英寸微硬盘立即进行中试与商业化，其他两种微硬盘用来保持期权。在0.85英寸微硬盘的商业化阶段，可以采用市场集中化战略，集中资源猛攻超薄笔记本电脑市场。

（2）如果公司想规避风险，则可以采取观时而行的战略：对于S1，可以同时对三种

---

① 详细的规划过程参见4.5.2。

微硬盘加大研发力度，但却不对其进行中试与商业化，而是保留期权，让市场领导者去承担推广技术、教育消费者、确立标准等方面的风险，一旦时机成熟，就立即执行期权将技术推向市场。在商业化过程中则可以根据市场领导者的战略行动，采取差异化战略，还可以采取与其他公司结成战略联盟等更稳妥的战略手段。对于 S4，则可以中止对 1.8 英寸、1.0 英寸微硬盘的研发，而只投入资源研发 0.85 英寸微硬盘。研发成功以后，并不急于中试和商业化，而是根据市场的变化再做决定。

2. 学习情景制定可转换战略

为典型情景制定战略后，接下来还需要研究各情景之间战略的可转换性。原因有两点，一是未来到底是哪种情景出现是当前不能确定的；二是由于环境的变化，技术的发展有可能在各情景之间切换（如，假设最初微硬盘技术沿 S3 发展，后来随着环境的变化切换到 S1）。制定可以在各情景之间灵活转换的战略，可以降低战略的转换成本，更重要的是，当不同的情景出现后，可以保证战略实施的连续性，不至于因为不同的情景出现而退回原点，将原有的战略推倒重来，丧失发展新兴技术的先机。

制定可转换战略的基本思路是为多个情景制定通用战略，无法适用通用战略的部分再分别制定不同的战略。这种思路类似于机械工业中的柔性加工中心，它可以加工多种不同的工件，但是加工中心的夹具却是通用性很强的，只是在夹具上装夹了多种不同的刀具以适应多种不同的工件，当然为新兴技术设计的这种可转换战略远比柔性加工中心更复杂，它可以按照如下步骤进行。

第一步，为所有情景中共同的部分制定通用战略。从情景规划的过程可知，虽然情景各不相同，但确定的因素（恒定的与可预测的）是情景的组成部分，它们会以相同的形象出现在所有情景中，为确定因素设计的战略不论哪种情景发生都是通用的。

第二步，为多种情景中相同的部分制定通用战略。不确定因素决定了不同的情景，但关于不确定因素变化的某种假设，有时却会在多种情景内（不是全部情景内）出现，为它们设计的战略在多种情景下也是通用的。例如，在微硬盘的案例中，微硬盘技术取得突破这一假设就同时出现在 S1 与 S2 中，成为两个情景相同的部分。

第三步，尝试为多个情景中不同的部分采用相同的战略手段。对于各情景中存在的不相同的部分，也可以尝试寻找用一种战略手段来应对它们，这也提高了战略的通用性。

以微硬盘技术为例：微硬盘的容量会呈几何级数增长，消费者喜欢轻便、廉价的大容量存储设备等，都是确定的因素，因此加大对微硬盘技术的研发投入、宣传微硬盘技术、引导消费者等战略手段，就是适合所有情景的通用战略模式；再看不同情景内相同的部分，S1 与 S2 是不同的，但是 1.8 英寸微硬盘与 1.0 英寸微硬盘在笔记本电脑市场的成长前景却是相同的，为这两种微硬盘在笔记本电脑市场内制定的战略就是在 S1、S2 两种情景中通用的。对 S3 与 S4 也是如此，0.85 英寸微硬盘在超薄笔记本电脑市场内都有很好的前景，因此针对 0.85 英寸微硬盘在超薄笔记本电脑市场内制定的战略对 S3、S4 也是通用的；再看各情景中不同的部分，1.0 英寸微硬盘与 0.85 英寸微硬盘在数码产品市场内的成长前景各不相同，但是如果微硬盘厂商采用与数码产品生产商结成战略联盟这种战略，则可以保证在各情景下的选择权，等到可以清晰判断环境走势的时候，再针对确定的情景采取针对性的集中化战略；当然，对于手机、数码相机、MP4、电脑四机合一这种全新的数码产品来说，它只会出现在 S1 内，需要单独为其制定合适的战略。

制定可转换战略与为各典型情景有针对性地制定战略并不冲突，它实际上是在为各典型情景制定的战略的基础上，进行的筛选与组合的过程。

3. 依据情景分阶段制定战略

首先，情景规划本身是一个随着信息的充分而持续渐进的过程，由于信息的限制，情景对"明天"的环境描述得准确具体，对"后天"的环境，情景则描述得相对粗糙，对"后天"的详细规划，要"明天"来完成。因此，依据情景规划的过程，分阶段制订战略将使新兴技术的战略更具有针对性和适用性。例如，在为微硬盘技术制定研发战略时，无须为中试或商业化也制定详细的战略，中试所需的详细战略，到研发成功以后再细化，商业化所需的详细战略，中试成功以后再细化。其次，每一阶段制定的战略，只针对本阶段的情景，不仅不确定性较小，而且会更符合本阶段的现实情况。最后，前一个阶段所采取的战略，并不是后一阶段也必须采取的战略；在新兴技术从研发到商业化过程中一系列的决策点上，企业在不同阶段完全可以根据情景规划的结果和企业的优势能力而采取不同的战略模式。比如，假设微硬盘技术未来向 S3（夹缝中求生存）发展，为了保证竞争中的优势地位，可以在研发阶段采取领先战略，超前大规模对微硬盘技术研发，而到了商业化阶段，由于微硬盘技术的前景不甚明朗，则可以根据早期信号的识别，采取跟随战略。

5.6.3 通过对早期信号的识别实施战略

依据情景为新兴技术制定了适应性战略后，已经在一定程度上可以主动应对新兴技术的不确定性。但是，通过对早期信号的识别，使战略实施领先于环境的变化甚至主动制造变化，更可以利用新兴技术的高度不确定性，在新兴技术的竞争中占得先机。新兴技术战略的实施主要包括下面几个步骤。

第一步，识别情景的早期信号，预判环境将向哪些情景发展，哪个情景已经展开，针对这些主流情景选择相应的战略实施，使战略走在环境变化的前面。

微硬盘技术有三个比较明显的早期信号：一是诺基亚、东芝等企业开始生产分辨率高达 320 万像素摄像头的手机，这预示未来的数码产品对大容量存储器的需求迫在眉睫；二是日立公司成功地将微硬盘的读写速度提高到 7200 转/分钟，微硬盘存储量的突破指日可待；三是 MP3 行业的霸主 iPOD 正在主推以微硬盘为存储器的 MP3 平台，微硬盘在数码产品领域获得认可很可能成为一种趋势，数码产品的文件系统格式针对微硬盘进行修改并不是梦想。这些早期信号都显示，未来微硬盘技术很可能走向情景 S1 与 S2，企业就可以根据这些早期信号，提前实施针对 S1、S2 制定的战略，争取先动优势。

第二步，在实施战略时，首先实施适合所有情景的通用战略，然后通过早期信号的识别，逐步实施适合多个情景的通用战略，最后当可以明确判断环境向哪个情景发展时，再实施针对具体的情景制定的战略，使战略更加符合未来的发展变化。这包括两方面的含义：一方面，战略实施后，判断环境的变化，对技术的未来情景进行持续规划，据此对当前正在实行的战略进行修订与微调，同时对后续环节框架性的战略进行细化；另一方面，当判断环境将发生明显变化时（如微硬盘的发展可能会从 S2 跳到 S4），针对情景的变化对战略进行转换，以保证战略的实施始终走在环境变化之前。至于早期信号的识别与战略的选择实施，和前面的分析是一致的，就不再重复。

本章参考文献

［1］程源，傅家骥.企业技术战略的理论构架和内涵［J］.科研管理，2002，（5）：75-80.

［2］王丰.企业战略管理理论及其发展趋势［J］.企业活力，2002，（11）：46-49.

［3］聂子龙，李浩.复杂性环境与战略新思维［J］.工业技术经济，2003，（1）：67-70.

［4］MANOLIS C，NYGAARD A，STILLERUD B. Uncertainty and control：an international investigation［J］. International Business Review，1997，6（5）：501-518.

［5］［美］休·考特尼，等.不确定性管理［M］.北京新华信商业风险管理有限责任公司，译. 北京：中国人民大学出版社，2000.

［6］蒋李，蓝海林，谢卫红. 创新-动态-柔性——21世纪企业战略的新理念［J］.科技进步与对策，2001，（12）：84-86.

［7］侯玉莲. 不确定环境中的战略柔性［J］.河北大学学报（哲学社会科学版），2004，（1）：71-73.

［8］赵振元，银路.实物期权思维在新兴技术管理中的若干应用［J］.预测，2005，（2）：20-24.

［9］银路，赵振元，等. 股权期权激励——高新技术企业的激励理论与实务［M］.北京：科学出版社，2004.

［10］［美］伊恩斯蒂，等.高技术产业管理［M］.北京：中国人民大学出版社，2002.

［11］银路，王敏，萧延高，石忠国.新兴技术管理的若干新思维［J］.管理学报，2005，（3）：277-300.

［12］刘学，张倩.颠覆性创新下的博弈：站位与选择，《哈佛商业评论》中文版2023年7月刊。

第6章
新兴技术的市场拓展

在本章中，首先讨论新兴技术市场的主要特点，然后分别讨论新兴技术的市场调查和启动、新兴技术的扩散和采用、市场的团簇性与技术战略，最后介绍实物期权思维在新兴技术市场拓展中的应用。

6.1 新兴技术市场的主要特点

新兴技术市场是典型的新生市场（Nascent Market），具体指新兴产业出现、形成早期阶段的商业环境。具有以下典型特征：未被定义或快速移动的产业结构、不清晰或缺失的产品定义、缺乏引导行动的主导逻辑。新生市场缺乏结构化的场景，具有高度的模糊性。因此，管理和拓展新兴技术的市场，需要采用许多与一般产品市场拓展不同的思路和方法。

进一步直观来看，与成熟的产品和技术相比，新兴技术的市场具有三个最主要的特点：市场高度不确定性、改进型新兴技术的市场呈团簇形、需求拉动突破型新兴技术的市场呈爆发性。

6.1.1 市场高度不确定性

高度不确定性是新兴技术的本质属性特征，与之对应，新兴技术市场的高度不确定性包括以下内涵。

首先，技术推动型的研发最初往往定位于理论上的市场需求。

一项可能成为新兴技术的高、新技术，在研发之初可能只有理论上的市场需求，而这种理论上的需求能否成为现实的市场需求，是一个具有高度不确定性的问题，尤其是技术推动型的创新。2003年3月26日，俄勒冈州立大学的工程师研制出了世界上第一个透明晶体管，这种电子元件可能导致很多新产品的问世。该大学电气和计算机工程教授约翰·韦杰说："这是基础电子和材料科学具有重要意义的进展。毫无疑问，这将产生许多新的产品和产业，但现在我们还不清楚它们是什么。"他说，"这有点像20世纪60年代最初研制激光的情况。人们最初认为它们是很有趣的新东西，但不知道它能用来干什么。但后来，激光成为大量新产品和上百亿美元产业的基础。"可能最初研发这项新技术的人员谁也没有想到，它会在改善民航飞机的照明系统中找到第一种现实的市场需求。

其次，市场信息不充分导致市场的不确定性。

由于新兴技术早期的发展主要是由科学技术领域的研究推动的，因此其市场信息很不充分，要为一项从未投放市场的技术收集充分的信息，显然是不可能的。即便是与市场最为接近的需求拉动型新兴技术，也很难保证当初的市场定位就是今后大范围推广和应用的领域，因为这种市场定位仍然是一种理论定位，最终是否准确必须通过时间和实践的检验。一项技术的最初市场定位，可能会与它最终大范围应用的领域大相径庭，例如，晶体管的发明最初只想到了助听器等少数几种用途，移动通信最初是为野外工作人员和公共安全方面设计的一种通信工具。由此可见，在新兴技术研发和形成过程中，其市场信息是不充分的，这种市场信息不充分会增加其市场的不确定性。

再次，消费者需求的快速变化导致市场的不确定性。

创新产品的寿命周期越来越短，不仅说明科学技术的发展异常迅猛，也说明消费者的需求变化越来越快。事实上，消费者的需求有可能在产品的开发期间发生变化，可能出现了竞争性技术，也有可能是消费者的偏好变化了。因此需要在新技术的研发期间不断进行市场需求分析和调查，并据此不断调整和完善新技术的功能和特性。许多公司有过这样的体验，客户经常对一件开发出的产品说："这确实是我当初要求你们开发的，但并不是我目前需要的。"其实，有时候消费者究竟需要什么样的产品，消费者自己也说不清楚。尤其是新兴技术市场是创造性的市场，技术与需求的交互作用具有很大的偶然性和非线性，这进一步加剧了市场的不确定性。

最后，市场调查和产品定位的方法也具有不确定性。

对于一项从来没有出现过的新技术，如何进行市场分析和市场调查，如何准确进行产品定位？对现有市场调查和产品定位研究提出了严峻挑战：首先，做市场调查时，并不是很容易确定潜在的消费者；其次，对具有多个性能指标的创新产品，消费者很难做出准确的性能组合偏好选择，没有见到实物产品时更是如此；第三，消费者不是专家，因此有时候消费者不可能很明确地表达自己的需求偏好，也就是说，消费者的生活语言不容易转换成技术研发人员的专业语言。因此，即使对有能力进行市场调查的大公司而言，新兴技术市场调研仍然存在巨大挑战。

6.1.2　改进型新兴技术的市场呈团簇形

改善产品特征指标和功能的新兴技术，在大多数情况下其市场呈团簇形。即通过运用新兴技术可以满足一个新的、呈团簇形（在平面上表现为市场集中在一个角上）的客户群的需求。在团簇形市场中，排除技术障碍、完善技术和产品的特征组合是开发市场的重要途径。新兴技术的运用和技术障碍的排除，会使产品不仅能满足现有客户的需求，而且可以满足新的、潜在的客户需求，这种新的客户，就是新的团簇市场中的客户。而没有运用和掌握新技术的厂家，将无法进入这一团簇市场，也就无法满足这些新的客户的需求。原则上讲，每排除一个技术障碍或有针对性地改善技术、产品的特征组合，就可能开发出一批新的客户。

举例来说，在笔记本电脑市场形成早期，轻便性和坚固性两个性能维度很难同时考虑，因此，企业将用户分为三大类：公司主管人员、销售人员和技术服务人员。假设除了轻便性和坚固性这两个特征之外，其他特征都是相同或可以接受的。在轻便性与坚固性的需求和取舍上，公司主管要求非常轻便但不太坚固的电脑；销售人员要求中等轻便和坚固的电脑；技术服务人员则要求非常坚固的电脑，对轻便性要求不高。以笔记本电脑的坚固性为横坐标,轻便性为纵坐标,可以得到一张关于这三类人员对笔记本电脑轻便性和坚固性需求的示意图,见图6-1。

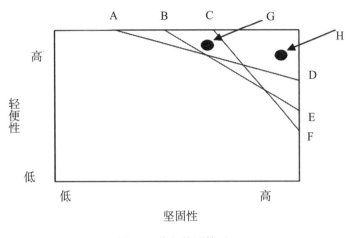

图6-1 市场的团簇形

在图6-1中,公司主管人员对笔记本电脑的市场需求在曲线AD之上的区域,销售人员的需求在曲线BE之上的区域;技术服务人员对电脑的市场需求在曲线CF之上的区域。这就是市场的团簇形现象。如果某公司排除技术障碍,开发出的一款笔记本电脑的坚固性与轻便性组合位于图6.1的G点,则可同时满足公司主管人员和市场销售人员的需求;如果能够继续排除技术障碍,不断进行技术创新,使笔记本电脑的坚固性与轻便性的组合位于图6-1的H点,则可以同时满足上述三类用户的需求。市场的分配是不均匀的,排除某个小小的技术障碍,都可能意味着市场规模和份额的巨大增长。在本章的后续环节将继续讨论这一问题。

6.1.3 需求拉动突破型新兴技术的市场呈爆发性

一些新技术是市场期待已久的,也就是市场十分渴望的新技术,例如,煤矿井下的通信问题,一直以来都是困扰煤矿企业的一个难题,它直接关系到井上与井下人员的通信。而一项被称为"漏泄电缆"的新技术,有效解决了煤矿井下的通信问题,被煤矿企业广泛使用。

新技术在研发成功后,在市场上的境遇是各不相同的,一部分沦为早熟技术,被市场所遗弃;更大一部分被市场认可,有市场需求甚至很大的市场需求。一些新兴技术是突破性的,是以前从未出现过的。如果一项需求拉动的全新技术开发成功,那么它将会面临爆发性的市场。当然,这种爆发性市场不一定会立即出现,从对多项突破型新兴技术的研发成功到爆发性出现的统计调查情况来看,绝大多数新兴技术都存在一个技术的进化过程和市场的确认过程,随着技术进步速度的加快,这个过程有迅速缩短的趋势。例如,互联网的雏形在20世纪60年代就已出现,1969年DoD投资了最初的ARPANet网,连接了四所大学;但直到20世纪90年代早期,互联网才开始大规模进入个人用户市场。许多新兴技术与互联网一样,一旦被市场认可,将爆发出巨大的市场需求,其中有相当大一部分最终会形成一个行业或产业。再如，计算机领域中闪存技术、移动硬盘的发明，数字摄像机的发明等，都迎来了爆发性市场，而且它们被市场认可的时间要比互联网短许多。

6.2 新兴技术的市场调查和启动

6.2.1 新兴技术市场需求的多样性

由于新兴技术具有通用性特征，所以新兴技术的市场可以被视为新技术所有潜在应用领域的集合，每一个应用领域代表一个利基（niche）市场。就像生物学中的基因多效性一样，一项新技术（类比于基因）应用于不同的领域，是以不同的产品形式（类比于基因所实现的生物体功能）为载体的。新兴技术市场需求的多样性包含两个层面的含义：一是指新兴技术的潜在应用领域有多个，即有多个利基市场；二是指在同一个利基市场内，消费者对新兴技术产品特性的要求也是不一样的。

此处选择技术的性能和功能作为区分新兴技术不同利基市场的两个主要指标。技术性能是描述新技术所具有的科学性质方面的指标，是与技术的科学基础密切相关的；而技术功能是用来描述新技术如何被使用者使用并发挥作用的指标，是由技术被使用的方式和使用者的特征及使用环境所共同决定的。例如，LED的发光效率是技术的性能指标，它由其科学原理（如发光材料、光衰原理）决定；而LED的功能则是由其使用方式和应用环境决定的，如LED显示和背光。一般而言，新兴技术的性能是实现特定功能的必要非充分条件。如LED发光效率提高到一定的程度是其进入主流照明领域的必要条件，但性能达到此程度并不意味着一定能进入主流照明领域。其实当前的LED照明正处在这样一种状态。基于以上分析，可将新兴技术的每一个利基市场用不同的性能和功能要求来描述。这种观点将技术本身的开发活动（主要目的是提高新兴技术的性能）和应用领域的开发活动（主要目的是开发新兴技术不同的使用方式）区分开，这种市场导向的观点将技术演化的渐进主义和间断均衡主义进行了融合：即使技术性能的改进是沿着技术轨道渐进变化的，但其应用领域是间断的。从这个角度看，新兴技术的间断可以被看作随着性能的改进，新技术被应用到新的或是更容易被消费者采纳的应用领域。

而对同一利基市场中的消费者进行区分的指标则与上面不同。因为在上述利基市场划分的前提下，同一利基市场是由新兴技术的特定功能所确定的一个市场空间。因为在实现同样功能的情况下，新兴技术产品可以提供不同性能的产品，因此在同一个应用领域，需求的多样性主要由技术性能指标的差异来刻画。而评价技术性能的指标往往是多维的，此处将技术性能指标划分为两类：一类是能够提高新兴技术为消费者创造价值的指标，即下文所指的技术物质性能指标，另一类是削减新兴技术为消费者所创造价值的指标（如获取新兴技术产品的成本），称之为技术经济性能指标。

新兴技术市场可用图6-2中的三维空间来表示。X轴代表技术物质性能（连续变量），Y轴代表新兴技术产品的获取成本（连续变量），Z轴代表新兴技术的功能的变化（离散变量）。因此新兴技术市场的多样性不仅包括沿Z轴的XY平面的变化（简称为市场多面性），也包括在同一个XY平面内的消费者的不同性能需求组合（简称为市场的团簇性）。

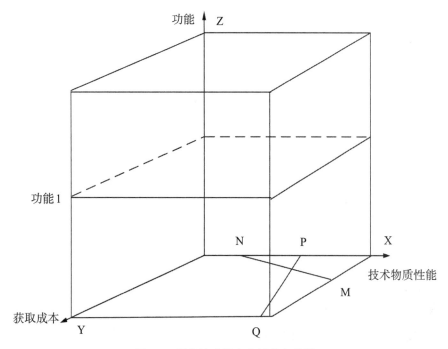

图6-2　新兴技术潜在市场的多样性

不论一项新兴技术如何具有创新性，它都不能直接为消费者带来价值，而是要将技术具化为产品或是服务形态，其价值在于能为不同应用领域的消费者提供不同的属性组合（通常用技术性能和功能描述）。针对特定的应用领域，技术的功能实现方式基本确定[①]，新兴技术产品可以被看作一组与技术性能相关的属性组合，因此其性能评价指标往往是多维的。营销领域的研究表明：消费者趋向于成群地集合在对不同属性的偏好周围，对各项性能指标的评价有不同标准。例如，在评价商用手提电脑的购买力时，客户们在电脑的坚固性、处理器的速度、重量、键盘大小、电池寿命和价格等属性中制定了自己的偏好标准。传统的市场调查和产品定位方法，例如STP理论，主要关注的是市场的团簇性特征，而忽略了应用领域的多样性是新兴技术市场不确定性最主要的来源。

6.2.2　新兴技术市场调查方法

以下将从新兴技术市场多样性的双重含义出发，介绍几种有用的新兴技术市场调查方法。

1. 寻找潜在领先用户（leader users）

领先用户是在一项创新的生命周期初期采用该创新的顾客，该概念是由MIT教授冯·希佩尔（Eric von Hippel）1988年在《创新之源》一书中提出的。领先用户的需求与市场上大多数顾客相同，但敢在创新尚具有很大技术和市场不确定性的情况下，早于大多数顾

---

① 在进入一个应用领域之初，技术功能的实现方式也要经过一个混乱的竞争，最后由新兴技术产品的主导设计界定。因为此处主要是对特定利基市场消费者多样性对技术性能改进的影响进行分析，故将技术功能的确定作为分析的前提。

客数年或数月采用创新，一般能从中获得巨大利益，能产生重要的示范效应，推动创新的扩散和普及。领先用户们在工作和生活中往往使用最先进的技术和方法，但是对于这些技术和方法的表现并不满意，因而常常自己动手改进这些技术和方法。这些改进往往具有很大的创造性。如果新兴技术企业能够获知这些创造性的改进方法，并结合自己在生产和加工方面的优势，那么就有可能推出创造性的新产品和新的解决方案

领先用户大体有三类。

第一类是立刻对新技术产品感兴趣的使用者。在产品特定的应用中，那些实际上已经使用了在开发中的样品的使用者，就是领先用户。新产品的最终定型和市场定位，都与这类使用者的反馈意见密切相关。例如，一项创新的汽车刹车系统的设计，汽车制造商可以向赛车生产商咨询和推荐，因为赛车生产商一定会最先试用最新的刹车系统。这些最先的用户往往在试用时会提出自己的需求和建议，这不仅对完善新产品的功能特性和市场定位十分重要，而且可以最大限度地满足这些用户的实际需要，从而使他们成为新产品投放市场后的主要用户。

第二类用户是在有类似应用的相近市场的使用者。一家研究和开发人类抗菌产品的企业，其新技术也许可以在兽医科学领域找到领先用户。

第三类用户是关注产品某些重要特征的用户。例如，电冰箱的生产厂商会关注大型计算机生产企业，因为大型计算机的制冷系统对计算机的正常运行十分重要；军队的枪械库管理者会很关心最新的密码锁和安全报警装置；一种新型的发热材料，会受到空调生产厂家的关注，因为它可能改变空调的热效率。

领先用户可能是很难捉摸的，当新兴技术有许多应用时，这种情况更容易出现。例如，有机发光二极管具有轻、亮、细和易弯曲等特点，为了发现主要用户，最好是从使用者的基本要求开始，逐步进行比较和筛选，先找出对这种发光二极管的最主要特征有迫切需求的使用者，而不是找出能全部发挥这种发光二极管优点的用户。通过调查和分析发现，喷气式客机的生产商正在寻找减少目前天花板上灯光设备的重量的新型发光源，这种新型发光二极管正好可以满足他们的要求。

那些对现有产品不十分满意，并正在积极寻找替代品的企业或消费者，是发现和挖掘领先用户的重点。

2. 了解潜在需求

对大多数具有突破式新颖性的新兴技术来说，其早期功能定位与它的最终市场应用往往大相径庭。例如，最早的蒸汽发动机用来从矿井里抽水；无线电的首次商业用途是海船与海船之间、海船与海岸之间互发密码信息；首台电子数字计算机被设计用于计算美国军队枪支的发射台。为一项尚未研发出来的新产品或新技术进行市场调查，的确具有一定的挑战性。下面提供了为这种技术推动型新兴技术寻找潜在需求的途径。

（1）调查的对象

①潜在领先用户。上述的潜在领先用户是进行市场调查的主要对象，他们将成为新技术、新产品的主要用户，因此他们的需求要给予高度重视并尽量满足。

②同类产品或某项同类功能的用户。分析新技术、新产品的主要性能指标覆盖或替代了哪些原有产品，找到了这些产品，也就找到了可以调查的对象。比如，漏泄电缆的一项

用途是传输信号并发射信号，可以替代手机的直放站做小范围的信号覆盖（包括大楼、地下停车场、隧道等），那么漏泄电缆的这项功能是否真的会有市场呢？企业可以找移动通信运营商、交通运输部门、煤矿、大楼管理者进行市场调查。通过这种调查，得到的市场信息最直接，也最适用，但对于一些特殊的新技术，有时这类用户很难找到。

③公司原有客户。公司原有客户由于与公司的关系较好，公司的市场人员与他们的接触较多，容易与他们在一起交流，一般也愿意为公司提出建设性意见。公司要充分利用这部分资源，听取他们的意见。

④行业主管人员。行业主管人员一般对所处行业的情况比较熟悉，所处的层面较高，可以从行业宏观层面提出许多建设性意见。

⑤管理学者。管理学者的思维可能比一般用户要开阔一些，对市场也会更加敏感，加上具备丰富的管理学知识，他们的建议一般具有一定前瞻性，需要格外重视。

⑥其他。包括同类公司的市场策划人员，同类技术的研发人员等。

（2）调查的方式

①叙述。叙述的目的是要让听者提建议。向调查对象叙述新技术、新产品的功能用途时，既不能太具体，又不能太抽象。太具体了会束缚听者的发挥、想象空间；太抽象了又会使听者云里雾里，不知所云。如何使叙述恰到好处，需要在进行市场调查之前认真推敲和反复演练。对不同的倾听对象，叙述的方式也可能不同，这需要不断总结。

②倾听。向调查对象叙述清楚新技术的主要功能特性之后，接下来的工作是倾听调查对象根据这些功能特性讲述他们的需求，他们对新产品的构想。用户虽然可能对技术一窍不通，但对技术如何满足他们的特殊需要和符合他们的消费习惯却可以讲得头头是道。倾听他们的意见，不断与所研发的新技术进行比较，从中找出共同点，会对寻找新技术、新产品的潜在需求有很大启发。

③询问。当我们勾勒出新产品的主要性能后，可以通过对类似产品的客户和生产厂家、公司原有客户等的调查，询问他们对这些主要性能指标的建议，他们因为所处的角度不同，可能会提出许多很好的建议，一些建议可能是新技术的研发者意想不到的。例如，有通信产品的生产企业根据客户的要求，开发出了一种基于手机短信报警的通信基站"环境动力监控"产品，主要用于基站的电力（停电、三相电缺项等）、温度、湿度的环境指标的监控，但后来通过对更多的通信运营商的调查发现，他们对温度、湿度似乎不太感兴趣，反而对基站的防盗功能提出了明确的要求，因为大多数移动通信基站地处偏僻，设备防盗一直是一个令人头痛的事情。

④启发。当调查对象大体了解了拟调查产品或技术的大致功能之后，要想办法启发调查对象采取发散思维，尽量让他们大胆提出可能是"不着边际"的建议。在启发阶段，一般讨论的问题要力求宽泛，太具体、太专业的问题不利于启发调查对象进行发散思维。无论调查对象提出什么样的想法，都会代表着一定的市场需求，只是这种市场需求到底有多大，则需要企业自己去判断，这些想法中的一部分可能被作为调查下一步改进技术的重点，也可能是企业今后开发新产品的方向。启发的对象并不局限于公司的用户，朋友聚会聊天，向行业或政府主管人员汇报工作，企业之间的交流，尤其是不同行业之间的交流，都是进行启发的很好机会。启发与倾听的重点是不同的，启发更强调激发调查对象的发散

思维，同时启发的对象也不仅限于潜在的客户，而倾听更多是围绕着新技术本身展开的。

⑤观察。观察优于直接询问的优点有三点：首先，观察是在自然的情况下进行的，不会破坏活动的连贯性；其次，人们能够自然地表达出情感的非口头的暗示和对实际产品的自发评价，可避免人为引导的嫌疑；最后，受过专门知识培训的观察者能看出使用者具体看重产品的哪些关键性能指标，为什么购买此产品而非彼产品，这对企业进一步完善产品性能和开发新产品都会有重要帮助和启发。

⑥总结。在完成上面的五个环节之后，并不一定就能获得理想的效果。企业还要进行认真的总结和分析，总结在上述过程中得到了哪些有用的信息，还有哪些需要了解的信息没有得到，分析下一步的调查还有哪些需要重点改进的地方。

新技术、新产品的市场调查不是一蹴而就的事情，上述过程是一个不断循环的过程，就像质量管理中的"戴明环"一样，每经过一次循环，调查的质量要有所提高，得到的信息要有所增加。

6.3　新兴技术的扩散和采用

6.3.1　扩散

美国经济学家斯通曼将一项新技术的广泛应用和推广称为技术扩散；熊彼特把技术创新的大面积或大规模的模仿视为技术创新扩散；舒尔茨把技术创新扩散定义为创新通过市场或非市场的渠道的传播。这几个定义更加侧重于经济学的角度。

技术管理专家纳雷安安认为，（技术）扩散是指在一定时期内，创新通过某种途径在系统中各单位之间进行传播的过程。扩散仅指采用，不包括模仿。

实质上，扩散具有广义和狭义之分，纳雷安安的上述观点可认为是一种狭义的技术扩散概念。而在日常用语中，扩散有时包括了技术转移和技术模仿等，这可认为是一种广义的技术扩散。在技术管理和技术创新的专业文献中，有必要对广义与狭义的扩散进行区分，在本书中，主要采用狭义的技术扩散概念。当一个企业进行了创新，如开发出了一个新产品，有两类群体将对创新做出反应：第一个群体是消费者，决策要不要采纳这项创新；扩散就是指这种采用决策。第二个群体是竞争者，决策是否要复制这项创新，从而生产自己的产品来与创新企业竞争，这就是模仿。模仿是一个供应方的概念，它的主体是销售产品或服务的企业。扩散是一个需求方的概念，指购买产品或服务的消费者。

技术扩散的快慢，是多种因素共同作用的结果，这些因素主要包括技术本身的不同和特点，相同领域或相关领域的技术进步，新技术最初的市场定位，扩散参与者的博弈，以及研发周期和专利保护期的长短，企业能力，对项目的宣传策划、技术产生时的配套环境等等。因此技术扩散的速度和速率，具有一定的复杂性。

一项新技术的扩散，与它的市场定位有着密切的关系。当一项新技术转换成新产品时，初期的市场定位十分重要。无论新技术多么先进，技术含量多高，只有新产品的市场定位准确，才可能适销对路，才可能加快技术扩散的速度。美国王安公司曾经是美国的精英公司之一，但在个人计算机上却出现了重大失误，一个重大失误是没有预见到个人计算机的崛起之势，另一个重大失误就是在产品的定位上，当IBM的个人计算机已经成为业界的主导设计时，王安公司仍固执地坚持生产与IBM公司不相兼容的产品，结果客户怨声载道、大量流失，并直接导致了王安公司在1992年破产。国内有几家公司几乎同时开发出各自独立的指纹识别系统算法，在将其转换为产品时，其中一家公司将主要市场定位放在重要设施的门锁上（如写字楼里的公司大门门锁，重要库房的门锁等），而另一家公司则致力于开发指纹考勤机。结果，售价几百元的指纹考勤机在市场上获得了成功，而指纹锁的市场扩散显然要慢许多。生活必需品与奢侈品的扩散速度也不同，这也是技术的市场定位不同决定的。如果是一项需求拉动型的技术创新，其技术和产品的市场定位会显得相对简单，但如果是一项技术推动型的创新，它的市场定位就需要认真研究和分析了。

一项新产品的市场扩散过程涉及许多参与者，如顾客、供应商、中间商、竞争者等。每个参与者如同博弈论中的局中人，他们的每一项决策都会对其他参与者产生影响。他在做决策时，不仅要考虑其他参与者的决策，而且要考虑其他人对自己决策的反应。如何决策才能使大家的利益达到均衡，这正是博弈论所研究的问题。一项研究指出，垄断博弈均衡会导致潜在采用者在不同时期采用新产品，从而得到一条关于时间的扩散曲线。模型的基本假定是，随着新产品的市场引入，采用新产品的利益将发生变化，任一时间新产品的采用程度由采用新产品的利益与采用成本来决定。随着已采用新产品用户数目的增加，采用新产品的利益将下降，但采用新产品越晚，采用成本也越低。因此，存在一个新产品采用时间的纳什（Nash）均衡。

扩散的速度和途径都是各种竞争力相互作用的结果，这些竞争力可以加速也可以阻碍新技术扩散的速度。

显而易见，新兴技术扩散和采用的速度越快，它的市场就可能越大，但这还要看该领域技术进步的情况，如果很快就出现了性能更优异、价格更低廉的替代技术，则原有技术的市场份额会大打折扣。

6.3.2 影响扩散的内在因素

创新产品要传播或扩散到市场中需要花费时间。有些创新有很长的酝酿期或市场沉默期，然后突发性地增长。市场沉默期是指产品第一次在市场上出现到获得商业成功的时间。电子计算机经历了10年的市场沉默期，个人计算机经历了6年的市场沉默期，而微波炉则经历了长达20年的市场沉默期。而另一些创新则非常缓慢地进入它们潜在的市场，并且在许多年内均显示出平稳增长的态势，如电子消毒柜、手机、电视机、洗衣机等。这种增长的不同模式可以用新产品的下列特点来解释。

（1）产品的可观察优势。新产品的可观察优势是相对于最有价值的替代品而言的。采用新产品的价值等于可观察的相对收益减去可观察的相对成本。新产品的这种可观察的价值如果大于被替代品，那么将激发充足的扩散和采用动力。

（2）采用上的障碍。采用上的障碍会降低新产品的扩散速度，例如对现有设备的商业约定，对上一代技术的投资，人员或技术商的转换成本，规章和标准的限制，以及消费者采用的痛苦指数等。

（3）学习和实践的机会。新产品必须能够很容易获得，包括用户进行新产品的实验、使用培训、实际购买和售后服务等，同时要加强对新产品的宣传或公共投资，让潜在用户认识它，了解它的好处，并说服用户进行试用。对于用于生产的新兴技术，如果没有用户进行试用，要得到大面积推广是十分困难的。

新兴技术扩散的速度主要取决于可观察的相对优势。而相对优势又主要取决于技术的内在性能和提供新技术的竞争者的努力程度。竞争者必须在创新、营销和降低成本等多个方面进行努力，否则最有希望推广的技术也将无法找到市场需求。一种节电新产品，如果使用一到两年节约的电费足以支付该设备的购买价款，势必具有很好的市场；如果需要五年左右所节约的电费才能支付设备的价款，则该新产品的市场会大大缩减。

6.3.3　加速扩散

为了加速新兴技术的扩散速度，有必要研究那些能够刺激加速扩散的因素。加速扩散的刺激因素主要有创新、价格和公共投资。

1. 创新

竞争会促进创新，创新会加速扩散。技术的发展过程在很大程度上取决于竞争的需要，技术的发展过程在一定程度上是一个不断开发新技术以保持技术优势而又不让竞争对手过早模仿新技术的相互竞赛的过程。竞争越激烈，企业推出新技术的心情和行动就越迫切；在技术创新中投入的费用越多，新技术进入市场的要求也就越迫切。创新不仅会迫使现有技术在市场中的扩散速度加快以便能获取最后的收益，也会促使创新成果自身的扩散速度，以免被后来的创新成果所替代。因此，创新的状态和速度，对新技术的扩散具有一定的加速作用。

2. 价格

对市场发展最重要的激励因素可能是不断拉开与替代品的价格差异。降低新兴技术产品价格（成本）主要有以下途径：知识的积累，规模经济，生产率的提高，由于竞争的作用使所用原材料的价格降低，进一步扩大市场销量和挖掘潜在客户等。当通过低价格扩大市场和刺激销售时，积累经验的快速增加又可以使成本降低，最终伴随着价格的下降和这个循环的继续。移动通信手机在出现之初，售价高达几万元人民币一部，与其说是移动通信工具，不如说在一些人的心目中是身份的象征；而随着价格的大幅度下降，现在的手机已经成为大部分民众的随身必备之物了。

3. 公共投资

如果目标客户没有意识到这项创新，没有完全理解它的好处，它的优点无法令人信服，或者这些优点根本没有被客户发现，那么创新的接受过程就将受到阻碍。这种情况在新兴技术中是经常面临的，对于这种情况，首先要做的事情是培养和刺激用户的需求，让用户认识新产品，培养新需求。克服障碍的具体办法是通过特定的投资，如在广告宣传、个人销售、销售渠道建立、奖励支持、利益分配的覆盖面等环节的投资，来加速挖掘市场潜力和加大市场拓展力度。在公共投资上的开支水平越高，对产品价值的认识和市场需求的刺激的影响就越大，对加快市场的发展将起到重要的促进作用。

在上述方面的开支应看作是对多年收益的投资，目的是在产品采用过程的各个阶段主导预期的客户：了解—理解—感兴趣—评估—试验—采用。这是一个培养的过程，这个过程对个人销售最为有效，个人销售过程能够通过双向作用来确定需求和找出问题，同时显示如何用特定的方法来解决这些问题。在市场的早期阶段，个别企业用这些投资去扩大市场和比其他竞争对手抢先占领市场。当市场发展加速和竞争加剧时，企业目标应转向获得或维持优势并保持已有的市场份额。公共投资的影响可能是缓慢的，也可能是迅速的，公司要在公共投资的过程中不断进行评估和判断。如果对新兴技术的预期是乐观的，那么投资会是巨大的；如果市场预期是适中的，或者向着悲观的方向发展，那么公共投资应该控制在适度的水平。

6.3.4 采用的速度

当新兴技术开始出现的时候，创新扩散到市场的速度取决于采用周期中不同阶段购买者的数量，以及购买者做出购买决定的速度。对于非连续的创新，预期的客户根据其对风险的担心和需求的强烈程度，来决定在采用周期的适当阶段采用新兴技术。为了提高购买者做出购买决定的速度，宣传投入和解决用户购买后的后顾之忧是一件十分重要的工作。例如，微波炉在刚出现时，人们往往会因为微波具有一定辐射作用而对微波炉产生恐惧和排斥的心理，在这项创新出现之初，加强对微波炉不具有辐射作用、对人体无害的宣传投入就显得十分重要。由于用户对于新兴技术的认识和看法不同，新兴技术采用数量随时间的变化，可以用著名的创新扩散曲线来描述。该曲线显示，新兴技术产生和刚投放市场时，采用的数量较少，经过一个缓慢的开始之后，采用创新的数量开始增加，然后这个数量到达最高点，接下来采用数量开始下降，并不断被更新的技术所替代。这种描述采用周期的扩散曲线可以划分为五个阶段，见图6-3。

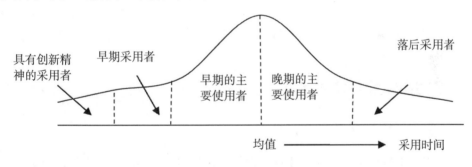

图6-3 新兴技术的采用曲线

上图中每个阶段具有明显的特性、行为和需求。

（1）具有创新精神的采用者。这些人承认在他们感兴趣的范围内的任何新兴技术都具有前途，同时也愿意花时间去掌握它。他们经常是领先用户，比市场上的其他人提前有需求。他们不但可以帮助证明新产品，而且他们的认可和使用对其他阶段接受产品也起到关键作用。这类采用者对新兴技术的市场启动以及后面的市场扩展，都会起到十分重要的作用，因此需要对这类采用者给予高度重视。这类采用者中，具有代表性的是有较高学历的年轻人，同行业的知识分子等思维活跃、容易接受新事物的人。一些对新技术渴望已久的个人或单位，也会是这类采用者中的一员。例如，煤矿的井下通信一直是一个难题，如果有一种新技术能够有效且相对廉价地解决这一问题，如漏泄电缆，那么煤矿将成为这类新技术的"狂热"采用者。

（2）早期采用者。这些采用者看到了改变市场竞争格局的新能力所呈现的机会。他们加入新兴技术的宣传行列。他们的投入是巨大的，因为他们要率先改变原有的条件和能力来迅速适应新兴技术的要求。

（3）早期的主要采用者。这是较大的一个群体，是一些实用主义者。他们等到新技术的优点已充分显现，而且风险已经达到了可以接受的程度时，才开始采用这项新兴技术。他们一般只从最领先的厂家购买技术，因为在技术市场中最领先的厂家拥有最可靠的市场体系，有已经被认可的标准，有稳定的零配件供应渠道等。

（4）后期的主要采用者。这同样是一个较大的群体，这部分人只有在大多数人都试用过创新技术之后才会采用，是一批保守主义者。他们对（技术）商品的价格很敏感，怀疑从创新技术中获得价值的能力，注重现实的需求。他们对技术支持和保证都有很高的要求，但又不愿意为达到他们的要求花费太多的金钱，这就加强了他们的疑虑。这批人对新兴技术的态度决定了他们只能是扩散和采用后期的主要采用者。

（5）落后采用者。这些人怀疑任何改变，而且只有在他们别无选择或者创新产品完全替代了传统产品的时候，他们才可能迫于无奈采用创新技术。

这个模型的直接含义是扩散和采用从一个阶段到下一个阶段，间断性的创新市场便得以发展。一旦梦想家（具有创新精神的采用者）对创新感兴趣了，让他们得到满足可以对以后的主要采用者产生很好的参考和引导作用。

然而，具有创新精神的采用者和早期的采用者与实用主义的早期主要采用者却没有共同之处。具有创新精神的采用者和早期采用者是风险的主要承担者，他们依靠直觉并受未来的机会所驱使；但实用主义者恰恰是依靠分析，并受解决现实问题所驱使。梦想家接受原始技术以便获取新的功能和性能；而实用主义者要等到技术完全成熟、满足他们的要求后才会采用。

6.4 市场的团簇性与技术战略

8.4.1 细分市场中的团簇性

不管新兴技术是如何令人兴奋或具有创新性，从用户的角度看，它的价值最终要从一组令使用者满意的属性中反映。这些有价值的属性或优点，是随着时间不断改变的。当使用者开始熟悉一系列属性时，科技的发展已经开始不断地改进这些属性，同时竞争对手也提供了可替代的方法来满足同样的要求。在新兴技术中，对产品设计的挑战是决定技术是否被使用和在哪里被使用，以及如何提供更多的期望属性，减少冗余属性，并创造新的属性以创造新的市场需求。

要预期新兴技术的市场偏好是非常困难的，特别是企业所面临的是快速发展的技术变化。营销知识中的一个主要概念，是客户们趋向于成群集合在对不同属性的偏好周围，这些客户会在竞争属性中制定各自的偏好标准。例如，在评价商用手提电脑的购买力时，客户们在电脑的坚固性、处理器的速度、重量、键盘大小、电池寿命和价格等属性中制定了自己的偏好标准。同样，人们在选择轿车时，会在价格、经济性（每百公里的耗油量）、安全性、车身大小、外观造型和内饰等属性中制定对自己最优的组合。

这样的偏好使客户的分布不再均匀，每个客户都在寻找一个不同特征的组合。这些特征的潜在市场是趋向于"团簇状的"，而不是均匀分布的。为了进一步说明市场的团簇性，可以在一个假想的行业中分析笔记本电脑的使用者。在这个行业中，应该有三类主要的笔记本电脑的使用者，分别是公司的主管人员、市场销售人员和技术服务人员。每类使用者对笔记本电脑有着不同的需求，假设除了坚固性和轻便性这两个特征之外，笔记本电脑其他所有特征这三类使用者都是可以接受的，即这三类使用者可在坚固性和轻便性之间进行选择。

公司的主管人员在从拜访一个客户到另一个客户的商务活动中，或者在公司的下属机构往返穿梭中，消耗了不少时间在机场的候机厅和飞机上。他们的主要需求是要一种更方便的、更小的、更轻的电脑。它可以进行基本的文字处理、制作电子表格、安排行程、传送信息和其他基本应用。所以，在其他情况相同的条件下，这个消费群体对电脑的大小、重量是最为看重的。

市场的销售人员的商务活动与公司主管人员有很大不同。销售人员在进行商务活动时的主要交通工具可能不是飞机，而是汽车或其他交通工具，因此电脑的轻便性对他们来说不是主要因素。对他们更为重要的是电脑的坚固性，因为他们经常驾车在公路上行驶，电脑设备需要承受住从公司到客户、从客户到客户和从客户到公司的多种路况的影响。

对技术服务人员来说，电脑的坚固性更为重要，因为他们的笔记本电脑经常用于工程现场的系统检测、诊断故障、获取信息、安装程序等，以及在环境条件不甚理想的条件下进行操作，如在灰尘、潮湿、电压不稳定的环境下工作。相反，电脑的轻便性对这些人员来说就显得不太重要，因为他们到达一个办公场地后，计算机移动的机会就大为减少。

如果以电脑的坚固性为横坐标，以电脑的轻便性为纵坐标，把这三类人员对笔记本电脑的需求以点或曲线的形式画在这张坐标图中，可以发现，这三类人员的需求都处于坐标图的右上方；在该坐标图的左下方，没有任何需求。这就是所谓的市场团簇性，如图6-1所示，不再重复。

技术战略制定者的一个主要工作目标，是不断地发展技术、改善产品的特征组合以便为公司开辟新的赢利渠道。当产品的一种特征组合在市场或细分市场中成为最佳的特征组合时，这个战略往往就是成功的战略。因此，对技术战略制定者的挑战就是决定新兴技术是否能有所发展，以创造一个最佳的特征组合。在一个确定的细分市场中，为了做到这一点，就需要理解现有技术是如何限制现有特征组合的，换句话说，就是要找出现有技术无法创造出更好的特征组合的原因。简单地讲，其答案就在于技术障碍与市场团簇性的相互作用。

6.4.2 在团簇市场中排除技术障碍

承担战略制定的管理者应该对市场的团簇性选择多种应对方法，一个方法只对一个单一的目标客户群服务。采用这种对应的战略，企业可以更深刻地理解一个目标客户群的最佳特征组合，然后设计出能够精确满足这些特征的产品。例如，企业应该选择为公司主管人员设计小而轻但坚固性略差的笔记本电脑；为销售人员设计体积大但很耐用的笔记本电脑；为技术服务人员设计体积更大但非常耐用的产品。

在兼顾笔记本电脑的坚固性和轻便性问题上，会遇到三个技术障碍：元件、能源和材料。在现有技术条件下，要设计出同时满足公司管理人员、销售人员和技术服务人员对坚固性、轻便性要求的笔记本电脑，是不可能的。因为在现有技术条件下，轻便性与坚固性在使用元件、材料和电池容量等方面是相互矛盾的。如果使用新兴技术解决了其中的某个技术障碍，那么就可以获得重新设计新的、能同时满足更多需求的产品。技术障碍的排除，不仅可以更大限度地满足现有客户的需求，而且可能刺激潜在用户的需求，意义十分重大。有时仅仅是排除了一个很小的技术障碍，却能够为公司创造巨大的收益。

如果随着技术障碍的排除，市场上出现了一种非常轻便又具有中等坚固性的电脑，它就会同时满足公司主管人员（由于轻便性）和销售人员（轻便又具有中等耐用性）的需要。然而，技术服务人员可能因为它还不够耐用而不愿选用这款电脑。为了同时满足上述三类人员的需求，就需要对这款电脑的坚固性进行进一步的改进。但是，在现有原材料技术的限制之下，这个问题是不可能解决的。

通过把这些技术的限制放入假设的团簇型市场中，如何选择研发的投资重点就变得更加清楚了。例如在上述情况下，企业把投资用于改进能量问题的新兴技术，显然是有问题的，因为它无法让企业接近更吸引人的需求空间。当市场是非团簇型时，技术发展的空间很大，不会产生吸引客户的特征组合；当市场成为团簇型后，特征组合的相对小的变化都可以产生很大的市场变化。到最后，市场上最吸引人的特征组合可能已经完全远离了现有技术，必须由新兴技术来满足。

如果电脑生产企业能采用一种新兴技术，使原材料问题得以解决或者部分解决，这家企业就有可能制造出同时满足三类客户需求的笔记本电脑，并造成三类客户群的瓦解和一类新的客户群的诞生。当新兴技术能够设计并产生新的特征组合时，这种新兴技术会使企业进入并主导一个全新的特征空间成为可能。

不少新兴技术起初都不能满足核心市场客户群的需求，这些技术进入市场时低于现有竞争者和市场主要客户所认为的吸引力标准。随着新兴技术性能的改善和特征组合的快速发展，新兴技术最终进入并征服了以前无法接近的客户群。

6.4.3 团簇型市场的技术战略

与传统技术的市场开发不同，新兴技术的市场开发将面临一系列新问题，需要采用新的思路和新的方法。具体来讲，这些新的思路和新的方法主要有以下几个方面。

1. 确定有价值的技术

技术是否有价值，是进行新兴技术开发，尤其是市场启动之前要解决的一个重要问题。如果一项技术没有市场价值，那么无论怎样去开发它的市场，都是毫无意义的。

要确定有价值的技术，需要对该项技术的市场状况进行全面的了解。由于此处讨论的新兴技术的市场具有团簇性的特点，因此在确定新兴技术的市场价值时，要从团簇性这一特点入手。具体来说，确定新兴技术的价值，要重点考察下列三个问题。

（1）新兴技术的特征组合与现有技术的特征组合是否具有区别，是部分意义上的区别还是完全意义上的区别。新兴技术有意义的特征组合与现有技术或者其他新技术的特征组合的区别越大，它的价值也就越大。投资这种有价值的特征组合，就是典型的建立期权。

（2）新兴技术的特征组合是如何吸引和满足不同的市场客户群的，包括能够吸引和满足的客户群的大小，对客户群购买倾向的引导程度，以及对客户群利益的影响情况。显然，一项新兴技术如果能够吸引和满足的客户群的数量越多，满足的层次越深，给客户群创造的利益越大，它的潜在市场就越大，它的价值也就越大。

（3）技术障碍是如何影响特征组合与客户群的相互关系的。在新兴技术中，哪怕是解决一个很小的技术障碍，都会对技术或产品的特征组合产生较大的影响，带来特征组合的重大变化，从而对它的市场前景产生重大影响。例如，要么可以在同等价格水平上更大程度地满足现有客户群的需要，使公司在与同行的竞争中处于有利的地位；要么能够满足新的客户群的需要，从而开辟新的市场，使公司在与同行的竞争中处于领先地位。在新兴技术中，客户群的稳定和扩大，在很大程度上是靠改变和完善技术或产品的特征组合来实现的，改变和完善特征组合的过程，就是不断排除技术障碍的过程。所以，新兴技术的价值的大小，与它所涉及的技术障碍如何影响特征组合的改善，进而影响市场的进一步开拓有关。

2. 认识市场的团簇性

可以用一个简单而有效的方法——特征组合分析来研究市场环境的团簇性。根据客户对特征组合反映的特点和强度，可以对特征组合进行分类。客户对产品的特征的反应可以是肯定的、否定的或者中立的。客户对产品特征的一系列反应可以归纳为三组。

（1）基本的特征。当市场认为这是个基本的特征时，那么理所当然每一个生产厂家都可以也必须提供这个特征，不能提供这一特征的企业将被排除在市场之外。也就是说，如果某个企业连这个基本的特征都不能提供，那么它的产品在开拓新的团簇市场时将会没有任何市场可言。但是，并不是说能提供这类基本特征的产品就一定有销路，具备这类基本特征只能说明该产品具备了进入团簇市场的基本条件，是否能实际打开市场销路，还取决于企业其他方面的能力，如营销能力、产品的进一步研发能力（是否已经具备或正在研究有区别或有活力的特征）、财务能力等。

（2）有区别的特征。不同的厂家，提供的产品的特征是有区别的。这些有区别的特征可能是正面的，也可能是负面的，也可以既是正面的又是负面的，即对一部分客户是正面的，而对另一部分客户却是负面的。这种有区别的特征是甲产品有别于乙产品的标志，也是产品在细分市场中的定位和卖点。

（3）有活力的特征。有活力的特征是指所提供的产品特征组合与其他产品的特征组合有巨大区别。这些巨大的区别经常是一些新的特征和功能。有活力的特征具有对客户购买倾向产生巨大影响的特点。开发有活力的特征，是企业开拓团簇市场的主要手段。

通过检验企业产品现有的特征组合，可以找出那些容易被新兴技术重新改善的特征。这首先是通过企业内部的评估来进行的。内部评估要承担寻找产品待发展的全部特征和为特征进行分类的任务。通过这个过程并结合公司的能力，就可以决定满足不同客户群所需要开发的不同的特征组合。

在这个内部的讨论和评估之后，通常可以通过对客户的调查来检验讨论的结果。最简单的方法就是让不同的客户群提供他们各自对这些特征组合的重要性的评价。这往往是一个非常有启发的过程，公司可以从中发现客户对特征价值的看法以及与公司自己的设想有何区别，可能有些特征公司认为是正面的，而事实上客户却认为是负面的；还有些特征客户认为是很重要的，而公司目前却没有考虑到，或者是公司目前无法提供的。

一旦客户群被确定，产品的特征组合也就基本确定了，这种特征组合应该能满足这个客户群的所有需求。每个客户群会在竞争商品中决定选择某种特征组合的产品，据此，公司下一步的产品特征开发和市场开发的方向也就明确了。

在了解了这些特征组合现在的价值之后，下一个任务是要了解这些特征组合的未来价值。运用市场预测的方法，公司的管理者需要确定新出现的特征组合，以满足现有特征组合尚不能满足的客户群的需求；公司还要了解新兴的或正在消失的需求，以及对客户群结构产生影响的各种因素。这些分析将为公司进一步满足客户群将来的需求提供很好的依据。公司管理者从关注现在最受欢迎的特征组合转向满足未来的需求，然后反过来估计将来要求的特征组合的变化趋势，可以很好地勾勒出增强或增加特征组合的潜在方向。

3. 找出技术限制

公司管理者在对现有的和未来的特征组合有了很好的了解之后，下一步工作是要去研究和确定完成这些特征组合的技术限制。这些技术限制就是未来技术的发展方向和目标。尽管存在着技术和市场的不确定性，但对这些技术限制进行详细的整理和记录是十分必要的。它可以详细地记载和显示具体的技术障碍，这些障碍正是对公司实现未来产品特征组合的限制，公司必须从现在开始不断增强解决这些技术障碍的能力。在技术专家的帮助下，公司的管理者可以确定新兴技术能在哪些地方允许公司重新构造未来的特征组合。当某种新兴技术的开发时机成熟时，重新组合能满足客户群未来需求的特征组合的工作就可以正式列入工作日程，开始研发和前期的市场启动工作。

这种确定技术限制的工作，为下一步是否开发新兴技术和如何开发新兴技术提供了坚实的基础。新兴技术的应用领域越广，市场的影响越大，那么开发或者购买新兴技术的吸引力就越大。

需要解决的技术障碍确定之后，管理者就可以开始搜索潜在的技术了。通过分析技术的发展趋势和观察公司的外部环境，他们还可能会发现一些新技术的有创造性的应用，即把在其他领域应用的技术转化为用于解决本公司所面临的技术障碍。虽然有不少创造性的应用是意外的发现和灵感的结果，但从深层次上看，这仍然是深入思考和研究的结果。

4. 投资期权

团簇市场和技术障碍的静态分析为我们提供了一个十分有用的框架，但是这个框架却显得略为简单。事实上，上述过程中的每一个因素都是不确定的。客户的需求随着时间和技术的变化会改变，技术的发展也面临互补性技术不足、竞争性技术挑战，甚至是技术轨道的变换的不确定性，而且这种改变是很难预测的。

在这种不确定的环境中，虽然新兴技术在帮助公司排除技术障碍和创造出能满足数量更多、层次更深的客户群的需求等方面都有着明显的优势，但在投资开发何种新兴技术以及在新兴技术开发中如何分配投资，却是公司面临的一个难题。在这方面，期权思维方式可以给予公司很大的帮助。

对新兴技术的投资可以被认为是一种实物期权。开始时（研发）的少量投资，可以为公司将来更大规模的投资和技术商品的产业化提供可供选择的基础和主动性。

在团簇型市场和存在技术障碍的环境中，可以这样来理解实物期权的价值。在一个特定的技术上，新兴技术的期权价值受到"技术打开"的潜在能力的影响，假设企业控制着一个特定的客户群，那么如果这个技术对于区别该企业与其竞争对手之间的产品或服务特征的贡献越大，这个技术的期权价值就越大。如果把能够改变某些特征的技术潜能与这些特征对吸引客户群的重要性综合起来加以分析，就可以得到一个比较清楚的关于对这个期权的价值大小的认识。

5. 为应用新兴技术确定要搜索的期权

新兴技术最重要的挑战之一，就是尽早地确定最终的应用方向。当新兴技术和它的市场应用都未确定时，这个挑战就是要寻找潜在的最终应用。一个关键的问题是寻找新兴技术所创造的潜在功能特征，然后识别由这些特征所能满足的市场需求。直观地说，新兴技术市场定位的关键步骤有三点：一是确定新兴技术关键性能及其可能实现的功能；二是寻找对这些潜在功能感兴趣的客户和应用场景；三是通过"市场测试"确定有吸引力的市场及基本的产品功能。

如果新兴技术的潜在应用较多而公司能动用的资源又有限的话，可以通过广泛的调查研究，如咨询技术人员、营销人员和访问客户，来确定其中最有前景的应用。尤其是通过确定潜在的客户群，让这些客户来帮助企业在现有产品的基础上来完成特征组合。如果新兴技术在该产品中确实有应用前景的话，那么就可以确定用这项新兴技术来改变特征组合中的某些特征。

当客户表达出支持某种产品，或者支持特征组合的改变，或者企业自身决定要增加某种应用等，其实就给我们提供了一个潜在的要搜索的期权，如果继续研究这个期权，它就能更完整地验证它的应用前景。要搜索的期权越多，新兴技术存在的机会价值就越大，研究和开发这项新兴技术也就越有吸引力。

6.5 新兴技术的市场拓展

在团簇型市场和技术障碍同时存在的情况下，也会有许多方法让公司利用技术的发展来拓展新的市场。这些战略包括从获得或巩固一个单一的缝隙市场，直到破坏整个产业结构。

对战略的选择取决于市场团簇性和技术障碍是怎样形成的，以及企业的大小、近期发展目标和远期的抱负等等。在这里，市场开发和拓展有三个主要的可供选择的战略，它们是：（1）控制单一缝隙市场；（2）融合缝隙市场；（3）创造一个新的技术层。

6.5.1 排除技术障碍，控制单一缝隙市场

在这个战略中，企业以某种方式排除一个或几个技术障碍，从而使产品跨过原来的技术障碍进入一个新的市场。对于一家规模不大的公司来讲，能控制某个缝隙市场，已经是一件很了不起的事情了。

某种技术障碍被排除之前，产品的特征组合以及产品满足客户需求的程度，都被这种技术障碍所阻挡，无法进入新的市场。但市场需求是始终存在的，只要能排除技术障碍，改善特征组合，就会有新的市场存在。

这种缝隙市场是在原有技术障碍情况下无法进入的，在竞争中一家企业率先排除一个技术障碍，也就率先满足了原已存在的一部分新的市场需求，而当竞争对手无法模仿这项新技术时，企业就会在竞争中占据有利地位，赢得竞争优势。虽然缝隙市场只能满足某一部分特殊需求，但只要能够牢牢控制着这一缝隙市场，对企业来说也是至关重要的。

当企业由于技术障碍暂时无法为客户群提供更为全面和完善的特征组合、拓展那些更具吸引力的大市场时，使用单一的缝隙市场战略是很合适的。解决了某种技术障碍的企业可以控制小范围的市场，而且通常还会得到巨大的价格上的差异，有很高的利润率。

6.5.2 继续排除技术障碍，融合缝隙市场

研究新兴技术市场拓展的第二个方法是通过打破一个或多个技术障碍来寻找加快融合和控制一个或多个客户群的技术。

在某企业被技术障碍所阻挡无法进入某个缝隙市场，而另一个企业则跨过了技术障碍进入了这个缝隙市场的情况下，也即由于存在技术障碍使该企业在市场竞争中处于不利地位时，该企业可以通过新兴技术的研究和应用，集中力量排除那些别人已经排除而自己尚未排除的技术障碍，以扭转竞争中的不利局面。这类技术障碍是使企业在竞争中处于不利局面的障碍，企业要想发展，要想进入和拓展新的市场，就应该先解决技术障碍，解决这类技术障碍对企业发展具有十分重要的作用，否则将无法与竞争对手处在同一起跑线上竞争。

当这类技术障碍被排除之后，企业就可以从原来的缝隙市场跨入新的缝隙市场，相当于融合了两个或更多的缝隙市场。因此，这个战略可以使企业融合两个或者更多的缝隙市场，从而让企业在一个更大的市场内与竞争对手展开竞争，而且是在同一起跑线上展开竞争。这一战略可以使企业集中精力排除那些"关键"的技术障碍，迅速扭转在市场竞争中的不利局面。这样的战略往往适用于技术性能指标改变速度较快的新兴技术。

为了寻找融合多个客户群的机会，企业首先要做的是确认企业现有的产品特征与目标客户群期望的特征的区别，找出自己的差距。企业其次要做的是确定下一步的技术开发计划，集中开发那些有区别的特征指标，如果这些计划成功了，它将使企业处于一个能提供最受欢迎的特征组合的地位，而这些特征组合可以满足所有的目标客户群的需求。

6.5.3 完成技术跳跃，创造一个新的技术层

当企业发现了能彻底改变特征组合结构的机会时，特别是引入一个完整的新兴技术时，研究新兴技术的最具挑战的战略就出现了。这种完全改变市场的游戏规则，以及客户所需的特征结构变化的跳跃性（不是渐进地从一种特征结构向另一种特征结构过渡，而是随着新兴技术的出现特征结构发生跳跃式的变化），往往会导致一些企业的快速发展和许多现有企业的倒闭。

拓展市场的最好方法，是创造一个新的技术层。在探索产业重组的机会，或者预期到带来的威胁时，首先要做的工作是确定新兴技术是否具有传递那些在将来仍然十分重要的现有技术特征（或相似的特征）的能力。然后，要确定新兴技术是否能够增加或提高产品特征的空间，这种扩展的空间将引导的新兴技术未来的主要变化。

产业重组的成本和风险可能是巨大的，没有一个企业愿意和能够完全承受所有的风险。在初始阶段的合资、合作研究或共同投资，已成为惯用的方法，单打独斗的方法在这里是不适用的。如果新兴技术的市场曙光已经出现，那么为了把握这种难得的机会，可以通过集中优势力量，加大对有区别的特征和有活力的特征的研发力度，作为将来参与竞争的一个重要手段。

案例分析　金瑞麒为何要从边缘缝隙市场切入自动驾驶赛道？[①]

自2016年登上《麻省理工科技评论》年度"十大突破性技术"榜单，自动驾驶技术在全球范围内迎来了应用研发和商业落地的浪潮，成为新兴技术创业的巨大"风口"之一。互联网巨头、新兴技术创业企业、传统车企是推动自动驾驶技术商业化落地的三股重要力量。但技术研发的不确定及轨道的流动性、应用场景的复杂多样性以及配套环境的不成熟等原因，构成了自动驾驶创业企业所处的高度动荡和不确定的市场环境。

2015年，还在瑞典哥德堡大学攻读硕士的李家鑫初次接触到智能驾驶技术。在学校条件有限的实验室里，他依托一台从国内带过去的小米3手机的算力，将手机绑在了一辆玩具小车的顶部，实现了实验室模拟环境下，小车障碍物识别、避障和循迹等功能。带着这项实验室技术，李家鑫参加了2016年深圳的双创周活动，并用四天三夜的时间进一步完善了参赛的作品，最终获得了李克强总理的接见和高度评价。正逢国内大力倡导"大众创业，万众创新"的"双创"背景，李家鑫带着技术原样机回到了国内，怀揣着无限的憧憬，澎湃着炙热的热血与冲劲，想着可以在自动驾驶领域大展拳脚、大干一番事业。经过两年不断的技术积累，以及寻找投资合伙人进行产业孵化后，李家鑫于2017年2月正式创办四川金瑞麒智能科学技术有限公司。在被问到为什么把公司注册在成都时，李家鑫表示一是因为四川省拥有丰富的旅游资源和发达的旅游业；二是因为成都有比较丰富的高校资源，将总部设在此处负责研发和运维定当卓有成效。同时，考虑到自动驾驶技术的早期商业落地一定要依赖于硬件制造资源，因此同时成立了全资子公司：苏州金瑞麒智能科技公司，依托于当地完善的供应链，承担公司的产品生产和制造任务。

1. 立足景区缝隙市场，推动自动驾驶商业落地

我国路况和交通环境复杂，在单车智能领域与全球前沿存在一定差距，国家出台的《智能汽车创新发展战略》，明确提出将车路协同和单车智能作为发展智能交通和自动驾驶的着力点，有望实现该领域内换道超车。自动驾驶技术要想迎来全面发展，需要大量参与者围绕技术协同演化，才能推动技术创新。低速自动驾驶可作为高级别自动驾驶的示范性先行应用，这种技术的优势在于能降低投入成本。它以少量车载终端收集大量路况数据，再通过云计算与云端存储的有效信息计算与链接，便可以将信息第一时间反馈给复杂交通中各参与者，可解决很多单车智能遇到的问题。具体应用是在相对封闭的场景，以较低的运行速度运行，其场景包括智慧园区、智慧码头、智慧港口、智慧停车场，以及商用的物流、自动泊车等细分区域。

李家鑫所带领的金瑞麒在创业初期考察了其自动驾驶算法与机器人底盘控制技术可以应用的多个行业，包括小型赛车、智能轮椅、平衡车、扫地机等。根据市场需求，本着与

[①] 王敏，刘雅雯，陈阳，李家鑫. "大鱼"还是"大池塘"：自动驾驶初创企业如何选择[Z/OL]. 中国管理案例共享中心案例库，2023.

用户直接相关，通过科技把"人（用户）-机器-环境"有机结合起来的理念，将自身技术应用于景区这一细分的缝隙市场，李家鑫决定研发一款细分产品与景区市场进行更好的结合。经过一年的努力，金瑞麒完成了从调研、开发到设计的全流程，成功开创了景区这一细分市场低速自动驾驶商业落地的先河。

2. 乘百度Apollo大船，扬技术开发风帆

此时的金瑞麒急需一个助力，借船出海。经过对BAT（百度、阿里、腾讯）的全面考察，结合公司目前所拥有的软硬件技术，金瑞麒积极参与百度Apollo创新生态，依托百度自身所拥有的强大技术实力与资源，进行深度战略合作和系统适配。2018年9月，"百度-阿波罗-金瑞麒"（Baidu-Apollo-Golden Ridge）联合研发项目挂牌成立。在2019年的百度AI开发者大会上，百度主推发布两家自动驾驶技术公司的产品，一家是百度与厦门金龙合作开发的"阿波龙"，另一家就是金瑞麒所研发的大自在"漫游车"。截至2023年6月，在百度Apollo的生态体系内有接近200家企业，金瑞麒是其中唯一一家获百度授权并联合挂牌的企业。

金瑞麒智能漫游车个头不大，但麻雀虽小五脏俱全，涉及整车研发，是一项非常庞大的系统工程，从车型适配到模型转化，再到外化体验，都需要一点点打磨。在将车辆运动模型从百度Apollo默认的阿克曼式转向模型改为适配漫游车的差速转向模型时，李家鑫和他的技术团队在推进过程中遇到了难题，而"Apollo开发者社区的技术布道师二话没说，立马飞过来帮忙"。

盛夏的成都兴隆湖畔，毒热炙烤。4名从北京赶过来的布道师和金瑞麒的伙伴们一起，一边紧锣密鼓地讨论、修改、调试，一边眼疾手快地拍打身上的蚊子。"从早上一直调试到晚上，累了就支个帐篷，躺一会儿或者喝几口水。"李家鑫记忆犹新，"他们（Apollo开发者社区技术布道师）的认真、负责让我们特别感动，就完全把这当成是自己的产品、自己的孩子这样，毫无保留地付出。"

汽车行业是一个高度集成的行业，要实现全栈式技术开发，对企业的软、硬件及系统集成开发能力有很高的要求。自2017年成立以来，为了实现智能漫游车整车的研制和开发，李家鑫团队功能不断拓展，人员增加，人数最多的时候达80人。相比于行业内很多公司选择技术与生产完全依赖与外部团队合作的开发方式，金瑞麒选择采用自底向上的方式，构建完整的低速自动驾驶技术栈，其研发团队具有完整的自动驾驶方案研发全栈能力，同时已完成支持金瑞麒量产配套的完整供应链。依托于同样一套技术栈，金瑞麒得以降低不同场景间的迁移成本，高效率完成从主推产品（漫游车）到其他商业场景的迁移开发。

在实际体验中，这款自动驾驶摆渡车的路线规划、自动避障以及紧急停车等功能已经较为完善，可以在行进过程中实现对路线的不断修正，即使紧急遇到行人或障碍物，也可以迅速检测并保证安全距离停车。

在智能代步方面，金瑞麒智能漫游车通过搭载百度Apollo基于Apollo for TX2的低速、低成本自动驾驶方案，结合基于单目摄像头的车道和物体识别技术、高精度定位技术、低成本传感器融合技术，在嵌入式AI计算平台完成感知、决策、控制三位一体的流程，使得车辆能够实现在景区内自动驾驶、有自动避障等主动安全性能，同时还能自动跟随用户行进。

业内人士认为，金瑞麒搭载百度Apollo自主开发的智能漫游车产品，已成为自动驾驶技术在文旅行业深度应用的典型代表。"自动驾驶+智慧旅游"的时代即将到来，金瑞麒作为自动驾驶技术在文旅行业深度应用的典型代表，是"自动驾驶+智慧旅游"的先驱。

本章参考文献

［1］ 胡明. 技术创新的市场不确定性分析［J］. 科学与管理,2002,(4)47-49.

［2］ ［美］乔治·戴,保罗·休梅克. 沃顿论新兴技术管理［M］. 石莹,等译. 北京:华夏出版社,2002.

［3］ GEORGE BASALLA. The Evolution of Technology［R］. Cambridge, England:Cambridge University Press,1988:141.

［4］ 陈劲,龚焱,雍灏. 技术创新信息源新探:领先用户研究［J］. 中国软科学,2001(1):3.

［5］ 王敏. 新兴技术共生演化:基于市场,企业能力,配套环境的研究［M］. 北京:科学出版社,2012.

［6］ 谢富纪等. 技术转移与技术交易［M］. 北京:清华大学出版社,2006.

［7］ ［美］V. K. NARAYANAN. 技术战略与创新——竞争优势的源泉［M］. 程源,高建,杨湘玉,译. 北京:电子工业出版社,2002.

［8］ 盛亚. 新产品市场扩散博弈论［J］. 科技进步与对策,2002,(9)77-78.

［9］ GEOFFREY A. MOORE. Inside the Tornado. New York:HarperCollins,1995.

第7章
新兴技术企业的组织形式

新兴技术的管理，对企业的组织形式提出了新的要求。发展新型组织、促进组织分离和组织扁平化是新兴技术组织形式的主要发展方向。本章首先讨论新兴技术企业组织的特点，接下来分别对适合发展新兴技术的几种主要的组织策略给予介绍和讨论，包括几种具体的新型组织形式、虚拟组织、战略联盟、组织扁平化和组织分离。

7.1 新兴技术企业组织的特点

何谓组织？1961年英国阿斯当咨询集团（Aston Group）组织的一个由数百名来自心理学、社会学、经济学和政治学的专家组成的研究组织形态及特征的小组，就组织分类提出了四类可观测特征：（1）各种职能的专业化程度，（2）生产过程的标准化程度，（3）管理的正规化程度，（4）决策权力的集中化程度。阿斯当认为，各种组织均可以由上述四类特征加以刻画。

上面讨论的组织特征和分类方法主要基于社会学研究方法。对经济学家来说，影响更大的是阿罗对组织的抽象分类。他把生产组织理解为两个流程的结合：（1）信息流形态，即有效配置资源所需要的各种信息在组织内部的各个环节之间的分配和流转方式，每一信息流形态所耗费资源的价值被叫作组织为该信息流形态支付的信息成本；（2）物质流形态，即物质形态的资源在组织内部各个环节之间的分配和流转方式，每一物质流形态所耗费资源的价值被叫作组织为该物质流形态支付的物质成本。按照阿罗的理解，最佳的组织形式应当使生产的信息成本与物质成本之和最小。

企业组织结构是企业组织的框架体系，直接影响和决定企业的运行机制、管理层次和职能划分、工作流程等。由于新兴技术具有高度不确定性与创造性毁灭的特征，故对新兴技术的组织形式也提出了新的要求。适合新兴技术企业的组织结构与一般传统企业相比具有明显不同的特点，具体来说，主要表现在以下几个方面。

1. 组织功能学习化

组织功能学习化，是指组织是学习的载体，组织中的每一个组成部分和成员，都要围绕组织的目标进行学习，并促进组织的学习。组织必须要通过培养弥漫于整个组织的学习氛围，促使组织中的每一个成员自觉地围绕组织的目标不断学习，只有这样，组织才可能长盛不衰、保持活力。组织的领导者，就是学习的组织者。有人认为未来最成功的企业将会是学习型组织，理由很简单——组织的生存和成长能力是以优势为基础的，未来唯一持久的竞争优势是有能力比你的竞争对手学习得更快。因此，推动组织功能学习化，构建学习型组织，以组织内部极强的学习能力和持续的更新能力保证企业在竞争中的优势地位，将成为新时代企业组织发展的新方向，也是新兴技术企业必须具备的关键要素。

2. 组织结构扁平化

新兴技术所具有的高度不确定性的本质特征以及技术的快速进步，要求新兴技术企业对环境的变化具有快速的反应能力，要求组织各层级之间的沟通更加快捷、顺畅、信息失真率更低，组织的运行效率更高，组织结构扁平化正好满足了新兴技术企业的这一现实需求。扁平化的组织结构，缩短了决策与行动之间的时滞，提高了办事效率和有效性，大大提高了组织的柔性。这种组织结构通过打破部门之间的界限、任命跨职能的任务团队，使企业能将人员按市场变化的要求组织和协调起来，更能发挥人的主动性和创造性，为组织带来灵活性和适应性。

组织结构扁平化不是新兴技术领域特有的概念，它的兴起与发展是与信息技术的发展密切相关的。信息技术的不断发展和广泛应用，尤其是网络技术的发展和互联网的广泛使用，使信息的上传下达变得更加快捷和便利，不仅在一定程度上取代了传统组织中的中层管理者的主要作用，而且可以使组织的办事效率更高、更有成效。

3. 组织边界模糊化

任何一家企业的资源都是有限的，因此，这就要求企业在合理利用这些资源的同时还要能够到企业外部寻找资源。随着数字化技术的广泛渗透，企业内外部的协调和资源整合趋势愈加明显，组织的开放性不断增强，边界逐渐模糊。网络组织、虚拟组织等多种新的组织形式应运而生，使得组织关系网络化特征越来越突出。通过这些新型的组织形式，企业有了新的灵活的边界，这不仅可使企业更加充分、有效地共享各种外部资源，节约运营成本，而且还可以更好地监测环境变化，建立更多期权，更加快捷、准确地为用户提供优质服务。

4. 组织联盟战略化

战略联盟是企业应对环境不确定性的重要组织应对方式，虽然不是新兴技术管理情景独有，但对新兴技术管理尤为重要。新兴技术高度不确定性的内生属性，以及对发展新技术所必需的资源和能力的巨大需求，使得单一企业发展新兴技术会面临巨大风险，因此战略联盟就成为企业应对不确定性、获取必需的资源和能力、学习新知识所依赖的最重要的途径之一。战略联盟不仅是一种组织形式，更是一种被新兴技术企业所广泛采取的组织战略。执行这种战略的企业更容易拥有或利用丰富的资源和知识，从而更有可能在竞争中占据有利地位。从联盟的基本目标来看，对于发展新兴技术而言，环境的动态发展使单位成本的降低远不如创造新产品、新服务和新的市场机会重要，对速度经济性、范围经济性和网络经济性的追求成了新兴技术战略联盟的基本考虑。

7.2 新兴技术企业的几种新型组织形式

根据系统权变组织结构理论，组织结构必须根据环境的变化不断进行调整，不同的组织或同一组织在不同的发展阶段，都应根据具体的环境来设计组织结构，组织不是静态、固定的，而是处于不断地调整和适应过程中。区块链、人工智能等新兴技术的发展已经引起了经济社会以及政治环境的变化，因而要求组织具有高弹性、快速、敏捷的特征以适应环境的变化。在这种情况下，多种新型的组织结构应运而生。新兴技术企业常用的新型组织形式有虚拟组织、网络组织、孵化型组织、双元组织和前后端组织。

7.2.1 虚拟组织

虚拟组织（virtual organization）是雇员、供应商和客户在地理上分散但技术上统一的组织，组织中的成员利用现代网络技术为广泛而分散的用户服务。虚拟组织边界模糊，但却能高效地完成任务，面向广泛而分散的用户提供特定的服务。虚拟组织减少了资产委托，降低了运作成本，带来了更大的灵活性，从而在新兴技术管理中得到了快速发展。

虚拟组织最早出现于戴尔计算机公司（DELL），该公司抓住了新兴技术和信息管理发展的机会，将供应商伙伴、用户群和即时制造系统集成起来，以便更快、更准确地为快速变化的用户需要服务。它将虚拟组织形式引入了整个价值链，从供应商到制造商，再到用户。

然而，虚拟组织的灵活性也给它自己带来了一系列新的挑战。例如，虚拟组织的成员可以不需要全职工作，也可以没有固定的上下班时间，可以在家里工作，也可以在地球上某个度假胜地工作，因此，传统的规章制度和管理办法很难适用。虚拟组织中的成员会很少见面，甚至不少员工可能从来不曾碰面，这会给监督工作带来困难，监管人员的作用将会从传统的监督过程变为监督结果，监管人员只对结果负责。

7.2.2 网络组织

网络组织（network organization）以一系列有组织的自治或半自治的形式向用户配送完整的产品和提供完整的服务。网络组织形式在公司内和公司间都可以经常看到。

公司间的外部网络组织中，最极端、也是最容易理解的就是外部采购。一家中型的新兴技术企业的外部采购，可能已经是一个不小的网络。外部网络组织形式带来不同的权威和市场关系，它们依赖横向交流而不是纵向系统来构筑和达到合作。网络中的公司独立地接受、执行和安排工作，各自管理自己的生产过程，但它们需采取统一的、能满足用户要求的标准。网络组织中的领导者（网络核心）通常具有某种特别的能力，或者在价值链的某一段上能发挥特殊的作用，通过这种特殊的能力或作用将各个在法律上相互独立的经济实体联系起来，形成一种共生的联盟，来完成一项产品或服务所需的完整的价值链。有的外部网络组织可被认为是"结成同盟"，因此一系列松散的关联公司相对自治地运作，但是也致力于互相监管和控制。

内部网络组织的结构与外部网络组织大体相同，但它存在于公司内部，因此要受到公司等级制度的控制，服从公司总部的统一协调和约束。总部制定发展战略，分配资源并监控成果，但很少关心日常事务，公司内部各部门、分支机构各自管理自己的日常工作。一个典型的范例是基地在苏黎世的ABB（Asea Brown Boveri）公司（世界工业电气行业的巨头），它的许多附属公司和经营单位网络化达到了极点。20世纪90年代晚期，ABB公司在100多个国家内雇用了200 000多名员工，然而，它的总公司才只有不到100名管理人员，实际上，它所有的决策中心都在世界范围内的1300个经营单位和5000个利润中心内。ABB的组织金字塔被描述为"过于分散"，它的机构几乎和它刚出现时一样扁平，在高级执行者和区域管理人员之间只有一层管理机构。区域管理人员因此有自主权去做他们想做的事情，只要他们的决策与公司的目标是一致的。

网络组织在那些技术快速变化和经常出现生产、销售新方法的行业尤其有用。当不确定性很高、风险很大、时间紧迫时，网络组织形式具有快速反应和充分发挥地方自治的创造性的优势。

7.2.3　孵化型组织

孵化组织（spin-out organization）是母公司根据新的经营理念而建立的新实体，新实体按照新的经营理念孵化有前途的技术和服务。在孵化组织（新实体）的过程中，母公司将充当投资者和良师益友。待到新实体在法律上独立了，孵化出的组织在很大程度上要独立地靠自己的资源进行运作。一般公司很少把孵化组织当作一种生存方式，但许多大公司却把它作为新兴技术发展战略的一个重要组成部分，以克服大公司固有的惰性和能力刚性。

例如，海尔的"平台+创客"模式是孵化型组织的典范。海尔集团公司是全球领先的美好生活和数字化转型解决方案服务商，旗下拥有3家上市公司，布局智慧住居、产业互联网和大健康三大主业，构建了全球引领的卡奥斯工业互联网平台和大健康生态品牌——盈康一生，旗下海创汇创业加速平台孵化了7家独角兽企业、102家瞪羚企业、80家专精特新"小巨人"。

7.2.4　双元组织

双元组织（ambidextrous organization）创造了一种能同时兼顾稳定现有业务和抓住出现新的商业机会的环境。这种组织一方面致力于原有技术领域的不断改进，另一方面则在不断寻求新的商业突破。这种组织方案的设计可以保证在持续改善现有业务和不断寻求非连续革新两方面被同时兼顾，都能"左右逢源"。双元组织在不断发展新兴技术的同时，继续保持现有业务的稳定和增长，是一种比较稳妥的发展模式和组织形式，这种思路很类似于人们常说的"一手抓稳定，一手抓发展"。

双元组织面临的挑战是新、老业务在观念和资源分配方面可能存在冲突，使运用这种组织形式的企业面临左右为难的困境。但是，小米、海尔、腾讯等公司的实践表明，只要协调有力，这种冲突完全有可能得到调和，新、老业务完全可以在同一个屋檐下成功运作。

采用双元组织形式时，成功的关键是要合理分配公司的资源，要致力做到新、老业务资源共享，相互学习，互通信息，有序竞赛，现有业务是发展新业务的基础和保证，新业务是企业未来的增长源泉。现有业务稳定住了，新业务发展了，这种组织形式的运用就成功了。

7.2.5　前后端组织

前后端组织（front-back organization）的概念最早于1993年提出。这一概念是指把一个组织的活动划分为前端和后端两部分，前端主要组织用户或进行区域管理，后端主要组织生产和技术。也就是说，这种组织形式在前端集中公司的能力围绕用户服务，而公司为前方服务的各种机构和支持系统都放置在后端。前后端组织的优势主要在于可以向用户提供快捷、高效和个性化的解决方案。前后端组织与传统组织的最大差异，是减少各端的自主性，实现用户至上的权力关系的重组，是一种真正以用户为中心的组织形式。前端员工对用户比对他们的老板更负责，同样，后端员工对前端员工也会比对他们的老板更负责。

一种典型的前后端组织是反向组织，在这种组织中，所有的主管、系统的支持员工都在为前端人员工作，而前端人员则集中公司的资源和能力最大限度地满足用户的需求。伴随着这种公司资源和能力的集中，前端工作人员可以随时调动资源以快速而准确地满足用户的需求。在这种组织中，工作重心和流程被倒转过来，用户被放在了顶端，接下来是为用户服务的人，其余的工作人员则放置在更下面。

另一种前后端组织的变体是垂直和水平工作小组的混合。在这种组织结构里，公司根据垂直报告线划分为不同的单元，但当它们的工作遇到垂直线上的障碍时，会有正式的渠道进行信息的上传下达。有时前后端组织关注产品，有时关注区域或分销渠道。有时，通过多次组合后，他们开始类似于"无中心公司"，资源直接集中于最前方与用户接触的地方。

7.3　新兴技术企业中新型组织的深入讨论

下面我们分别对虚拟组织、战略联盟、组织扁平化和组织分离等在新兴技术企业中得到广泛应用的组织策略进行较为深入的讨论。

7.3.1　虚拟组织

1. 虚拟组织的产生——敏捷制造与虚拟企业

20世纪90年代初，美国的肯尼斯·普瑞斯（K. Preiss）等人合作完成了一份题为《21世纪制造业研究：一个工业主导》的研究报告。报告的结论性意见是：全球性竞争使得市场变化太快，单个企业依靠自己的资源进行自我调整的速度跟不上市场变化的速度，为了解决这个影响企业生存和发展的世界性问题，报告提出了敏捷制造（Agile Manufacturing）的概念，敏捷制造的指导思想是改变传统的大批量生产，采取先进制造技术和信息技术对市场的变化做出快速响应；通过可重用、可重组的制造手段与动态的组织结构和高素质的工作人员集成，获得长期的经济效益。其基本原理是采用标准化和专业化的计算机网络和信息集成基础结构，构造虚拟制造环境，在虚拟制造环境内动态选择成员，组成面向任务的虚拟公司进行快速生产，其目标是最大限度地满足顾客的需求。

虚拟组织（虚拟企业）就是随着敏捷制造的概念一起于1991年被提出来的，它是敏捷制造的组织形式。虚拟组织被提出后，在传统的制造业获得了广泛的应用，但是，其真正被大力发展与被大量地应用，却是在不确定性更高、动态性更强、顾客与市场更加灵活多变的新兴技术领域。随着新兴技术的迅猛发展，虚拟组织的应用越来越普及。

2. 虚拟组织的定义

关于虚拟组织的定义，国内外文献资料很多，而且观点各异，现列举几种有代表性的观点。

杰胡恩（Jehuen, 1997）认为虚拟组织是无固定工作地点，使用电子通信方式进行成员间联系的组织。在这样的组织中，除了硬件的维护外，所有的业务都不需要在公司内进行。

比瑞恩（Byrne, 1993）将虚拟组织描述为企业伙伴间的联盟关系，它没有明确的组织架构，是由各独立公司所构成的暂时性网络，通过信息技术连接起来，共享技术、成本及对方的市场。

豪杰（Hodge）、安东尼（Anthony）与盖尔斯（Gales）（1996）从核心能力的观点出发，提出虚拟组织是由一核心组织为中心，执行关键功能，其余功能由暂时或签约的员工，以及由核心组织与其他组织所组成的联盟来完成。

安培盖特（Applegate）、麦克法兰（Mcfarlan）与麦肯尼（Mckenny）（1996）认为，虚拟组织是指企业保留了协调、控制以及资源管理的活动，而将所有或大部分的其他活动外包。虚拟组织将大部分生产活动外包的结果是减少销售渠道的中介者，且本身只保留了少数的核心能力，以及为了协调控制其关系网络所需的管理系统。

威廉·戴碧陶和麦克·马隆（1992）认为，虚拟组织是由一些独立的厂商、顾客甚至同行的竞争对手，通过信息技术联成的临时网络组织，以达到共享技术、分摊费用以及满足市场需求的目的。它既没有中央办公室，也没有正式的组织图，更不像传统企业那样具有多层次的组织结构。

通过这些定义可以看出，虚拟组织有狭义和广义之分：狭义的虚拟组织强调信息工具特别是网络技术的运用，组织特征方面强调一种完全松散、平等的组织形态；广义的虚拟组织则强调合作和外部资源的整合，强调市场反应速度和动态性，而不强调必须依赖于信息技术。但是不可否认，信息技术，特别是互联网的飞速发展确实为虚拟组织提供了强有力的支撑。

3. 虚拟组织的基本形式

虚拟组织有以下基本形式：业务外包、企业共生、策略联盟、虚拟销售网络。也有学者认为虚拟组织的基本形式为基于项目的虚拟组织、基于产品的虚拟组织、基于服务的虚拟组织。归纳来看，虚拟组织主要有下面五种形式。

（1）供应链式虚拟组织。这种合作是以产品为主要线索进行的，是建立在产品价格、质量、交货及时性的基础上相对稳定的合作，相对比较松散，合作企业是供应链上下游的关系。这种虚拟组织形式在新兴技术领域的应用不广，主要用于原材料、零部件的供应和产品的发送。

（2）插入兼容式虚拟组织。这种虚拟组织一般是盟主—成员性的合作方式。盟主企业拥有一支相对稳定的核心雇员队伍，但大量工作人员是根据经营需要从多个企业临时雇用的流动人员。盟主企业可以根据产品过程的需要，通过信息中介向其他企业、设备中心或人才专用公司租用设备或借用人才，使之与企业自身的核心资源相结合。这种形式的虚拟组织具有很强的可塑性和灵活性。

（3）业务外包式虚拟组织。又称"虚拟生产"，是盟主企业将产品过程中的一部分工作交给合作企业完成的合作形式。这种虚拟组织推崇的理念是：如果我们在企业价值链的某一环节上不具备核心竞争优势，而且这种活动不至于将企业与用户分开，则选择外包可以提高企业效率，企业自身则更加关注自身的核心能力建设。

（4）策略联盟式虚拟组织。策略联盟是指不同的企业各自拥有不同的关键资源，而彼此的市场又存在某种程度的区位阻隔，为了彼此的利益以及共同开发市场，遂组成策略联盟，借助或交换彼此的资源，来创造新的竞争优势。此类虚拟组织通过各类企业组成松散型网络，不仅可以获得规模经济、范围经济的运营效应，而且还可以抑制过度竞争，通过强强联合共同维护竞争秩序。

（5）虚拟合作式虚拟组织。虚拟合作式虚拟组织是虚拟组织的最高形式，是指企业借助外部的具有优势的某一方面的功能资源与自身资源的结合，以弥补自身某一方面功能不足的一种方式。在这种合作框架下，虚拟组织根据特定的市场机遇，集成各联盟成员为满足机遇所需的相关资源，所需人员、设备分散在不同地方，通过计算机网络来联结，不同的联盟成员企业是针对某一机遇的产品的经营过程组织起来的，通过信息基础设施共同参与经营活动。

4. 虚拟组织的特征

综合国内外的研究成果，虚拟组织的基本特征可以归纳为如下六点。

（1）数字技术赋能。数字技术是组织虚拟化的重要推手。通过电子邮件、公告牌、语音/电视/数据会议、在线聊天、电子投票等，使实体组织加快转变成虚拟组织。

（2）地域上的分散性。虚拟组织借助数字技术将分布在不同地域、具有不同专长的企业联结在一起，共同响应市场机遇，在地理位置上呈现出明显的分散性特点。

（3）拥有核心能力。核心能力定义是一个组织的积累性学识，特别是关于如何协调不同生产技能和整合多种技能的学识。虚拟组织的好处之一就是将各成员之间独特的核心能力整合在一起，形成整个虚拟组织独特的核心能力，这种"合力"不仅使整个虚拟组织具有强大的竞争力，也会使各成员的竞争力大大增强。

（4）功能的集成完整性。虚拟组织作为一个整体，可能包括开发、设计、制造、装配、营销等的部分或全部功能，所有这些功能分别由不同的成员企业来完成，虚拟组织借助信息技术等方式将分布在不同企业的资源进行组合和集成，突破企业的有形界限，延伸企业功能，实现社会资源的优化配置。

（5）组织的非永久性。虚拟组织是一个动态的、开放的组织。它强调对不同成员企业的核心能力进行动态组合，以对快速多变的市场做出反应，因而虚拟企业具有明显的生命周期性，随着市场机遇的来临而诞生，随着任务的完成而解体。

（6）非产权关系属性。虚拟组织在功能和效果上已经远超单个成员企业，但在资产关系上却不具有强制各成员企业发生联系的权利。各成员企业以契约为纽带联系在一起，在产权不发生转移的前提下实现企业对不同专用资产的共享。因此，对整个虚拟组织来说，它实际上不是一个具有行政命令系统的经济组织，但它却承担了某种实体性组织的功能。

7.3.2 战略联盟

1. 战略联盟的概念与特点

战略联盟（Strategic alliance）是指两个或两个以上企业（或特定事业部、职能部门等）为实现其特定的战略目标（如共同拥有市场、共同使用资源等），通过契约、协议而结成的优势相长、风险共担、要素多向流动、组织松散结合的一种新型经营方式，其本质是一种基于非零和合作博弈（non-zerosum-cooperative game）过程的组织制度创新。在新兴技术产业化过程中，通过战略联盟迅速成长壮大，取得竞争优势已成为一种广泛应用的战略思维。战略联盟的一个最显著的特点是竞争与合作共存，即战略联盟的合作伙伴之间就某个特定目的是合作关系，在其他方面却可能是竞争的。企业之间可以通过资源优势互补，建立一个相对长期、稳定的合作伙伴关系，同时加强双方的市场竞争力，这就是企业战略联盟的精髓所在。

2. 战略联盟的类型

战略联盟的类型多种多样，根据不同的标准可以对战略联盟进行不同的分类。波特教授将战略联盟分为纵向联盟和横向联盟2种形式。纵向联盟是指在生产经营活动的价值链中承担不同环节的公司之间的联盟；横向联盟是指在生产经营活动的价值链中承担相同环节的公司之间的联盟。戴维·福克纳（David Faulkner）和卡潘·端菲克（Culpan Refik）提出了以合作性质、合作方式和合作伙伴数量为分类指标，将战略联盟分为集中联盟，复合型联盟，合资、协作和国际联盟。陈隆等（2004）从技术的角度出发，将战略联盟分为技术联盟和非技术联盟。技术联盟是指以技术创新合作为主要目的的战略联盟。实际上，目前企业间的战略联盟中，85%以上是与技术创新活动相关的，因此国外有些学者直接把战略联盟称为技术联盟。从产权角度看，战略联盟可以分为以资产联结的联盟和非资产联结的联盟，资产联结的联盟一般是以合资公司的形式存在的，非资产联结的联盟大部分是靠契约维持的。依据产权和联盟合作内容，可以将战略联盟进一步细分为以下六类。

（1）资产一体化联盟。这是以资产为纽带的战略联盟形式，通过组织和整合同类产业的优势企业及生产经营环节，采取收购或并购的方式，把两种以上相关而分散的资产要素，从企业传统按部就班的资本积累向跳跃式快速积累资本的方式转变，从而实现深层次的强强联合，快速形成大规模高市场份额的巨型产业联盟。例如美的收购库卡机器人。

（2）股权为主型。这是以横向产业股权分配为主的战略联盟形式，主要是两个或两个以上同类型企业或类似企业通过股权交易结成的联盟。2023年11月26日，长安汽车宣布，与华为技术有限公司签署《投资合作备忘录》，计划投资入股华为拟设立的从事汽车智能系统及部件解决方案的新公司。这一案例就是股权为主的战略联盟构建。

（3）联营为主型。这是非股权交易为主的战略联盟形式，是通过联盟内企业的合理分工和有效协商，实现契约合同制造、资源共享和市场共有的经营实力扩张。小米与其生态链孵化企业就是典型的联营型战略联盟，以实现资源共享和市场共有经营策略。

（4）技术为主型。这是以纵向应用为主的战略联盟形式，是在世界各国反价格联盟、反技术与价格双重垄断、反倾销的国际贸易环境下发展起来的。如我国当前实现国产替代的信创产业联盟。

（5）研发为主型。这是以产业研发中心为主的知识性战略联盟，主要有股权式和非股权的虚拟型两种。前者是多个产、学、研的研发中心，以合资的方式共建的一种相对紧密的知识创新、成果共享的联合研发共同体；后者是多个产、学、研、供应商、经销商、金融、证券、风险投资商、劳工组织之间，通过协议、契约和协商而建立的极为松散的虚拟研发网络共同体。

（6）技术标准联盟。在技术高速进步的今天，几乎所有的战略联盟都和技术有关，特别是在新兴技术领域，技术联盟是最主要的应用形式。在技术联盟中，又有一类特别的联盟形式需要引起关注——技术标准联盟。按照公认的说法，技术标准联盟就是为了实现技术标准的制定、应用与推广，相关企业结成的战略联盟。不论从技术含量、资产规模、覆盖地域、影响力等哪方面来看，技术标准联盟都是目前战略联盟最值得探讨的热点领域。

3. 新兴技术战略联盟的特点

与传统产业内的联盟相比，新兴技术战略联盟具有如下特点。

（1）范围不同。传统的联盟一般体现在生产环节（属生产联结型联盟），如通过在一些标准零部件的生产制造上与其他企业合作，主体企业可以避免在一些附加价值不高的部分投入太多，从而更专注于核心业务。而新兴技术企业战略联盟范围则延伸到了价值链上的每一个环节（属知识联结型联盟），从研发到生产到营销，其中以技术联盟最为常见。

（2）目的不同。传统的联盟主要动机在于通过规模经济性、范围经济性以及主体业务集中达到提高经济效益的目的。但对新兴技术企业而言，环境的动态发展使单位成本的降低远不如创造新产品、新服务和新的市场机会重要，对速度经济性和网络经济性的追求成了新兴技术企业战略联盟的基本考虑。因为速度经济性强调要素、产品的流动速度与通过能力的提高所带来的成本节约和效益增加以及快速发现开拓新技术、市场的先发垄断利润。而网络经济则强调以资源为基础，对外部资源的有效利用与整合，实现资源的乘数效应。

（3）形式不同。传统产业内的联盟一般通过长期协议的形式来实现，而新兴技术企业联盟则有更多的形式，包括协议、组建合资企业、股份互换等。因此后者在组建、管理上比前者有更多的不确定因素，因而也就有更多的支出和风险，当然也意味着更高的柔性和更多的灵活性。

（4）联盟参与方各方地位对比不同。传统产业内的战略联盟往往以一个强势企业为中心展开，其他企业只是其附属，因此强势企业有更多的主动权。但在新兴技术企业战略联盟中却经常出现强强相对的情况，由于双方合作在于实现优势互补或者共生发展，因此彼此的依存度很高。从这种意义上讲，各方是在更为平等的基础上进行合作，联盟是各方实现其战略意图的共同平台，双方对机会、对未来的把握显得至关重要。

4. 战略联盟在新兴技术管理中的作用

新兴技术高度的不确定性需要组织更加灵活、战略更具柔性以降低不确定性并分散风险，战略联盟恰好可以满足这些要求，因而战略联盟在新兴技术的发展和竞争中发挥着至关重要的作用。

（1）战略联盟对企业参与新兴技术竞争的作用。

新兴技术组织应用战略联盟，可以使企业获取如下好处。

①获得学习新知识、掌握新技术的机会。新兴技术企业结成战略联盟的首要目标是知识的获取和共享。由于开发新兴技术所需的巨大投资与面临的高度不确定性，所以很少有企业能独立具备发展新兴技术所需的全部知识与技术。在这些知识与技术中，一部分是需要组织自身通过投入来发展的，如组织的核心知识与核心技术；另一部分则是组织自身短时间内没有能力发展或者没有必要自身投入资源来发展的。通过联盟内的知识流动与知识共享，组织可以从合作伙伴那里接触到新知识、学习所需的知识，或者购买所需的技术。

②接触互补资源的途径。互补资源是指合作者的不同资源，这些资源结合在一起时可产生协同效应，产生的竞争优势大于每个合伙人单独利用资源时所获得的竞争优势的总和，并且比它们没有结合之前更有价值、更稀有，并更难模仿。战略联盟为企业提供了这

样的机会。

③观察和接触新市场的途径。新兴技术初期市场是极度模糊的，即使发展到了中期，也仍然具有很高的不确定性。此外，即使技术已经比较成熟了，但是被移植到新的应用领域时，也可能面临新市场的不确定性。通过战略联盟伙伴之间的交流与帮助，可以观测、接触全新的市场，降低市场的不确定性。

④接触能加强公司竞争地位的资源的途径。在技术、市场不确定性降到较低程度，商业化已经开始时，企业能从联盟伙伴那里获得，或者合作产生加强竞争地位的资源。新兴技术公司有三种类型的资产可与合作者的资产一起成为专业化资产以加强竞争地位：特殊的地理位置、有形资产和人力资本。

⑤影响甚至控制技术标准的机会。在新兴技术领域，行业技术标准不仅决定一家企业的生死存亡，也会影响企业发展的机会空间。例如，2014年6月，特斯拉创始人埃隆·马斯克发了一条消息——我们的专利属于你，宣布开放特斯拉的所有专利，这极大地影响了电动汽车的发展和技术标准的形成过程。

（2）战略联盟对降低新兴技术不确定性的作用。

从高度不确定性的初始阶段到不确定性低得多的成熟阶段，战略联盟为新兴技术企业提供了窗口战略、选择战略和定位战略等三种应对新兴技术不确定性的手段。

①窗口战略。新兴技术研发阶段的知识、市场与技术不确定性处于最高点，公司由窗口战略指导加入战略联盟。这个阶段战略联盟的主要作用是获取帮助公司进一步发展的技术或降低潜在的替代技术带来的不确定性所需的知识。大学等研究机构是联盟伙伴的主要选择对象。这一阶段的困难主要是公司获得技术的同时，本身的技术可能会泄露。

②选择战略。随着新兴技术的发展，技术（包括其他公司发展的相关或互补技术）逐步成熟，知识与技术的不确定性不断降低，但市场不确定性还很高。哪些技术将是未来的主流技术仍然不确定，但这时公司可能有足够的信息下一些适当的赌注。市场上可能存在大量新出现的竞争机会，这时战略联盟可以被用作一种进入市场的选择战略，每种选择都代表着在未来获得成功的可能途径。

③定位战略。在新兴技术发展后期，由于技术在市场的竞争中变得具体化，不确定性已被降低到可以接受的程度。这时，战略联盟主要被用作定位战略来降低成本、影响市场结构以及接触市场。公司通过与伙伴之间的互补资源与专有资源的结合，获得规模优势或以规模为基础的优势，加强公司及其战略伙伴的竞争地位。

5. 技术标准联盟

在人工智能、5G等新兴技术领域，竞争已经超越了技术与产品的范畴，技术标准成为竞争的最高境界。技术标准本质上是一个"专利池"，是将一组专利技术创新性地组合在一起的结果。一方面，采用标准就必须对其中的知识产权付费，这是标准的产权效应；另一方面，采用一个标准就必须采用标准涉及的全部专利，这是标准的捆绑效应。从市场的角度来看，技术标准相当于一种市场准入规范，进入某一市场就必须要按照特定的标准生产产品，谁控制了它并将其在世界范围内进行推广，谁就把握了竞争的主动权，正所谓"一流企业做标准，二流企业做技术，三流企业做产品，得标准者得天下"。

技术标准联盟就是不同企业之间为了建立、发展行业技术标准，并将之成功商业化，利用互补性资源、降低不确定性的一种组织间合作方式。当代高技术领域技术标准的确立的一个主要趋势是标准的联盟模式，几乎每个标准的背后都有一个实力强大的联盟。这是因为确立技术标准，除了对企业的技术、资金等有极高要求，还要求企业有强大的风险承受能力与市场号召力。所以，联盟这种资源共享、风险共担、利益均沾的企业间合作方式在技术标准的确立过程中得到了广泛应用。5G标准、UWB的标准等均是采用开放的联盟模式。

对于新兴技术而言，技术标准联盟具有下述优势。

①创造先动优势。技术标准联盟通过成员之间技术的协调和互补，使联盟成员都获得其需要的技术，以促进技术的发展与成熟。联盟成员之间通过协作研发，使联盟中的企业各自发挥自己的优势，以形成更强的技术实力。通过联盟成员间的资源互补，分摊相关的成本，可以降低标准化过程中的风险。通过产权互换、技术许可等途径，还可以实现联盟内标准化与知识产权的统一，解决标准化过程中多个企业间专利技术的协调统一运作与单个企业保护自己的知识产权之间的矛盾。所以，技术标准联盟可以加速将技术推向市场，通过较早建立顾客偏好、规模经济和学习曲线效应等带来的成本优势，创造先动优势。

②增强标准的网络外部性。在具有网络外部性的市场中，产品及其兼容产品的用户基础规模是影响产品价值的主要因素，用户基础规模越大，则产品价值越高，因此用户基础规模在很大程度上决定了厂商的竞争优势。技术标准联盟通过成员之间的协调，联盟内的企业使用同一标准，可以直接扩大标准的用户安装基础，并减少市场上标准的数量，使消费者的选择集中，相对扩大标准的用户安装基础。同时，联盟成员之间通过谈判和妥协，提高标准的兼容性与开放性，吸引跟随厂商提供产业链所需的互补技术与兼容产品，使用户获得更多价值。所以，技术标准联盟可以增强标准的网络外部性，根据网络外部性原理，联盟模式的技术标准更容易在标准竞争中获胜。

③影响消费者选择。存在网络外部性的市场具有可实现预期均衡的特征，即对市场规模的预期最终会与实际市场规模一致。所以，消费者的预期是影响技术标准扩张的关键因素。一旦某个联盟，特别是拥有跨国大企业的联盟宣布支持某个标准，就可以在市场上形成巨大的预期效应，消费者为保护自己的利益会加大选择此类标准的可能，并最终促使联盟的标准成为事实标准。

④赢得政府支持。强大的技术标准联盟依靠其影响力，往往可以利用政府增强本国企业在国际竞争中的地位、节约社会成本等执政原则，赢得政府对其标准的支持。而政府可以通过决定市场上竞争者的数量影响标准产品的需求，通过对联盟的干预增加标准的兼容性与开放度，从而影响现实用户安装基础和消费者的预期。

7..3.3 组织扁平化

组织扁平化是企业应对环境不确定性和动态性的重要趋势，更是新兴技术组织的核心特征，换言之，新兴技术企业的组织结构不是通过变革变得扁平化，而是新兴技术的组织结构天生就应该被设计成扁平的。

1.组织扁平化的内涵与特点

所谓组织结构扁平化，就是通过破除组织自上而下的垂直高耸的结构，减少管理层次，增加管理幅度，裁减冗员来建立的一种紧缩的横向组织形式，以达到使组织变得灵活，敏捷，富有弹性、创造性的目的。

扁平化组织的一些共同要素主要体现在以下几点。

（1）企业组织规模小型化，并分立出许多"原子式组织"，这是一种高度分权化了的职能部门，公司的组织结构是围绕有明确目标的几项核心工序建立起来的，而不再是围绕职能部门，职能部门的职责也随之逐渐淡化。

（2）把"顾客满意"作为公司的原动力和衡量业绩的标准。上至最高主管，下至一线员工都同原材料与供应商以及顾客建立直接的、固定的联系，并吸引供应厂商和顾客的代表作为公司团队的成员，以便更好地面向顾客，快速地响应市场的变化。

（3）在扁平化组织中，公司的工作由原子型组织来完成，这种小型工作团队改变了中间管理者的角色。在一种亲密的、相对简单的工作状态中，完成复杂任务的机会将构成动力的源泉。因为其成员不必花时间费精力去盘算如何往上爬的事情，绝大部分的中间管理层将被社会影响力机制，特别是文化所替代。

（4）每一工作单元（原子式组织）都对它自身的工作目标进行控制，员工之间以及员工与上级之间通过计算机网络和通信联络进行交流，而且每位成员都负有信息交流的责任。

（5）在管理幅度不可避免地增宽的同时，训练员工进行自主管理。对于大部分工作，员工不必依赖于上级而是自己做出工作中的决策，并为之负责，这样就最大限度地把每个员工都变成了企业家。

从这些要素可以看出扁平化组织与传统的金字塔组织有许多不同之处，见表7-1所列。

表7-1　金字塔组织与扁平化组织结构特点比较表

比较项目	组织类型	
	金字塔组织	扁平化组织
层次与幅度	层次多、幅度窄	层次少、幅度宽
权力结构	集中、等级	分散、多样化
等级差异(权力、待遇)	不同等级差异大	不同等级差异较大
决策权	集中在高层	分散于整个组织
沟通方式	上下级之间,沟通距离长	上下级之间,平级斜向沟通
职责	附加于具体的职能部门	很多成员分担
协调	通过等级结构和明确的规定管理程序	手段多样,注重人员间的直接沟通
持久性	倾向于固定不变	持续地调整以适应最新情况

资料来源:单泪源,刘正安.组织扁平化及其在企业中的应用[J].企业管理,1998,(07):32-33.

2. 组织扁平化在新兴技术领域获得广泛应用的原因

（1）新兴技术高度的不确定性主观上要求组织扁平化。

新兴技术具有高度的技术、市场与管理不确定性，管理新兴技术的难点和挑战集中体现在如何应对新兴技术的高度不确定性上。

由于面临着快变、复杂的环境，组织对环境变化的快速反应能力成为应对新兴技术不确定性的一个重要因素。金字塔式组织天生的特点就决定了组织内部信息流动速度慢、信息失真率高、官僚主义严重、组织的惯性大，因此，采取传统的基于科层制的金字塔式组织结构设计时，不论组织设计得多么完美与精干，结果都是组织对环境变化的反应速度难以达到应对新兴技术不确定性的要求。

而取消了中间管理层的扁平化组织的优点之一是组织层级少、管理幅度大、员工自我管理带来员工责任心强、官僚主义作风较少，因此信息在组织内部的流动速度快。由于原子式组织直接面对顾客和供应商，因而一线员工对竞争环境的变化认识深刻，对环境更为敏感。环境的微小变化都可以转化为信息在组织内部迅速流动，而组织也可以对环境变化迅速反应，减少了响应时间。这些都为应对快变、复杂的环境奠定了良好基础。因此，组织扁平化成为应对新兴技术不确定性的主观选择。

（2）组织扁平化有助于促进组织创造力的提高。

新兴技术是以创新为获取竞争优势的主要手段的，创新能力是新兴技术企业重要的核心能力。提高企业的创新激励水平，除了加强物质、人力资源等方面的投入外，组织也是很重要的一种保证，而组织扁平化正是重要的组织保证手段。

第一，组织扁平化这种高度授权的组织结构形式，给了员工广阔的自由发挥的空间，有利于员工自主发挥他们的聪明才智；同时员工有机会直接接触顾客与供应商，员工对市场需求的变化理解更为深刻与直接。这些因素都有利于发掘员工的创造力与创新精神，为企业创新能力的提高确立了前提条件。

第二，在这种高度自治的原子式的工作团队内部以及团队之间，由于破除了金字塔式的组织结构，员工之间的横向交流机会明显增加，交流的深度与广度都是金字塔式的科层制组织无法比拟的。在这样的环境下，知识和经验（特别是难以被编码的隐性知识）流动的速度和流量增加得很快，员工与员工之间的面对面交流，将可能促进整个企业内部知识水平的提高。而知识是创新能力的基础，组织扁平化在知识层面为企业创新能力的提高提供了保证。

第三，在扁平化组织内，员工的绩效考核系统以及薪酬系统的设计不是基于任务的，而是基于团队和能力的。这样就保证了员工在工作过程中不是关心短期的绩效目标，为利益更长远的创新奠定了制度基础。

3. 组织扁平化的优点与难点

（1）组织扁平化的优点。

从组织扁平化的定义和特点看，组织扁平化的优点是很明显的。

①信息流畅通。管理层次的减少以及信息技术的采用都会在很大程度促进信息流的畅通，扁平化直接增强了信息传递的能力。

②创造性、灵活性增强。信息流的畅通使企业能灵敏、快捷地对顾客需求做出反应，有助于增强企业的灵活性与创造性。

③决策周期缩短、决策质量提高。信息流的畅通、分权、灵活性与创造性的增强都会缩短决策周期，提高决策质量。

④员工士气和生产率提高。自我管理为主的扁平化组织给员工的工作提供了最大限度

的自由，提高了员工的积极性、创造性，这必然导致整个企业士气和生产率的提高。

⑤有利于降低成本。员工人数的减少，工作效率的提高，必然带来产品和服务成本的降低。

（2）组织扁平化的难点。

虽然组织扁平化有这么多优点，但其缺点与构建扁平化组织的难点也同样明显。

①人性假设过于理想化。扁平化组织结构所隐含的人性假设是"自我实现人"。即人并无好逸恶劳的天性，人的潜力只有充分表现出来，人才能感受到最大的满足。在该人性假设下，充分授权，建立较为分权的管理制度，选择具有挑战性的工作等，使劳动者显示出自己的能力，满足自我实现的需要，就是顺理成章的事。然而"自我实现人"的理论基础并不完全能够站住脚。因为人到底是什么性质的人，似乎仍无定论。

②员工晋升机会减少。扁平化组织结构所要求的层级减少，势必导致员工的晋升机会减少，在扁平化组织内，管理者特别是中层管理者的"职业高原"现象越来越明显；同时，扁平化组织结构又往往要求员工素质较高，而高素质的员工往往又更倾向追求晋升之类的精神鼓励。如此一来，如何留住这些人才将是扁平化组织面临的严峻挑战。

③管理控制难度增大。在扁平化组织内，随着管理幅度的增加，制定稳定而具体的控制标准的难度也将增大。没有稳定而具体的控制标准，自然有可能导致管理的失效、失控。或者说，如果工作中出现了差错，难以分清责任。没有责任的授权是危险的，没办法与责任挂钩的报酬是不公平的，最终有可能导致组织行为的混乱。

④对高层管理者的要求太高。组织扁平化对员工素质要求高的同时，对管理者素质要求更高。一方面，扁平化管理思想的建立和实施，是一个持续推进的过程。这就构成了对决策者智慧和毅力的真正考验，即决策者是否有毅力将这一管理理念一贯地推行下去。所以，它将考验决策者是否有足够的智慧将推行扁平化成为一项上至决策层下至员工都积极参与的集体项目，而不仅仅是决策者的个人行为。另一方面，组织扁平化既要求管理者具有很强的管理能力，还要求管理者具有授权的艺术，而授权的艺术要求管理者有很高的监督检查和激励能力。显然，这样高素质的高层管理者本身就是稀缺资源。

7.3.4 组织分离

1. 组织分离的含义

从组织的角度看，在面对新兴技术的挑战时，主流的观点是提高组织柔性、促进组织结构扁平化，推动组织功能学习化等。这种愿望与想法看起来是无懈可击的，也是可行的，但在新旧技术交替的过程中，仍有深知此道的成熟大公司被淘汰出局，而很多新兴的小公司却凭借灵活的经营手段与不受束缚的管理思维在新兴技术的竞争中占据优势。

由于新旧技术所要求的管理思维、成长路径、赢利模式、价值体系、管理方式与方法、成本结构等多个方面的显著差异，成熟大公司原有的组织结构、文化等将制约新兴技术的发展。只有建立适合新兴技术生长环境的公司，才能与新兴技术相互推进，获得不断的发展。

对大企业来说，有效管理新兴技术的一种组织策略就是组织分离。所谓组织分离，就是为了防止公司原有的组织结构和能力刚性妨碍新兴技术的成长，将发展新兴技术的部门独立出来，使技术能在适合其发展的组织环境里面成长。由组织分离得到的独立部门相当于一家全新的新兴技术企业。

2. 组织分离对发展新兴技术的作用

组织分离在新兴技术企业中逐步得到广泛的应用，主要是因为它具有如下四方面突出的作用。

（1）克服核心技术能力刚性的制约。核心技术能力的形成是一个内生的长期积累的过程，因而核心技术能力表现出历史依存性和继承性，它一旦形成，就成为企业保持技术发展的内在一致的动力机制，可以为企业创造难以模仿的竞争优势。

但核心技术能力同样可能制约企业的技术变革，表现出不易被改变的核心技术能力刚性。核心技术能力刚性的本质是对企业适应环境变化的能力的制约，即企业长期培养起来的核心技术能力，将企业的技术发展与技术选择禁锢在特定的领域与方向内，使企业不能适应环境的变化而迅速、灵活地改进自己的技术能力。这种制约是与企业所面对的环境变化紧密联系的，既表现在对企业培育新技术的制约，也表现在对企业技术发展方向转变的制约。

对于成熟的大型企业而言，发展新兴技术使企业面临着全新的环境与问题，需要全新的思路与方法（即使是一些新兴的成功的新兴技术企业，在面对不同的新兴技术领域时，同样有可能面对这样的问题）。这时，核心技术能力刚性往往会制约新兴技术的发展。企业可能已经意识到为了发展新兴技术需要采取新的思路和方法，也需要使组织变得更加灵活，但这并不能从根本上改变核心技术能力的制约。在这种环境下，采用组织分离，建立独立的部门专门用于发展新兴技术，就可以有效摆脱核心技术能力刚性对新兴技术发展的制约。

（2）提高创新激励水平。成熟大型公司面对新技术时，经常表现出创新激励水平过低的问题，这主要有两方面的原因：一是路径依赖性。路径依赖理论认为，对技术的采用存在报酬递增现象，由于某种原因已经发展起来的技术通常可以凭借先发优势，实现自我强化，而采用新技术却可能对原有业务产生威胁，因此，路径依赖性使企业被锁定在以前熟悉的技术发展方向上，面对新兴技术时兴趣较低。二是替代效应。成功的技术创新使成熟大型企业与新兴企业都能获得利益，但由于成熟大型公司已经在原有技术上进行了大量投入，并取得了相当的成功，因而新技术带给成熟大型公司的利益比带给新兴公司的利益相对要小，这也影响了成熟大型企业对新兴技术的采用与管理。

创新激励水平的不足会直接导致成熟大企业在新兴技术竞争中参与过晚、不能完全投入和缺乏恒心。对新兴技术采取组织分离的方法进行管理，由于独立出来的部门相当于是一家全新的新兴技术企业，没有历史上的成功经验和特定的资源投入，因此可以避免创新激励不足制约新兴技术的发展。

（3）防止原有的企业文化影响管理新兴技术的思维方式。企业文化是一家企业在长期的发展过程中，逐步培育起来的全体员工共同遵守的行为准则与思维方式，一旦形成，将强烈地影响人们的行为与思维方式。

如果将新兴技术放在成熟大型企业的组织内部不加区分，即使企业的创新激励水平较高、核心技术能力刚性较弱，但管理者仍会不由自主地按照现有的企业文化所约束的行为方式与思维方式来管理新兴技术。而新兴技术一般是一些孤立事件，没有先例可以遵循，一项新兴技术成功的经验，一般不能用来指导另一项新兴技术。所以，成熟大型企业用企业文化要求人们坚持熟悉的一切，按照以往的思维方式与行为方式来管理新兴技术显然是行不通的，特别是对于那些激进变革的新技术，如DNA重组技术、高温超导技术等。

组织分离将新兴技术放在一家全新的独立部门中进行培育，母公司原有的企业文化就不会影响到新兴技术的发展。全新的独立部门可以不受束缚地为新兴技术发展新的管理思维、管理思路与方法，甚至建立全新的适合新兴技术发展的特定企业文化。

（4）避免新老业务之间的冲突。如果将新技术与原有的老业务放在同一组织内一起发展，企业往往面临一个左右为难的问题：原有业务给企业带来正的现金流量，而新技术在其发展前期阶段则面临着高度的不确定性，并且需要大量的投入，企业将面临现有技术带来的短期利益与新兴技术的长期利益之间的抉择，尤其这种长期利益能不能像人们乐观估计的那样如期获得都是很不确定的。在很多情况下，追求财务报表上的漂亮数据不可避免地会导致企业排斥新技术，对新兴技术不愿全力投入。这种矛盾的例子之一就是左右逢源组织，由于左右逢源组织在培育新兴技术的同时又不放弃现有业务，因而就冒着播下冲突的危险，在资源分配和观念上出现新、老业务之间的冲突，如果管理不当，就会使"左右逢源"组织变成"左右为难"组织。

显然，将发展新兴技术的部门独立出来，不与原有业务在同一个组织体系内运行，也不采用同样的财务指标进行评价，就可以有效地避免新老业务之间的冲突。

虽然成熟大型公司往往拥有新兴的小公司所不具备的资源方面的优势，但刚起步的新兴技术越是能在一个独立运行、具有不受束缚的思维方式的环境中成长，就越容易成功。因此，组织分离的实质就是为发展新兴技术创造独特的、必需的环境，从而避免成熟大型公司内上述四种情况对新兴技术的制约。

3. 实现组织分离的主要途径

目前运用较多的组织分离途径主要有孵化组织，组建合资公司和参股、控股其他新兴技术公司。

（1）孵化组织。

孵化组织的概念和特点已经在前面进行了讨论，许多大公司把它作为新兴技术发展战略的重要组成部分。孵化组织采取与母公司不同的成长战略、金融目标和业绩目标，具有船小好掉头的优势，能迅速应对快速变化的技术和市场条件，可以有效规避大公司的传统思维模式和能力刚性的束缚。这些优点使孵化组织能帮助有前途的新兴技术在成熟大公司找到归宿，即便是母公司现有的管理人员习惯于按照他们熟悉的思维方式工作，都不会影响到新兴技术的发展。

（2）组建合资公司。

当公司拥有特定的技术或能力，但还必须运用其他同样重要的互补性的资源和能力才能完成发展新兴技术的任务时，组建合资公司是一种理想的组织分离途径。合资公司与各自的母公司独立运行，这样既达到了组织分离的目的，同时还享有母公司的资源和能力互补，而各母公司原有的企业文化、管理方式等都不会对合资公司产生影响。例如，前述的苹果公司在开发袖珍笔记本电脑时，采取了与索尼组建单独的合资公司的方式；施乐在开发日本市场时与富士合资等都是运用组建合资公司途径实现组织分离的典型案例。我国企业使用这种组织分离的一个典型例子是华为3Com公司。当华为公司想发展数据通信产品的研究、开发、生产、销售与服务时，华为将这部分业务独立出来并与美国3Com公司组建合资公司，通过这个独立机构，华为可以为企业、公共机构和家庭用户提供从核心骨干网到桌面终端的全系列IP产品和全业务解决方案。

（3）参股、控股其他新兴技术公司。

如果公司想发展某项新兴技术，但自身并不具备相应的知识和能力，同时这些知识和能力也不是短期内就能获取和培养起来的，那么对携带有该类技术的新兴技术公司进行参股、控股，同样是发展新兴技术、实现组织分离的一条途径。

这是一种双赢的做法：被控股的新兴技术公司一般处于发展前期，已经在特定新兴技术研发上取得了一定进展，积累了较多经验，但他们在财务上大多处于亏损状态，因而市值较低并且对资金需求迫切，如果缺乏进一步的资金投入极有可能会破产倒闭。这时成熟大公司趁机注资，只为被控股的公司提供资金支持，而不对运营进行干预，让被控股的公司保持独立自主的地位，又得到了经济支持。

如果说孵化组织、组建合资公司主要是将公司从内部发展的新兴技术通过组织分离进行独立发展的话，对其他新兴技术公司进行投资则是从公司外部获得技术通过组织分离进行发展。这在现代生物技术领域经常看到。现代生物技术起源于完全不同的学科和基础技术——分子生物学和DNA重组技术，成熟大型企业在这方面的知识几乎空白，而传统大型制药企业和化学企业虽然资金实力强大，但现代生物技术的研发周期漫长、投入惊人，而成功率却非常低，发展这类技术也非常困难。与此相对应，现代生物技术的主要推动者是那些从学术研究起步，由科学家和风险投资组成的新兴生物技术公司，当他们的新技术研发进入一定阶段后，资金的压力就变得非常大。因此，很多传统大型制药企业和化学企业就抓住这样的机会，注资控股其他新兴生物技术企业，并将其作为专门发展现代生物技术的独立部门，罗氏公司（Roche Holding）对基因泰克的控股是这方面的典型案例。

4. 运用组织分离的要点

由于新兴技术的迅猛发展，可以预见，组织分离将会得到越来越广泛的应用。但是，企业应该如何灵活、高效地运用这种新型组织战略呢？有以下几点可供参考。

（1）分析新、老业务（技术）的相关联度，如果新、老业务属于竞争性关系，如耗用共同的技术、人才资源，满足同样的市场，这样的新、老业务在组织中的冲突会较大，应尽快分离；如果新、老业务属于互补性关系，这种新、老业务可以起到相互促进、相互补充的作用，因此完全可以在同一屋檐下和睦相处，不一定要进行组织分离。

（2）如果新业务与公司各部门的关联度较大，受到多个部门的制约，而且已经明显感觉到公司现有系统无法支撑新业务高速运行，则应尽快分离，使其自成系统；如果新业务在公司中已经集中由一个部门负责，责权利已经划分明确，则不一定要进行分离。

（3）当新业务在管理方法、销售对象、销售手段、风险性等方面与老业务的区别很大时，采用组织分离应该是可取的。

（4）当组织缺乏发展新兴技术的某种不可或缺的资源时，如营销网络、大批量生产能力等，采用组织分离，建立合资公司的做法将有助于获得所需要的资源。

（5）当公司为了获得今后发展所需的新兴技术时，采取参股、控股等途径投资拥有新兴技术的中小型公司，不仅可以通过外部途径尽快获得所需技术，同时还能分享和利用参股、控股公司的知识和能力，不失为大公司发展新兴技术的一条捷径。

5. 平台型组织——大企业管理新兴技术的组织策略

平台型组织，是指企业将自己变成提供资源支持的平台，并通过开放的共享机制，赋予员工相当的人事权、决策权和分配权，使其能够通过灵活的项目形式（也有企业将其称为经营体、小微生态圈、模拟公司等）组织各类资源，形成产品、服务、解决方案，满足用户的各类个性化需求。员工变成了为自己打工的创客，而创客和企业都能够从项目的成功中分享可观收益。

平台型组织是一种用户需求拉动的组织，企业的动力来自接触用户的前台项目，前台拉动中台，中台拉动后台。总之，企业去除了以后台管控为主的官僚主义，所有部门、团队、员工围绕用户需求创造价值。

前台，是传统的利润中心。在平台型组织里，大的销售部门被拆散为若干的小团队，还加上了其他若干职能团队。

业务中台，多半是传统的成本中心，把后台的资源整合成前台打仗需要的"中间件"，方便被随需调用。典型的业务中台如阿里的数据中台、字节跳动的直播中台、腾讯的技术中台等。业务中台也被称为有形的中台，因为他们是有实体部门存在的。

组织中台，是由财务、人力、战略等部门向前台派出的业务伙伴（Business Partner，BP）组成的团队。他们进入前台的小团队，用专业视角与他们共同作战，同时也代表后台高效配置资源和政策。组织中台也被称为无形的中台，因为他们没有实体部门。

数据中台，被称为业务中台的数据化，其让资源和能力在极度共享后形成数据汇集，并基于算法进行智能决策，以支持业务中台和组织中台的运作。

后台，是传统的费用中心，也可以称为"职能部门"或"后勤部门"。这类部门运行四大职能：市场规则设计、宏观调控干预、资源池的建设、整体数据智能化。他们不直接产生效益，更多是间接的、长期的贡献，但他们却奠定了组织的基调。后台的厚度从根本上决定了平台的维系和繁荣。

表面形态，从表面上看，平台型组织的结构只有前后台两层，是前述"前后端组织"的变体，可以被描述为"平台+项目"。目前，大家习惯将业务中台看作平台的一个部分，而将组织中台看作项目的一个部分。

管理实践 科大讯飞的"卫星型"研发组织[①]

科大讯飞是我国第一家人工智能上市企业，在智能语音乃至人工智能领域拥有源头创新能力。

创始人刘庆峰认为，智能语音乃至人工智能产业均是典型的技术先导型产业，具有较为显著的"马太效应"——技术领先型企业可以通过创新性产品引导市场需求，在占据市场先机后，将会通过行业实践经验、数据资源、人才资源的积累，在后继技术竞争中表现出更大优势，从而树立起后来者短期内较难赶超的"护城河"。

---

① 梅新蕾，李伟.科大讯飞：探寻人工智能的实现路径[J].清华管理评论，2018（12）：9.

科大讯飞把研发放在战略高度，坚持以市场为导向进行核心技术的创新和迭代。但智能语音和人工智能技术研发难度大、进入壁垒高，高额的研发投入只是企业取得源头技术突破的"必要不充分条件"，企业制胜的关键在于能否构建并维持一支专家型团队进行长期攻关，并配套以高效的研究成果转化机制。

为此，科大讯飞一方面围绕其三大研究院构建企业自身的核心研发平台，另一方面从源头整合外部行业研发资源，通过与高校及科研机构、政府机构及企事业单位、行业企业、独立科研团队以共建联合实验室等形式展开合作，构建出了一套特殊的"卫星型"研发体系，如图7-1所示。核心研发平台是科大讯飞研发体系的内核，重点针对与讯飞业务发展紧密相连的核心能力进行底层研发。核心研发平台下属三大研究院，分别是人工智能研究院（AI）、大数据研究院（Big Data）和云计算研究院（Cloud Computing），这三个研究院均是基于语音交互技术这一重点领域发展出来的。技术中心是连接后台研究院的底层研究成果与前台各产品部门需求的中间层。相对于研究院，技术中心的研发更靠近应用层面，目标是将底层科研成果转化为可以产业化落地的应用技术；技术中心的人员也更靠近前端客户，针对客户需求做定制化开发，为前台各事业部、事业群服务客户提供技术支持。从团队规模上看，在讯飞当前8 000多人的总体员工团队中，研发团队占比66.28%——其中，讯飞三大研究院约1 000人，技术与开发人员人数超过5 000人。值得指出的是，讯飞从战略稳定性、机制和文化设计上，为其研发人员提供了良好的科研环境——这既是激励、孵化源头技术创新的温床，也是留住优秀科研人才的重要条件。

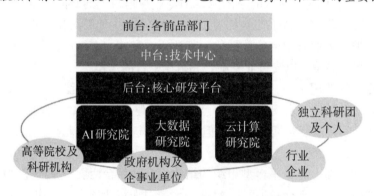

图7-1　科大讯飞的"卫星型"研发组织

本章参考文献

［1］　成红,银路,周岚.高新技术行业动态联盟探析[J].电子科技大学学报(社科版),2003,5(01)：82-86.

［2］　MICHAEL L. TUSHMAN, CHARLES A. O'REILLY III. Winning through Innovation: A Practical Guide to Leading Organizational Change and Renewal[M]. Introduced by Tushman and O'Reilly. Boston: Harvard Business School Press, 1997.

［3］　CLAYTON M. CHRISTENSEN. The Innovator's Dilemma: When Wen Technologies Cause Great Firms to Fail. Boston: Harvard Business School Press, 1997.

［4］　JAY R. GALBRAITH, EDWARD E. LAWLER III & ASSOCIATES. Organizing for the Future: The New

Logic for Managing Complex Organizations[C]. San Francisco：Jossey-Bass，1993.

[5] PRAHALAD C K，CARY HAMEL. The core competence of the corporation[J]. Harvard Business Review，1990，68，(5/6)：79-91.

[6] CULPAN. Multinational Strategic Alliances[M]. INC：The Howorth Press，1993.

[7] 陈隆，张宗益，古利平. 合作技术创新对技术联盟能量效率的影响[J]. 管理学报，2004，1(01)：125-128.

[8] 史占中. 企业战略联盟[M]. 上海：上海财经大学出版社，2001：168.

[9] GORGE S.DAY，PAUL J H，SCHOEMAKER，ROBERT E. Gunther. Wharton on managing Emerging Technology[M].John Wiley & Sons，Inc，2000.

[10] 单泪源，刘正安. 组织扁平化及其在企业中的应用[J]. 企业管理，1998，(07)：32-33.

[11] 李宏伟，王前. 论技术生长空间[J]. 科学技术与辩证法，2002，(8)：24-27.

[12] KAHNEMAN D，KNETSCH J L，THALER R. Experimental Test of the Endowment Effect and the Case Theorem[J]. Journal of Political Economy，1990，98(61)：1325-1348.

[13] 宋思扬，楼士林. 生物技术概论(第三版)[M]. 北京：科学出版社，2007.

[14] GEORGE F J，MOL M J，KAMEL M. Management innovation made in China：Haier's Rendanheyi[J]. California Management Review，2018.

[15] 梅新蕾，李伟. 科大讯飞：探寻人工智能的实现路径[J]. 清华管理评论，2018(12)：9.

第8章
新兴技术的投融资

本章首先分析和讨论新兴技术的投资特点，分析传统投资评价方法应用于新兴技术时的缺陷，接下来讨论新兴技术的投资评价思路以及为什么实物期权方法适用于对新兴技术的投资评价，然后归纳和总结新兴技术融资方式、策略及其选择，最后以现代生物技术为例，探讨现代生物技术的管理特点和不同发展阶段的融资途径。

8.1 新兴技术的投资特点

投资开发一项新兴技术的潜在回报是相当难确定的，这是由技术本身和其所针对的市场不断发展变化的本质所决定的。当然，投资回报越难确定，进行投资决策的挑战性就越大。进行一项新兴技术的投资，最重要的或者大部分的价值就在于投资产生的期权。其间的不确定性越大，灵活管理可产生的价值就越大，因此与之相关的实物期权也越大。

8.1.1 开篇案例

一家高科技公司的新任首席执行官遇到了一个棘手的决策。他的公司获得一个机会，可与一家具有相当专业技术实力的小型高科技公司合作，共同开发一项前景重要的新技术。这项新技术显然可以应用于该公司的现有产品市场，并且可能拓展出极具吸引力的新产品市场。然而，这个项目在研发阶段就需要高达10亿元的投资，在以后的扩大规模和商品化阶段则需要更大的投入。接下来建立商业性生产企业后，还要支付技术许可费用并依据合作双方在企业中的参与地位分享利润。

该公司的首席财务官不赞成对项目提供融资。他完全从财务上进行分析，包括所有预期资金需求和未来赢利状况，结论表明项目未来的现金流折现后无法抵补所需的投资，而且相差还比较大。财务评估分析的结论本应使是否投资的决策显而易见，然而这位首席执行官却疑虑重重。尽管他对财务分析的结论颇有微词，但又不愿对这些结论置之不理。在新的董事会上，这位先生将这个投资机会提出来进行讨论，同时提醒大家注意该项目以及超出首席财务官现金流折扣分析计算出的可能产生的利润，结果，与正规的财务分析得出的结论相反，董事会表决一致通过了该项目投资。

董事会如何做出了这样的决定呢？首席执行官和其他董事们凭直觉知道该项目潜在的价值比传统评估反映出来的要大得多。首席财务官的财务分析不承认这项投资最重要的价值在于项目为未来创造的选择机遇。这一价值一部分在于可拓展进入新的市场的巨大上升潜力，如果运用得当，又可灵活地减少损失，这将远远弥补该项目预算巨大的缺陷。总之，在那些董事会成员的头脑中，这项新技术尽管前景不那么清晰，但确实意义重大，将在未来十年中实现该行业的理性变革。至于这一切将何时发生，将如何发生（或者是否发生）都取决于未来两三年所进行的研发的结果，并且，在这之前，任何人也别指望能有什么盈利。

除此之外，部分董事表明，他们不仅看中这项研究开发的技术的价值，而且即使原定的技术应用无法实现，他们也看好运用这项技术可能开发出其他新产品的那些尚未确定的潜在价值。另外，通过最初的投资也可扩大与那个小公司的合作，甚至还有收购该公司的机会。一位董事将上述这些潜在机会比作是"形成我们长远竞争优势的生命之血"。比较来看，在进行了一番广泛的讨论之后，董事会的结论是，与这家高科技伙伴进行研发合作可能带来的收益大于正统的财务分析得出的明显的高成本和高风险。

尽管这家公司的首席执行官和董事们并未完全理解这是怎么一回事，但他们正确地认识到，进行上述投资可为公司的未来发展和灵活经营提供可贵的"实物的选择机会"。通过该项目，公司不仅可以扩大现有业务规模，还可以在新兴技术的开发基础上使业务品种多样化发展。进行投资的更多意义还在于可创造与高科技公司进行合作的机会，而且还有可能在将来实现收购该公司的目的。这些机会和其他由于该投资决策带来的有形的期权均是无法从财务分析反映出来的，但它们对公司来讲，却可体现出巨大的价值。

实践证明，这项投资最终的确为公司带来了巨大的利润和战略利益。

8.1.2 新兴技术投资的主要特点

新兴技术投资及其评价主要表现出以下特点。

第一，项目不确定因素多。主要表现为两个方面的不确定：一是市场不确定。新产品在定价、未来市场需求量、产品性能定位、产品改进引起的成本变化等方面存在着许多不确定因素，因此市场不确定性较大。二是技术不确定。这是新兴技术项目特有的不确定因素。这类项目由于采用新技术或者改进现有的技术来完成投资，因此技术成功是项目最终完成的关键因素之一。技术的提升与稳定一般有一个过程，在技术实验的某一个时点上，技术水平有可能出现不稳定的情况。这就是人们常说的技术瓶颈问题。

第二，投资分阶段进行。最常见的模式是项目由"先行子项目"和"后续子项目"两个部分组成。先行子项目主要是对技术链前端或中前端上的投资，如研发投资，主要解决技术问题和收集市场信息，并为可能的后续子项目的上马提供机会；后续子项目在先行子项目成功的基础上实施，主要解决大批量生产和销售问题。新兴技术投资分阶段是沿着技术链来进行的，并呈现出越接近技术链的后端，投资数额越大的特点。传统技术的投资项目可能也会分阶段进行，但它不会沿着技术链来展开。在现代生物技术，尤其是用于人体的现代生物技术中，投资分阶段的特征更为明显，项目一般可划分为十余个阶段，如基础理论研究、应用研究、实验室研究、动物实验、人体临床试验（一般三期左右）、中试、小批量试制、大批量生产等。

第三，投资收益带有递增性和非线性。新兴技术投资所属的行业都是战略性的新兴产业领域，往往具有赢者通吃（winner-take-all）的特征：在激烈竞争的若干厂商中不断产生下一个大赢家，直到最后的赢家建立产品标准乃至行业标准后，把大部分厂商排挤出市场为止。按照这样的生存模式，在技术问题解决以后，新兴技术投资的下一个工作重心是建立产品或行业标准，以维护项目长远的战略价值，而并不特别看重项目当前产生的现金流量。所以，新兴技术投资项目的现金流量起初并不多，一些研发子项目的现金流量往往是负值。而一旦解决了技术和标准问题以后，新兴技术投资产生的现金流会呈现爆发式增长，投资的战略价值开始显现。

第四，无法用传统的财务分析方法进行投资评价。由于新兴技术在投资之初带来的现金流很少，甚至许多项目还是负数，因此基于现金流的评价方法，已经被公认不适合新兴技术的投资评价（从上面的案例也已经看出）；同时，由于新兴技术所特有的涌现特征，无法找到可以类比的项目或企业，因此基于类比的评价方法也不适用于新兴技术的投资评价。关于目前主要的投资评价方法在进行新兴技术投资评价时的缺点，下面将进行总结和分析。

8.1.3 传统评价方法在新兴技术投资评价中的缺陷

为什么凭直觉的判断与传统分析方法所得出的结论相距甚远呢？这是因为大部分传统评价方法在未来高风险、高不确定性条件下，有着理论自身内在的缺陷，因而应用时有很大的局限性。

传统的财务分析（以DCF为代表）无法很好地运用灵活性策略指导人们处理新兴技术投资中的不确定性问题，这是由其假设条件决定的：第一，投资人事先可以完全正确地估计到项目寿命期产生的净现金流量和贴现率；第二，项目实施过程中外部市场环境保持不变；第三，各个项目之间是孤立的，一个项目的价值仅仅取决于其本身的预期的净现值以及贴现率，不存在项目之间的相互影响以及由此带来的关联效应；第四，投资人只能采取"要么立即投资，要么永远放弃投资"这两种极端行动，没有任何灵活的选择余地；第五，投资人的决策行动只有一次，以后只能消极地坐视环境的变化，无法再采取任何机动性措施。

显然，新兴技术的投资情况正好与上述假设条件相反：第一，投资人事先不可能估计到项目寿命期产生的净现金流量和贴现率，也不必要求这么做；第二，项目实施过程中外部市场环境处于变化之中，而且技术状况也在变化之中；第三，存在项目之间（子项目之间）的相互影响以及由此带来的关联效应（比如技术研发与中试之间，研发不成功，中试就无从谈起）；第四，项目管理者可以根据子项目之间的关联效应，对后续子项目采取保持投资、追加投资、暂停投资或放弃投资等多种灵活措施，完全不必"从一而终"；第五，在项目的每一个子项目的起始时刻，如研发、中试、商业化等，都对应着一个决策点，整个项目的决策行动构成一条决策链。每一个决策点都对应着处理不确定性的选择权。

由上述简单分析可见，新兴技术的投资特点并不符合传统财务分析方法的假设，因此，传统的财务分析方法无法很好地解决新兴技术的投资评价问题。

下面选择几种目前常用的传统评价方法，简要分析其在进行新兴技术投资评价时的局限性。

1. 现金流贴现法（DCF法）

现金流贴现法的思想是任何资产的价值等于其未来全部预期现金流折现得到现值的总和。DCF法应用的前提假设是项目或企业经营持续稳定，未来现金流可预期。这样一来，在企业或项目的投资评价和价值评估中，往往隐含了这样两个假设条件：企业决策不能延迟而且只能选择投资或不投资，同时项目在未来不会做任何调整。但是，在对新兴技术进行投资时，许多项目不仅可选择投资或不投资，而且即使选择投资还可以选择推迟投资以及分步投资。DCF方法只能估计公司已经公开的投资机会和现有业务未来增长所能产生的现金流的价值，而忽略了企业当前隐含的未来增长机会的价值以及当前潜在的投资机会可能在未来产生的投资收益。具体讲，DCF法主要的内在局限有三点。(1) 不能体现投资所能创造的未来机会价值。DCF法实际上考虑的仅是资金的时间价值问题，而新兴技术投资的直接成果并不立即表现在企业经营资金流上，而主要表现在能为企业将来带来资金流的新产品或新技术上。(2) DCF法不能正确反映投资活动所具有的不确定性。应用DCF法进行投资分析时，必定要选择一个贴现率，通常选较大的值，以反映其不确定性，这就会造成许多潜在战略价值的项目得不到应有的重视，从而导致投资不足；如果采用低贴现率的方法又容易使得投入过高。(3) DCF法将投资项目看成是静态的和一次性的。实际上随着市场等因素条件的变化，当某些不确定性因素成为确定性因素时，决策者会做出推迟生产经营、扩大或缩小生产经营规模等决策，而DCF法是无法反映这些因素的。

2. 敏感性分析

敏感性分析的思路是从决定现金流的诸多可变因素（如项目寿命期、残值、产品价格、经营成本、市场规模、产品市场占有率等等）中找出对净现值影响大的敏感因素，从而帮助决策者研究如何预防、控制项目投资的风险。然而，敏感性分析在分析某一变量时锁定其他变量以求出此变量对项目的敏感系数的做法有着其内在的局限：它忽略了较高不确定性条件下项目在不同时期有许多不同的主要影响变量，同一变量在项目的不同时期其影响作用也不相同以及许多变量一起变化时会有相互影响和相互作用等问题。敏感性分析没有考虑这些因素，必将使分析结果与实际情况有较大差异。

3. 风险分析法

风险分析法是指在计算内部收益率、净现值评价指标所依据的产品价格、产量、成本、投资等可以事先估计它们的取值服从某种概率分布时，根据这些概率分布，估算经济评价内部收益率、NPV的概率分布，以确定项目可行及不可行的概率，从而定量地分析项目所承担的风险。但该方法在使用时存在两个问题：(1) 虽然有风险的项目的贴现率高于一般项目这一假设可以接受，但针对不同的风险程度，应增加多少贴现率，在很大程度上是主观确定的。(2) 由于风险项目的贴现率增加，未来收益的贴现值大为降低，显然，若风险贴现率调整不当，将失去项目的投资机会。(3) 收益的不确定性只是表明未来收益与当前预期的收益偏离程度高，这种偏离是双向的，既有向下的偏离——损失，也有向上的偏离——意外的收益。因此，较大的不确定性并不意味着损失的机会大，不分情况地对投资项目的现金流按照不确定的程度来压缩是没有道理的。在高技术行业，项目的业主察觉到项目的巨大商机后，更倾向于乐观地估计项目的现金流。

4. 蒙特卡洛模拟法

蒙特卡洛模拟法是传统模拟方法中最常用的方法，该方法的理论基础是用一个输入变量的样本参数（样本平均数和样本方差）来估计总体的参数，并通过数学运算产生所需的随机变量值来模拟项目的经济效果指标，模拟方法虽然较敏感性分析等方法更进了一步，但还是存在着一些局限：(1) 在现实中很难正确地确定各变量之间的相互关系。(2) 合适贴现率选取的问题依然没能很好解决。（3）还是从孤立、单一项目角度考虑问题，不能将不同项目结合起来考虑。

5. 决策树分析方法（DTA法）

DTA法的最大特点是它的灵活性，这也是以上诸方法所缺少的。DTA法帮助管理者通过建立决策问题的框架，画出在各可能状态下的各种可行的管理决策，从而根据不同的情形做出不同的决策，有较大的灵活性。但是DTA法亦有自身的局限：（1）在现实决策中往往出现分支繁多，这一点在新兴技术的投资评价中尤其突出（未来的高度不确定性），从而大大削弱其实用性和有效性。（2）现实事件的发生往往更多的不是离散而是连续的。（3）合适贴现率的确定问题仍然没能解决。

6. 企业价值的间接评估法

传统的企业价值评估方法主要有两大类：直接评估法和间接评估法。间接估价法是选取市场中同类可比企业的某种市场评价指数作为参照来评估企业的价值，其中最常见的是用市盈率倍数法。市盈率倍数法是利用市盈率作为基本参考依据，经过对上市公司与被评估企业的相关因素进行对比分析后得到企业价值的方法。市盈率法被广泛使用的原因如下：首先，它将股价与当期收益联系起来，是一种比较直观、易懂的统计量；其次，对于大多数股票而言，计算简单易行，数据查找方便，同时便于股票之间的互相比较。市盈率法也有它的缺陷，其他定价法（如现金流量贴现定价法等）都对风险、增长和股东权益进行了估计和预测，而市盈率法却没有对这些因素做出假设；市盈率法忽略了许多基本因素，用它计算出的股票价值不能反映股票的内在价值；市盈率反映市场人气和看法，受主观因素影响较大；新兴技术项目投资或企业评价，往往很难找到与之类似的项目或企业。

8.2 新兴技术的投资评价思路

新兴技术的投资评价本质是对其未来价值的评价，实物期权方法可以较好地解决未来价值的评价问题，对投资风险和不确定性进行有效管理。实物期权方法着眼于描述实际投资中的真实情况，是以动态的角度来考虑问题，管理者不但需要对是否进行投资做出决策，而且需要在项目投资后进行管理，根据变化的具体情况趋利避害。因此，应用实物期权方法可使管理者拥有可根据变化了的未来状况而改变其未来行为的灵活性，能在提高投资获利潜力的同时限制投资的损失，在不确定性较高的环境中，实物期权方法不失为一种比较理想的投资分析和价值评价方法。

8.2.1 期权法为何适用于新兴技术的投资评价

所有与新兴技术相关的投资，都是在为企业未来的业务发展创造机会，这也是其他大多数实物资产投资的共同之处。在对新兴技术进行投资时，实物期权方法包括：可灵活地延缓项目、扩大规模、签订项目合约，或者终止项目，也可以对项目进行调整。只要对项目实施积极和连续的管理，以上这些期权都是具有可操作性的。

期权的本质是一种选择权，通过期权可以使决策保有灵活可变性，因此具有价值。相应地，不确定性越大，期权的价值也越高。因此说，实物期权法尤其适用于对新兴技术投资的分析，因为这种方法清晰地体现了与期权价值相关的特性。

（1）投资回报高度不对称——看涨可能性和看跌可能性之间相差越大，期权的价值越高。

（2）未来收益和成本极不确定——总的来说是，不确定性越大，管理决策的价值越高。

（3）与未来跟进的投资（形成生产规模或者完全商业化）相比，初始投资（技术开发或者收购行动）比较小，这也增加了灵活机动的优势。

（4）大多数技术投资决策要经历几个自然阶段，或者需要做出一系列的决策，这就创造出多种期权，也增加了期权的价值。

（5）从研发到投资生产往往有一段时间，这段时间提供了进一步了解关键信息和最新信息的机会，更有利于做出最终决策（更大的投资或不投资），这也从另一个方面提高了期权价值。如果实力强劲的竞争对手抢先推出技术、占领市场，那么放弃行权总比一次性投资的损失要小得多。

新兴技术的投资大多数都会在以下几方面具有现实或潜在的益处：首先，也是最明显和最现实的，是在未来可将技术成功商业化，从而产生现金流、带来利润回报；其次，投资价值还来源于具有优势的战略定位，它可以为今后制定战略或建立新的独特的生产能力提供先机；最后，由投资新兴技术获得的新知识和新能力，对于帮助企业扩展视野、指导企业将来在相关领域扩展，也具有重要战略意义。

以上每种益处都代表一种重要的实物期权类型，因此以估值为目的从概念上将它们归为某一种期权。在实际操作中，必须认识到，对于大多数战略定位和知识价值的评估，即便有可能进行定量计算，也是极其困难的。因此，对实物期权进行估值大多集中在如何衡量与投资直接相关的财务回报大小上。

8.2.2 如何运用实物期权进行新兴技术投资评价

实物期权思维和方法的应用可以被理解为一个循环渐进的过程。这个过程包括认识期权并以期权为出发点思考问题、辨识期权、创造期权、确定期权的价值和实施期权。

1. 认识期权并以期权为出发点思考问题

首先是要牢固树立期权大量存在的观念，尤其是在新兴技术领域。在大多数的经营决策中都包含着期权，只是习惯于传统管理模式的决策者未能意识到期权的存在，或是建立期权思维。因此，运用实物期权思维进行新兴技术投资评价，首先就是要彻底转变管理者的思维方式，将未来潜在的机会看作一种实物期权。在看到了期权的存在之后，管理者接下来要做的主要工作是深入学习和理解期权的思维方式，并运用期权思维方式来思考决策问题。

传统的以现金流折现法（DCF）为基础的项目财务分析在过去几十年中曾经成为管理者们思考和行动之本。然而在新兴技术项目的投资分析中，这一切正在逐步发生根本性的改变。这种改变的根本之处在于对不确定性的认识和对未来信息的价值的认识上。泰瑞斯·福肯纳（Terrence W.Faulkner）指出：传统的DCF方法认为不确定性是降低投资价值的风险，而实物期权方法却认为不确定性可能增加投资的价值，在对待不确定性的态度上，这两类不同方法是截然不同的；传统的DCF方法认为未来产生的信息只有有限的价值，认为决策的形成是清晰固定的，而且只承认有形的利润和成本；而实物期权方法认为未来产生的信息价值很高，认为决策形成受未来产生信息和管理者的自主决策能力的影响，除了承认有形的利润和成本之外，还承认灵活性等其他无形的价值。

2. 辨识期权

有一点需要特别强调，就是期权是需要辨识的，就像石油深藏于地下不会自己冒出来一样。虽然期权无时无刻不在你的周围，但如果不具备期权的思维方式，就只能对其视而不见了。有一些期权是自然（无意识）形成的，而更多的期权是需要做出一定的投入或付出的。所谓自然形成的期权，其实也是以前所做的某种投入或付出的结果，只是在做这种投入或付出时还没有建立期权的思想，在无意识之中就建立了某种期权。因此，在建立了期权思维之后，要回过头来认真审视原来的投入或付出是否建立了某种期权，建立了多少期权，哪些期权是近期可以使用的，哪些期权为企业的决策提供了可选择的机会，哪些期权是具有战略意义和还需要继续投入以扩大和保持的。

严格讲，只要现在的付出或者相对较小的投入可以为你赢得未来某种较大权利，都包含着期权的思想。举个日常生活中经常能见到的例子，为什么不少应届大学毕业生愿意以较低的薪酬待遇应聘到一些企业工作？这是因为他们看到了自己缺乏实践能力这一弱势，一旦他们以较低的待遇作代价（也是一种付出或投资）补足了自己的能力缺项，就完全有机会获得他们心目中预期的收入。再如，一些小项目、小产品、小技术可能为不少企业所不屑，但殊不知不少"小"的东西却可以让企业进入一个全新的"大"领域。以"小"博"大"，就蕴涵着期权思想。

3. 创造期权

新兴技术创造新产业的过程，包含了创造新产品、新市场、新模式等一系列创造性活动，因此，除了被动等待外，决策者们应考虑如何有意识地组织其投资结构，为将来更多的决策选择和新增价值创造更多机会，即为企业创造期权。在新兴技术和产业领域，创造期权已经成为保持战略灵活性的一个重要组成部分，企业应该把创造期权作为战略规划和战略决策的一个重要基础工作来对待。有意识、有目的地创造期权，是有效管理新兴技术，降低新兴技术不确定性的一个重要思维方式。同时，实物期权并不是一成不变的。有些实物期权是投资过程中固有的，如对新技术的创意、研发、中试、试探性生产和销售等，这些环节的投资过程，就是实物期权的创造过程。有些是可以通过决策过程中增加灵活性的成分创造出来的。例如，在石油价格较低时，油井钻探完成后可以暂时封闭不让其产油，待油价上涨后再大量出油；在高技术领域，类似的情况也会经常遇见，一项新兴技术在研发完成后，如果发现大规模开发市场的风险较大，则可以暂时放弃率先启动市场的举措，主动让其他公司去率先开发，待市场风险得到一定化解，市场前景明显后，再大批量进行生产，与率先者竞争以挤占一部分市场。通过设置将来可斟酌决定的机会，管理者们可以在制定经营决策的过程中创造新的、价值更多的期权。

以下三种分析法可帮助管理者有意识地创造和构架更多的期权。

（1）分解决策。

大多数高技术投资项目从最初提出、策划到最终完成，都是由多个或者一系列的决策所构成的。前期的决策只是为后续的决策打下基础，前期的投资并不代表后期一定要继续投资。虽然绝大多数企业在进行项目策划时制定了项目的最终目标，但最终是否会达到预定的目标以及是否有必要按预定的目标继续投资，在很大程度上还需视环境的变化和企业自身条件、能力的情况。从实物期权的角度看，现在的投资是为后续投资或决策建立期权。有意识地将决策过程进行分解，创造条件使决策分阶段来进行，就为尽量多地创造期权提供了基础。因此，分解决策可以使投资项目带有更大的灵活性，前期的投资或决策可以重组为由不同目标组成的多阶段的投资决策，这就使管理者们拥有了在不同阶段及时调整项目方向、范围和规模的自主权。这才符合高技术领域决策制定的科学规律和相关期权的动态特点。

（2）为未来寻找先机。

创造条件掌握先机是期权思想的一种具体体现，为先机创造条件就是在创造期权。具体体现在两个方面：一方面是为了在未来发现和识别商机，现在就开始做准备；需要准备的内容是多方面的，并不局限于新兴技术的研发或中试，比如安排专人进行新兴技术的文献收集、市场调研、为新技术构思新用途等。另一方面是为了在未来抓住商机进行必要的辅助条件准备。比如一些企业为了能在以后与某高等院校的合作中占得先机，采用在该大学设立奖学金或建立实验室等方式与之建立经常性的联系和感情交流，一旦有一天该企业真要与该高校洽谈合作，显然就会比其他企业占据更加有利的位置。

围绕企业的战略目标所做小规模投资和付出，甚至有目的地广交朋友等，都是在创造期权。

（3）扩展思路，寻求更多的未来行动机会。

在高技术领域，大多数投资都蕴涵着未来由管理者进行自主抉择的机会。如果既仔细考虑对自己形成互补的机会，又考虑到对自己形成竞争的可能性，常常会发现更多、更广泛的期权。这些可供选择的期权包括收购、产权分离、结成战略合作伙伴、技术许可，以及各种类型的拓展和多元化发展。

4. 确定期权的价值

期权一旦被辨识或创造出来，其价值在理论上是可以计算的。即使是这样，估值的过程也不是一蹴而就的事。实物期权及其价值不是一成不变的。环境在不断发生着变化，例如市场的快速变化、竞争对手的一举一动、出乎意料的研究结果、战略重点的转移等等，实物期权的价值也随之发生变化；当做出一个决策，并发现其间的效果时，余下的期权的价值也将随之改变。当谈到实物期权的价值时，大都集中于讨论在某个时间点上的实物期权价值，其实这在新兴技术投资评价时是不够的。估值是一个连续不断的过程。这就要求企业要有专门的管理人员从事这方面的工作，密切关注与期权价值变化有关的因素的变化情况，随时或者定期计算（或估算）出创造出来的期权的价值，供企业决策层参考和决策。

对期权估值是一件十分复杂和烦琐的工作。为了在一定程度上解决这一问题并让管理者们对所拥有的期权价值有一个大体的把握，当今研究实物期权思维的代表人物马莎·阿姆拉姆（Amram Martha）在其专著《如何评估企业增长机会》中，专门为管理者们设计了若干表格，通过这些表格，管理者们可以像查三角函数一样，确定所拥有期权的大体价值，这对企业的高层管理者来说，具有很强的指导价值。

5. 实施期权

实物期权关注的是未来的价值。根据这一特点，期权的价值在对其进行评估时尚不存在。无论怎样想方设法去创造期权、去辨识期权，如何周密地制定分阶段的投资决策，这些都只是基础和前奏，实物期权的价值要想得到真正体现，唯一的方法是通过认真的管理并在规定期限内选择最佳行权时机执行期权，即追加投资或转让期权。在期权的执行上，实物期权与金融期权对信息的要求有很大差别，总体来说，金融期权对掌握信息的要求很低，执行起来也相对简单；而执行实物期权要求对执行标的物的发展趋势进行持续的监测，不断掌握信息的动态变化并及时做出决定。要管理好期权并最终实施期权，必须对以下几个环节给予高度重视。

（1）密切关注项目的发展变化。

实物期权最终执行与否，取决于期权创造之后与项目相关的环境和企业的内部条件的发展变化情况。因此定期更新与项目相关的信息是一件至关重要的工作，最好要有专人来具体负责。这是期权执行与否的基础，决策层最终做出什么样的决策，在很大程度上就取决于这些信息的充分性和准确性。

（2）验证原来的假设并不断更新。

创造期权总是在一定的假设条件之下进行的。例如，投资进行一项新兴技术的研发，是假设这项新兴技术在未来会有很大的市场需求量；研发出一项新技术而做出暂时不进行大批量生产的决策，是基于竞争对手在短期内也不会大批量生产，或者市场启动时机尚未处于最佳状态的假设。但是，情况总是在不断发展变化的，在建立期权到执行期权这一段时间中，许多情况已经发生了变化，一些变化可能是以前预计到的，而另一些变化则会是意想不到的。因此，在信息更新的同时，还需要对照发展变化情况对建立期权时的假设进行验证。尤其是在项目进行到关键转折点和出现导火索事件时，对假设进行验证是十分必要的。所谓导火索事件，可能是客观环境发生了重大变化，可能是竞争对手采取了某种行动，可能是出现了新的竞争者，可能是市场情况与原来预想的好得多或者差得多，也可能是出现了其他意想不到的情况等等。项目开发周期越长，不确定性因素越多，对项目原先的假设进行验证的次数也应该越多。在每次做出决策之前，都需要突击更新信息并对原来的假设进行验证和修正。

（3）确定最佳行权时机并执行期权。

在新兴技术的创新链上（从创意到商业化）存在着多个决策点，少则两三个，多则十余个。如果把前一个决策的制定看作是创造（建立）期权的话，那么下一个决策的制定就是执行上一个期权，与此同时又在为再下一次决策建立期权。所以，运用实物期权思维管理投资的过程，就是一个不断创造期权和不断执行期权的过程。

如何确定期权的最佳行权时机，会由于项目的不同和环境的不同而有很大差异。而且，一项技术从创意到大批量商业化生产，会经历若干个投入和风险有很大悬殊的决策点，因此，要想找出期权的最佳行权时机的规律，显然是一件十分困难的工作，需要具体分析。例如，在一项新技术的创意完成后，由于有消息表明有其他竞争对手也对该技术十分关注，那么此时就可以考虑马上行权，并尽量加大资金投入的强度来缩短技术研发的周期；研发成功后，如果市场启动的时机不成熟，那么就可以暂缓做出大批量生产的决策，直到市场中关键的不确定性因素得以解决，或者竞争对手的压力已经达到临界值时，再考虑作为最佳的行权时机执行研发所建立的期权。

新兴技术的投资和决策存在着高度的复杂性和不确定性。对待这类复杂性和高度不确定性并存的新兴技术，可以而且也应该把其投资看作是创造一系列期权。这些期权给投资者权利而不是进一步投资的义务。对于新兴技术，投资决策不能像传统决策那样一次性制定，然后按时间表执行；而应该分阶段制定投资决策，把投资新兴技术看作创造一系列期权，以最大限度降低其不确定性。

首先要制定的是是否投资研发某种新兴技术的决策。一项技术的研发投资相对于一项技术的商业化投资来说，是十分微小的。大量的统计调查表明，技术研发、中试、商业化的投资比例大约为1∶10∶100。换成期权思想的说法，投资一项新兴技术的研究与开发，就相当于创造（购买）了一份实物期权，这份实物期权的作用，是掌握了今后决策是否继续投资对这项新兴技术进行中试和商业化的权利而不是义务。对于从事新兴技术研发和生产的企业来说，由于在新兴技术的研发、中试、商业化、市场开拓、技术管理等方面都存在巨大的不确定性，因此研发一两项新兴技术是远远不够的，必须在企业的总投资中分出适当大的比例，进行多项新兴技术的研发，创造多项期权。有了众多的期权，就掌握了一手"好牌"，可以进行不同的排列组合，到该出牌的时候，就会得心应手。

只有判断这些项目的不确定性和模糊性已经降到最低，且市场曙光出现时，才能做出大规模投资的决策。为了降低新兴技术的复杂性和不确定性，试探性的少量投资是必要的，但大规模的投资必须等待不确定降低至可控制的程度。如果不确定性一直很高，那么可以不再进一步投资来终止期权，或者将之延迟至情况更加明确时再做决策。

8.3　新兴技术的基本融资方式与选择

8.3.1　融资特点

新兴技术企业融资的显著特点是高投入、高风险和高收益。

新兴技术企业融资的第一个特点是资金需求量大，而且随着工作重心向技术创新链的下游移动，资金需求量将成倍增长。除一部分生物技术外，新兴技术对自然资源的依赖程度低，但是对资金投入量的依赖程度却很高。新兴技术产业的高投入，不仅指研究与开发费用高，设备投资大，而且还包含随着技术创新链的后移，资金需求量会成倍、成十倍甚至近百倍地增长。

突出的风险性是新兴技术融资的第二个特点。新兴技术产业的高风险，主要来自三个方面的不确定性：一是技术及产品风险，即在产品研制和开发过程中由于技术失败而导致的损失。高技术产品往往处于技术创新的前沿阵地，一般没有现成的设备和生产工艺可供利用，技术创新失败的概率很高。二是市场风险，即用户对新技术新产品的认可、接受和需求同样具有很大的不确定性。三是收益风险，即由于技术风险和市场风险而带来的投资收益具有很大的不确定性。

预期收益高是新兴技术融资的第三个特点。新兴技术产业投资的预期收益和风险成正比，风险虽大，预期收益也很高。新兴技术项目一旦投资成功，就能生产出市场上没有的、更好或更便宜的产品和服务，从而获得丰厚的回报。一项新兴技术投资的成功，往往可以弥补数项甚至数十项投资失败的损失。

以上特点决定了新兴技术产业的发展与传统产业有着不同的融资机制要求：一是要求

有长期资金支持的融资机制。新兴技术产业的发展是一个长期、连续的过程。这个连续过程不仅要有大量的资金支持，还需要资金支持的连续性。二是融资体制要体现出风险共担、利益共享的原则。三是要求有适合大中小型企业不同对象的融资机制。相对而言，规模较大的新兴技术企业往往在融资上获得种种便利和优惠。而中小型新兴技术企业却会因内部积累有限，融资能力弱，特别是在创业阶段，更加难以筹集资金。因此，对大中小型企业要求有不同的融资机制。

8.3.2 融资方式

与大多数高技术融资一样，新兴技术的融资方式可以根据资金来源的多渠道，资本市场投资的多层次，具有多种不同的融资途径。不同的融资途径可能适用于不同的新兴技术，同一种融资途径也可能适用于多种新兴技术。

针对具体的新兴技术项目而言，不同的新兴技术，其融资的方式、途径和融资的数额又会有所不同，不好一概而论。例如，现代生物技术在商业化阶段的融资数量一般较大，建设和投资回收期一般也较长；而相对于生物制药来说，信息技术的融资数量一般会较小，建设和投资回收期相对较短。

目前，新兴技术的融资主要包括政府扶持、信贷融资、企业间的技术-资金合作融资、风险投资、融资租赁、企业债券融资、证券市场融资和进入国际资本市场融资八种途径。

1. 政府扶持

政府扶持方式包括政府直接投入、政府促进企业融资合作和间接扶持等形式。它的特点是经费能得以保证并能及时到位，效果也十分显著。

（1）政府直接投入。政府直接投入是通过科技项目计划予以支持，即政府以确立科技项目计划为载体，对科技项目在立项评估、经费投入、组织管理等方面予以具体支持。在新兴技术研发阶段，我国各级政府有多种扶持的方式，如各级政府的研发项目资金投入、科技攻关投入、创新基金投入、生产发展基金等，发展新兴技术的企业要充分了解和掌握这方面的信息，积极申报政府的各类扶持计划，以便在特定阶段、特定时期在一定程度上缓解资金紧张的局面。政府的直接投入在大多数情况下是以"种子"资金的形式出现，对处于研发、中试等阶段的企业，扶持的效果会相对明显。

（2）政府促进企业融资合作。政府为促进高技术企业和金融界的对接，加快企业迅速发展，以各种形式组织银企合作和对外合作。由于政府的权威性和信誉性，对企业实现融资起到了积极推动作用。

（3）政府间接扶持。政府间接扶持的方式主要包括：对高技术企业或项目实行税收优惠，在实际上减轻企业支出，从而为企业发展提供节余的资金；向企业提供资信担保或担保资金，使融资企业更好地创造融资能力，以促进融资；实施政府采购，政府采购是政府向企业发送订单，不仅使企业产品有了一定的市场，而且还因拥有订单能取得银行贷款的支持；实施项目用地优惠，提供项目孵化设施，建立中试和公共技术平台（如测试平台、小批量生产平台）等。

2. 信贷融资

企业以举债融资方式进行银行信贷，这一方式在中国现阶段仍是各类企业融资的主要方式之一。但对正在成长的中小型高技术企业、新兴技术企业来说，信贷融资则会因需要担保或抵押而显得困难。

3. 企业间的技术-资金合作融资

由于高技术（包括新兴技术）具有很好的成长性，因此以技术作为依托进行融资具有一定的可行性。企业间的优势互补是合作的基础，将新兴技术商业化，实现双赢是合作的目的。随着投资向技术创新链的后端推进，新兴技术需要的资金数量会急剧增加，那些以技术见长的企业往往无法完全满足迅速增加的资金的要求；而一些以资金实力见长的企业，往往又苦于自己没有成长性好的项目进行投资。由于高技术和新兴技术具有很好的成长性，一直以来都是资金充足的企业追逐的投资重点。因此，实现技术与资金的合作，是中小企业发展新兴技术的一种现实选择。这种融资大体分为两种主要路径：一种是以技术作价出资入股与资金提供方共同组建新的企业，实现技术与资金的有机结合；二是通过引进战略投资者进行融资，拥有技术的企业通过增资扩股、让渡一定数量股份达到融资的目的。

4. 风险投资

根据国际经合组织的定义，风险投资是一种由职业金融家向新兴的、极具发展潜力的中小企业提供权益资本的投资行为。它以风险投资公司为中枢，一面吸收闲置资金形成风险基金，一面评估、筛选标的企业或项目，并直接参与企业的战略规划和经营管理。风险投资的基本运作方式是风险投资公司选择科技含量高、成长性强的企业，以参股或控股方式对企业进行投资，积极参与企业管理，使企业借助专业化的管理及充足的财务资源迅速发展。当企业发展成熟后，风险投资公司通过资本市场转让股权来获取高额利润，撤出其投资。

风险投资是美国科技领域的重要融资渠道之一。美国的风投市场发展较早，已形成稳定的"募集-投入-退出"模式，且机构积累较多经营经验。除为初创企业提供资金外，风投机构也可在业务、人员管理、未来规划等方面为企业提供建议，帮助其长久发展。科技创新型企业高风险、高回报的特点格外吸引风投机构，尤其处于扩张期的科技项目，较明确的发展前景和巨大的资金缺口更易吸引资本进入。在退出阶段，IPO和并购为风投机构主要的退出方式。

5. 融资租赁

融资租赁是由出租方为承租方提供所需设备，具有融资、融物双重职能的租赁交易。融资租赁是用融物方式达到融资目的，既能很好地解决企业的设备需求，又能解决资金供求矛盾，是一种有效的、新型的资金来源。融资租赁方式以前在我国主要被用来解决国企的设备陈旧、技术落后问题，现在可以充分发挥其分期付款、还租方式灵活、受限制少、能够租用到先进设备等特点为高技术产业的发展服务。当企业需要筹措资金购买生产设备时，可考虑通过租赁公司以租赁设备的方式来代替融资购买设备，从而达到缓解资金紧张的状况。这一融资方式虽然被采用较少，但却是一种值得关注的较好的融资方式，特别是在新产品生产线设备购置阶段是很有效的。

6. 企业债券融资

企业债券是企业作为借款人必须定期向贷款者支付固定金额的契约性合约。在债券融资中，债务的利息计入成本，有冲减税基的作用。可以利用外部资金扩大企业规模，增加公司股东的利润，同时使企业原有股本结构不受影响。对投资者来说，以合约安排可规避由于信息不对称带来的风险，保证投资者获得稳定的投资收益。随着企业债券市场的不断创新，出现了可转换公司债券等新品种，它是一种典型的混合金融产品，兼具债券、股票和期权的某些特征，这些新品种为投资者提供了更多的选择和想象空间。

7. 证券市场融资

具有一定规模的科技型企业可通过股票发行市场新发股票或增发股票等形式，将投资者手中短期的、分散的、非生产性的货币，转化为长期的、稳定的生产性资本，且可募集数量较大的资金，股票市场已成为我国发展高技术和新兴技术融资的一个重要渠道。同时又是风险投资的一个重要退出渠道。股票市场的新股发行和增发，一般采取溢价发行，还可以实现创业资本的增值。在新兴技术大批量商业化阶段，上市融资可作为一种主要选择，企业可根据自身能力和融资大小，选择上市的股票市场。

8. 进入国际资本市场融资

除在我国资本市场融资外，高技术企业还可利用国际资本市场进行融资。其融资方式有发行国际债券、直接发行股票海外上市、发行 ADR（美国存托凭证）在美上市、买壳借壳上市等。

前沿实践　我国新兴技术领域融资现状

近几年，我国金融市场正日趋成熟，风险投资、银行体系逐渐完善，股权融资、债券融资成为国内科技型企业的主要融资手段。股权融资方面，风投追求高回报，可接受前期高资金投入、高风险，越来越多机构重点关注科技领域。睿兽分析数据显示，2022年度发生融资事件5935个，已披露融资总额6076.51亿元，其中，最热门的五个行业为医疗健康、智能制造、企业服务、汽车交通、人工智能，均为强科技属性行业，融资事件数占总数的56%，融资总额占比约60%，主要方向为国产替代和创新增量。债权融资方面，一方面，越来越多传统银行针对科技型企业推出创新型金融产品，如建设银行"科技创业贷"产品以股债联动模式，为科创企业提供股权资金与债权资金的支持；邮储银行丰富担保方式，为科技型企业提供知识产权质押、股权质押、应收账款质押、动产质押等质押贷款。另一方面，互联网银行通过大数据风控等技术，较为准确地判断初创企业风险，并核定其融资额度，帮助科创企业解决融资难题。

总体上，我国同样拥有美国市场上常见的融资渠道，如银行融资、天使投资、风险投资、证券市场、资本证券化等，但部分融资模式仍未被广泛运用，而其中则蕴藏着丰富的发展机遇。

8.3.3　融资策略与融资方式选择

1. 企业融资策略

企业融资应制定系统、合理的融资策略，才有可能在新兴技术发展的不同阶段，获得所需要的资金支持。合理的融资策略不仅可以提高融资成功率，而且可以加快融资进度，降低融资成本，取得较好的融资效果。

企业融资策略建议从以下几个方面进行考虑。

（1）正确分析融资项目面临的机会和风险。

企业应正确分析融资项目面临的机会和风险，在融资策划中，对融资数量和融资成本有一个合理的预期，并将它贯穿到融资策划方案中。融资项目的发展前景和所面临的风险，是被融资方关心的两个最主要问题，企业在融资过程中应对融资项目的市场空间和可能存在的风险做公正、详细的论述，其中尤其要充分考虑和分析竞争对手的各种可能情况。企业在融资过程中最容易犯的错误是夸大市场、回避风险，采取估算或推算的方法确定市场需求，并将大部分市场需求作为自己公司的实际需求。在通过引进战略投资者或技术作价入股等形式融资时，要对自己的技术或企业有一个合理的估价，过高的定价往往会增加融资的难度。

（2）统筹规划不同阶段的资金需求。

前已谈到，在新兴技术发展的不同阶段，会对资金有不同的需求量，因此在融资策划时，要制定详细的资金需求计划，明确不同阶段的资金需求总量，在本阶段的融资过程中，就为下一阶段的融资做好准备，并对不同阶段的资金流量、流速做好安排。在当前阶段的融资时，既要考虑资金量有一定富余，又不能将后续阶段的资金需求一并解决，这样会增加资金使用的成本，降低企业的赢利能力。统筹规划与分阶段实施，是新兴技术项目融资的一个特点，多种融资方式的有机组合，是新兴技术融资的现实要求，它可以解决资金短期需求与长期需求的矛盾，解决稳定性投资与临时性周转的资金需求。

（3）正确选择融资方式。

新兴技术企业融资必须综合考虑所选择的融资方式所带来的融资难度、融资成本、融资期限。融资企业应认真地、仔细地对这些因素给企业造成的利弊加以权衡，抓住要解决的主要矛盾，尽量采取利大于弊的融资方式。例如，企业在研发、创业阶段，通过银行信贷的方式解决资金问题，可能就不是一种好的选择；在新兴技术研发阶段，政府的无偿投入，如研发基金投入、中小企业创新基金投入等，融资成本最低，操作性与可行性也很强。又如，许多高技术、新兴技术企业都将在股票市场上市作为一个长远目标，这种融资方式虽然融资金额较大，但上市评估费用高，准备时间长，如果企业规模尚小，会加大当前的资金压力，同时远水难解近渴。

（4）全面衡量融资的风险。

企业融资在一定程度上也存在风险，在融资策略中应该对融资风险加以重视并采取有力措施予以规避。这种风险主要包括信息外泄的风险，丧失控制权的风险，融资规模不当增加运营成本的风险，企业间文化融合的风险等等。例如，企业的融资过程中必须提供企业产品、市场等方面的信息，这些信息被一些"有心人"得到，可能会成为企业的潜在竞争对手；企业在创业板或主板上市要求及时披露信息，随着信息披露量的增加，相应地增加了信息披露成本，同时，由于信息相对过早、过量的披露，有可能因此而造成企业丧失市场优势，让竞争对手在第一时间采取相应的对策，使本企业处于被动境地。以技术作价入股方式融资，一般会丧失对项目的控制权；引进战略投资者会出让一部分股权，虽然解决了资金上的困难，但同时也会受到投资方监督与控制，会产生两种企业文化之间的碰撞而降低企业运营效率。

2. 企业融资方式选择

新兴技术企业处于不同的发展阶段，应该重点选择不同的融资方式。如在新兴技术的成长阶段，可选择政府直接投入、政府促进银企合作、政府间接投入、科技开发贷款、银企合作、技术入股组建新公司、引进战略投资者、风险投资、租赁融资、企业债券、科创板或主板上市、国际债券等融资方式中的一种或多种。而同一种融资方式，会适用于新兴技术企业几个不同的发展阶段，如引进战略投资者，可适用于创业阶段、成长阶段和成熟阶段。我们将企业所处的阶段分为种子阶段、创业阶段、成长阶段、成熟阶段和获利阶段，分别给出了这些阶段可供选择的融资方式，见表8-1所列。

在通常情况下，企业应选择两种或两种以上的组合融资方式进行融资。在企业所处的不同阶段，选择适合企业实际情况的一种或两种融资方式为主要融资方式，辅之以其他融资方式，这样可最大限度满足企业对资金的需求，降低融资的困难。

在新兴技术的种子阶段，建议侧重选择政府直接投入、科技开发贷款等融资方式；在新兴技术的创业阶段，政府直接投入、引进战略投资者、引入风险投资基金等，都是较好的融资方式；在成长阶段，尤其是对于具有爆发性市场需求的新兴技术，由于对资金的增量需求量大，最好设计多种融资途径进行融资，以满足对资金的需要，其中引进战略投资者和风险投资的效果会较好；在成熟和获利阶段，银企合作、发行企业债券和股票上市都是值得重点考虑的融资方式。

表8-1　企业融资方式选择

融资方式		种子阶段	创业阶段	成长阶段	成熟阶段	获利阶段
政府扶持	1. 政府直接投入	√	√	√		
	2. 政府促进银企合作		√	√	√	√
	3. 政府间接投入		√	√	√	
信贷融资	4. 科技开发贷款	√	√	√		
	5. 银企合作			√	√	√
企业间合作	6. 技术入股组建新公司	√	√	√		
	7. 引进战略投资者		√	√	√	
风险投资	8. 风险投资		√	√		
融资租赁	9. 融资租赁		√	√	√	√
企业债券	10. 企业债券			√	√	√
证券市场	11. 主板上市			√	√	√
	12. 科创板上市			√	√	√
国际资本市场	13. 国际债券			√	√	√
	13. 海外股票上市			√	√	√
	14. ADR				√	√
	15. 买壳借壳上市				√	√

8.4 现代生物技术的投融资分析

8.4.1 概述

在新兴技术的投融资分析方面，现代生物技术最有特点，也最具代表性，因此此处对现代生物技术的投融资进行一些扩展讨论。

生物技术是应用自然科学及工程学的原理，依靠微生物、动物、植物作为反应器将物料进行加工以提供产品来为社会服务的技术。生物技术的发展可以划分为三个不同的阶段：传统生物技术、近代生物技术、现代生物技术。20世纪50年代，DNA双螺旋结构被揭示，分子生物学取得了迅速的发展。到20世纪70年代初，DNA体外重组新技术和淋巴细胞杂交瘤两大新技术的诞生，宣告了现代生物技术的来临。现代生物技术是以现代生物学研究成果为基础、多学科理论、技术和工程原理相互交叉融合而成的新兴技术。主要包括基因工程、细胞工程、蛋白质工程、酶工程、生化工程和发酵工程等几个方面，其中又以基因工程为核心。21世纪，现代生物技术发展显出强劲势头，虹膜技术、生物芯片、有机计算机、基因疗法、转基因食品等等迅猛发展，现代生物技术正在或者将会影响到各行各业，并将成为21世纪的最大产业。

近年来，全球生物产业规模始终保持以接近GDP平均增速2倍的速度增长。据估计，以生物技术为基础的产品销售额在30年内将超过15万亿美元，从而成为经济发展的重要驱动力。在生物医药领域，从2012年到2017年，全球医药市场的年均复合增长率约为3.2%，2018年全球医药市场规模为1.63万亿美元，增速为4.8%；在转基因作物产业，全球转基因作物种植面积由1996年的170万 hm^2，到2006年突破1亿 hm^2，再到2018年的1.917亿 hm^2，激增了约112倍；在生物基化学品方面，OECD提出了到2030年将会有大约35%的化学品由生物基化学品替代；在生物能源方面，据国际可再生能源机构（IRENA）的统计数据显示，2017年全球生物质能发电量达到1.78 EJ，相较于2010年的1.14 EJ增长56%。

美国的生物技术一直处于世界领先水平，近年来在该领域的发展速度之快更是举世瞩目，其发展生物技术行业的一些举措尤其是在生物技术投融资上的一些做法值得我们关注和研究。

8.4.2 现代生物技术的管理特征

1. 典型的高技术

现代生物技术是典型的高技术，存在着巨大的不确定性。现代生物技术是一个复杂的技术群，它同生命科学（特别是同微观生物学）的发展，以及生命科学与其他学科的交叉和渗透密切联系在一起，而且还越来越依赖其他学科如数理科学、化学、信息和材料科学等提供的新理论、新技术的支撑。也正是涉及众多基础学科和应用学科最新科学发展的支撑，加大了现代生物技术发展的高度不确定性。比如生物芯片（微矩阵）技术融合了核酸化学、蛋白质化学、生物信息学、微机电技术以及光化学、电化学等多种学科和技术，技术难度大，要求的技术水平也很高，尽管生物芯片有着令人兴奋的前景，但仍然会有很多的技术障碍，要广泛应用还需一系列技术不确定性问题的解决。

2. 市场规模和潜力不确定

大部分生物技术不会像某些信息技术那样很快迎来爆发性市场，客户群体对生物技术产品有一个认识的过程，市场对产品接受慢，有些甚至根本不被接受，市场不确定性高。一种生物药物即使能够走出临床和法规的曲径，获得分析家和医生的赞誉，但在市场中仍然会遇到意想不到的绊脚石，因为消费群体的个体差异直接影响着其药理反应，存在许多不确定性因素，如阿温蒂斯（Hoechst Marion Roussel）公司的抗组胺药物（Seldane）做得非常成功，但因其与红霉素同时服用会引起心率异常而被撤出美国市场，这是一个研发时不可预料的不确定性。另外与信息技术相比，生物技术产品国际市场偏弱，由于财力和专业知识的限制，生物技术企业很难在产品研制成功后，及时地打开国际市场，而且，在没有当地政府或企业帮助的情况下，生物技术企业几乎不可能进入某些市场，比如转基因作物，欧洲和日本两大市场的消费者对转基因食品加以抵制，这意味着这种特殊的生物技术在将来的发展具有很大的不确定性。在生物技术领域，一些小的生物技术公司可以通过自己真正的技术特色争得一席之地，而在其他行业中，就很难看到这样的情形。试想一下，一个初出茅庐的小企业就想和微软公司较量，那是根本无法想象的事！但是，一个生产一种治疗糖尿病的新型药物的小小生物技术公司，却能绝对地占领整个胰岛素市场，这就是生物技术市场不确定性的魅力之一。

3. 高投入，多阶段

生物技术产品在研发初期就需要巨额资金和较长周期，如美国基因工程公司（Amgen）4300万美元左右的资金也仅仅是投资在当时的鸡生长素产品发现的前期。据统计，药品开发过程需花费1~4亿美元，而且只有在大约10年之后，才会知道公司开发的新产品是否具有实用价值，是否能够产生利润。即使是致力于开发农产品和新的技术工具（组合化学、基因测序等），也同样要在大量的资金投入和相当长的一段时期之后，才能产生收入。生物技术产品从开始研制到最终转化为产品要经过很多环节，每一个环节都需要雄厚的资金投入做保证。比如生物药品就大体需要经过如下环节：早期发现、产品目标确定-研究阶段、中试、临床试验（Ⅰ、Ⅱ、Ⅲ阶段）、复查并调整、规模化生产阶段等，每个环节都有严格复杂的技术和安全性审批程序，开发成功需要的周期相当长，一般需要8~15年的时间，发现和开发新药是一项费时且艰巨的任务，其中蕴藏着很多的不确定性，如第一个反义药物整整花了10年时间才推向市场。与生物技术相比，信息技术产品的平均研发周期相对要短得多，研发投入的平均强度也要小得多。

4. 高风险与高收益并存

生物技术产品直接或间接使用于人体这一特点，决定了其在审批上要加以严格的控制。据统计，美国国家卫生研究院及美国制药界每年在生物科技的研发上要投入近600亿美元，而成功率却只有4%左右。美国药物研究与制造业协会（Pharmaceutical Research and Manufacturers of America）的评估结果显示，每5000个新发现并经过动物实验验证（临床前实验）的化合物当中，仅有大约5个能够顺利进入人体试验，而其中仅仅1个能够最终获准上市。另有统计表明，一个创新药品从发现到上市平均需要10~15年时间，耗费20亿~30亿美元资金。而且研发成功率很低，只有约10%的候选化合物能够进入临床试验阶段，约1%能够最终获得上市许可。除了技术风险与市场风险之外，还有政策风险和伦理风险。无论是生物医药产业、农业生物产业还是轻工食品和环保生物产业，由于它与人类自身的健康安全息息相关，故各国政策对其产品的应用都严格控制。所以其产品的市场前景不仅要符合市场规律，而且要受到相关政策的制约和伦理道德的约束。如转基因食品，人们就会担心这不是原生态的产品，会不会有害身体，毁灭自身，日本和欧洲民众对这类食品就采取了抵制态度。

既然现代生物技术有那么多的不确定性，为什么非要卷入这种竞争中呢？还是经济学中的一句老话："风险与利润并存。"生物技术产品一旦成功推向市场，其高度不确定性的背后是巨大的市场价值和商业利润。如艾格比默（Agbiome）是一家微生物技术公司，利用植物微生物群落开发新型农作物保护产品并为全球市场提供解决方案。目前艾格比默共获得了6轮融资，融资金额达到13 650万美元（约合94 428万元人民币），11家投资机构的资金为其背书，其中包括3家领投机构。艾格比默最新一轮融资来自2018年，融资金额达6 500万美元（约合44 965.7万元人民币）。2023年1月31日，美国的辉瑞（Pfizer）公司公布了2022年的销售业绩：较2021年，2022年营收同比增长23%，达到1003亿美元，同时也成为首个销售额规模超过1000亿美元的制药巨头。这正是尽管生物技术在成功道路上困难重重，但对投资者来说仍具有巨大吸引力的原因。

5. 具有很强的资源依赖性和产业聚集性

包括生物制药和生物农业等在内的生物技术，具有较强的资源依赖性和应用的地域性，这为生物资源特别丰富、技术基础相对较差的发展中国家或地区带来了巨大机遇。以色列、巴西、古巴等少数生物技术实力不算很强的国家，集中力量优先发展某些生物技术产业，取得了成功。与此相对应，生物技术产业还具有很强的产业聚集性，主要集中于生物资源丰富、科技人才聚集和产业基础、创业环境较好的地区。如在美国，生物技术企业主要集中于加利福尼亚、马萨诸塞和新泽西地区，三地生物企业总数占全美国的38%。英国主要集中于伦敦、牛津和剑桥地区，三地生物企业总数占全英国的43%。在我国，则主要集中于上海、广东和北京等地，三省市生物企业总数占全国的52.9%，呈现很高的产业集中度。进一步分析发现，由于生物技术产业对科学研究的依赖性，引致生物技术企业与科技园区、大学之间距离相近的特征。事实上，我国近年来迅速崛起的众多生物技术企业，主要诞生和分布于高新技术产业开发区或由大学科技园区孵化成熟。生物技术产业已成为我国不少高新区继信息技术产业之外的第二大支柱产业。

6. 研发周期和最终进入市场的时间较长，商业化会面临特殊障碍

生物技术产品从研制到最终转化为产品，除了要经过一般高新技术产品的基础研究、应用研究、实验室研究和中试外，还要经过动物试验、临床试验或田间释放（1期、2期、3期）、规模化生产等阶段和市场检测等许多环节，其中每个环节都有严格复杂的技术与安全性审批程序，致使开发一种新的生物技术产品（如生物药品）的周期较长，这与信息技术产品可以研发与生产几乎同时进行，仅需几个月就可推向市场形成了鲜明对比。此外，由于生物技术更深地触及人类生存基础，涉及更为复杂的伦理、法律和现存的社会秩序，人们对其有着发自内心深处的恐惧和担心，比如对于克隆动物、克隆人体器官等克隆技术，人们会担心对人类生存和正常繁衍产生不利影响，还会担心未来是否会分化出有着优势基因和弱势基因的两类人，并由前者统治后者的问题，为人类自身掘下坟墓等。尽管类似的问题在信息技术也有，但至少不会触及毁灭人类的问题。因此，生物技术在发展中遭遇的社会阻力要比信息技术大得多，其产品最终进入消费市场以及融入人们的生活所需要的时间会很长。当然，生物技术产品一旦开发成功，其替代性则较弱，更新换代也要慢得多，可长期占领甚至垄断市场，这是因为竞争产品或替代产品也同样要经历复杂、漫长的研发过程和市场接受过程。

7. 对人才有特殊要求

生物技术产业作为典型的智力密集型产业，对人才具有其特殊的要求。与信息技术等高技术相比，生物技术是一门实验性学科，这决定了这一领域的人才除了具有高智力和创新精神外，还必须具有丰富的实际操作技能和实验室工作经验，使得其一般只有在研究生毕业后，至少有5年的实验室工作经验才能独立完成某个产品或者某个环节的研究开发工作。所以，成为一名具有独立研发能力的技术骨干，或者一名生物技术创业人才出现的时候，他们的年龄可能已经到了35岁左右。而信息技术产品的快速更新换代首先要求研发人才具备快速反应能力，所以信息技术的创新创业人才一般较为年轻，像比尔·盖茨、戴尔等信息技术创业英才都是在20岁刚出头上大学时就崭露头角了。

8. 知识产权管理的特殊性

生物制药与化学制药完全不同，许多产品的专利往往是开发过程的技术和工艺形成的专利，从发现新基因到开发成产品，一般需要15～20年，而这时大多数基因的专利都到期，至少在目前FDA批准上市的重组蛋白生物技术药物中，除新一代突变体产品，如胰岛素突变体、EPO突变体外，几乎所有药物的基因序列和蛋白质序列都已过专利保护期，也就是说以自己的技术来开发这些药物并不侵犯知识产权，任何一个与现有专利相差一个氨基酸残基的抗体，都可以申请新专利，这也是为什么美国仍有多种抗CD20、EGFR和TNF-α等的治疗性抗体在进行临床试验的原因。我国具有生物制药的后发优势，既然国外已经确定了那么多疗效确切的生物技术药物和药物靶标，那我国就可以少走很多弯路、少花很多人力和物力来研制这些产品。但是我国并没有充分发挥和利用这种后发优势。因此，如何在现代生物技术领域做好知识产权管理和制定知识产权战略，将是一个具有新意的课题。

8.4.3　现代生物技术的投融资分析

生物技术企业的特点之一是创业初期和持续成长都需要大量的资金支持。在美国，一个典型的生物制药企业在其设立的头两年需要100万～200万美元的资金投入，在其后两年需要500万～1000万美元的资金投入。此后，资金需求取决于公司的发展重点和战略，但一般也需要上亿的资金以支持其成长和药物开发。传统上，开发一种重要新药需耗资1亿到4亿美元，而这项新成果的投资回收也许要花上10～20年时间。因此，这种特点决定了客观上要求有各式各样的融资手段来满足生物技术企业对资金的大量需求。从上述生物技术研发的投资强度和投资回收期的长度来看，都是与电子信息技术有很大差别的。同时，生物技术类产品的持续赢利周期也很长，一旦研发成功并成功商业化，一般可在相当长的时间内保持较高的赢利水平，这也是与电子信息技术更新换代快所不相同的。

根据欧美发达国家发展生物技术产业的情况来看，生物技术产业的投融资方式和方法是多种多样的，有来自政府或有政府背景的科研机构、公共基金的投资，也有来自企业或个人的投资，但更多的是来自各种专业投资机构、基金的风险投资。其中，政府的投资主要应用于生物技术基础研究领域和创新平台建设；而风险投资则是生物技术公司起步阶段最重要的一种融资形式；通过证券市场融资则是生物技术企业发展壮大的主要融资途径。

1. 政府投入是生物技术产业发展的重要基础

为落实《国家生物技术和生物制造计划》，美国政府将投入超 20 亿美元支持生物技术研发和生物医药制造等领域发展，其中，活性药物成分（API）、抗生素等生物制造以及合成生物成为重要方向。法国拟投入不低于 22 亿欧元资金对包括生物疗法和生物制药、数字医疗和新兴传染病等重点领域进行投资；法国公共投资银行未来 5 年将额外增加 20 亿欧元的投入，用于资助法国生物初创企业的建立、壮大和产业化。日本在 2023 财年科学技术预算中设置 120 亿日元用于推进再生生物、细胞生物和基因治疗等领域内融合研究以及跨领域合作、以核心据点为中枢的合作、利用疾病特异性 iPS 细胞阐明疾病状态以及进行新药研发等。新加坡每年会在生物医药研发领域投入约 15 亿新币，加强前沿技术领域核心研究。

目前我国同样高度重视生命科学和生物技术等领域的发展。科学规划、系统推进我国生物经济发展，这也是顺应全球生物技术加速演进趋势、实现高水平科技自立自强的重要方向。在"十四五"规划和"2035 远景目标"纲要中明确指出，要为支持生物经济发展，统筹利用各级各类相关财政资金支持生物经济发展，加大对生物相关科技创新和产品服务的支持力度；继续开展首台（套）重大技术装备、新材料首批次保险补偿机制试点；鼓励地方建立健全生物质能财政补贴政策。政府投入的重点主要应集中有限财力于生物技术的基础研究和企业种子期、创业期，引导企业加大对生物技术的研发投入和科研院所对生物技术的人才投入，引导风险投资基金和证券市场对生物技术的关注度，为我国生物技术产业的加速发展打下坚实的基础。

2. 风险投资是生物技术产业发展的助推器

风险投资作为一种新型的投资方式，是科技成果产业化的强大助推器。风险投资的运作机制是对高风险项目进行股权融资，将其培育成熟，再使之公开上市或以其他形式出让，从而获得高收益。风险投资基金的运作大体分为四个主要的阶段：新的基金首先经过一个筹资的阶段，从个人、机构和其他基金及企业处筹集资金；第二个阶段是投资阶段，基金管理者仔细调查研究值得投资的目标并进行投资；第三个阶段是投资后阶段，在这个阶段，资金已经承诺投入且基金仍然活跃，经常参与管理所投资的企业；最后一个阶段是变现阶段，在通过股票交易市场或其他途径得到了投资回报之后资金重新回流到投资者手中。

2024 年伊始，高盛高调宣布了其首只生命科学基金成立。旗下高盛资产管理的西街生命科学一期基金完成 6.5 亿美元首关，并已向五家初创生物科技公司承诺约 9000 万美元投资，包括 ADC 药物开发公司托勒生物治疗（TORL Bio-Therapeutics）、分子胶开发公司蜂巢治疗（Nested Therapeutics）、ATP 酶靶向药研发公司摩玛（MOMA）、CNS 药物开发公司雷波特（Rapport）和 GPCR 代谢药物开发公司斯波特纳（Septerna）。现代生物技术的高度不确定性和良好的成长性正好与风险投资的投资理念相一致，而且专业的风险投资公司一般有专门的生物技术专业分析人才，可有效解决信息不对称的问题，融资企业则可从风险投资中获得稳定的资金支持。从生物技术企业资金需求的情况分析，在生物技术企业的创业期和成长期，风险投资将是生物技术企业和产业发展的主要资金来源，应作为生物技术企业在这两个发展阶段的主要融资渠道。

3. 股票市场是生物技术产业发展壮大的蓄水池

风险投资基金可以解决生物技术企业创业期和成长期的资金需求，却不能为生物技术企业在稳定期和获利期提供进一步发展壮大的资金支持，因为在这些阶段，正是风险投资希望获利退出的阶段。此时，股票市场将接过资金需求的接力棒，扮演资金供给的主要角色。

2018年年底，上海证券交易所开始设立科创板并试点注册制，重点鼓励生物医药等六大领域的企业在科创板上市。2019年6月13日，证监会主席易会满在第十一届陆家嘴论坛上宣布科创板正式开板，为中国资本市场以及中国科技的中长期发展带来了新活力。据上交所科创板官网披露，截至2020年6月12日，科创板共受理申请上市企业337家，注册生效企业达129家，其中在生物医药板块申请上市的企业共计63家（不包括已终止申请上市公司），注册生效达28家，其中多以医药制造业、研究和试验发展（主要指CRO企业）、专用设备制造业（主要指医疗器械设备）3大业务类型递交上市申请书。

从美国生物技术产业融资状况分析可以看出，支持美国生物技术迅猛发展的是巨额的资金投入和有效的投资体制。在美国，生物技术行业发展过程中所需要的资金主要来源于政府投入、风险投资、初次发行和再次发行以及战略联盟投资。

生物技术产业是21世纪最具发展潜力的朝阳产业，我国经济的腾飞离不开生物技术的进步和生物技术产业的发展。这需要生物科技工作者、企业和金融界把握机遇，共同努力，加大研发投入力度，创新投融资体制，积极促进科技成果的产业化，开创我国生物技术发展新局面。

本章参考文献

[1] 刘照德. 传统投资分析法与现实期权法的比较分析[J]. 重庆工学院学报,2002,(1)70-73.

[2] 王桂华,齐海淘,实物期权方法在高科技企业价值评估中的应用[J]. 企业经济,2002,(7)155-156.

[3] 李磊宁.新技术投资中的期权分析[J].数量经济技术经济研究,2004,(1)68-74.

[4] TERRENCE W.FAULKNER. Applying 'Options Thinking' to R&D Valuation[J].Research Technology Management,1996(5/6):50-56.

[5] [美]约翰·赫尔. 期权、期货和其他衍生工具[M]. 3版. 张陶伟,译. 北京:华夏出版社,2000.

[6] [美]马莎·阿姆拉姆. 如何评估企业增长机会[M]. 王朝阳等,译. 北京:机械工业出版社,2004.

[7] 邢兰兰. 高技术企业融资方式及其选择[J]. 软件工程师,2001,(7):60-63.

[8] 银路. 从行为主体看科技成果产业化的困难与对策[J].科技导报,1996,(1):11-13.

[9] 国家发展和改革委员会高技术产业司,中国生物工程学会.中国生物产业发展报告2006[M].北京:化学工业出版社,2007.

[10] 陈小琼. 实物期权在新兴生物技术管理中的应用[D]. 成都:电子科技大学,2006.

[11] [美]辛西娅·罗宾斯·罗思. 生物技术企业资本运营[M]. 周平坤,宋芳秀,梁媛,李月娟,译. 北京:机械工业出版社,2001.

[12] 牛西平. 生物技术产业的特点及其发展对策[J]. 商场现代化,2005,(10):168-169.

[13] 甘建辉,李俊华,汪恩浩. 美国生物技术行业投资态势分析[J]. 中国生物工程杂志,2002,(6):79-84.

[14] 张文范. 应从战略高度重视、支持生物技术产业发展[J]. 未来与发展,2006,(3):3.

[15] 白京羽,林晓锋,尹政清. 全球生物产业发展现状及政策启示. 生物工程学报,2020,36(8): 1528-1535.

第3篇

产 业 篇

第9章
新兴技术的共生演化系统

本章首先介绍演化和技术演化的基本概念、内涵以及研究的主要进展，接下来讨论新兴技术演化的概念、特点和模式，最后重点讨论新兴技术的共生演化，并提出新兴技术"三要素多层次"共生演化模型。

9.1 技术演化

9.1.1 演化

众所周知，自然界中新物种的形成过程是一个复杂、渐变的过程，往往需要一定的时间、通过多个阶段完成的。而新物种能否通过频数效应在群体中成为大多数，不仅取决于"进化机器"的突变是否赋予新物种更强的繁衍能力，更取决于该新物种能否与相关分支物种相互匹配并能够建立持久的协同关系，只有满足这两个条件，新物种才能够在激烈的生存竞争中被留存下来。一项新技术的演化与发展，就如同自然界的一种新物种，不仅受技术本身性能品质的影响，同时总是受到所处客观环境的影响和制约。正所谓南橘北枳，无线市话在发达国家被视为一项落后技术，但却在中国取得了巨大的商业成功；因特网作为一项典型的新兴技术，其迅猛发展从根本上说并不是一项技术变革的结果，而是由于网页浏览器这一相对不起眼的发明将该技术的应用领域从政府和学术机构转移到了大众消费市场。但在将新兴技术的演化过程与新物种在生存竞争中被选择留存下来的过程进行类比时，应该记住埃尔斯特对有意识的人类行为与自然选择之间差别的分析。"自然选择的过程是机械化的、短视的。'进化机器'会接受任何随机产生的突变，只要能赋予生物体更强的繁殖能力就行，而不管长期结果如何。它不具备等待或者为了未来投资的能力，而人类的行为则包含判断"。新物种的发展进化完全是被动受"自然选择机制"的作用，而新兴技术的演化过程中包含着各种主动的判断和选择行为，比如企业可以通过为将来投资而获得更多的选择的权利，从而获取更多的利润；企业不仅可以调整行为适应环境，也可以通过战略行动改变其所处的竞争环境。正是因为如此，研究新兴技术的演化过程才对企业具有重大的意义。只有通过对新兴技术演化的动力机制、演化路径、演化层次等问题进行深入的分析，既归纳新兴技术演化的一般性原理，又总结新兴技术演化的不同路径及其特点，才能得到对企业如何管理新兴技术并从中获利具有实际指导价值的理论。

演化（evolution）原本是一个生物学概念，指生物在不同世代之间具有差异的现象。进化论是解释这些现象的各种理论。在生物学中，演化的主要机制是生物的可遗传变异，以及生物对环境的适应和物种间的竞争。自然选择的过程，会使物种的特征被保留或是淘汰，甚至使新物种诞生或原有物种灭绝。现今生物学家认为，地球上的所有生命，都是来自于30多亿年前形成的共同祖先，之后生物持续不断地演化。直到今天，世界上现存约13 500 000个物种。

20世纪80年代以来，很多经济及管理学科领域的学者对所谓的"正统经济理论"（新古典经济学）分析方法对现实问题的偏离进行了审视，认为新古典经济学的分析方法借鉴经典力学的思想，适合于分析以机械运动为主要特征的中观物质世界，而对经济学和管理学等社会科学的研究领域来说，生物学的分析思想和方法更为适合。从而使得生物演化思想被广泛借鉴到社会经济领域，形成了现代经济学的一个重要分支——演化经济学。演化经济学作为独立的理论分支出现应归功于熊彼特对创新过程的研究。熊彼特的经济发展理论把创新看作是经济变化过程的实质，强调了非均衡和质变，认为资本主义在本质上是一种动态演进的过程。借用生物学思想，他把不断从内部彻底变革的经济结构，不断毁灭旧产业、创造新产业称作产业突变，认为创造性毁灭是资本主义的基本事实，这种观点非常类似于生物学界古尔德等所提出的间断均衡的生物进化理论。

演化经济学中一个根本性的问题就是对演化的定义。在通常的语言中，演化指的是渐进的变化和发展过程［与革命（revolution）相比］，革命指的是破坏性的激进变化。费伯（Faber）和普瑞普斯（Proops）（1991）认为，演化是指一种事物经过时间变化成另一种事物。而演化概念在不同社会领域的应用，形成了不同的分支概念，如文化演化、制度演化、经济演化等，大大拓展了演化概念的外延。在大量对经济演化进行研究的文献和流派中，又以新熊彼特学派的影响最为广泛。这一学派秉承熊彼特的思想，认为技术创新是经济演化的主要来源和动力，因此提出经济演化的本质就是技术的体制（regime）或范式（paradigm）的转换。如果从历史发展的长河中俯瞰人类社会经济形态的变化，尤其是纵观工业革命以来人类社会经济形态从蒸汽时代到电力时代，再到信息时代的变化和发展，不难看出技术范式的转变在这一过程中所发挥的根本性作用。在现代演化经济学的代表人物纳尔逊和温特的经典著作——《经济变迁的演化理论》中，演化的一个较为广泛的含义指对长期和渐进的变化过程的关注，而技术创新是经济演化过程中的主要动力。

综合各个流派和学者的观点，一般的演化理论具有如下特征：它的研究对象是随着时间变化的某一变量或某一系统，理论探索就是为了理解引起这些变化的动态过程，特别用来解释说明为何变量或系统到达目前这个状态，它是如何达到的。

而随着技术创新系统范式的出现和发展，技术创新的动态过程引起了越来越广泛的关注，使得对技术创新的解释成为演化思想在社会经济领域内最为广泛的应用领域之一。技术创新理论的鼻祖熊彼特同时也被认为是现代演化经济学的一个重要理论奠基者。在本章，我们将演化的思想纳入技术创新和技术管理领域的研究，为解释新兴技术企业技术创新和技术管理决策行为提供了更富洞察力的视野。

9.1.2 技术演化

从演化的概念直观地推断，所谓技术演化就是指技术随着时间变化的过程。但因为技术概念的内涵具有广泛性和层次性，所以技术演化的概念也根据其研究的层次不同而有所区分。所谓广泛性是指技术的内涵不仅包括用以完成工作的硬件，也包括工作人员的技能和知识，甚至包括工作对象的特征；所谓层次性是指构成技术的知识基础具有层次性，这种层次性源自人类知识的遗传性和知识开发的积累性特征。下面将分别从不同的层次和角度对技术演化的概念加以说明。

1.基于技术S曲线的技术演化

（1）技术演化的狭义定义。

目前最狭义的一种关于技术演化的概念是：技术物理性能随时间或投入沿着特定技术轨道的变化或改进。在这个研究领域内，技术S曲线已经成为最基本的研究工具。技术S曲线的纵轴用来测度产品或工艺性能的一个重要维度，横轴上的单位选择一般根据作者的目的而定。如果要测度开发小组投入的相对效率或潜在产出率，一般以技术开发投入作为横轴；如果要评价技术成熟度对产品销售或竞争地位的影响，则选择时间作为横轴。为什么技术性能的演化呈现出S形态？不同的学者给出了不同的解释。例如，福斯特（Foster，1986）认为技术性能的提高会逼近水平线，是因为自然规律强加的极限。他用几个产业的例子来支持这种对技术演化过程的解释，其中一个例子是蒸汽动力轮船对风力帆船的替代：他说明了风力帆船的速度提升之所以会呈现出S形态，本质上是帆船的动力系统受风和水的物理作用规律的制约，速度的提升最终会达到一个极限。康斯坦特（Constant）通过对飞机产业中涡轮喷气技术对活塞式发动机技术替代过程的研究，指出沿着特定方向的技术性能的提高速度是递减的，主要是因为规模现象或系统复杂性。

技术S曲线是关于技术改进潜力的一种归纳性推论。其主要用途是对技术的发展进行预测，进而为企业的技术战略提供依据。

（2）技术演化的隐含假设-技术轨道。

上述技术演化的狭义概念中隐含了一个假设：技术物理性能的改变或变化总是沿着特定的技术轨道。换言之，技术S曲线的形态其实是由技术轨道内生决定的。那么，到底什么是技术轨道呢？

技术轨道的思想萌芽最先是由美国学者纳尔逊和温特提出的，后经意大利学者多西（G.Dosi）发展而成。这一思想提出，技术的发展路径总是包含于某个技术轨道中，技术轨道反映了某一技术领域内技术发展的方向和内在逻辑性与规律。纳尔逊和温特在20世纪80年代初首先提出了自然轨道的概念，用以刻画和描述技术发展的某些特征：在许多部门中技术进步具有层次递进性，特别在高新技术行业里，技术进步具有自增强性。他们指出，"今天搜寻的结果不仅是一种新技术，而且是增进知识和形成明天使用的新建筑块的基础"。一项创新性研究与开发的成功，为一个企业带来的不仅是一种较好的技术，而且是为下个时代进行搜寻的更高的平台。受库恩（Kuhn）科学范式概念的启发，多西将其作为模型和范例的基础，并在1982年发表的著名论文"技术范式与技术轨道"中首次把范式概念引入技术创新研究，提出了技术范式的概念：类比于库恩的科学范式定义，技术范式就是挑选出来的解决特定技术问题的一种"图景"（或模式），以及那些以获取新的知识为目标，并尽可能地防止这些新知识过快地扩散到竞争者的特定规则。技术范式决定了研究的领域、问题、程序和任务，具有强烈的排他性。融合自然轨道与科学范式的思想，多西提出了技术轨道的概念：在技术范式所规定的范围内解决问题的"正常"活动的模式，代表了在由技术范式所规定的外部边界之内的一组可能的技术方向。1988年，多西又进一步把技术轨道定义为经过经济的和技术的要素权衡折中，由技术范式所限定的技术进步的轨迹。技术轨道并不是线性的确定性选择，它们可能处于不同的分支上，即它们可能有不同的技术定位、方向和能力。在技术发展过程中既有新旧技术范式的竞争，也有各种新技术范式之间的竞争。例如晶体管对电子管的取代过程，就是新旧技术范式的竞争；当前数字电视领域的等离子技术和液晶技术的竞争就属于新范式之间的竞争；而在常说的3G三大技术标准（WCDMA、CDMA2000、TD-CDMA）之间的竞争则属于同一范式内不同技术轨道之间的竞争。由于技术所包含的知识基础的层次性和递进性特征，随着技术的发展，技术范式选择的限定性也在逐渐增加，使得技术发展过程表现为"在技术范式规定下，沿技术轨道方向发展的一种强选择性的进化活动"。简言之，由于技术轨道的存在，技术演化过程表现出路径依赖特征。

（3）主导设计——技术轨道竞争的分水岭。

如前所述，技术轨道是由技术范式所限定的技术进步的轨迹。即使在同一技术范式下，技术轨道也不是线性的确定性选择，而是可能有不同的技术定位、方向和能力。换言之，在同一技术范式之下，不同的技术轨道之间也存在竞争。举例来说，当基于某种新的技术范式的新兴产业出现之初，不同的企业可能沿着不同的技术轨道进行创新投入，并努力使自己企业的技术轨道被行业所认可，此时产业技术的演化特征表现为不同技术轨道之间的竞争。影响竞争的关键因素除了技术轨道所决定的技术发展潜力以外，频数依赖效应也对技术轨道的竞争结果产生重要影响：一般来说，在新兴产业发展的初期，被大多数企业认同的技术轨道更具有成为主导设计的潜力。随着主导设计的出现——特定技术轨道被行业内的所有企业认可采纳，各个企业的创新投入不再是沿着原来的技术轨道进行，而是沿着主导设计所选择的技术轨道进行。此处将主导设计所遵循的技术轨道称为产业技术轨道。主导设计出现后，产业技术的演化特征表现为技术性能沿着产业技术轨道的方向变化或改进。

2. 基于系统观点的技术演化

（1）技术系统的特征。

技术通常是以系统形式存在的，具有整体性、层次性和连锁性特征。

整体性：技术是由各种技术要素或子系统构成的有机整体。这种整体性表现在技术系统的功能和结构并不是组成它的单个技术或子系统的特性和功能的简单相加，而是具有新的特性和功能。例如一个产品就是由不同的部件通过构架技术组合在一起来实现特定的功能。

层次性：技术系统是由不同等级的子系统或单个技术通过技术或功能耦合集成在一起的，因此表现有层次性。例如：PC技术系统，可以被看作包括硬件和软件两个子技术系统，而且软件系统是建立在硬件系统之上。再进一步细分，硬件系统可被划分为主板和外设，外设是耦合在主板系统上的。同样，软件系统也可细分为不同层次，最底层是由机器语言编写的BIOS命令，最高层是应用软件，在最底层和最高层之间的被称为中间件。

连锁性：技术系统中的某个子系统发生变化，并引起相关子系统发生相应的变化。主导技术的更替必然带动原有技术系统的内容、组成和结合方式等一系列的连锁反应。例如，在20世纪80年代，以MSDOS为平台、安装了Lotus1-2-3应用软件的IBMPC系统是绝大多数商业用户的选择，但随着Windows操作系统对Dos操作系统的取代，整个PC系统都随之发生了巨大的变化。

因此，从技术系统的角度理解技术演化，不再局限于特定技术沿着特定方向的发展和变化，其内容不仅包含技术系统内部各要素技术自身的变化或发展，也包含各要素技术之间的相互作用以及共同发展过程。以下对技术演化模式的探讨，都有一个共同的前提：技术是以系统形式存在的。

（2）技术系统演化模式。

我们在这里所指的技术生态系统是由特定环境中的一组特定技术组成的。直观讲，就是由一个核心技术和其相关联的背景技术所构成的系统。例如，在无线通信技术不断发展的背景下，PC技术与其相关的技术就构成了一个系统。

①技术生态系统中技术的分类。

为了便于理解，根据在技术系统中所承担的功能不同，此处将技术划分为三种类型：部件技术、产品和应用技术、支撑和基础设施技术。这三类技术定位于技术系统的不同层次。

部件技术是构成更复杂技术系统的部件。例如，微处理器、硬盘驱动器就是个人电脑的部件技术。

产品和应用技术是由系列部件技术构成、具有特定功能或能满足特定需求的技术，是与最终消费者联系最紧密的技术。例如，在数字音乐技术的生态系统中，MP3播放器就属于此类技术。

支撑和基础设施技术是指这类技术本身不能满足消费者的需要，而必须与其他技术结合在一起才能发挥作用，在技术生态系统中总是为其他技术提供支撑或基础设施。支撑和基础设施技术与部件技术的区别在于部件技术是更复杂的技术系统的物理结构所必需的技术，而支撑技术只是与其他的技术共同起作用。例如，打印机并不是个人电脑所必要的技术，但它可以增加个人电脑的功能，且与个人电脑共同作用才能为用户提供更高的附加值。

从技术生态系统的角度来看，技术的演化不仅发生在同一层次，不同层次的技术之间也存在协同演化的关系。

②影响技术演化的外部力量。

在技术生态系统中，环境的力量是影响技术演化的关键外部因素。影响技术系统状态的外部力量可划分为政策力量、技术力量和经济力量三种主要类型。

政策力量：指对技术创新产生推动力的来自社会和政策方面的力量。例如，如果出于安全考虑，政府规定所有的汽车必须配置全球导航系统（GPS），这一政策将对GPS和汽车行业的技术系统都产生影响。

技术力量：指由技术面临的障碍或技术机会对技术变化所产生的推动力。例如在录像机研发的早期，录像时间的长度就是其面临的一个重要技术障碍，为解决这一问题，当时致力于录像机研发的美国和日本企业都进行了大力研发，对技术的发展形成了强大的推动力。

经济力量：指由对新产品和新技术的需求而产生的推动技术演化的来自市场方面的力量。例如，为了满足消费者对数字音乐产品和技术的日益增长的需求，很多企业致力于MP3、MP4等产品的开发。苹果公司就是其中最有代表性的一家公司。

③技术影响路径。

为了更好地解释技术演化的模式，此处先对技术系统中不同类别技术之间的影响路径进行定义：技术影响路径是指技术系统内某项技术的当前状态对系统内技术的未来状态产生影响的所有可能路径。例如，DVD产品技术的成功将进一步驱动其部件技术的发展，用符号表示为：$P \rightarrow C^*$。表9-1罗列了技术系统的所有影响路径。

表9-1 技术系统的影响路径

	部件技术 未来状态(C^*)	产品技术 未来状态(P^*)	支撑技术 未来状态(I^*)
部件技术 当前状态(C)	部件的演化 如：微处理器，数码相机的像素	技术的集成 如：PC，数码相机	标准和基础设施的发展 如：RFID
产品技术 当前状态(P)	产品驱动的部件技术演化 如：蓝牙DVD	产品集成和演化 如：数码相机的更新换代	扩散和采用 如：数码相机配套设施的完善
支撑技术 当前状态(I)	支撑技术驱动的部件技术演化 如：互联网技术，Wi-Fi设备	支撑技术驱动的产品创新 如：即时信息服务	支撑技术的演化 如：移动电话网络的扩张，Web2.0的出现

④技术演化的五种模式。

基于以上对技术生态系统内不同类型技术之间影响路径的定义，技术系统的演化模式可以归纳为以下五种。

a. 产品开发。这个模式描述的是一个产品技术演化的初始阶段。在这个阶段，同时存在多个产品和部件技术，而且新的技术部件和产品之间是互相影响的。如在PDA刚刚出现的时期，不仅产品本身在不断发展（$P \rightarrow P^*$），其部件技术如微硬盘驱动器、触摸屏等也在不断发展（$C \rightarrow C^*$）。如图9-1所示。

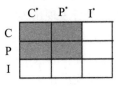

图9-1 产品开发

b. 产品和支撑技术的协同演化。新产品的发展带动基础设施技术的发展，反之对新产品的使用和扩散产生重要影响。如图9-2所示。

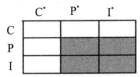

图9-2 产品和支撑技术的协同演化

c. 前馈演化。前馈演化模式主要存在于技术系统趋向成熟的过程中。在此模式中，当前技术的状态演化影响更高层级技术的未来状态，如图9-3所示。如新部件技术的演化会驱动使用新部件的产品技术的演化。举例来说，彩色LCD、高性能的固体存储设备和CMOS传感器的发展推动了数码相机技术的发展（C→P*）。另一个前馈演化的路径是当部件技术标准化后，支撑技术将得到快速发展。例如，RFID技术自20世纪90年代初已经出现，但直到最近，RFID传感器和识别装置的标准还非常不确定。一旦标准确定，新的支撑技术将会快速发展（C I*）。同样地，当一个产品技术广泛地被采纳时，扩散和采用影响路径会发生作用。例如，随着数码相机技术的扩散，很多自助照片印刷亭会出现在街头（P→I*）。

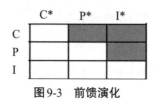

图9-3　前馈演化

d. 反馈演化。与前馈演化相反，在反馈演化模式中，一项技术的演化影响其所依赖的技术的发展和演化过程，如图9-4所示。举例来说，数字产品的安全性要求基础数字编码技术的提高，如水印技术（P→C*）。同样地，支撑技术的发展会影响部件层次和产品层次技术的发展。

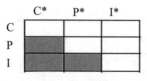

图9-4　反馈演化

e. 渐进演化。这类技术演化模式主要描述同一层次内技术的逐步改进。图9-5中的对角线表示渐进创新，每个层次的技术本身表现出连续性的发展和改进。例如，摩尔定律表明芯片的功能每18个月就会提高1倍（C→C*）；有拍照功能的手机就是已有技术的集成（数码相机技术和手机技术）创造出的新产品（P→P*）；手机网络作为支撑技术，随着移动电话使用人数的增加，也一直在不断地进化中（I→I*）。

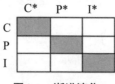

图9-5　渐进演化

⑤技术演化周期。

在介绍上述五种技术演化模式的基础上，可以把技术系统的演化看作一个循环的过程，在这个过程中，五种演化模式交替出现，如图9-6所示。在一个演化周期的初始阶段，主要的演化动力来自产品开发力量，新产品或新部件被开发出来并不断地改进（可以近似对应于主导设计出现的阶段）。一旦产品和部件稳定，前馈演化模式就开始出现了。当整个技术生态系统趋于成熟的时候，基础设施技术必须不断发展并相对稳定，以支撑持续的新产品开发和改进。做到这点以后，产品和支撑技术之间的协同演化将对整个系统的演化过程起重要的作用，部件技术将围绕支撑技术和产品技术的要求改进，整个技术系统向更高的状态演化，直到新的产品出现，新的技术系统开始演化并打断原有技术系统的演化过程。

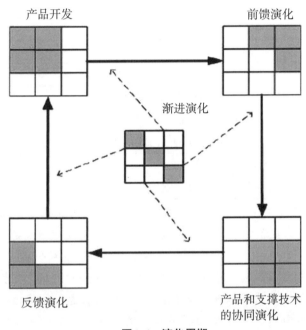

图9-6　演化周期

案例实践　数字音乐产业技术系统的演化①

在21世纪的第一个十年里，新的数字音乐市场已经随着不断的技术创新和迅速的市场扩散快速发展，并迎来市场的爆发。自1989年MP3核心技术在德国申请专利以来，MP3播放格式对传统音乐产业的价值生态产生了重大影响，1999年2月，P2P技术的出现，巧妙地规避了数字音乐提供所面对的知识产权方面的法律障碍；而同时，Sub Pop成为第一家提供MP3格式音乐的唱片公司。自那以后，数字音乐播放器存储容量的不断扩大以及在线音乐零售商的出现开始改变了传统音乐产业的商业模式。

数字音乐技术生态系统的演化为我们更好地从系统的角度理解技术的演化提供了一个很好的案例。因为在这个技术生态系统内，包含了大量的部件技术、产品技术以及支撑和基础设施技术，而且这些技术大多在过去的15年内出现。数字音乐产业的高度动态性和复杂性为探究技术演化提供了一个有意思的背景，表9-2给出了数字音乐技术系统演化的主要时间表。

---

① 银路，王敏. 新兴技术管理导论[M]. 北京：科学出版社，2010.

表9-2　MP3技术及产业发展大事记

主要时间点	事　件
1989年	德国MP3专利
1996年	美国MP3专利
1998年	第一个便携MP3播放器（32 MB）
1999年2月	P2P技术出现
1999年5月	Napster成立
2000年5月	网上交易水印技术的发展
2001年1月	苹果公司的iTunes音乐网站成立
2001年6月	Napster禁令
2001年10月	苹果公司10 GB的iPod播放器推出
2002年3月	苹果公司20 GB的iPod播放器推出
2003年4月	苹果公司40 GB的iPod播放器推出
2003年10月	戴尔建立在线音乐网站，iTunes在线音乐商店成立
2004年9月	MSN在线音乐商店成立
2005年5月	雅虎在线音乐商店成立

　　图9-7描述了数字音乐产业演化的两个周期。第一个周期的起点是MP3文件压缩格式和软件解码技术的出现。在初始阶段，技术生态系统的典型演化模式是第一种——产品开发，当时，部件技术（如MP3压缩格式）和产品技术（软件技术如WinAmp）都在不断地发展以吸引更多的注意力。在这一阶段，通过把MPEG-1和MPEG-2技术与MP3压缩技术集成，MP3格式性能得到了大的改进。当MP3的技术标准达到合理的采纳水平时，技术演化的前馈模式开始起作用，基于MP3播放格式的产品和基础设施技术不断出现。如第一台便携式MP3播放器于1998年夏天推出，而网景公司也在1999年5月推出了基于P2P技术的数字音乐在线交换网站。这些产品和基础设施技术的出现都源自MP3格式文件的大量扩散。

　　随着数字音乐技术系统的不断扩散，新的基础设施技术不断被开发出来，包括升级的P2P技术，新的MP3标准如微软的WMA、苹果公司的AAC。当数字音乐产品和支撑技术不断被开发、采用之后，在反馈演化模式的作用下，新部件技术的性能也在不断提高，如更大容量的闪存技术。到这个状态之后，技术系统趋向一个稳定状态，大多数的播放器采用的是闪存技术，而MP3文件几乎都是通过P2P网络实现传送的。

　　第二个演化周期始于部件技术的创新——大容量微硬盘技术。在产品开发演化模式作用下，该项创新导致基于硬盘技术的MP3播放器的出现，如苹果公司的iPod就是典型代表。随之是前馈演化模式的作用，为了更好地使用新的基于HDD技术的播放器，新的在线音乐服务开始出现并广为采纳，如iTunes和网景2.0。大量的MP3播放器的部件技术也开始被开发出来，如FM转换器和录音技术等。随着大量在线音乐提供商和便携式播放器的出现，技术演化的重点聚焦在基础设施技术和产品技术的协调方面。随着第二代数字音乐技术的广泛使用，反馈演化模式导致基于新部件技术的新产品出现，如彩色液晶屏幕播放器。

当一个演化周期趋于稳定之后，技术系统的演化主要是渐进演化模式，直到一系列突破性的产品技术和部件技术出现，数字音乐产业生态系统将开始它的第三个演化周期。

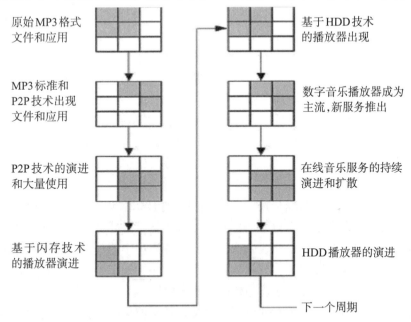

原始MP3格式
文件和应用

基于HDD技术
的播放器出现

MP3标准和
P2P技术出现
文件和应用

数字音乐播放器成为
主流,新服务推出

P2P技术的演进
和大量使用

在线音乐服务的持续
演进和扩散

基于闪存技术
的播放器演进

HDD播放器的演进

下一个周期

图9-7 数字音乐产业的演化周期

（3）产品系统演化模式——基于"构架-部件"的技术观

与上述生态系统观点的技术分类思想不同，另一类分类方式是基于技术所体现的知识特征，将技术系统（尤指产品技术系统）内的技术划分为部件技术和构架技术。这种分类思想源自Henderson和Clark的经典文献。部件技术是与产品零部件有关的知识基础；而构架技术是关于零部件之间连接方式的知识。技术系统的演化，本质就是系统内部件技术和构架技术的相互转化及其自身的发展变化所构成的一个知识的动态演化循环，它由模块化、进化、结构化和变异四个亚过程构成，如图9-8所示，经过这些转化，技术系统得以改进和升级。

	到构架技术	到部件技术
从构架技术	变异	模块化
从部架技术	结构化	进化

图9-8 构架-部件技术演化模式

变异是构架技术的改进或者升级。这个亚过程的特点是构成技术系统的部件不发生改变而只是部件之间的连接方式发生变化，如集成电路的光刻技术的出现，只是改变了电子元器件之间的连接方式，而元器件本身并没有发生变化。模块化是构架技术被表达为部件技术的过程。通过模块化，可以将按照特定连接方式联系在一起、实现某项特定功能的部件技术集合看作一个整体，而不用了解部件技术本身的技术细节。如软件产品中的一个模块被用来实现某个特定功能，一旦其结构确定，模块就以整体形式存在，可以被表达为一个整体，用来被耦合在上一级的技术系统中。结构化是将部件技术转化为构架技术的过程。它包括两种情况，一种情况是通过对部件技术的整合，获得新的构架技术；另一种情况是解剖部件技术，获得其内部构架，用构架来表达部件技术，例如常见的反向工程（reverse-engineering）。进化指的是部件技术的不断改进或升级。如PC技术系统中的CPU作为一个部件，其技术就是在不断地升级换代。

在产品技术系统的演化过程中，变异、模块化、结构化和进化这四个亚过程同时存在。技术系统的进步和升级，就是系统内部件技术和构架技术的不断改进和相互影响的动态循环过程。

3. 基于技术社会学的观点

前面两部分分别基于S曲线和技术系统的观点对技术演化的概念和内涵进行了界定。这两种界定的根本区别在于技术概念所涵盖的广度不同。技术S曲线刻画的技术演化过程针对的是狭义的技术，即产品设计或制造工艺、服务流程中的程序、技巧或方法。而当从系统的角度研究技术演化过程时，技术被看作由若干相关知识构成的实现特定社会功能的知识集合，这一概念更强调技术系统的整体性和层次性。

如从社会功能的角度理解技术的更广泛含义，技术演化的过程可以通过技术变迁的概念加以解释。技术变迁（technological transition）是指社会功能实现方式的技术转变，如交通、通信等产业技术的变化。具体来说，比如人们的远程通信方式从电报转变为电话，进而转变为通过互联网实现的过程，就是技术的变迁。技术变迁不仅涉及技术的变化，也包括其他因素的变化，如：用户实践、规则法令、产业网络、基础设施的变化等。很多文献从技术社会学的角度分析了技术的变迁。因为从技术社会学角度分析，技术本身没有力量，只有与人的力量、社会结构和组织结合在一起时，技术才能够实现相应的功能。休斯（Hughes，1987）用无缝网来隐喻物质制成品、组织、自然资源和科学元素以及立法方面的因素之间为实现特定社会功能而形成的关系，并将这种联系称之为异质元素之间的结构（configuration）。从这个角度分析，技术变迁就是指一个社会的"技术-经济"范式向另外一个"技术-经济"范式的变化。这个变化过程既包括技术的替代，也包含其他要素的变化，如用户使用习惯的变化、与新的社会技术结构匹配的制度和法规的出现、基础设施的变化等等。一般来说，技术变迁是由突破性的新技术出现引起的，但在新技术出现之初，因为规则、基础设施、用户实践、维持网络都是与已有技术配套的，新技术往往要面临与现有社会技术结构不匹配的困境，因此突破性的技术要突破是要面临很多困难的。如果随着技术本身的不断发展，与新技术匹配的社会技术结构中的诸元素开始慢慢出现，新的技术结构会逐渐与旧的技术结构并存并最终取代它。此处将与突破性新技术相匹配的技术结构的逐渐形成并取代旧结构的过程，称为技术变迁，这也是技术演化最为宽泛的含义。

上面分别从微观（狭义的技术）、中观（产业技术）和宏观（技术-经济范式）三个层面对技术演化的概念和内涵进行了全方位的解读。这也是进一步理解新兴技术演化过程的前提。以下将对新兴技术演化的概念、特点以及模式等问题进行介绍，并给出一个分析新兴技术演化的三因素、多层次的分析框架。

9.2 新兴技术演化的概念、特点和模式

新兴技术以其高度不确定性和复杂性让现有的管理理论面临极大的挑战，让管理者在管理新兴技术时面临两难的选择。根据调查和已有对新兴技术的研究发现，企业在管理新兴技术时，主要面临以下三个方面的重大挑战：一是企业（尤其是大企业）过度专注于企业现有的核心技术及相关能力的发展，从而忽视新兴技术的风险；二是企业在发展新兴技术时，没有把握好进入市场的时机，从而让企业落入"为他人作嫁衣"的境地；三是新兴技术发展的"生态环境"不存在或不完善，导致新兴技术在市场上"水土不服"，过早"夭折"，或者沦为"早熟技术"。以上三方面因素对新兴技术发展的影响综合在一起，导致管理新兴技术面临巨大的不确定性。要降低管理新兴技术的不确定性，一个根本性的要素是要认识新兴技术演化的机理，了解影响新兴技术发展演化的重要影响因素及其影响路径。

9.2.1 新兴技术演化的概念和特点

新兴技术演化关注的问题是：随着时间、环境的变化，新兴技术如何从技术物种发展成为创造新行业或改变老行业的成熟技术？对新兴技术演化过程的研究，就是要从技术的角度、技术系统的角度和"技术-经济范式"的角度，从微观、中观、宏观的层次理解新兴技术向新兴产业发展变化的动态过程。

新兴技术演化具有以下的特点。

1. 共生演化

由于新兴技术演化过程中所涉及的要素较多，要素之间的关系比较复杂，因此用共生演化思想来分析新兴技术的演化日益成为一个研究的热点问题。共生演化（co-evolution）理论最早由美国生物学家保罗·埃利希（Paul Ehrlich）和彼特·拉文（Peter Lavine）在1965年提出，他们认为生物界普遍存在的现象是共生演化而非传统观念的生存竞争。共生演化的实质含义是，一个新事项的出现以及它能否通过频数效应在群体中成为大多数，关键要看该新事项是否与那些相关分支相互匹配并能够建立持久的协同关系，只有这样的变异才能被留存，才能在最终起到推动进化的作用。因为新兴技术从产生到实现创造性毁灭的演化过程，不仅仅是技术沿着特定技术轨道的演进，更重要的是新兴技术与其他相关要素共生演化的过程，正是这些要素的交互作用，以新兴技术为核心的新的技术-经济系统才能成功改变或替代原有的技术-经济系统，表现为创造一个新的行业或改变已有的行业。正是新兴技术演化的多层次性和多因素协同的特征，使得新兴技术的演化过程表现出高度的复杂性，使得管理新兴技术面临高度的不确定性。

2. 新兴技术演化含义的多重性

新兴技术可能产生于突破性创新，出现全新的技术路径；也可能产生于渐变性创新，来自技术融合，即两个不相干的技术在同一个领域里合并成新的系统；还可能是来自于应用领域的改变。突破性创新探讨全新的技术轨道或流程，渐进性创新则关注技术轨道的演变、相关技术的分离、嫁接和组合、融合。基于新兴技术来源的多样性，新兴技术的演化包含多维含义：（1）技术性能的渐进性变化，例如在技术融合型新兴技术的演化过程中，

技术性能的改变是渐进的；（2）技术性能的突破性变化，例如在突破性新兴技术的演化中，其技术性能的改变是突破性的，但同时也会伴随着渐进性改进；（3）技术功能的不连续性变化，例如在技术植入型和融合型新兴技术的演化过程中，技术的功能就会发生不连续变化；（4）技术应用领域的非连续性变化。如果新兴技术的演化是由应用领域发生改变引起的，那技术应用领域的变化一定也是非连续的。

3. 新兴技术演化的多层次性

根据技术变革所影响范围的不同，费里曼（Freeman）和佩雷兹（Perez）提出了四种创新类型：渐进创新（incremental innovation）、突破性创新（radical innovation）、技术系统（technology system）的变革和技术-经济范式（techno-economic paradigm）变革。根据他们的观点，渐进创新发生在任何产业内部，是一种连续性改进价格和性能的创新。突破性创新是不连续事件，在不同部门和时间段内不均匀分布。突破性创新是新市场增长的潜在源泉，也是与经济繁荣相关的新投资增长领域。突破性创新往往还伴随着产品、工艺和组织的创新，例如，相对软磁盘技术，优盘技术就是一种突破性创新。技术系统的变革是影响更为深远的技术变化，不仅影响经济中的若干部门，也可能产生全新的部门，例如，由数字音乐播放器及其配套软件技术的创新，不仅开创了数字音乐产业这个新行业，对传统音乐产业的运作模式也产生了巨大的冲击。这种变革是渐进创新和突破性创新的组合，会影响一类企业或几类企业的组织和管理创新。更高层次的变革是技术-经济范式的变革，会影响整个经济形态。这个层次的变革包括特殊产品和工艺技术的技术通道（technology trajectory）的变革，会影响经济系统中各个部门的投入成本结构和生产、流通条件。例如，因特网带来的变革就属于此层次的变革。

按照这种分类方式，以上四种变革所涉及的参与者数量依次增加，变革的影响范围也依次扩大。例如，渐进创新往往是由同一个部门的一家或几家企业完成的，影响范围只局限在特定的产品或工艺；而技术系统的变革，一般涉及不同部门的多家企业参与，影响范围不仅是产品、工艺的变化，更重要的是对一个或多个部门的生产流程、商业模式产生深远影响。基于以上认识，可认为新兴技术所带来的变革属于技术系统层次和技术-经济范式层次的变革。

4. 新兴技术的演化过程具有二维性

这个特点与新兴技术演化的第二个特点相联系。因为按照事物变化的剧烈程度，将变化过程划分为演化和革命两种类型。此处的演化是指演化的最为狭义的概念，与新兴技术演化中的演化所指是不同的。如前所述，新兴技术的演化过程中既包括技术性能的渐进变化，也包括技术性能、功能和应用领域的剧烈变化。因此认为新兴技术的演化过程具有二维性，既包括狭义的演化过程，也体现出革命性变化的特点。

9.3.2　新兴技术演化的模式

1. 新兴技术演化模式的两种基本分类

根据创新起源于科技创新链的不同端，通常把技术创新过程区分为以技术推动市场需求的技术推动假说和以市场需求作为创新动因的需求拉动假说。基于这一理论，根据新兴技术的创新过程不同，其演化模式可以区分为技术推动型和市场拉动型两种基本类型。所谓技术推动型新兴技术，是指新的市场需求是随着新兴技术的发展和涌现而逐步形成的，换言之，市场需求是被技术创新活动创造出来的。一般来说，这类新兴技术是通过重大原创性技术创新形成的。例如计算机、互联网的诞生催生出了信息时代的各种生活方式和工作方式。而所谓的市场拉动型新兴技术，一般是为了解决现有经济社会发展的难度、痛点，或是满足已经存在的市场需求，通过应用导向型（市场导向）的技术创新产生的。以下将分别对这两种新兴技术演化模式进行介绍。

2. 技术推动型新兴技术演化模式

如前所述，技术推动型新兴技术是通过重大原始性技术创新形成的，是基于一系列的科学基础突破。这类新兴技术有两个显著特点：第一，在产生之初并没有明确的应用领域；第二，在新兴技术的重大技术突破之后，往往会有一系列的辅助性新技术出现，因此可以说这类新兴技术不是单一的技术，而是一个以重大突破技术为核心的技术群。正是由于群内技术可以做到互相补充、互相促进及共同发展，新兴技术才最终获得爆发性的市场应用。如互联网技术产生之后，根本没有料到会有如此之大的市场应用范围，而伴随着浏览器技术、调制解调器技术、光纤技术等一系列的新技术出现，互联网技术最终被推入千家万户。因此可以说，技术推动型新兴技术的演化过程是技术创造需求的过程，企业创新的目的是创造一个可能的美好未来。

根据技术推动型新兴技术演化过程中的里程碑事件，可将演化过程划分为四个阶段：技术发展阶段、应用竞争阶段、技术-需求匹配阶段、持续创新阶段。以下将分别从演化的驱动因素、关键参与者以及不确定性因素等几个方面对不同阶段的特点进行分析。

（1）技术发展阶段：指从基于科学基础理论突破的新兴技术的出现到新技术应用领域出现的过程。进入这个阶段的里程碑事件是新兴技术的科学基础趋于稳定，而新的技术范式开始形成；而退出这个阶段的里程碑事件是新兴技术的主导技术范式和潜在的应用领域出现。

在这个阶段，新兴技术的演化主要指随着科学基础的稳定，不同的新技术范式之间产生竞争并最终确定新兴技术的范式，沿着新范式所锁定的方向，新兴技术的性能和功能得到不断的发展和改进。在新技术性能和功能改进的同时，新兴技术的应用领域逐渐进入技术提供者的视野。在新兴技术范式形成、应用领域开始出现的过程中，主要的驱动因素是来自于科学发展内在的动力，即科学家的好奇心和创造性。这个过程中的主要参与者是相关领域的科学家、科研机构和知识产权机构，以及对新技术的狂热爱好者。这一阶段的不确定性主要是技术发展方向、应用领域及其出现时机的不确定性。而技术发展方向的不确定性会随着主导技术范式的出现而逐渐降低。

（2）应用竞争阶段：指从大量新兴技术的应用领域出现到特定领域占据新兴技术应用的主导方向。随着新兴技术主导技术范式的出现，新兴技术会形成几个重要且明确的发展方向，而在不同的技术方向都会有一系列的辅助性新技术出现，新兴技术与不同辅助性技术的组合致力于满足不同领域的应用需求（如商业应用和家庭应用就是PC技术在应用竞争阶段的两个应用方向），或是用不同的方式满足同一领域的应用需求（如MP3技术与不同的技术组合可以通过不同的方式满足消费者对数字音乐的需求）。新兴技术在不同应用领域的演化过程都是一个所需资源持续增加的过程，由于技术、市场及配套环境等资源的稀缺性和频数依赖效应的广泛存在，新兴技术的不同应用之间形成竞争，竞争的结果是某一个或几个特定领域成为新兴技术的主导应用领域，标志着新兴技术开始进入演化的技术-需求匹配阶段。

在应用竞争阶段，新兴技术演化的主要内容包括：① 新兴技术与不同辅助性新技术的互相补充、互相促进的发展过程；② 新兴技术与不同辅助性技术的组合与特定应用领域的共生演化过程，即为满足特定应用领域的需求，新兴技术与不同的互补性技术进行组合创新，而技术组合所提供的功能不同，也会导致特定应用领域的需求（如消费者使用新兴技术产品的方式）发生变化。

在这个阶段，新兴技术演化的主要驱动因素是不同类型新技术提供者基于对新技术的预期所进行的战略投资；关键的参与者是新兴技术提供企业、采纳企业，辅助性新技术提供企业，市场研究机构，潜在新兴技术产品使用者。不同的参与者面临的不确定性是不同的，新兴技术提供企业面临的不确定性有采纳企业采纳时机不确定、辅助性新技术是否出现等；新兴技术采纳企业面临的主要不确定性是辅助性新技术出现的时机和类型，主导应用领域的不确定性；辅助性新技术提供企业面临的不确定性主要是主导应用领域所需要的新兴技术组合的不确定。

（3）技术-需求匹配阶段：指从新兴技术进入主导应用领域到满足市场基本需求的过程。在这一阶段，新兴技术演化的内容主要包括两个方面：① 新兴技术与消费者的需求之间的共生演化。因为潜在市场随着主导应用领域的出现逐渐明确，但新兴技术到底如何满足消费者的需求、消费者如何使用新兴技术产品都是不确定的，因此这个阶段的一个主要表现就是新兴技术与消费者需求之间的交互影响、互相适应。② 新兴技术生态系统的演化。随着应用领域不确定性的降低以及对新兴技术的美好预期，会有更多的企业作为辅助性技术提供者或补充性资产的提供者进入以新兴技术为核心的技术生态系统。新兴技术生态系统的演化也受到技术与市场需求共生演化的影响。随着技术生态系统的演化，新兴技术在主导应用领域的工程通道和商业模式逐渐成形。通过以上两个演化过程，新兴技术与主导应用领域的市场需求逐渐匹配，新兴技术被该领域的大多数消费者认可、采纳。通过一段时间的新兴技术扩散过程，主导应用领域的潜在市场需求基本得到满足，标志着新兴技术开始进入第四个演化阶段。

在这个阶段，新兴技术演化的关键参与者是新兴技术提供和采纳企业、辅助性技术和补充性资产提供企业、消费者、政府机构（如为规范新兴技术的商业运作模式，政府往往会出台系列政策或法规）。演化的关键驱动因素有三个：①不同新兴技术企业为开发潜在市场而投入各种资源，形成了新兴技术演化的推动力；②市场需求对新兴技术的演化也是重要的拉动力量；③在一些新兴技术与需求匹配的过程中，政策的力量也是很重要的，如杰拉尔德·福尔哈伯（Gerald R.Faulhaber）在分析互联网发展过程中公共政策所发挥的作用。而在这一阶段主要的不确定性是新兴技术扩散范围及时间的不确定性。

（4）持续改进阶段：指新兴技术满足主导应用领域的基本市场需求后，通过持续的改进型创新为消费者提升技术价值的过程。进入这一阶段后，技术失去了"新兴"的特点，面临的不确定性和复杂性已经大大降低，可以运用成熟技术的管理方式方法，因此不再是新兴技术管理所要关注的内容，此处不再赘述。

需要强调的一点是，技术推动型新兴技术演化的四个阶段并不是线性关系，即一个阶段结束后才进入后一阶段，而是在不同阶段之间存在不同程度的交叉性。

3. 需求拉动型新兴技术演化模式

如前所述，需求拉动型新兴技术一般是为了满足已经存在的市场需求而通过应用导向型的技术创新产生的。相对于技术推动型新兴技术，需求拉动型的新兴技术往往具有以下特点：第一，新兴技术的应用领域和潜在市场明确，因此不会经过应用领域寻找和竞争的阶段；第二，需求拉动型新兴技术一般是为满足其应用领域中的某一个或几个利基市场，然后通过性能的改进不断渗透到主流市场；第三，这类新兴技术一般是通过技术引进创新或现有技术的集成创新得到的。因此说市场需求拉动型新兴技术的演化过程是抓住现有潜在市场需求的过程，企业创新的目的是抓住一个可能的美好未来。

根据需求拉动型新兴技术演化过程中的重要事件，其过程也可被划分为四个阶段：利基市场定义阶段、技术扫描阶段、技术-需求匹配阶段、向主流市场渗透阶段。

（1）利基市场定义阶段：这个阶段是指从潜在利基市场的发现到形成明确的需求定义的过程。对潜在的新兴技术开发企业来说，这一阶段的首要任务是发现主流市场之外的利基市场，进而对模糊的市场需求进行明确定义，主要的标志就是主要需求参数的确定，如满足需求要实现的主要功能，消费者能够接受的价格区间以及需求对功能、性能改进和价格的弹性等。例如，在小灵通技术进入中国移动通信市场之前，国内主流的移动通信市场是由中国移动和中国联通瓜分的，而对移动通信质量要求不高、对服务价格非常敏感的一个巨大的潜在市场却没有被两大移动运营商满足。正是认识到这一庞大的利基市场，中国电信（网通）才开始积极寻找一种替代性移动通信技术来满足这个潜在市场。在利基市场定义阶段，关键的参与者是潜在新兴技术企业和利基市场的潜在消费者。在这一阶段，企业面临的主要不确定性包括利基市场潜在需求的模糊性、满足潜在市场所需要的技术是否存在以及技术能否获取等。

（2）技术扫描阶段：一旦企业明确了利基市场的需求，它就需要决定如何以及到何处去寻找能够满足潜在市场的技术。这个技术寻找的过程就是技术扫描阶段企业的主要任务。企业进行技术扫描的主要对象包括企业内部、颁布新技术的研究机构以及各类技术和贸易文献。通过不断的技术扫描和研究寻找，企业若能够找到合适的新技术，便进入需求拉动型新兴技术的下一个演化阶段，否则企业会继续寻找。在技术扫描阶段，参与新兴技术演化的主要参与者包括新兴企业和各类技术研发机构和技术交易机构。在这个过程中，潜在新兴技术企业面临的主要不确定性有两个方面，一是是否能够找到、获取所需要的新技术；二是竞争对手的行动，如果竞争对手能更快地找到新技术从而启动潜在的利基市场，企业将面临巨大的风险。

（3）技术-需求匹配阶段：一旦企业找到能够满足潜在利基市场的新技术，需求拉动型新兴技术便进入技术-需求匹配阶段。如前所述，需求拉动型的新兴技术一般是通过技术引进或技术集成形成的，企业不一定要具备进入特定利基市场所具有的功能，因此企业需要按照市场所要求的功能优先级对新兴技术进行适应性改进，使其沿着更好满足市场需求的方向改进。例如，对刚引进中国市场的小灵通技术来说，潜在消费者对价格指标的重视程度超过对连通性指标的重视程度，技术的改进主要考虑的是实现低成本；而随着成本指标的不断改进，消费者对连通性的要求比对价格更优惠的要求更迫切，因此技术的改进方向转为改善连通性。随着新兴技术性能的不断改进，潜在的利基市场基本得到满足，开始进入下一个演化阶段。在这一阶段，新兴技术演化的主要参与者是新兴技术企业、利基市场的消费者以及与新技术相配套的辅助性技术或补充性资产的提供企业。在技术-需求匹配阶段，新兴技术企业面临的主要不确定性来自两个方面：一是市场结构变动产生的不确定性；二是政策环境变化可能产生的不确定性。

（4）向主流市场渗透阶段：如前所述，需求拉动型新兴技术主要是满足特定的利基市场，但随着技术与市场的共生演化，新兴技术企业不断向市场学习，从而使得技术的性能沿着顾客需求的延伸方向不断改进，并最终达到主流市场的性能要求，新兴技术企业便可实现从利基市场到主流市场的渗透。一旦新兴技术成功渗透到主流市场，就会使该行业格局重新洗牌，从而实现新兴技术改变老行业的特点。在这一阶段，影响新兴技术演化的主要参与者包括新兴技术企业、主流市场的在位企业以及该市场的利益相关者企业。对新兴技术来说，能否成功渗透到主流市场，一个决定性的因素是新兴技术的性能要实现突破，达到满足主流市场对性能需求的阈值。因此，可以推断对这个阶段的新兴技术企业来讲，面临的最大不确定性是新兴技术性能的改进能否超越主流市场对性能需求的临界点；此外，主流市场消费者对原来技术和企业的路径依赖和消费惯性，也是新兴技术企业面临的主要不确定性。

4. 技术推动和市场拉动型新兴技术演化模式对比分析

在前面分析的基础上，本部分将从演化类型、参与演化的技术群、演化的战略驱动力量、演化的轨迹、不确定性以及企业战略管理重点等六个方面，对技术推动和市场拉动型新兴技术演化模式进行对比分析。

（1）新兴技术的演化类型不同。

从共生演化的角度来看，技术推动型新兴技术与系统内其他辅助性技术和补充性技术的共生演化属于共利演化，参与共生演化对双方都有利可图，例如计算机硬件和软件企业的共生演化就属此类；而市场拉动型新兴技术与其补充性技术的共生演化大多属于偏利演化，共生演化对参与一方的利益大于另一方，例如优盘技术的发展离不开计算机技术作为其补充性技术，但两类技术之间的共生演化对优盘技术提供者具有更大的利益。

（2）参与演化的技术群数量存在显著差异。

技术推动型新兴技术开启的是一个全新的领域，要创造一个美好的未来，因而没有相似或相关技术或产品的商业化经验可以借鉴，其演化过程中所需要的各类资源的种类和数量都要远大于市场拉动型新兴技术的演化过程。其中最为明显的差异就是：技术推动型新兴技术的辅助性和补充性技术是随着新技术的发展不断出现的，它们之间共生演化并共同创造市场、满足需求。例如，互联网技术从产生发展到目前的普及程度，其本质就是基于数据传输协议的核心技术与浏览器、光纤、调制解调器等辅助性和补充性技术群共同发展并创造新兴市场的过程。而市场拉动型新兴技术主要的辅助性和补充性技术群业已存在，其演化具有非常明确的目标，演化过程的实质就是新技术与原有技术系统的匹配过程。因此，参与技术推动型新兴技术演化的技术数量要远远大于参与市场拉动型新兴技术演化过程的技术数量。

（3）演化的战略驱动力量不同。

在新兴技术演化的不同阶段，驱动演化的主要力量是不断变化的。技术推动和市场拉动两类新兴技术演化在各个阶段的主要驱动力量也存在明显差别，对比分析见表9-3所列。

表9-3　不同演化阶段两种新兴技术演化主要驱动力量对比

技术推动型新兴技术演化驱动力量		市场拉动型新兴技术演化驱动力量	
技术发展阶段	科学家的好奇心和创造性	利基市场定义阶段	新进入者或处于竞争弱势的企业通过技术创新实现差异化从而避免与在位企业正面竞争的动机
应用竞争阶段	不同类型新技术提供者基于对新技术的预期所进行的战略投资	技术扫描阶段	新兴技术企业对潜在市场启动时机的竞争
技术-需求匹配阶段	不同新兴技术企业为开发潜在市场而投入各种资源	技术-需求匹配阶段	企业为使新技术沿着能够更好满足市场需求的方向改进所付出的努力
持续改进阶段	为了维持新兴技术带来的高利润率	向主流市场渗透阶段	新兴技术企业追求更大的市场份额和更高的利润率

（4）演化的轨迹存在显著差异。

从技术体系结构的角度来看，技术推动型新兴技术演化的过程是以新技术为核心的新的技术体系结构的构建过程。在此过程中，新体系结构不断建立扩大并与传统产业中的技术体系结构竞争，直至最后取代原有技术体系结构或使原来的体系结构融合到新兴技术的体系结构中，具体到产业，就是新兴技术产业的出现及对传统产业的取代。而市场拉动型新兴技术演化的过程是新技术不断与原有技术体系结构匹配并不断嵌入其中的过程。在此过程中，新兴技术体系结构的嵌入是对原有技术体系结构的延展和改变，具体到产业，就是对原来的产业结构和产业链形态产生改变。

（5）不确定性程度存在显著差异。

以上四个方面的不同导致管理两类新兴技术所面临的不确定性存在巨大差异。技术推动型新兴技术的演化过程是一个新市场、新行业的创造过程，需要大量的企业和机构以及政府部门的共同参与，新兴技术企业面临的不确定性不仅来自内部，更多的不确定性是来自企业外部。相比之下，市场拉动型新兴技术的演化过程是延展已有的市场、改变现有行业的结构，企业所面临的不确定性要远低于前者，而且不确定性主要是企业内部获取技术和资源的不确定性，外部的产业环境和市场环境相对比较稳定。此外，两类新兴技术演化过程中不确定性的来源也存在差异，总结见表9-4所列。

表9-4　不同演化阶段两种新兴技术面临的不确定性来源

技术推动型新兴技术		市场拉动型新兴技术	
技术发展阶段	科学基础、技术发展方向、应用领域及其出现时机的不确定性	利基市场定义阶段	利基市场潜在需求的模糊性、满足潜在市场所需要的技术是否存在以及技术能否获取、竞争对手技术改进速度
应用竞争阶段	新兴技术提供企业的不确定性：采纳企业采纳时机不确定、辅助性新技术是否出现；新兴技术采纳企业的不确定性：辅助性新技术出现的时机和类型、主导应用领域的不确定性；辅助性新技术提供企业的不确定性：主导应用领域所需要的新兴技术组合的不确定	技术扫描阶段	能否找到、获取所需要的新技术；竞争对手的行动
技术-需求匹配阶段	新兴技术扩散范围及时间的不确定性	技术-需求匹配阶段	市场结构变动；政策环境变化
持续改进阶段	下一个潜在新兴技术带来的不确定性	主流市场渗透阶段	新兴技术性能的改进能否超越主流市场对性能的需求；原有主流市场消费者的惯性

（6）企业管理新兴技术的战略重点具有动态差异性。

如前所述，两类新兴技术的演化在不确定性、关键参与者及主要的驱动力量等方面存在差异，因此企业管理不同类型新兴技术的战略重点也不同，而且管理战略是动态变化的。具体对比分析见表9-5所列。

表9-5　不同演化阶段两种新兴技术企业战略重点

技术推动型新兴技术企业		市场拉动型新兴技术企业	
技术发展阶段	积极等待，广泛观望	利基市场定义阶段	通过大量市场调研，明确潜在市场定义
应用竞争阶段	进行战略投资，持有发展新兴技术的实物期权	技术扫描阶段	明确技术获取来源，选择技术获取方式
技术-需求匹配阶段	积极参与技术和产业联盟，共同创造、扩大新兴技术市场	技术-需求匹配阶段	确定技术改进优先级和方向，快速占据潜在利基市场
持续改进阶段	积极寻找下一个新兴技术带来的机会	向主流市场渗透阶段	加大研发投资，跨越向主流市场渗透的技术性能临界点；打破主流市场消费者惯性

9.3　新兴技术共生演化的层次、要素

新兴技术的共生演化系统是一个随着技术本身性能和功能演化而动态改变的复杂调适系统（complexity adaptive system）。从技术系统的观点来看，新兴技术的演化过程，就是系统要素出现并建立联系、系统边界逐步形成的过程；从产业的观点来看，就是新兴技术

向新兴产业动态演化的过程。因此，要理解新兴技术演化的过程，不仅要对参与演化的要素进行厘清，更要对要素间的共生演化进行分层次分析。

本节在对技术变迁进行分层次分析的基础上，对影响新兴技术共生演化的关键要素进行识别并对其作用机理进行探讨，将新兴技术演化的企业能力基础、市场需求、配套环境纳入一个整体性的研究框架，提出了新兴技术"三要素多层次"共生演化概念模型，为理解新兴技术实现创造性破坏的动态过程提供一个整体性的理论框架。

9.3.1 基于变革的共生演化层次分析

1. 技术变迁的多层次视角（multi-level perspective）

受演化经济学和技术社会形塑论（the social shaping of technology，SST）的影响，研究技术变迁的学者提出，技术变迁就是从旧的社会-技术系统转向新的社会-技术系统，不仅包括技术的变革，也包括系统中其他要素的变革，其本质就是一个系统创新。更深刻地理解技术变迁是如何实现的，必须基于一个"微观-中观-宏观"的多层次的视角。

技术变迁发生的微观层次是指技术小生境的形成过程，具体是指突破性创新的发展轨迹。一般而言，突破性创新产生的新技术在最开始性能是很低的，往往出现在没被主流市场发现的"保护地带"。对突破性创新来说，小生境就像是一个孵化器，对新技术的发展发挥重要作用，因为它为新技术提供了学习和实验的场所，使得技术通过学习不断改进，用户的偏好也随技术发展发生变化，与新技术相关的规章制度得以完善。小生境也为以突破性创新为核心的社会技术网络的构建提供了空间，比如供应链、用户与生产商的关系等。

技术变迁发生的中观层次是指社会技术体制（sociotechnical regime）的变化。社会技术体制的概念是建立在技术体制（technological regime）概念基础上的。纳尔逊和温特最初的定义中，技术体制指的是在技术界被工程师和设计师共同遵循的认知惯例，存在于工程人员的心里。技术体制的存在保证了技术发展的有序性，因为不同企业的工程师都是在同一技术体制下寻找技术问题解决的办法，技术体制是产业层面技术通道形成的前提。瑞普（Rip）和坎普（Kemp）从技术的社会形塑（SST）角度，将技术体制的概念进行了拓展，他们认为社会-技术系统的活动不仅与工程师群体有关，还与其他社会组织有关系，如图9-9所示。虽然每个社会组织有不同的特征和存在环境，其运行相对独立，但这些组织之间也会相互影响，这些相互影响正是通过社会技术体制的概念加以描述。因此社会技术体制具体是指嵌入在复杂的工程实践、生产工艺技术、产品特征、技能和程序、处理相关人工物和人员的方式以及界定问题的方式之中的社会-技术系统的深层结构或法则。社会技术体制的存在使社会-技术系统表现出相对稳定性，因为它为系统相关参与者的活动提供方向性和合作指南。

技术变迁的宏观层次是指社会技术前景（landscape）的变化过程。社会技术前景指影响社会-技术系统发展的更为宽泛的外部环境，具体涉及经济、社会、政治和文化等方面。如当前全球化趋势、对环境问题关注度的持续提高等构成了技术变迁的社会技术前景。

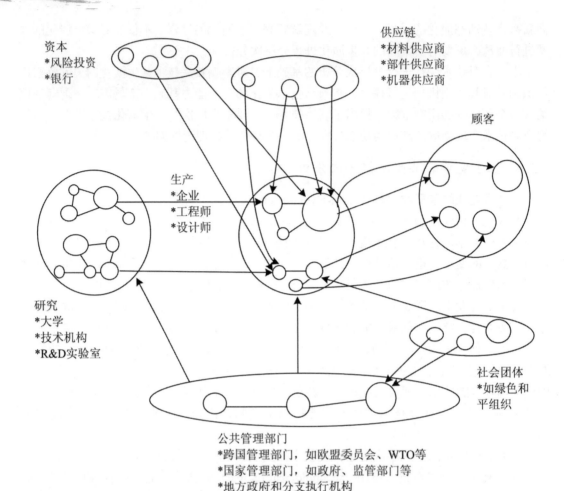

图9-9　技术社会系统构成

资料来源：F. W. GEELS. Technologies Transitions as Evolutionary Reconfiguration Processes: A Multi-Level Perspective and a Case-study[J]. Research Policy, 2002, 31: 1257-1274.

　　将技术变迁过程划分为以上三个层次，是因为在不同层次，系统的参与主体之间的协作形式和关系网络的构建活动表现出不同的方式，导致不同层次变革发生的困难程度由微观到宏观依次加大。而且这三个层次之间的关系可以用一种嵌入式的层级结构来描述：社会技术体制嵌入于社会技术前景之中，而小生境则嵌入于一定的社会体制之中，如图9-10所示。小生境中的创新活动通常是为了解决现有技术社会体制中的问题。系统参与者支持突破性创新小生境的形成，是因为希望新技术能嵌入现有的体制甚至形成新的社会技术体制并取代旧的。但这个过程是非常不容易的，因为制度、组织、经济和文化等方面的原因，现有体制结构有很强的稳定性。很多新技术的发展史都表明，突破性创新往往与现有的社会体制不匹配，很难实现突破。例如电动汽车要取代汽油汽车，面临的一个不匹配是电动车需要的是充电站，而非遍地的加油站。

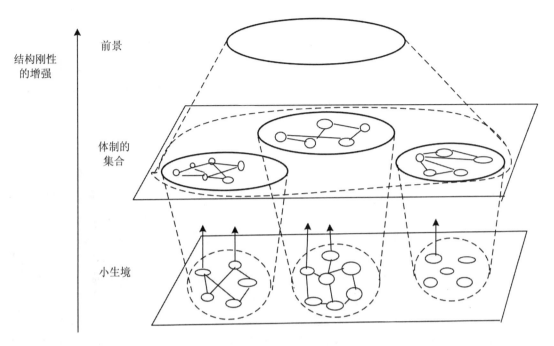

图9-10　技术变迁的嵌入式层级结构

资料来源：F. W. GEELS. Co-evolution of Technology and Society：The Transition in Water Supply and Personal Hygiene in the Netherlands（1850-1930）——A Case Study in Multi-level Perspective［J］. Technology in Society,2005,24：363-397.

2. 共生演化的多层次分析

如前所述，技术变迁发生在不同层次，而每个层次的变革，其本质都是一个共生演化的过程。本部分根据创新的难度和结构的稳定性不同，对共生演化的三个层次进行阐述。

（1）底层共生演化——新兴技术系统的重构。

从变革发生的不同层面来看，最底层的共生演化就是以突破性创新技术为核心的不同异质要素之间协同构建新技术系统以实现新的社会功能的过程。大技术系统（large technology system）理论将新技术的演化过程描述为随着新兴技术与利益相关者的"无缝网的编制"，新技术和用户环境相互影响、共同发展。大系统理论强调技术的社会选择过程，认为技术、经济行为、制度及用户偏好之间的系统构建过程能否持续并强化是新兴技术能否实现创造性毁灭的关键。在新技术发展早期阶段，由于技术和市场的巨大不确定性，构建新技术系统的要素是极度模糊的、系统的边界也不清楚，随着要素之间的联系加强，系统边界逐渐出现，不同参与者主体的作用和任务也逐步明确。

新技术系统的协同构建在行动者网络理论（actor-network theory）中也得到强调，该理论运用更为抽象的方法描述了系统要素之间是如何出现并连接在一起的过程。行动者网络理论的倡导者提出，随着新技术沿着"实验室发明—物质原型—进入市场的商品"的轨迹发展，系统中更多要素连接在一起，新技术就逐渐变得更真实，表现出现在所提的新兴技术的特征。

创新和技术社会学领域的学者研究了技术、市场和用户之间关系构建过程中用户的积极作用。对新兴技术来说，稳定的市场和"游戏规则（产权、质量规范、信任）"还不存在。克瑞恩（Creen，1992）通过案例研究发现，新兴技术企业努力通过新技术支持者网络的构建创造新的市场。在此构建过程中，会涉及管理机构、标准制定者、使用者及外部资源。新兴技术不能成功实现创造性破坏，主要是因为各类配套要素不能成功结成网络。用户-生产者的互动是使新兴技术不同要素之间连接在一起的关键。在开发新兴技术新功能的过程中，用户的经验和反馈扮演着重要角色。

（2）中层的共生演化——社会-技术系统中的共生演化。

关注这个层次共生演化的研究文献认为，一个比较成熟的社会-技术系统包含若干相互影响但又相对独立的子系统，每个子系统都有其自身发展规律。各子系统之间的边界是先前社会-技术系统构建过程趋于稳定的结果。每个子系统发展的动力学之间相互影响并共生演化。这种相互关联性在三螺旋理论、技术-经济网络等理论中都有体现。

三螺旋理论主要关注的是大学、政府和产业之间的共生演化关系，这种共生演化主要是通过交流网络和联系实现的。在演化过程中，不同主体之间能否实现协同发展存在不确定性，这种不确定性为潜在的突破性创新的出现和扩散打开了机会窗口。

行动者网络理论也对成熟社会-技术结构的共生演化过程进行了研究。该理论提出，随着参与主体的增加和各种相互联系的不断扩展，社会-技术结构就会扩展成为技术-经济网络。根据卡隆（Callon）的观点，技术-经济网络是异质参与者协同关系的结合，参与者包括公共实验室、技术研究中心、企业、金融机构、用户和公共管理部门等，这些参与者共同参与突破性创新的产生和扩散过程。在最初的研究中，网络有三类主要的极：科学、技术和市场。网络不同极之间的相互影响和协同是通过科学论文、报告、专利、产品原型、生产机器以及购买活动等为媒介实现的。网络可能是稳定的，也可能是不稳定的。在稳定的网络中，各主体之间的关系趋于稳定，结构刚性较强，创新主要是持续性的和渐进的；而在不稳定的网络中，要素之间的协同关系不稳定，为突破性创新创造了机会。

（3）顶层的共生演化——技术-经济范式（technology-economic paradigm）的共生演化。

以整个社会为分析对象，最顶层的共生演化发生在经济发展过程中。对这个层次共生演化的研究主要体现在长波理论中。该理论认为突破性创新对经济周期有很强的解释力。为解释经济的宏观变化，费里曼和佩雷兹提出了技术-经济范式的概念，用来描述不同时期社会中主导的技术、生产方式和经济结构以及其相互强化的作用关系。他们认为技术-经济范式的变迁也是一个共生演化的过程，突破性创新是当旧技术-经济范式面临增长极限、生产效率递减等问题时的一种被动反应，而且在旧范式仍居主导地位时，新技术的优势只能通过少数部门的应用来体现。因此，当技术经济范式稳定时，新技术很难突破，因为其与现有的制度和社会框架不匹配。若要新技术实现顶层的创造性破坏，必须要实现新技术与社会经济系统中其他要素的共生演化，并使之相匹配。

9.3.2 新兴技术共生演化的关键要素识别及其作用机理

以上对技术变迁不同层次共生演化过程进行研究的各种理论为理解新兴技术的演化过程提供了一种基于演化观的视角。但研究不同层次的共生演化都面临的一个基本问题是参与演化的要素有哪些？例如，在技术体制形成过程中的共生演化，其参与要素包括工程师经验、生产工艺技术、产品特征、技能及定义和解决问题的方法等；而在技术-经济范式的共生演化过程中，参与演化的主体更为广泛，涵盖科学、技术、经济、政治和文化。一个直观的结论是共生演化分析层次越高，参与演化的要素越多。同时也可以推断出，参与要素越多，变革发生的难度越高，不可控性越大。

研究新兴技术共生演化同样面临上述基本问题：参与演化的关键要素有哪些？即共生演化系统的边界如何确定？这一问题的答案不是唯一的，而是受研究目标的影响。因为此处研究的视角是基于企业，研究的目的是为企业管理新兴技术提供新的管理思维和方法，因此在识别新兴技术共生演化关键要素时，依据主要是能够通过企业战略行为产生影响的要素，这样不仅可以避免研究结论过于决定论，也可以合理地降低研究的复杂性。基于以上分析，本书以市场需求、配套环境和企业能力作为影响新兴技术演化的三个关键要素，并对其如何与新兴技术共生演化的机理进行分析。

1. 新兴技术的性能和功能

就像基因有缺陷的物种很难在生存竞争中留存下来一样，没有性能优越性和发展潜力的技术也很难被市场选择留存下来。但很多技术锁定的案例又表明：具有优越性的新技术在产业技术轨道流动阶段的生存竞争中未必能够战胜稍次的技术，更不用说成为主导设计。以上看似相互矛盾的结论引出一个问题：性能和功能在新技术的演化过程中到底发挥何种作用？为什么在不同的案例中，具有性能、功能优越性的新技术演化得到完全不同的结果？要回答这个问题，首先要对技术的性能和功能两个概念加以界定和说明。

性能（performance），是指器物所具有的性质与效用。功能（function），是指事物或方法所发挥的有利的作用。进一步说，性能体现的是器物本身的客观物质特性，而功能是器物能被使用并发挥作用的方式，因此受使用环境和使用者技能的影响。具体到技术来说，性能和功能是通过基于某设计或某生产工艺的技术制品的外观或工作性能来表示的。技术制品的性能更多的是由科学知识基础和生产的工艺所决定的，而技术制品的功能更多的是与技术的应用领域相关，并受其他外部因素影响。例如，计算机处理器的性能如主频主要由物理知识基础和光刻工艺所决定；而处理器能够显示的功能（如音频处理还是视频处理）主要是受其应用领域的影响。显而易见的是，技术功能的实现是以一定的技术性能为前提的。但从技术创新管理的角度看，技术性能的提高主要是基于实验室的研究开发为基础的，而技术功能的完善，不仅需要实验室的开发，而且需要以市场为基础的应用创新。

从商业的角度来看，与技术性能相关的一个概念是产品性能（产品实际上就是技术制品），产品性能是指产品具有适合用户要求的物理、化学或技术性能，如强度、化学成分、纯度、功率、转速等。而通常所说的产品性能，实际上是指产品的功能和质量两个方面。功能是构成竞争力的首要要素。用户购买某个产品，首先是购买它的功能，也就是实现其所需要的某种行为的能力。质量是指产品能实现其功能的程度和在使用期内功能的保持性，质量可以定义为实现功能的程度和持久性的度量，使它在设计中便于参数化和赋值。马庆国、胡隆基（2007）提出，评价一项技术的性能指标是多维的，可以划分为两类：一类是与顾客价值直接相关的质量与服务功能指标，也可称之为价值创造指标，例如飞机的载客量、速度、飞行距离等；另一类是与生产方直接相关的该技术的内在特征，称之为技术指标（物理性能指标），例如飞机的引擎动力、翼展、机长等。

基于上述观点，结合新兴技术的特征：（1）科学基础仍在发展中；（2）应用领域不明确。本书给出新兴技术性能和功能的界定：新兴技术的性能是指技术所具有的客观科学性能，主要受科学知识基础发展的影响，是新兴技术发挥特定功能的前提；新兴技术的功能是指在达到特定技术性能的前提下，新兴技术能够被使用并为使用者创造价值的实现方式。

对新兴技术的性能和功能加以界定和区分，就不难理解在新兴技术发展的早期阶段，为什么具有优越性的技术反而会失败。因为所谓的技术优越性主要是指技术性能的优越，而非功能的优越，而在新兴技术发展的早期阶段，技术的功能才是竞争的关键。

因此本书提出，影响新兴技术演化的关键要素发挥作用都是以新兴技术的性能改进和功能创新为前提的。因为只有性能具有很大的改进潜力，功能能够实现不断的创新，新兴技术才可具有实现创造性毁灭的可能。

2. 市场需求

自从市场拉动（market-pull）创新的概念被提出后，需求对技术创新的作用就成为一个研究热点。一方面，满足市场需求是技术创新的最终目的，需求的变化对技术发展趋势具有重要的导向作用，例如，消费者对电脑便携性要求的不断提高，就是笔记本电脑技术改进的一个重要方向；另一方面，技术性能的改进和功能的变化，也会导致消费者的需求发生变化，例如录像机最初的目标消费者是电影制造商，但随着其体积、性能/价格比的变化，录像机最终走入寻常百姓家。正是市场需求和技术发展之间这种相互影响，使得技术和市场的共生演化成为很多学者关注的问题。

需求的不确定性是新兴技术高度不确定性的重要内涵之一，判断新兴技术是否成功实现商业化的最终标准是其能否建立强大的市场需求。因此对新兴技术来说，市场需求是决定其能否实现创造性破坏的最为关键的要素之一。市场需求与新兴技术的共生演化过程，本质是企业与消费者之间展开的技术供给与技术需求的双向试错过程。由于新兴技术还没有稳定的频数依赖效应，故其未来的发展面临巨大的不确定性。要保证新兴技术不被市场选择淘汰，关键就是要打破消费者对原有技术的锁定，让新兴技术尽快被早期采用者采纳，建立新兴技术得以进一步扩散的基础。因为随着消费者对新兴技术采纳的增加，企业会把更多的资源和能力投入新兴技术的性能改进中，而技术性能的不断完善，又会促进更多消费者采纳新兴技术。在此过程中，新兴技术-新兴市场的反馈学习系统逐渐建立，以新兴技术为主导的新兴产业逐渐形成。

与技术轨道已经稳定的成熟技术相比，新兴技术的科学基础还未稳定、技术轨道还在流动中，所面临的是尚不存在的市场，因此新兴技术与市场需求的共生演化和成熟技术与市场需求之间的共生演化模式、机理都是不同的：第一，成熟技术的技术轨道已经稳定，企业与消费者之间的技术-需求改进的反馈系统已经建立，因此不论是从技术环境还是消费环境来看，成熟技术所处的都是连续性环境，因此它的共生演化过程表现出的是缓慢的增量性变化。而新兴技术与市场需求之间的共生演化过程就完全不同了，由于技术和市场应用两方面环境的不连续性，其共生演化过程表现出跳跃式特征。第二，上述两类共生演化过程中的主体作用不同。在成熟技术的演化过程中，消费者在技术-市场的演化中发挥更大的主动性，企业技术变化方向更多关注的是如何满足消费者不断提高的需求；而在新兴技术的演化过程中，市场需求尚不存在，消费者甚至连新兴技术具有哪些功能、能满足什么样的需求都不清楚，因此新兴技术企业是促进技术-市场演化的主体。企业通过对不同技术轨道的不断摸索，寻找新兴技术可能的市场用途，并不断向消费者发出信号，通过对消费者的引导和消费者对技术的反馈，在不断地试错学习中确定新兴技术的市场爆发口。第三，两类共生演化过程中的信息传递渠道不同。如前所述，在成熟技术与市场需求的共生演化过程中，企业与消费者之间的技术-需求改进的反馈系统已经建立，消费者可以通过销售商、售后服务等业已建立的渠道向企业传递新的需求信息，反之，企业也可以通过这些渠道向消费者公布技术的新进展。而新兴技术的市场尚未明确，目标消费者难以确定，更谈不上技术-市场的学习反馈系统，因此要在企业与消费者之间传递信息，更多的是通过探索性调研、基于文献的市场趋势分析以及领先用户等方法实现的。

3. 企业能力

在生物学的共生演化系统中，初期的共生关系带有极大的随机性。新物种的发展进化完全是被动受"自然选择机制"的作用。而新兴技术的演化过程中包含着各种主动的判断和选择行为，比如企业可以通过为将来投资而获得更多的选择的权利，从而获取更多的利润；企业不仅可以调整行为适应环境，也可以通过战略行动改变其所处的竞争环境。很多战略管理的文献研究表明：企业的能力是其获得竞争优势的基础，而环境的快速变化也会导致企业核心能力的不断退化。因此很多学者提出动态能力（dynamic capabilities）是企业通过战略行动应对环境快速变化的关键，但是易安斯蒂（Iansiti）和克拉克认为，动态能力不应该是一个新概念，因为企业能力本身就是动态的，是企业能力与市场、技术环境共生演化的结果。由于新兴技术的知识基础不断扩展、技术轨道的流动性和市场需求的高度不确定性，相对于传统产业的企业，新兴技术企业面临的是更为复杂多变的环境，对企业能力的动态性要求更高。但如前所述，由于新兴技术的体系结构还未形成，企业面临的结构刚性相对于传统产业的企业要小，从另一个角度来看，企业能力对改变新兴技术的市场和技术环境具有重要影响。因此，相对于传统产业企业来讲，研究新兴技术企业能力与新兴技术的共生演化是一个更有意义的问题。这个问题的分析可以沿用图9-11所示的分析逻辑。

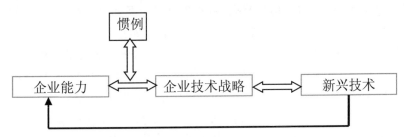

图9-11 企业能力与新兴技术共生演化的分析逻辑

对企业能力与新兴技术共生演化关系的探讨主要回答了以下问题。

（1）企业能力如何影响新兴技术演化。

现有研究对企业能力如何影响新兴技术的发展得出了不同的结论：一种观点认为，企业能力的积累性特征为大企业发展新兴技术带来优势；另一种观点认为，能力的累积性特征会产生刚性，不利于大企业新兴技术发展。本书提出，要回答这个问题，必须从能力的知识基础出发，对企业能力进行分类，并引入企业战略作为中介因素，判断什么样的能力有利于新兴技术的发展演化，什么样的能力会阻碍新兴技术的演化。根据企业能力的层级观点，运作能力由低层次、操作层次的组织知识和技能组成，而动态能力是企业在快速变化的环境中整合、建立和重构内外竞争力来获取持续竞争优势的能力，属于协调企业操作层次知识和技能的高层次机制。根据能力的知识基础，运作能力往往依赖于企业现有的知识基础，而动态能力更多的是依赖于及时的、反映环境变化的新知识。按照这种分类方式，运作能力层次的积累性特征可能会产生阻碍新兴技术发展的刚性；而动态能力层次的积累性特征可能会增加企业在面临新问题时的搜寻范围，从而会增加企业战略的灵活性，有利于新兴技术的发展。

（2）新兴技术的发展如何影响企业能力的演化。

企业有效管理新兴技术的途径之一是发展新能力，尤其发展与新兴技术相关的核心能力。但由于新兴技术本身发展的动态性，对新能力的需要也是动态的，因此增加了管理新兴技术的难度。组织理论和战略理论的一个重要观点是：外部的环境会对企业的战略产生影响，而战略目标的变化必然导致企业内部资源配置方式的变化，由于企业的能力是以资源为基础的，由此可以推论，外部环境的变化会影响企业能力的发展。在科学技术变革越来越快的知识经济社会，技术环境是企业外部环境的重要构成方面，而技术的发展方向、发展状况是影响企业战略的非常重要的力量，会对企业能力的发展方向产生重要的导向性作用。对新兴技术企业来说，技术的发展对企业能力的影响作用更是显著。因为不同于传统产业，新兴技术的体系结构正在形成中，对新兴技术企业能力的要求也是模糊、动态变化的。企业要想从新兴技术的发展获得先动优势，就必须密切关注技术及其配套环境的发展动向，并随时对企业内部和外部资源进行整合，从而获得管理新兴技术的动态能力。

4. 配套环境

大量新兴技术发展的案例表明，新兴技术的演化是一个需要资源持续增加的过程，这些资源不仅仅是由新兴技术企业提供的，还需要大量的企业和公共部门提供相关的补充性技术、资产或配套设施。这些资源的提供者及其之间的关系构成了新兴技术的配套环境（主要包括支持新兴技术发展的辅助设施、补充性技术以及相关制度）。已有的文献研究表明，配套环境对技术的发展演化具有重要的作用，如詹姆斯·摩尔（James F.Moore，1995）认为新技术的演化无法在真空中进行，它必须吸收各种各样的资源，需要资金、合作伙伴、供应商和顾客创建合作的网络，只有如此才能成功地演化。克里斯滕森以计算机软驱为案例，指出一项新技术只有在适时的环境中才可能成长为新兴技术。阿德纳（Ron Adner，2002）分析指出，新技术的快速发展得益于丰富的外部环境。也有部分文献通过实证研究论证了技术与其配套环境之间的共生演化关系，如政策与技术之间的共生演化，技术与制度的共生演化。

新兴技术从最初的技术物种出现到对产业结构和经济结构产生重要影响，其演化过程也是新兴技术配套环境不断形成和完善的过程。随着配套环境的不断完善，新兴技术与其配套环境之间形成了新的技术体系结构，与原有的技术体系结构竞争，并最终取代旧的技术体系结构。对技术轨道已经稳定的成熟技术来说，其配套环境已经完善，因此技术的改进或创新，总是囿于已有的技术体系结构，而技术对配套环境的影响力却很小。由于体系结构的相对稳定性，成熟技术的改进总是沿着特定的方向的连续性改进，因此当面临不连续性时，拥有成熟技术的企业就很难克服这种结构稳定所带来的刚性。正如克里斯滕森所说，持续的技术改进就像重新安排泰坦尼克号上的座位，无法改变船的下沉。而对新兴技术来说，其配套环境还未出现或者还极不完善，因此技术的发展与其潜在的配套环境提供者之间也会展开双向的试错过程，通过不断的学习和反馈，新兴技术和其配套环境得到了协同发展，在此过程中，以新兴技术为核心的新的技术体系结构逐渐形成，并与旧技术的体系结构展开竞争。

9.4　新兴技术共生演化整体性概念模型

9.4.1　"三要素多层次"共生演化概念模型

借鉴技术变迁的多层次视角，依据参与共生演化的要素、实现变化的难度不同，本书对新兴技术的演化过程也分别在微观-中观-宏观层次进行分类。

微观层次的技术演化是指新兴技术性能沿着 S 曲线渐进改进的过程；中观层次的技术演化是基于技术系统的观点，指新兴技术的社会-技术系统的形成过程；宏观层次的技术演化是基于技术社会学的观点，指基于新兴技术的新技术-经济范式对原有技术-经济范式取代的过程。根据前面的分析，结合技术变革四个层次之间的向下包含关系，可以提出：新兴技术的共生演化过程，本质是不同层次的技术共生演化的动力学之间相互作用的结果。微观层次的新兴技术共生演化，主要是指企业能力、市场需求与新兴技术性能和功能之间的共生演化；中观层次的新兴技术共生演化，是指随着配套环境与新兴技术的共生演化，新兴技术的社会技术体制逐渐建立并发展，其具体的表现就是新兴产业进入快速成长期；用系统创新的语言描述，就是以新兴技术为核心的不同异质要素之间协同构建新技术系统以实现新兴技术社会功能的过程。宏观层次的新兴技术共生演化，主要是指由于产业之间波及效应的存在，随着新兴技术的社会技术体制的不断完善、新兴技术产业的蓬勃发展，带动（或推动）新的技术-经济范式的出现，并最终表现为经济结构发生变迁。新兴技术的共生演化不仅是指各个层次上不同要素之间的相互作用、协同发展，也包括不同层次之间演化的相互作用。例如，微观层次的新兴技术共生演化会受到现有产业形态和经济结构的影响，这种影响在一定意义上是通过配套环境产生的；反之，随着微观层次共生演化过程的推进，对配套环境也会产生影响，从而新兴技术对产业层面和经济结构层面开始产生影响。可用图 9-12 对新兴技术不同要素、不同层次之间的共生演化加以概括。

新兴技术共生演化的"三要素多层次"概念模型，在对技术创新管理领域的技术系统观和技术社会学的观点进行整合的基础上，引入战略管理领域关于企业能力的理论，将企业能力、市场需求、配套环境纳入一个整体性的研究框架，也在研究的微观-中观-宏观视角之间架起了联系，从而为新兴技术管理的进一步研究提供一个更具普适性的研究思路。

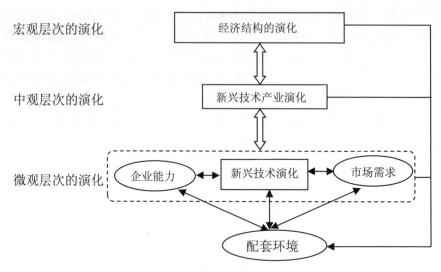

图9-12　新兴技术共生演化的系统层次

9.4.2　新兴技术共生演化过程

按照弗里曼和佩雷兹提出的创新类型分类，新兴技术所带来的变革属于技术系统层次和技术-经济范式层次的变革。根据新兴技术演化过程中的不同里程碑事件，可以将其演化过程按照变革影响的范围不同划分为以下几个阶段。

第一阶段，在现有成熟的技术体系结构内，新兴技术在特定的小生境（niche）中萌芽。没有主导设计，不同的技术形式互相竞争，最早的新兴技术研发企业致力于开发最好的设计，并努力使新兴技术演化的不同元素之间在不断地试错性反馈学习过程中逐步协同构建新兴技术体系结构。最初的技术狂热者和早期采用者是推动新兴技术在小生境中演化的支撑，他们（尤其是新兴技术提供者）希望新兴技术能够被主流的技术体系结构认可甚至替代现有的体系结构。但这是很不容易的，因为主流消费者的消费惯例、配套企业的路径依赖以及对连续性经营的偏好，使得主流的技术体系结构相对稳定，难以被新兴技术渗透。

第二阶段，新兴技术在小的缝隙市场得到应用，随着技术-市场的学习反馈，企业从市场获得进一步改进新技术的资源。而随着技术的扩散，新兴技术企业工程师和相关配套资产生产商之间慢慢形成了知识的实践网络，与新兴技术相关的知识在这个网络内传播、扩散，反过来促进新兴技术的进一步改进。当这个实践网络中的参与者逐渐就新兴技术的性能发展趋势达成共识时，在技术体制的限定和导向性作用下，新兴技术就形成了自身的技术通道。与此同时，用户和新技术的相互试错过程还在继续，企业不断把用户的使用经验融入技术发展，逐步发现技术的新功能，为新兴技术向主流市场渗透奠定基础。

第三个阶段的标志是新兴技术的突破，广泛被扩散，新兴技术的社会技术体制逐渐形成并与已有的社会技术体制相竞争。新兴技术的突破是由两个相互补充的动力驱动的。一方面，新兴技术在小生境内部的不断发展形成的技术驱动力，如性能/价格比的改进，采纳的回报递增，有效的技术-市场的共生演化关系，新兴技术的配套环境提供者对新技术扩散的大力推动等；另一方面，新兴技术能否从小生境突破进入主流的经济领域，还依赖于新兴技术共生演化系统的外部环境，如机会窗口的出现。如前所述，机会窗口的出现是因为在现有的社会技术体制内，一些关键的问题不能被已有技术解决，如技术瓶颈、现有技术的回报递减等，而且企业间的竞争和战略游戏也可能为新技术创造机会。例如，我国大力推动经济增长方式的转型，就对现有一些高能耗、高污染的技术体系结构产生了压力，同时也为能源友好型的新技术提供了机会窗口。

在第四阶段，伴随着新兴的社会技术体制替代旧的社会技术体制，新兴技术产业蓬勃发展，实现了对旧产业的创造性毁灭。由于不同产业之间的产业创新系统效应，新兴技术产业的演化进而会引起技术-经济范式发生变化，最终实现整个经济结构的演化。

本章参考文献

[1]　[英]达尔文. 物种起源[M]. 周建人，叶笃庄，方宗熙，译. 北京：商务印书馆，1995.

[2]　[荷]杰克·J. 弗罗门. 经济演化——探究新制度经济学的理论基础. 李振明，刘社建，齐柳明，译. 北京：经济科学出版社，2003.

[3]　[美]理查德·R. 纳尔逊，悉尼·G. 温特. 经济变迁的演化理论[M]. 胡世凯，译. 北京：商务印书馆，1997.385-402.

[4]　M. FABER, J L R PROOPS. The Innovation of Techniques and the Time-horizon: A Neo-Austrian Approach[J]. Structural Change and Economic Dynamics. Vol.2, 1991(1): 143-158.

[5]　罗伯特·A.伯格曼，莫德斯托·A.麦迪奎，史蒂文·C.惠尔赖特. 技术与创新的战略管理[M]. 陈劲，王毅，译. 北京：机械工业出版社，2004.

[6]　J R Bright. Technological Planning on the Corporate Level[C]. Boston: Harvard University Press, 1962.

[7]　Foster R N. Innovation: The Attacker's Advantage[M]. New York : Summit Books, 1986.

[8]　R H Becker, L.M.Speltz.Putting the S-Curve Concept to Work[J].Research Management.Vol.26, 1983: 31-33.1983.

[9]　CONSTANT E W. Why evolution is a theory about stability: constraint, causation, and ecology in technological change[J]. Research Policy. Vol.31, 2002: 1241-1256.

[10]　杜跃平，高雄，赵红菊.路径依赖与企业顺沿技术轨道的演化创新[J].研究与发展管理.2004(4): 52-57.

[11]　[英]G·多西等. 技术进步与经济理论[M]. 钟学义等，译. 北京：经济科学出版社，1992.

[12]　鲁若愚，银路.企业技术管理[M].北京：高等教育出版社，2006.

[13]　R M HENDERSON, K B CLARK. Architectural Innovation: The Reconfiguration of Existing Product Technologies and the Failure of Established Firms[J]. Administrative Science Quarterly, Vol.35, 1990(1): 9-30.

[14]　王毅.企业技术核心能力增长机理与提高途径研究:构架-元素知识观.魏江，陈劲主编.中国创新管理前沿(第二辑)[M].北京：知识产权出版社，2006.

[15]　霍奇逊.制度与演化经济学现代文选:关键性概念[M].北京：高等教育出版社，2004.

[16]　扬虎涛.共生演化系统的萌芽、发展与成熟——多元化战略的演化经济学解释[J].华中农业大学学报(社会科学版)，2006,(2): 45-50.

[17]　FRANK W. GEELS. Technologies Transitions as Evolutionary Reconfiguration Processes: a Multi-Level Perspective and a Case-study[J]. Research Policy, Vol.31, 2002: 1257-1274.

［18］F W GEELS. Co-evolution of Technology and Society：The Transition in Watersupply and Personal Hygiene in the Netherlands（1850-1930）——A Case Study in Multi-level Perspective［J］. Technology in Society，Vol.24，2005：363-397.

［19］Wiebe E. Bijker，Thomas P Hughes，Tre vor Pinch The Social Construction of Technological Systems：New Directions in the Sociology and History of Technology［M］. Cambridge：The MIT Press，1989.

［20］FREEMAN C，PEREZ C. Structural crisis of adjustment，business cycles and investment behaviour［M］. London：Pinter. 1988.

［21］GREEN S，GAVIN M，AIMAN-SMITH L. Assessing a Multidimensional Measure of Radical Technological Innovation［J］. IEEE Trans Engineer Manage.Vol. 421，1995：203-214.

［22］DAVID B.YOFFIE.Competing in the Age of Digital Convergence［J］. California Management Review，Vol.38，1996：31-53.

［23］宋艳，银路.新兴技术的物种特性及其形成路径研究［J］.管理学报，2007（2）：211-215.

［24］查尔斯·R.莫里斯，查尔斯·H.福格森. 体系结构如何赢得技术战争. 高新技术产业管理，《哈佛商业评论》精粹译丛［M］. 吴雯芳，李旭，译. 北京：人民大学出版社，2004.

［25］王敏.新兴技术共生演化：基于市场，企业能力，配套环境的研究［M］.北京：科学出版社，2012.

［26］王敏，银路.技术演化的集成研究及新兴技术演化［J］.科学学研究，2008，26（3）：6.

第10章

新兴产业的形成

理解新兴技术演化的动态过程，识别新兴技术向新兴产业演化过程中的关键事件和阶段性特征，对政府、企业管理新兴技术具有重要的实践指导价值。本章将重点介绍新技术进化的生命周期理论、基于科技创新价值链的新兴技术演化过程模型，在此基础上进一步介绍新兴技术演化过程中的两个关键概念之一——主导设计。通过理解主导设计和主导门类的概念和作用，帮助管理者更好地识别新兴技术演化过程中的创新时机选择。

10.1　技术生命周期理论

10.1.1　技术生命周期的概述

1.产品生命周期（PLC）、产业生命周期（ILC）和技术生命周期（TLC）

生命周期（life cycle）的概念被广泛应用于政治、经济、技术、环境、社会生活等各个领域，其含义可以被通俗地理解为从摇篮到坟墓（Cradle-to-Grave）的整个发展过程。技术生命周期理论最早起源于美国哈佛大学教授雷蒙德·弗农（Raymond Vernon）所提出的产品生命周期理论，他在1966年所发表的《产品周期中的国际投资与国际贸易》中首次提出了产品生命周期（PLC）的概念。他认为产品生命周期就是指一种新产品从开始进入市场直至被市场所淘汰的整个发展过程，具体包括四个阶段，如图10-1所示。

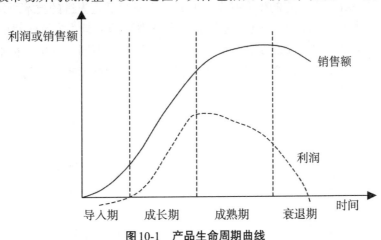

图10-1　产品生命周期曲线

产业生命周期（ILC）理论是在产品生命周期理论基础上发展而来的。1982年，高特·迈克尔（Gort）和克莱普（Klepper）通过对46个产品最多长达73年的时间序列数据进行分析，按产业中的厂商数目进行划分，建立了产业经济学意义上第一个产业生命周期模型。由于产业的生命周期构成了企业外部环境的重要因素，因此产业生命周期理论自诞生之日起就受到经济学和管理学研究者的极大兴趣，通过行业增长率、市场集中度、竞争状况、市场容量、利润率、技术成熟度等指标，将一个行业从兴起到衰落分成导入期、成长期、成熟期和衰退期四个发展阶段，用以指导企业是否进入某个行业以及在现有各战略业务单元之间分配有限资源的战略决策。

已有关于技术生命周期的文献，往往将产品生命周期、技术生命周期和产业生命周期的概念混用，但从具体关注的对象来看，学者们的关注点主要集中在产品生命周期。泰勒等基于1992—2012年间发表的文章和资源的学术和贸易数据库，对引文或摘要中包含产品生命周期、产业生命周期和技术生命周期（TLC）三个术语的文献进行归纳总结发现：大约有96%的文献与产品生命周期有关，约2%与技术生命周期和产业生命周期都有关系。

2. 三者之间的关系

不管有多复杂，任何产品都是以技术为基础的。这一观点由产品技术系统这一概念可以解释。产品技术系统具体指面向特定应用环境、针对特定用户实现某种功能的产品，而且这种产品是由多项具有特定功能的技术或技术部件组合在一起来实现的。从这个视角来看，产品的技术生命周期，具体指产品技术系统的生命周期。产业一般是指其按生产同类产品或具有相同工艺过程或提供同类劳动服务划分的分析单元。产业生命周期指基于特定产品类别的行业的技术进步过程，而产品生命周期和技术生命周期是表示产业技术进步最典型的两个代理变量。然而，在产品和产业这两个概念之间，根据分析单元不同，可能存在产品、品牌等生命周期的概念。上述三个概念之间的共同之处在于，它们的生命周期都受到具有某种共性、关键性特征的使能技术的影响，而这种使能技术也受到其本身复杂生命周期进程的影响。

10.1.2 技术生命周期的微观视角

1. 技术S曲线

技术和产品一样，有一定的生命周期，并且它迟早会被更先进的技术所代替。这一观点蕴含在技术S曲线的讨论中。但是有关技术生命周期的文献中对S曲线的应用却不一致，这体现在刻画S曲线时X维度和Y维度选取的变量参数不同。其中一种常见的形式是描绘一种技术随时间的推移的采用情况，也即扩散模型。该模型被划分为胚胎、成长、成熟和衰老等若干阶段，如图10-2所示。

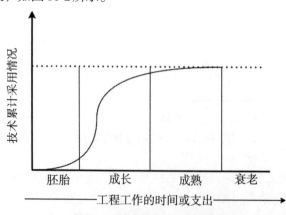

图10-2　技术发展的生命周期

此外，S曲线可以用来绘制性能或技术改进率随时间的变化情况：在早期阶段技术发展缓慢，这是因为技术面临着高度的不确定性和发展瓶颈；随着技术瓶颈的突破、技术不确定性下降，技术发展速度加快；最后，随着技术的自然极限的逼近即技术瓶颈的到来，发展速度再次放缓。在这一视角下，技术生命周期的学者们进一步将特定技术的生命周期划分为种子、启动、成长、成熟和淘汰5个阶段。以下以GE公司及其子公司IGC（Inter-magnetics General Corporation）的液氦超导材料的发展进化过程为例，来区分S形曲线的各个不同阶段。超导现象是一种某些合金和化合物可以无损耗地传输电流的现象，在1911年由荷兰物理学家海克·卡末林·昂内斯（Heike Kamerlingh Onnes）发现。这种现象在四十多年里只是一个实验室中的有趣现象，因为只能存在于超低温（–269 ℃，约 4 K）下，以及氦这种稀有气体的液态里。

（1）种子阶段。1960年，GE研发中心开始进行基础研究和一些应用开发；1973年，GE公司的研究员伊瓦尔·贾埃弗（Ivar Giavaer）通过基础研究揭示了超导现象背后的物理理论并因此获得了诺贝尔奖。其间，GE也生产和测试了一些超导合金的小样品。

（2）启动阶段。GE研究了超导现象可能的应用，并生产出了世界上最早的100千高斯（10特斯拉）的超导体并交给了贝尔实验室。然而市场太小，风险太大，因此GE没有直接开发商业应用，而是鼓励研究人员在1965年创办了他们自己的企业——IGC。由于超导体的市场仅限于研发实验室，因此，IGC发展缓慢。

（3）成长阶段。1978年，GE公司和竞争对手开发了一种新的医学诊断方式——核磁共振（MRI）。用这种方式对病人进行检查需要大量的超导体，市场一下子就从千万增长到数十亿美元。这时，IGC的年销售额为1200万美元，GE公司开始自己生产超导体。

（4）成熟阶段。冷冻氦超导体的需求仍然很旺盛，但IBM的科学家最近发现一些新材料可以在–196 ℃（约77 K）下的液氮中实现超导现象，可以更容易冷冻，因此，科学家已经转而研究这些新材料。

（5）淘汰阶段。一旦这些新的超导材料大批量生产，它们将代替现有材料，使得现有材料从技术上被淘汰。（按照权威的估算，尽管有全世界的积极努力，但还需要5～10年来完全替代现有的材料。）

虽然技术生命周期曲线看似直观明了，但就某一项具体新技术而言，判断它处于生命周期曲线的具体位置，尤其是判断一项新技术是否处于启动期和成长期，却是一件十分困难的事情，但同时又是一件十分有价值的事情，对于企业制定相关战略十分重要。

处于成长期的技术，其技术理论和原理已被掌握，但距技术产品的商品化尚有距离。尚需解决其技术工业化中一系列难度较大的配套技术问题。所需投入很大，但收益甚微。

企业必须观测可能代替其核心技术的新兴技术（通常在启动阶段，因为在胚胎阶段辨别非常困难）。同时，有必要尽早去探测技术发展成熟的早期征兆，这时收益/成本曲线会变平。按照麦肯锡公司的理查德·福斯特的观点，这些征兆如下。

（1）失去那些有创造力和生产力的研发人员，因为他们更愿意去研究令人兴奋和更有潜在价值的技术。

（2）从产品创新逐渐转变为工艺创新，也就是说，从提高产品的性能转变为提高降低成本的工艺。

（3）市场中出现了拥有更先进技术的竞争对手。

（4）花费同样的努力（人力资源和资金）去发展新兴的技术比起发展成熟的技术，将产生更高的成本/性能比。可以通过进行技术监控和预测来对相互竞争的技术的S曲线进行比较，以判断某种技术是属于新兴技术还是成熟技术。

比起为此组建一支专业的队伍来进行技术的监控和预测，依靠企业内的"技术看门人"更为简单和便宜。这些科学家和工程师，不论他们在做什么工作，都会去跟踪其感兴趣的技术的前沿发展。他们常常在自己的时间去阅读专业杂志和专利，去参加科技会议，并且会和相关大学、实验室、工业界和行业协会的同行保持一种非正式的关系网。管理者应该帮助和奖励这些"技术看门人"，并且鼓励他们的同事们去利用他们的专业技能。事实上，一些企业会发行技术名录，列出各个领域的"技术看门人"。

2. 技术S曲线的讨论

在大多数文献中，都是用S曲线来描述技术的成长和生命周期。其实，技术S曲线只是从总体上揭示了技术在其生命周期内的成长轨迹，但对于不同的技术，是否都严格按照这种曲线发展变化呢？下面将进一步探讨这一问题。

技术的发展与生物一样，具有从产生、成长、成熟到衰退的生命周期。现在一般用技术S曲线来反映技术的成长轨迹。技术S曲线已经成为思考技术战略的重要工具。它从时间（或投入）与技术性能改进两个维度揭示技术的成长规律。它是关于技术改进潜力的一种归纳性推论。技术S曲线揭示，随着技术逐步成熟，给定同样多的时间或给定同样多的技术投入，产品或工艺的性能改进量是不一样的。

该理论表明，在技术发展初期，性能提高速度相对较慢；随着技术越来越好理解、控制和扩散，技术改进速度增加。但是，该理论断定，在成熟阶段，技术会逐渐逼近自然或物理极限，也就是说，要获得性能改进，需要更长的时间或更多的技术投入。

已有技术成长和技术S曲线的研究中，大多数都是在产业层面进行分析的。不可否认，在大多数情况下，技术S曲线是成立的。但是，随着科学的发展和研究的深入，技术S曲线的缺点或局限已经开始暴露，主要表现在以下几个方面。

（1）技术S曲线在一些特定产品中的局限性已逐步揭露。例如，在1970—1989年间，全世界制造商推出和销售的所有硬盘的平均面积密度（为硬盘的主要性能指标）一直呈现稳定提高的走势，年均增长为34%（波动很小，呈直线），这期间，显然还没有出现S曲线模式。

（2）有文献指出，技术S曲线不能反映不连续创新的情况。

（3）技术S曲线只反映了技术改进与时间（或投入）的关系，还有一些技术随时间变化的态势没有得到反映。本书认为，技术S曲线揭示的规律对技术研发和产业发展的指导作用可能远大于对企业制定发展战略的指导作用。

（4）还有一个很关键的局限，就是技术S曲线无法反映技术改进与市场需求之间的关系。从经济的角度讲，如果技术的改进不被市场所认可，那么这种改进就没有经济价值，甚至是对资源的一种浪费。因此，技术S曲线对企业制定发展战略、技术战略和获取赢利的指导其实并不直接。

如前所述，现有研究从技术发展的本身规律出发，研究技术的成长规律，而没有把技术成长与市场应用结合起来加以分析，是目前研究技术成长规律的一个主要局限。而管理人员想要真正理解和管理新兴技术的发展过程，就需要关注技术发展和市场应用的结合。

这一点在研究新兴技术时尤为重要。

随着时间的推移或者研发投入的增加，技术改进无论是递增还是递减，如果仍然不被市场所接受，那么对技术所做的一切工作都是徒劳的。

10.1.3 技术生命周期的宏观视角

1. A-U模型

A-U模型是描述基于突破性创新的新兴产业形成早期创新动态的经典模型，由厄特巴克和艾伯纳西于1975年首次提出。该模型认为一个产业或一类产品的技术创新过程总体可划分为三个阶段：不稳定阶段、过渡阶段和稳定阶段，如图10-3所示。该模型中所包含的概念进一步说明了在新兴技术发展的早期阶段（不稳定阶段），主要的创新活动聚焦于新产品开发。此后，在以市场接受和主导设计的出现为特征的过渡阶段，产品创新与工艺创新之间的协同性增强，技术创新的重点转向大规模高效生产的设计操作，并涉及工艺技术的发展。但由此产生的流程的结构化刚性，限制了进一步产品创新的可能性。最后，稳定阶段，固有的系统刚性意味着产品或流程的改变可能成本高昂、困难重重且相互关联。因此，在最后一个阶段，创新和技术发展微乎其微。厄特巴克认为，在更灵活的生产系统和大规模定制的引入之前，这一特定阶段将因另一项技术突破等重大事件的出现而结束，或如阿德纳（Adner）所观察到的，"随着技术的成熟，这两种类型（产品-工艺）的创新机会减少，机会空间变得成熟，竞争和新兴技术取而代之"。阿德纳和莱文塞尔（Levinthal）对这些观点进行了重新诠释和总结，他们认为，在周期的早期阶段，客户需求的本质是技术满足最低的性能门槛（因此强调产品创新），随后被对价格的关注（因此需要工艺创新）所取代。

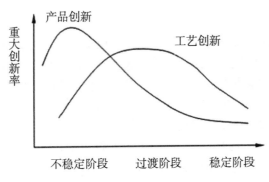

图10-3 产业形成早期的创新动态

2. 技术间断均衡模型

安德森和塔什曼提出的技术演化的间断均衡模型，是将技术本身、产业技术体系以及产业演进三个不同层次生命周期的概念进行整合，系统地描述一项新兴技术演进的技术轨迹。该模型中的分析单元是单个的技术周期，每个技术周期都从技术不连续性即影响流程或产品的突破性创新开始。代表不连续性的技术类别也被称为革命性、不连续性、突破性、激进性、新兴性或阶梯功能技术。紧接着，这种不连续性会进入动荡时期，在此期间原始技术突破的各种变体之间的竞争最终会导致选择一种单一的主导配置（设计），称主导设计。主导设计会逐渐成为行业标准，并显著影响行业内竞争性质的变化。最后，随着主导设计的出现，所选技术的增量变化时代构成了这个周期的剩余阶段，在这一时期，出现的变化也被称为渐进的、连续的、增量的或"螺母和螺栓"技术。一旦这一过程结束，以变异、选择和保留为标志的技术周期就会随着新一次的技术中断而再次开始。图10-4总结了技术间断均衡模型的关键要素，其中动荡时代紧接着前面的阶段，以强调它紧接在技术不连续性之后。类似地，随着主导设计的出现，增量变化时代也紧跟其后立即开始。

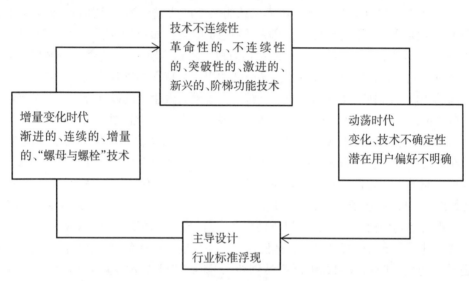

图 10-4　技术演化的间断均衡模型

3. 技术-应用双螺旋模型

在探讨新兴产业早期形成动态的文献中，技术视角的研究主要关注技术的发展和进步的动态，例如技术转换的时机、技术替代的模式、产品创新和工艺创新的关系等；市场视角的研究主要是从扩散的S曲线出发，讨论新兴技术产品的市场渗透和扩散特征，例如随着新产品的扩散，消费者会发生什么样的变化。但从前述章节关于技术创新两种模式的讨论已知，技术进步、需求变化及其相互之间的复杂互动，是影响新兴产业形成早期的主要驱动因素。巴拉钱德拉（Balachandra）等（2004）提出了技术-应用双螺旋模型，其核心的观点是在技术周期外，市场应用也表现出周期特征。技术周期和市场周期之间存在协同进化。图10-5是技术-应用双螺旋模型的横截面图：不连续性技术在12点方位引入，内环的实线表示技术的成长和发展。在技术引入的同时，关于市场应用的探索和实验启动。外环的虚线表示技术应用的探索和发展。技术和应用的协同发展主要以各种产品创新来实现，通过动荡期的创新试错，主导设计大概在3点钟方向出现。随着主导设计的出现，新产业结束动荡期，在6点钟方向进入以渐进性创新为特征的稳定期。随着需求和技术的发展，市场需求和技术发展之间出现不协调，为新一轮的不连续性技术进入打开机会窗口。此外，该模型还提出：随着技术-应用的持续协同进化，新兴技术产品的市场规模不断扩大，新兴产业逐渐进入成长期，如图10-6所示。

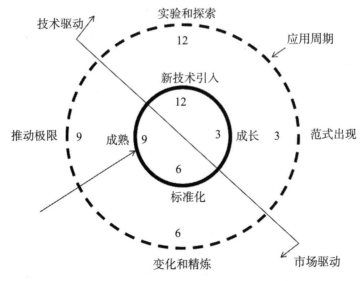

图10-5　技术-应用双螺旋模型横截面

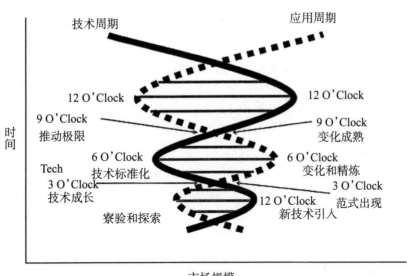

图10-6　技术-应用双螺旋模型纵剖面

4. 新兴技术演化的周期模型

现有研究新兴技术的文献无一例外地把高度不确定性作为新兴技术的一个基本特征，其中市场不确定性更是广受关注，并从不同的角度进行了研究，但仍然有一些关键问题被忽视。基于第9章和本章前述章节的讨论不难发现，新兴技术市场的高度不确定其实包含两层含义。第一层含义是指新兴技术潜在应用领域的不确定。因为建立在科学突破基础上的新技术，往往具有通用性（general）技术的特点，有多个潜在应用领域，如激光可以用于测量、通信、家用消费电子等不同领域，而不同领域利用新兴技术的方式存在巨大差异，新兴技术具有被开发成不同类型产品和服务的可能性。如杜邦的Kevlar（一种合成纤维）在被应用于战争机械之前，先后多次尝试用于轮胎和机身制造，但都以失败告终（Rosenbloom and Hounshell，1992）。第二层含义是即使在同一个应用领域，新兴技术产品（服务）的市场扩散也面临巨大的不确定性。现有的研究大多以某一特定领域新兴技术产品为研究对象，更多关注的是新兴技术市场不确定的第二层含义，而相对忽视了潜在应用领域的不确定。换言之，现有对新兴技术市场不确定性的研究中将新兴技术的不确定性等同于新兴技术产品的不确定性，从而将研究的情境（context）从科学-技术-产品/服务创新价值链的中间环节转移到了后端环节，主观减少了新兴技术应用的不确定性。这种情境转移虽然增强了研究的操作性，但对理解新兴技术市场管理的挑战有一定的误导作用。这种误导不仅造成了新兴技术管理与突破性创新、破坏性创新等领域的研究主题混淆、研究边界不清等问题，也不利于企业利用通用性新兴技术构建战略性竞争优势。

基于技术生命周期理论，结合技术-应用双螺旋演化模型、阿德纳所提出的新兴技术实现商业价值的过程是其潜在应用领域被序列开发的过程观点，本书提出了一个基于"技术开发-应用市场开发交替的新兴技术演化周期模型，每一个周期的新兴技术演化过程包括技术开发、应用寻找、市场扩散和等待突破四个阶段。在技术开发阶段，新兴技术企业的重点任务是通过技术研发实现技术性能的突破；随着技术性能的提高，企业开始积极为新兴技术寻找应用领域，该领域的标志和各种新兴技术原型产品出现；随着某一类产品原型得到广泛认可，进入新兴技术在特定利基市场的扩散阶段；随着新兴技术产品在利基市场的渗透和市场需求因素的变化，新兴技术进入等待突破阶段，企业的主要任务是找到制约新兴技术向其他领域应用的技术限制，并通过研发投入寻找突破，标志着新兴技术演化进入下一个演化周期。

以上新兴技术演化周期模型如图10-7所示。

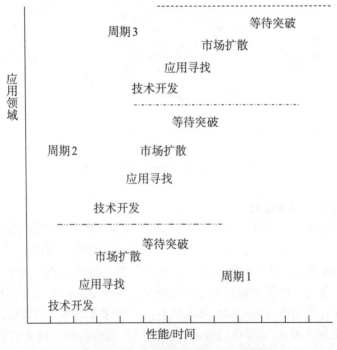

图10-7 新兴技术演化生命周期模型

案例分析　PC如何实现巨大的商业成功？①

个人电脑（PC）是20世纪对人类生活产生巨大影响的最伟大发明之一。PC行业的发展很形象地说明了新兴技术从最初的概念到实现创造性破坏的演化过程。尤其是为新兴技术找到恰当的市场应用，可以说是新兴技术演化的一个重要转折点。下面的资料是对PC发展历程的归纳总结，从中可以更好地理解市场应用是如何与新兴技术共生演化的。

PC行业的发展可以说是整个电脑产业发展过程中的一个阶段。根据不同时期的技术特点和市场特点，PC行业的发展过程可以被看作是由3个不同的小周期组成的，如图10-8所示，每一个周期又根据技术与市场的匹配程度划分为4～5个阶段。

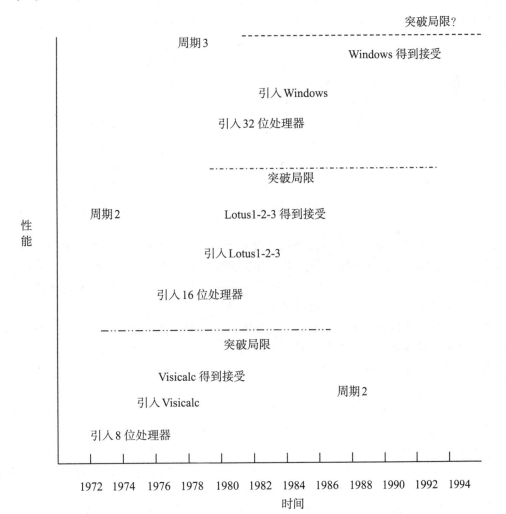

图10-8　PC技术的演化

1. 第一个周期

①为新技术寻找应用。个人电脑业的起源可以追溯到1974年，MITS公司基于英特尔

---

① BALACHANDRA R, GOLDSCHMITT M, FRIAR J. H. The evolution of technology generations and associated markets: A double helix model[J]. IEEE transactions on engineering management，2004，51(1)，3-12.

8080的8位微处理器，引入了家庭电脑工具箱的概念，这是世界上第一台PC的原型，名叫阿尔塔（Altair）。它引入了一个由个人所控制的计算的世界，尽管它原始而且很难操作——阿尔塔没有键盘、显示器、存储器、手册和应用软件。就像比尔·盖茨在1995年的计算机代理分销业展览会（Comdex）上的演讲所说的，阿尔塔是一个孩子的电脑，你晚上回到家，试着把零件装配起来（大概有一半买电脑的人都可以真正成功地把它装配起来），至多你能够玩tie-tac-toe方格游戏。

那时约有10 000台阿尔塔将被出售，使它将成为第一个成功商业化的微型计算机。但是成功商业化的首要问题就是为这项新技术寻找应用领域。当时很多企业虽然感到PC存在很大的潜力，但技术和市场还面临巨大的不确定性，需要大量的实验和开发来进一步提高技术性能并寻找应用。尽管还没有明确的商业市场，但一些富有远见的企业如德州仪器和摩托罗拉进入了这场竞争，他们希望通过提前研发来获得PC行业的实物期权。这些公司很快公布了改进的8位微处理器，这些微处理器比最初的ENIAC（世界上第一台电子计算机）拥有更强大的性能，还可以实现100美元以下的引人注目的价格。但是关键的问题仍然是新技术缺乏实际的商业应用。

最初的PC的主要应用并不是由这些大公司开发的，而是由懂技术的电脑业余爱好者发现的。当时的电脑"发烧友"自发地形成PC俱乐部来开发新技术的潜能，例如家酿（Homebrew）电脑俱乐部。这些新技术的早期采用者想要显示他们的技术能力，并询问很多以应用为导向的问题，例如："我们应该构造机器人吗？""我们能制作什么类型的游戏？""我们能取代昂贵的实验室和测试仪器吗？"这些问题对寻找新技术的应用领域起到了非常重要的作用。

这些业余爱好者都是具有强烈好奇心的冒险者。他们用比较容易使用的零件代替笨重的零件，从而提升了PC的价值，如：用带有录音带的纸带去存储和提供程序、数据，使用键盘等等。尽管有这些进步，PC仍然是新奇事物，市场仅仅由发明者和业余爱好者组成。新技术尽管令人兴奋，却没有长期的商业前景。

②应用出现。当时成立的苹果公司拥有很多用户友好的特色技术：显示器，键盘和存储程序、数据的录音带。但是苹果公司并没有为这些新技术创造激动人心的应用。第一个被苹果公司市场化的主要软件应用是Controller，一个完整的计算程序，定位于为公司提供枯燥的计算功能。当时的公司并不太相信新的计算机。

新兴技术演化的转折点是新技术的主要应用领域的出现。如果没有大的应用领域，新技术将会很快消失到无用技术的尘埃堆里。而要找到新兴技术的主要应用领域，一定要完成两个关键事件：第一，新兴技术的应用相对于传统技术的应用一定是不连续的，即应用新技术能够实现以前技术不大可能实现的功能（杀手级应用）；第二，新兴技术的应用想法通常来自幻想家而不是来自现实的市场，因为对新技术的需要是潜在的。

在PC技术的演化过程中，转折点出现在1978年，关键人物是哈佛大学的MBA学生，幻想家布鲁克林（D.Bricklin）。他开启了PC技术的"杀手级应用"：Visicalc的推出，利用个人电脑的视觉和数学能力，开发金融和商业环境下的各种各样应用情景。这一想法将个人电脑的消费者从业余爱好者转移到大企业市场。伴随着Visicalc的引入，PC技术走出了试验阶段，市场力量开始对技术的发展产生影响。

③应用得到市场接受——计算机销售商店的出现。早期的计算机销售商店是由业余爱好者发起的，主要为了迎合其他的爱好者，提供有限的顾客支持。为了生存，他们需要市

场能够扩大，用户能够包括一般的大众消费者。PC技术不断渐进创新的来源不再是仓库和俱乐部，而是转移到计算机销售商店，创新的信息通过销售商店从用户传达到技术开发方。此阶段创新的主要目标是将零部件整合成为完整的系统。这种创新有助于一个相对不熟练的顾客经过较短的培训阶段就能够使用计算机。而这个培训过程也是由销售商店提供的。

Visicalc是第一个能够卖给会计、小公司所有者、公司管理者的微型计算机产品。它为使用者提供了真正的和独一无二的价值。伴随操作培训的增加，个人电脑的革新最终找到了自己的出路。一旦新兴技术找到了恰当的应用领域，市场就爆发了。为了满足快速增长的市场需求，计算机商店在全美国各地如雨后春笋般涌现出来。PC的主要潜在客户也转移了——从业余爱好者到商人，使个人电脑得到了更加广泛的顾客认同。

④创新动力的转变。随着大量不懂电脑的大众消费者进入市场，PC市场产生了大量新的对服务的需求，如不懂技术的PC使用者对操作培训有很强烈的需求，而已经购买PC的消费者需要上门服务。新兴的PC市场演化到这个阶段，促进创新的主要动力已经完成了从技术驱动到市场拉动的艰难转移。

⑤突破技术限制。如前所述，新兴技术和其特殊的市场需求之间会随着时间推移实现连接，并随之共生演化。这一特点在PC技术的演化过程中也不例外。由于市场需求的多样性，PC市场爆发之后，很多软件应运而生，以满足不同用户的需要，如CP/M操作系统、会计系统软件、数据库软件、字处理软件Wordstar等。这些软件的出现，作为一种补充性资产和支撑性技术，大大地提升了PC对使用者的价值。随着PC技术在不同领域的扩散，新的应用需求不断形成，并超过了当时的8位处理器个人电脑所可以到达的能力范围。为了满足不断提高的需求水平，对技术性能的提升产生了驱动力。比如，苹果公司引进了苹果Ⅱ型PC的提升版本——Ⅱ+型，新型PC拥有更快的速度、更强大的能力、更大的内存和更高的可靠性。然而技术方面的进步却仍不能满足商业应用，苹果Ⅱ型PC机逐渐降为在家庭和学校使用。

应用需求的不断扩展，对PC技术的性能产生了更高的要求，伴随着核心技术的突破性创新，PC行业进入第二个周期：以IBM的PC为主导设计，安装了MSDOS和Lotus1-2-3制表软件，应用领域开始转向企业商业用户。

2. 第二个周期

①为新技术寻找应用。1981年的夏末，IBM的"跳棋计划"（IBM的第一个PC开发项目）取得成功。公司宣布一种新的个人电脑（IBM PC）克服了苹果Ⅱ型机及同类产品的局限。IBM PC安装了一个更快速的16位处理器，这种处理器拥有10倍于先前的8位处理器的内存。

IBM PC虽然令人兴奋，但仍有局限：不能运行原来的CP/M操作系统。因此，IBM向微软（Microsoft）公司订购了操作系统——PCDOS。但PCDOS根本没有任何应用软件。IBM说服主要的软件供应商把他们的个人电脑软件"移植"到IBM PC上，例如WordStar、Visicalc、dBase2和其他运行在CP/M和苹果PC上的流行软件。但是这些基于非IBM个人电脑版本的软件所实现的功能并不能充分利用IBM个人电脑的性能和额外功能。IBM需要为其新技术寻找新的应用领域。

②应用出现。IBM PC的"杀手级应用"出现在安装了电子制表软件之后的Lotus1-2-3。它充分利用了IBM PC的性能优势，并且提供了增强那些缺乏技术的消费者工作效率的方式，从而大大加快了PC商业化应用的步伐。

由于IBM个人电脑拥有更高的性能、更多的功能，Lotus1-2-3同时吸引了初学者和有一定技术能力的使用者。对于初学者来说，它提供了一系列有特色的帮助功能，包括实时显示指南，情景敏感帮助设备和全词目录选项。对于有一定技术能力的使用者来说，它提供了完成很多复杂任务的能力，包括制图和数据库功能，还可以编程。而高水平的使用者又可以促进应用软件的进一步开发。

③应用得到市场接受。在推广Lotus1-2-3的第一年里，IBM的个人电脑Lotus1-2-3获得了个人电脑70%的市场份额。在PC发展的第一个周期里扮演重要角色的大多数硬件领导者都消失了，苹果公司的PC产品也处在艰难中，越来越多地降为在家庭和学校使用。

④新技术市场的改变和细化。随着Lotus1-2-3的迅速扩散，PC市场不断扩展，吸引了更多新的参与者进入PC硬件领域。如康柏、惠普、松下和奥利维提（Olivetti）等。而一些第一个周期里的参与者试图去适应但却没有成功。软件领域的早期参与者很快适应了PC行业的新技术和需求特点，他们修改原有软件产品以利用新的16位系统更强大的能力，并获得了迅速发展。

在PC发展的第二个周期里，IBM的Lotus 1-2-3占有绝对的市场主导地位。使用者的数量和IBM的销售额一起增长，从1981年的700 000人增长到1990年的9 850 000人。尽管在硬件和软件上仍然有大量的创新不断涌现，但因为没有突破性的创新，80286（一款处理器）的额外能力没能以市场所渴望的方式有效地利用，大多数的创新都是渐进性的——更大的硬盘，更好的图表，不断改进的软件功能。

⑤突破局限。截至1984年，尽管Lotus1-2-3有很多不如人意之处，但却成为很普遍的产品。人们可以很容易地打开电脑并且自动进入Lotus1-2-3系统。对于很多人来说，Lotus1-2-3变成了使用个人电脑的同义词。一些使用者达到了可以在Lotus1-2-3环境下做"任何事"的程度。例如文字处理。随着PC所完成任务复杂程度的加大，Lotus1-2-3的这些优点变成了局限，因为它缺乏灵活性。PC行业的进一步发展需要新的范式去突破个人电脑的技术和应用局限。而随着Intel 386处理器和微软Windows操作系统的突破性创新，突破原来技术极限的PC行业进入第三个周期。

3. 第三个周期

①为新技术寻找应用。随着32位的Intel386处理器的引入，80386系列个人电脑登上PC行业的历史舞台。而1986年康柏公司生产的Deskpro被看作是当时真正的创新产品。Deskpro的运行速度非常快，能够支持大量的内存，并且可以并行处理很多任务。然而，这些性能优势只不过被看作是80286更快的版本而已。关键的问题是要为80386寻找新的应用来改变这种观点。

1986年，微软公司推出用户友好的Windows操作系统，但Windows替代DOS操作系统和Lotus 1-2-3操作环境的过程，整整花了四年时间才完成。一般来说，在新技术的引入和恰当的应用之间有一段被称为技术沉没期的滞后期。80386是在8088/80286应用周期的市场加速爆发的时候引入的，市场的需求被8088/80286和DOS1-2-3所满足。因此几乎没有任何创造性的推动力把80386推向新的应用领域。对80386的大部分研发都致力于使80386以更快的方式满足当时已有的应用领域。基于新的80386的创新都是渐进性的——使其更方便使用，能够完成更加复杂的任务，能让更多数量的用户使用。直到20世纪80年代末期，80386的应用领域才日趋成熟。Windows1.0曾试图推动80386向新的领域应用，但由于其技术性能的不足失败了。

②应用得到接受。1990 年 5 月，微软公司推出 Windows 3.0 版本，在 Windows 早期的版本上做了极大的改进。它为 PC 用户提供了利用直觉来做事情的操作方式。已有的使用者不需要学习完全新的东西就可以轻松操作。Windows 3.0 的推出导致了 Lotus 的优势快速下降，并最终导致了其他的软件业领导者例如 Ashton-Tate，Borland，Micropro 和 Word-Perfect 优势地位的下降，因为这些软件供应商不能迅速改变他们的产品以利用新的操作系统。正如前面提到的，从第一个周期到第二个周期的过渡，对第一个周期的领先硬件商产生巨大的破坏；从第二个周期到第三个周期的过渡，对第二个周期的领先软件商产生了相似的情形。

③完全市场驱动。进入 21 世纪，PC 行业进入了技术成熟时期，创新的动力几乎完全来自市场。硬件已经成为完全标准化的商品，也很难看到新的 PC 技术的"杀手级应用领域"。

④随着技术和市场需求都进入成熟阶段，整个行业进入稳定期，PC 行业开始酝酿下一个新兴技术，新一轮的颠覆将以什么样的模式展开。

10.2　主导设计

10.2.1　主导设计的概念和内涵

1. 主导设计提出的背景

在前面的章节中，多次提到主导设计的概念，但并未做过多解释。本小节对主导设计出现的背景、概念以及主要的理论进展做简要的介绍。

新兴技术向新兴产业演化的过程中，经常出现两项或多项新技术标准为主导地位而竞争的场面，如高清电视、PC 操作系统、调制解调器、网络浏览器、移动支付等，当某项技术标准获得顾客的一致"青睐"时，主导设计（标准）便出现了。

在当前最引人关注的大模型技术发展过程中，也存在类似的竞争。自从 2022 年 11 月，OpenAI 推出 ChatGPT、展现出令人惊艳的自然语言理解和生成能力后。人工智能领域的创新竞赛再次加速，尤其是关于大模型技术路线的讨论成为热门话题。例如，谷歌（Google）所推出的 BERT 系列与 OpenAI 推出的 GPT 系列成为人工智能领域主导设计竞争的典型代表。

回顾近几十年来科技产业领域的发展发现，一直以来，各国高科技企业巨头围绕主导设计在全球范围内展开激烈的技术竞争与市场争夺，胜出的技术成为产业发展的主导技术并从根本上决定了市场发展态势。英特尔 CPU、高通处理器芯片、谷歌安卓移动操作系统、微软 Windows 计算机操作系统与 Office 办公软件、美国 GPS 全球卫星导航系统、MPEG 国际音视频编解码系统等。拥有主导设计的企业凭借长期持续的巨额研发投入与产品迭代升级，拥有强大的技术累积与学习曲线优势，建立了庞大的技术壁垒与牢固的市场垄断地位，攫取了行业中绝大部分利润。其他企业只能围绕主导设计选择的关键核心共性技术、关键核心配套技术进行外围配套技术创新或生产工艺创新。更糟糕的是，在主导设计竞争中失利的企业将失去进入新产业、新市场的机会。例如，东芝在跟索尼争夺高清DVD 失败后，不得不宣布退出这个市场。

2. 主导设计的概念

厄特巴克和艾伯纳西将行业层面的经济学观、公司层面的管理和工程观、公司层面的组织理论和行为观结合起来，开创性地提出了主导设计概念。主导设计是由以前独立的技术变异所引发的多项技术创新整合而成的新产品（或特征集），它的出现为某个产品类别建立了居于主导地位的单一技术轨道，其他的技术轨道则遭到市场的排斥，因此改变了企业和产业内的创新和竞争状况。随着主导设计的出现，企业间竞争的焦点转向价格和工艺创新。经过多年发展，主导设计的定义已经从广义和同义反复（按照其效应进行定义）演化到了具体特殊（见表10-1所列）。

表10-1 主导设计的定义

来源	主导设计的定义
艾伯纳西和厄特巴克	主导设计是在产品类别中建立主导地位的单一架构
安德森和塔什曼	主导设计是在产品类别中建立主导地位的单一架构
厄特巴克	产品类别中的主导设计是赢得了市场忠诚的设计；竞争对手和创新者期望能够支配随后的市场，必须遵循这种设计。 主导设计是在产品类别中被普遍认可为技术特征标准的产品，其他企业若想获得巨大的市场份额，必须采用这种标准
苏亚雷斯(Suarez)和厄特巴克	主导设计是沿着产业的设计等级的特殊路径，在相互竞争的设计路径中建立了主导地位
克里斯滕森，苏亚雷斯和厄特巴克	当一种产品设计的详细说明（包括单一设计特征或设计特征的互补品）定义了产品类别的架构时，主导设计就会在产品类别中出现
夏保华	一个行业产品设计层系中的某个特定设计路径，它在相互竞争的设计路径中确立了优势或提供了一种服务或功能的独特方式，它在相当长的时间内取得并保持最大的市场份额
吴定玉 张治觉	采纳了Utter在《把握创新》一书中的定义，即主导设计是特定时期融合了许多单个技术创新并以一个新产品的形式表现出来的技术与市场相互作用的结果，是赢得市场信赖的和创新者为支配重要的市场追随者而必须奉行的一种设计，是技术可能性与市场选择相互作用之下广为接受的满意产品，并归纳了主导设计的三个特征：领先性、主导性、综合性
邓龙安	在技术与市场不确定条件下形成的企业和顾客共同期望的一种产品技术结构

结合国内外学者有关主导设计的定义，可以发现对主导设计的定义大致从两类视角展开。一是从技术方面来看，主导设计是某个特定时期内，融合以往多个单一技术，最终由各个组件通过接口相互联系所形成的某种新的产品架构。具体包括形成某个新产品的各个组件、组件间的界面及整个联系系统。二是从经济方面来看，主导设计最终要通过市场份额来体现，只有市场选择某项技术标准，哪怕它不是最优的一种设计，但是这项设计可以满足大量消费者的需求。虽然不同的学者对主导设计的观点存在一些差异，但大多数研究对主导设计的基本共识是：主导设计是突破性创新之后建立起来的，主导设计的出现是产业创新演进的重要里程碑，是某种产品在市场活动中成功的表现。主导设计和标准是并行发展的，因主导设计的出现而使这种产品成为一种事实上的标准，被新创企业和竞争对手使用。

10.2.2　主导设计的作用

1. 明确创新方向

"主导设计预示着高速流动时代的结束，并进入了渐进式创新的时代"（安德森和塔什曼，1990）。主导设计出现后，随之而来的是产品标准化体系的建立以及行业标准的形成，界定产品构成系统间的关系。因为主导设计对产品的技术结构做了规范与定义，对未来的创新方向给出了建议，具有不同的、碎片化的、可能不一致的性能标准的竞争性产品被强制或鼓励标准化，导致大规模生产和规模经济，产品模块化制得以实现，为生产性企业间的有效配合并提高协调效率、发挥规模经济作用、降低制造成本、扩大市场份额创造了机会。经验证据表明，主导设计的出现虽然不是不可逆转，但具有很强的方向性。占主导地位的产品设计通常不是技术领先的设计，而是技术因素与用户需求以及政治、社会和经济因素之间复杂相互作用的结果。即使有企业推出的新产品在技术性能上更好，但如果与主导设计不同，那么这个新产品会面临很高的市场风险。因此，无法适应产业主导设计的产业参与者要么满足于市场的某个小众市场，要么完全退出市场。因而，掌握主导设计能够提高企业生存机会。由此可见，主导设计的出现创造了一种自我强化的机制，这种机制最终将创造一种事实上的标准，并消除相互竞争的替代技术。

2. 改变竞争方式

主导设计在将突破性技术创新机会转化为具有商业可行性产业的同时，也带来了竞争变化，新的竞争方式将出现，竞争焦点将会漂移。在新兴技术产业形成过程中，与传统产业相比，产业的技术基础、用户期望、产品架构、制造工艺、生产流程与组织结构等都会发生根本性的变化，而围绕这些方面的竞争主要受主导设计的影响，随着主导设计的出现，新兴技术产业中企业的创新努力往往集中于提高主导设计的生产效率、营销和市场份额。在主导设计确立后，那些不能采用主导设计的企业会被挤出市场，不能提高生产效率、降低制造成本的企业也会被市场淘汰，随之产业集中度上升，然后市场被出现的大企业所控制，企业对产品进行渐进性改进。主导设计的出现为跟随者和模仿者进入新兴技术领域创造了一个好的机会，后发者基于主导设计进行创新，不仅可以降低前期的试错成本，也会提高生存的概率。

10.2.3　主导设计形成的驱动因素

主导设计不仅仅是由技术决定的，主导设计出现可以归因于多种不同的因素。一个产业或产品越开放、越复杂，就会越容易与其他产业或系统产生联系，主导设计就越容易受到其他因素影响，而演变成主导设计是一个异常广泛的多驱动因素作用的综合过程。不同的理论视角主导设计形成的驱动因素也存在差异。

1. 基于技术管理理论视角的主导设计形成驱动因素

基于技术管理理论视角的研究认为，技术是决定标准竞争结果和主导设计形成的主要因素，认为竞争的主要驱动因素包括技术优势、模块化和技术柔性。

（1）技术优势刻画了技术性能对主导设计形成的影响，即特定技术标准与竞争性技术标准之间的技术性能比较。在其他条件不变的情况下，如果特定技术标准比竞争性技术标准具有更优越的技术性能，该技术标准更可能在市场上占据主导地位。

（2）模块化是复杂技术系统的核心特征，也是促使技术变革的重要因素。复杂技术系统的模块化特征意味着复杂技术系统由各种组件构成，这些组件根据特定的规则可以分离与重组；消费品电子产品（如手机、照相机等）的存储卡就是模块化设计的例子，消费者可以通过更换存储卡来提高产品性能。

（3）技术柔性是指在复杂技术系统架构内改变子系统的可能性。在复杂技术系统中，通过模块化设计和标准化的交互界面，有助于提高复杂技术系统的技术柔性；对于复杂技术系统的用户而言，在不改变技术架构的情况下，较高程度的技术柔性不仅使产品更加多元化，而且提高了技术性能。

2. 基于产业组织理论视角的主导设计形成驱动因素

基于产业组织理论视角的研究认为，主导设计形成的主要驱动因素包括技术采用的收益递增规律、网络效应和兼容性、转换成本、路径依赖。

（1）技术标准竞争呈现出技术采用的收益递增规律：技术被广泛采用将促使该技术得到更多的改进。得到用户广泛采用的技术通常能够获得更高的市场回报，从而有助于技术发起者开发与完善该技术。而且，在技术采用过程中，技术发起者能够积累更多的技术开发知识和用户需求信息，这些知识和信息不仅有助于其改进技术，而且有助于进一步扩大技术应用。最后，随着技术被广泛采用，专用性的配套产品也会被越来越多地开发出来，这种自我强化效应最终导致特定技术成为主导设计。

（2）网络效应是指在许多产品中，用户从消费产品中所获得的效用，随着消费同种产品的其他用户数量而增加。受网络效应与ICT技术创新的特征，兼容性在主导设计的竞争中也发挥着重要的作用。

（3）转换成本是指用户从采用一种技术转换到另一种技术所承担的成本。转换成本可能影响技术发起者吸引潜在用户的能力，转换成本越高，技术发起者从竞争对手"拉拢"用户越困难。同理，技术发起者自身拥有的安装基础也越"忠诚"。

（4）许多情况下，主导设计形成呈现出极端的路径依赖特征。当具有商业可行性的多项技术标准相互竞争时，用户采用次序可能使某项技术标准迅速垄断市场，而与该技术标准是否具有技术优势无关。成为主导设计的技术标准在随后沿着特定的技术轨道被不断改进和完善，从而影响了特定行业中解决问题的方法，并导致具有"黏性"的技术范式。

3. 基于战略管理理论视角的主导设计形成驱动因素

基于战略管理理论视角的研究围绕"企业如何竞争主导设计"这一问题，来探讨影响主导设计形成的战略驱动因素，具体包括进入时机、渗透定价战略、许可战略和建立战略联盟。

（1）在技术标准竞争中，进入时机不仅与市场进入（即产品推广）有关，也与企业进行系统性研发活动有关。研究发现，技术发起者的进入时机（包括产品推广与研发活动）对其支持的技术标准成为主导设计发挥关键作用。最优的市场进入时机既不是在较早期的市场阶段，也不是在较晚期的市场阶段。最优进入时机与技术锁定的可能性之间存在U形关系。

（2）价格是产品需求函数中的重要变量，对于技术标准竞争具有独特的重要性。当存在网络效应时，技术发起者在标准竞争早期采取积极的定价战略能够获得更大的安装基础规模，从而更可能成为主导设计。在不同技术相互竞争的情形下，采用渗透定价战略是技术发起者的普遍做法。互联网让免费成为很多企业商业模式的"标配"，就是这个道理。

（3）当技术发起者颁发技术许可协议，允许其他企业使用其私有技术时，能够使技术发起者提出的技术标准更可能被市场接受。在极端情况下，技术发起者可能将其技术完全免费，成为开放标准。开放技术架构是获得其他厂商支持的重要因素之一。

（4）战略联盟是指技术发起者与其实际或潜在竞争对手签订合作协议，共同作为某一技术标准的发起者。与许可战略类似，建立战略联盟也有助于技术标准在商业化初期获得广泛采用，通过影响用户预期，激励提供组件的生产商开发配套产品。

10.3 新兴产业的形成

10.3.1 新兴产业概念及形成阶段

1. 新兴产业概念

按照哈佛商学院教授迈克尔·波特（Michael E. Poter）的观点，新兴产业是新出现或对原有产业进行重塑形成的产业。新兴产业出现的原因包括科技创新的推动、成本结构变化驱动、顾客需求的拉动和宏观经济社会环境变化形成的创业机会。新兴产业是处于产业发展的最初阶段的产业。从产业发展进化规律来看，新兴产业只是产业发展周期中的早期阶段。在娄（Low）和艾伯拉哈森（Abraha-mson，1997）的研究中，新兴产业描述的阶段是产业从萌芽到成长期开始。新兴产业的出现在很多研究领域都有涉及：经济、影响、社会技术系统、产业动态学等。但现有研究更关注新兴产业演化的整个生命周期，而不是产业新兴的阶段。在大量现有的产业演化模型中，关于产业形成期的知识比产业后期（成长和成熟期）的知识要少得多。根据提斯和皮塞罗的观点，对企业来说，成熟期的产业环境（结构）被假设为外生变量是合理的，但在产业形成期，产业的结构是内生的，企业可以通过战略加以影响，使产业的环境和结构向着自身更有利的方向发展。因此，对新兴产业的形成过程进行深入研究，对企业、政府管理新兴技术和新兴产业都具有重要的作用。

2. 新兴产业形成阶段划分

根据前述章节内容可知，新兴产业是由新兴技术演化而来的。由此面临的一个关键问题是，一个新兴产业是从什么地方开始的？根据威廉·汉米尔顿（William F. Hamilton）创立的新兴技术向新兴产业演变的过程模型，张志彤（2014）将新兴技术产业形成的早期划分为孕育期、孵化期和成长期三个阶段，如图10-9所示，孵化期向成长期转变的关键事件就是主导设计的出现。

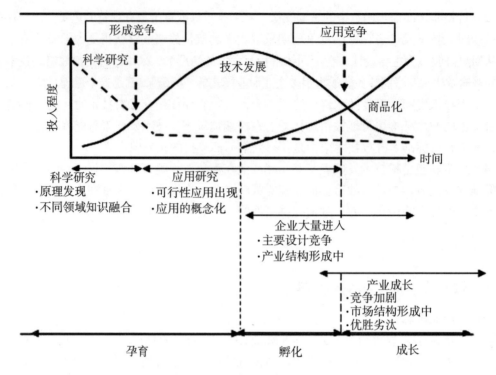

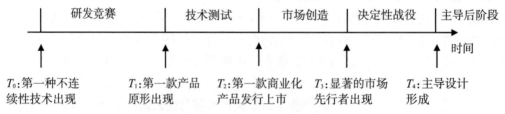

图10-9　新兴产业的形成阶段

资料来源：王敏，刘运青.新兴技术初创企业双重"新进入缺陷"及其交互作用机理——基于合法性的概念模型［J］.创新与创业管理，2017（2）：9.

苏亚兹（Suarez，2004）进一步打开了新兴技术向新兴产业转化的早期阶段，以主导设计为关键变量，界定了新兴产业形成早期的5个关键阶段：研发竞赛、技术测试、市场创造、决定性战役和主导后阶段；并定义了进入每个阶段的里程碑事件，如图10-10所示。

图10-10　产业形成过程中主导设计的出现

资料来源：F. SUAREZ. Battles for Technological Dominance：An Integrative Framework［J］. Research Policy，2004(33)：271-286.

虽然上述研究的视角和遵循的理论工具有差异，但共同的观点是产业形成阶段和成熟阶段的产业技术系统存在显著差异，具体表现为创新类型、技术系统主体以及技术系统演化的动力机制等方面都存在差异，而这种差异又在一定程度上解释了产业不同发展阶段进入、退出率以及存活率的差异。波哈尔（Phaal）以基于"科学技术突破"的新兴产业为分析对象，深入研究"科学-应用-技术-产品"创新链的每个阶段及其转化环节的创新活动特征，在此基础上把新兴产业的形成划分为7个基本阶段，见表10-2所列。

表10-2　新兴产业形成阶段划分

阶段	主要活动和任务	显著事件或里程碑事件	创新活动特点
先驱阶段 科学主导	验证科学现象的活动（实验、技术平台），向其应用价值的验证延伸，吸引产业兴趣和投资，测试特定市场的技术可行性研究	新兴产业所需的基础性科学技术的示范物（科学原理发现）	通过实验或仿真方法展示基本的科学原理或通用技术平台。研究成果散布于基础学术文献和会议。通常是科学或工程研究者进一步研究的基础，公共研究机构的基金支撑基础研究，引领可能有用的应用。产生支撑科学技术的成果
科学-技术 过渡阶段 （S-T）	演示特定科学现象的可行性（人工操作、可控，由特定的技术支持），支持新市场导向的技术平台，演示支持科学技术可以被整合到一个具体应用功能的技术系统	应用科学技术示范物（发明等）的出现标识进入S-T阶段；技术示范物（已验证概念）的出现标识S-T阶段结束	在某个市场导向的特定应用领域，验证原理或共性技术是否具有实践可行性。通常通过proof-of-concept实验完成。研究成果散布于科学或工程研究期刊或会议。研究基金主要来自应用科学或工程研究，主要目的是开发潜在可能的应用
胚胎阶段 技术主导	以特定市场导向指导技术可靠性和性能的持续改进，使其能在特定的市场环境应用或展示	针对特定应用的技术产品原型被开发出来（实验室原型）	创造系列原型，验证技术有足够的稳定性能被集成到特定的功能系统。研究依赖于与技术应用相关的系统环境的复杂性。为了定义系统配置，最先的技术原型在技术主导阶段是必需的
技术-应用 过渡阶段 （T-A）	开发技术和应用达到能产生利润的商业化成熟度	技术产品获得销售收入（第一款商业化产品发布）	在非实验环境下验证系统潜在的功能利益。依赖于应用环境的复杂性，最早的应用验证实验对界定环境或真实性能问题非常重要。研究结果是应用冠军企业进行产品开发投资的基础
培育阶段 应用主导	改进技术产品的价格和性能，达到能展示可持续商业潜力的程度	具备可持续商业化的技术产品（性能、价格组合）出现（具备主导设计特性的产品出现）	创造系列可持续的商业风险投资，依赖于市场环境的复杂性。还需要额外的商业验证，如可制造性、市场接受和管制等
应用-市场 过渡 （A-M）	价格-性能展示模型转化为巨大的市场增长潜力	显著的市场领先者出现，主导设计产品（或标准）形成	主要的工作是验证大众市场接受的可行性
生长阶段 市场主导	营销、商业和战略开发引领产业可持续增长	良性竞争促进产业规模快速扩大	产业可持续发展，市场和企业的业务增长潜力得到验证

与其他产业生命周期对产业阶段划分的不同之处在于以下三点。

（1）这种划分方法更强调产业演化的早期涌现阶段，例如提出先驱阶段来代表触发技术密集型新兴产业形成的科学研究；用胚胎阶段标注应用科学概念到早期技术原型产品的转化。

（2）关注不同阶段之间的转变（科学-技术，技术-应用，应用-市场），这些转变标志着产业内不同利益相关者作用的变化。

（3）特殊里程碑事件定义用来标识不同阶段的转化过程。

以上阶段划分中所提出的关键概念在很多科技创新推动型产业的形成中都有所体现。以MP3技术的发展演进为例，在1965年，开发一个能存放1500首歌曲的有录音重放功能的手持播放设备还是一个科学幻想。当时，即使是一个最简单的便携计算器都很稀有。但后来在国家基础研究部门的支持下，磁存储设备、锂电池、液晶显示等配套技术陆续突破，使MP3播放器的开发成为可能。表10-3给出了MP3产业形成过程中先驱阶段到胚胎阶段的一些里程碑事件及其创新研究的特征。

表10-3　MP3技术向产业演化早期的里程碑事件

时间	科学基础	应用产品	资助部门
1965	快速傅里叶变化	信号处理	美国军方研究办公室
20世纪 60—70年代	超大规模集成电路设计	DRAM	IBM\DARPA
1988	巨磁阻效应,开创自旋电子学领域	微硬盘存储	DoE资助金属多层薄膜研究
1988		液晶显示	NIH\NSF\DoD资助液晶研究
1990		锂电池	DoE资助电子化学研究

资料来源:柳卸林,何郁冰.基础研究是中国产业核心技术创新的源泉[J].中国软科学,2011(4):104 -117.

10.3.2　新兴产业形成的基本规律

如前所述，新兴产业的形成涉及科技与产业交互的多方行为主体，因此可以说新兴产业是多要素相互作用、多方主体适应协同发展的结果。理解新兴产业的形成过程，需要两个基础理论视角：一是将产业视为一个复杂适应系统，二是从技术系统的进化来审视产业的"新兴"属性和特征。

如上一章技术演化的内容所述，进化是一种"通用生成机制"，可以解释各种系统的变化过程。进化可以理解为变异生成、选择、继承和竞争等离散的活动过程，这些活动都可以在产业兴起的场景中得到解释。例如，在一个行业内，企业的各种商业模式、战略、决策和行动决定了哪些成功，哪些失败。然而，与生物进化不同，产业进化中出现的变异并非盲目的，而是认知、经济和社会因素之间复杂耦合互动的结果。要理解新兴产业内部所涉及的动态变化，重要的是不能只从需求拉动或技术推动的角度出发，而是要采用一种方法，集中研究这两种效应的相互作用，以及引起共同进化动态和新兴行为的各种因素和过程之间的复杂互动。新兴产业的形成遵循以下基本规律。

1.变化是进化的源泉，也是系统充满活力的原因

社会经济系统中的多样性是由企业家和组织通过发现和重组过程创造新产品、新工

艺、新市场和新组织形式而产生的。这一过程并不是盲目或随机的：行为主体在追求竞争优势的过程中会预测市场的选择力量，并根据这些互动的结果调整自己的战略。那些能够适应选择环境的创新和企业具有更高的适应性，并能保留下来；而那些不能适应环境的创新和企业则会被淘汰。

产业新兴路线图能够描述主要参与者（组织和个人）的决策、活动和成就，包括市场和技术事件及其相互作用，以及企业如何随着时间的推移而成功或失败。本章最后小节将以人造钻石产业的兴起为例，说明具体个人和组织的行动如何在更广泛的产业竞争和发展中发挥作用。从个人行为到企业、产业集群和整个产业部门，产业系统各个层面的行为和动态相互影响。在系统较低层次产生微观多样性的机制会选择保留这些机制的系统。由此可见，多样性的产生和选择机制是相互影响的。在新兴产业涌现的复杂自适应系统中，选择环境决定了企业家和企业的创新发展，而产生的多样性反过来又决定了选择环境。

2. 行为主体之间相互的非线性互动及其策略导致了共同进化的复杂系统和行为

复杂系统可以适应外部环境，在没有集中式内部控制干预的情况下，通过自组织过程产生具有连贯性的系统结构。换言之，复杂系统具有自组织能力，使其能够自发地发展或改变内部结构，以应对或操纵所处环境。自组织过程是在复杂系统中寻找最佳解决方案的过程。例如，产业集群的发展就是一个典型的复杂系统自组织过程。研究复杂系统的知名学者斯图尔特·考夫曼（Stuart A·Kauffman）在描述大规模无序系统的高度有序涌现特征时评论道："我们看到的大部分有序……可能不是自然选择的直接结果，而是复杂系统自组织涌现的直接结果。"因此可以说，新兴产业形成中的规则和秩序，本质是产生于物理和社会经济系统中实体之间不可预测的相互作用，这一作用过程包括两个阶段：实体之间通过互动产生关联，然后在初始互动的催化下聚合。

3. 进化的路径依赖

一个系统的历史对于理解进一步的自组织和共同进化非常重要，因为复杂系统表现出进化的路径依赖性特征。现有的技术和制度是创新的重要前提，因为它们提供了设备和技术改造的基础，以及可应用于新环境的丰富的智力资源。熊彼特很早就注意到了这一点，他认为创新是通过现有产品、流程、材料和组织形式的重新组合而产生的。同样，梅特卡夫在描述创新为什么是前人行动的结果时，评论道："新颖性的创造，涉及在有限可能性的认知范围内对变化的引导。创新从来都不是完全新颖的，它们总是在某些方面有所预示。"因此，新技术和新产业可以理解为由现有的机会和限制结构产生的，其路径依赖性意味着初始条件会对以技术为基础的产业所遵循的轨迹产生重大影响。

产业新兴路线图描绘了产业如何演变和发展的动态，包括增长、整合、成熟、衰退和失败。新技术带来了一波又一波的应用开发和市场活动，其中既有趋同和稳定时期，也有快速变化时期。后文人造钻石案例展示了两家公司是如何在技术和市场发展及事件的影响下，按照路径依赖的轨迹主导一个产业的。

10.3.3 新兴产业的形成——基于技术路线图的分析框架

1. 技术路线图

技术路线图方法被广泛应用于企业和部门层面，以支持创新、战略和政策的制定和部署。它也为绘制复杂系统的演变和发展提供了一种结构化方法。技术路线图要回答的三个基本问题是：（1）想去哪里；（2）现在在哪里；（3）如何去那里。

大量的应用实践表明，技术路线图可以被视为一个通用的战略评估框架，如图10-11所示，在大多数路线图中都有明确地体现未来视角，从而提供了一个可以体现综合战略的整体框架。

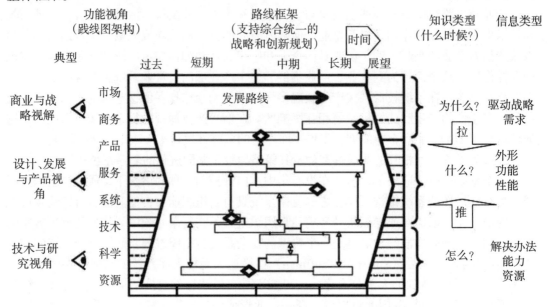

三个关键问题：(1)想去哪里?(2)现在在哪里?(3)如何去哪里?

图10-11 面向未来的技术路线图

资料来源：R. PHAAL, E. O'SULLIVAN, M. ROUTLEY, S. FORD, D. PROBERT. A framework for mapping industrial emergence[J]. Technological Forecasting & Social Change, 2011, 78: 217-230.

路线图可被视为一个动态系统框架，它能够反映复杂产业系统的发展和演变。路线图框架一般包括两个发展轴，将这两个发展轴联合起来考虑，就可以为新兴产业的形成绘制发展路径：

（1）横轴表示时间。对于路线图而言，时间向前延伸到未来，而对于路线图的原型而言，时间可以向后延伸，以描述历史事件、发展和成就。

（2）纵轴以图层（和子图层）的形式表示产业创新特征的一组主题或视角，对面向未来的路线图和历史性新兴地图采用相同的组织原则。

2. 绘制产业兴起的技术路线图（产业新兴路线图）

产业新兴路线图包含如下三个主要要素。

（1）与科技型产业兴起相关的阶段和过渡，用于绘制路线图的横轴。

（2）表示产业兴起所需的关键主题，包括需求和供应方驱动因素，以及价值创造和获取活动的系统，用于绘制路线图的纵轴。

（3）从科学到技术、应用和市场的重大事件和里程碑。

图10-12在新兴产业形成7阶段模型的基础上，总结了新兴产业形成过程中的关键阶段和过渡，反映了技术、应用和市场开发方面的管理和投资重点。

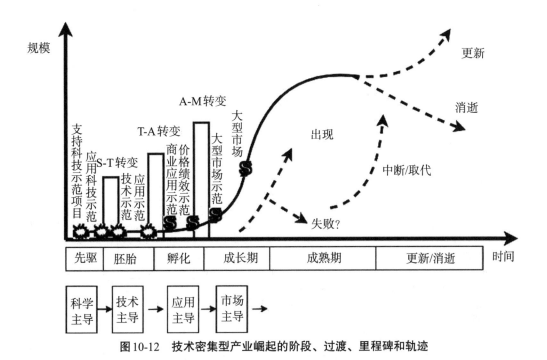

图10-12　技术密集型产业崛起的阶段、过渡、里程碑和轨迹

图10-12所示的产业生命周期与10.1部分的技术生命周期相关的讨论有很多相似之处，但增加了以下内容和特点。

（1）强调与新兴相关的产业演变的早期阶段，包括作为技术型产业新兴初始条件的科学发展的先驱阶段，以及与应用科学概念验证示范转化为技术原型和早期应用示范相关的胚胎阶段。

（2）关注各阶段（科学-技术、技术-应用和应用-市场）之间的过渡。这些过渡特别值得关注，因为它们与新兴产业形成的关注焦点和利益相关者利益的重大转变有关，但在传统的产业生命周期模型中却很少得到强调。

（3）确定划分不同阶段和过渡的特定里程碑（示范点）。

尽管产业兴起的所有阶段和过渡阶段一般都有一定程度的技术、应用和市场之间的活动和互动，但兴起的大阶段往往是由与科学（S）、技术（T）、应用（A）和市场（M）相关的活动和事件所主导的。

产业新兴路线图提供了可应用于当前和未来的产业形成过程的结构化信息，包括关键主题、阶段、过渡和示范。这些都为管理者和决策者提供了创建预警系统的可能性，以支持战略决策，预警系统取决于S-T-A-M过程中的位置、所处行业的特点以及其他场景化因素。此外，基于研发管理的"阶段门"模型思想，管理者和决策者可以设置新兴产业形成过程每个关键阶段的重要输入和输出，并在过渡环节设置决策审查点，用于筛选想法、完善项目和计划、确定投资优先次序以及制定政策和战略。

3. 产业形成的进一步讨论

如图10-13所示，新兴产业形成的7个阶段可用于表示产业兴起的横轴，通过示范里程碑标识新阶段的出现，进而为战略和创新确立切实可行的目标。纵轴的各层代表了理解和描绘产业新兴和战略所需的关键主题和视角。主题和视角的选取要服务于特定的重点、范围和新兴产业形成过程中的活动类型。例如，图10-13中纵轴的主题确定，就是基于价值的视角，将主题细分为价值情景、价值捕获和价值创造三个层次类型。具体内容如下。

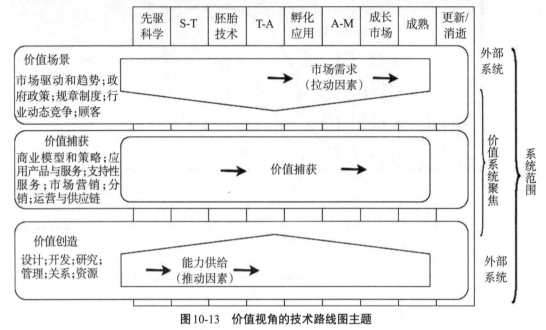

图10-13　价值视角的技术路线图主题

（1）价值场景：创造和获取价值的机会所处的产业环境，包括考虑影响产业兴起的广泛市场趋势和驱动因素（社会、经济、环境、政治和技术），以及具体的产业动态，如竞争、监管和标准，以及客户需求。这些因素（市场需求动力）与供应方驱动因素共同推动着产业的发展。

（2）价值捕获：组织通过提供产品和服务获取价值的机制和流程，包括考虑企业采用的业务模式和战略、开发的应用程序以及服务支持、销售、营销、分销、运营和供应的系统和流程。价值捕获活动受到市场需求（拉动）和能力供给（推动）动态的影响。

（3）价值创造：组织用于创造产品和服务的能力，包括设计、开发和研究活动、财务、人力和其他资源、管理系统和关系。这些因素（能力供给动力）共同推动着产业的发展，并与需求方动力相结合。

图10-13在回答技术路线图三个基本问题的基础上，以价值为核心关注点，重点从组织的角度回答为什么要行动？这一问题可以引导组织从战略的多个重点和层面（如技术、产品、企业、部门）进行规划，从而使技术路线图可以扩展到企业的技术（产品）路线图，相应地，企业的技术路线图的纵轴和横轴都要进行调整，以适应不同分析单元的分析重点和范围。

本部分讨论的产业新兴路线图主要是用来描述基于科学技术的新兴产业的形成过程，在早期阶段（科学和技术）通常更加强调价值创造，在后期阶段则转向市场方面。产业新兴路线图的绘制往往是一个迭代的过程。通过快速扫描绘制路线图草稿，即通过案头研究、访谈和/或研讨会，在几天内根据容易获得的数据绘制出路线图初稿。这样做的好处是可以有效地提供一个足够详细的实地概览，为确定下一步工作提供场景和重点，通常是为了收集更多信息，以改进特定关注领域（如过渡）的路线图。采用快速扫描方法的好处是，可以绘制和审查许多不同的产业、应用和技术领域，以确定共同的（和特定的）模式。根据工作重点和范围的不同，绘制产业兴起的路线图的深度有差异。

4. 产业新兴的特点

新兴产业形成 7 阶段模型中以不同的示范物划定了各个阶段和过渡，标志着取得了关键成就，表 10-2 中的显著事件和里程碑事件可以被视为不同阶段的示范物，各阶段示范物的出现，引起了对后续阶段的兴趣和潜在投资。除示范物以外，其他因素对于促成产业兴起也很重要。

（1）先导市场活动：可能影响新技术应用进入市场的现有市场活动（例如，通过展示市场对类似产品的需求或在不同市场内推进核心技术）。

（2）专业市场：在有限市场内进行定制销售的证据（如咨询服务和提供专业研究设备）。一般与面向专业客户（如国防机构、研究医院和大学研究部门）的高度定制化销售有关。这些市场可能与任何阶段或过渡时期有关，但早期活动作为潜在价值的证据特别值得关注。

（3）早期采用者市场：与以应用为主的（A）培育阶段有关，向高级用户销售的证据，他们会为新的或改进的功能和性能支付溢价。

（4）市场刺激因素：加速相关行业技术和应用发展的需求方市场驱动因素，包括内部（产业内部）和外部（其他行业）因素。

（5）技术刺激：显著加速相关产业兴起的供给方技术驱动因素，包括内部（产业内部）和外部（其他部门）因素。

（6）推动者：任何推进或加速产业兴起的活动、事件或过程。

（7）障碍：任何阻止或严重抑制产业兴起的活动、事件或过程。

（8）地区视角：与价值创造和获取有关的地区和国家活动，从政策角度看尤为重要。

10.4　人造钻石产业形成案例

本部分通过一个案例研究说明了如何运用技术路线图来分析新兴产业的形成过程，分析的对象是人造钻石合成产业。人造钻石因其独特的机械、热、化学和光学特性，被广泛应用于制造业的磨削、加工和切割工艺以及其他应用领域。该产业主要由通用电气公司和戴比尔斯公司相关部门主导。

10.4.1　先驱阶段

在首次合成钻石之前，相关的科研活动最早可追溯到 1772 年。当时的法国化学家拉瓦锡证明了金刚石是由碳组成的（科学演示）。19 世纪末，人们在南非的死火山中发现了金刚石矿藏，证明了在高压和高温条件下，金刚石有可能在实验室中被制造出来。随后的许多实验都失败了，因为当时的仪器无法达到所需的压力和温度水平（大约为 50 000 个大气压和 1000 ℃），并且没有人知道人工钻石合成需要达到这些条件。

（1）人工合成钻石的关键性技术突破来自以下两个方面科学技术条件的出现。

（2）罗西尼（Rossini）和杰索普（Jessop）于 1938 年发表了定义石墨-金刚石转变的理论相图（科学演示）。

哈佛大学的珀西-布里奇曼（Percy W·Bridgman）教授研制出高压实验设备，并于 1946 年获得诺贝尔奖（应用科学示范）。

10.4.2　胚胎期

注意到上述科技发展，一些公司开始认真开展合成金刚石的应用研究项目。美国通用电气公司于1954年首次成功合成了金刚石（技术示范），并于1956—1957年间首次商业化销售了数量有限的钻石合成材料（应用示范）。其实，早在1953年ASEA（瑞典的一家电力公司）就首次成功合成了金刚石，但并未公布这一事实。

在同一时期，戴比尔斯公司积极开展钻石特性研究，同时关注钻石在宝石和产业中的应用（20世纪40年代，天然钻石在产业应用中已经有了市场）。1947年，欧内斯特-奥本海默（Ernest Oppenheimer）爵士在约翰内斯堡成立了钻石研究实验室（DRL），在钻石的物理、化学和特性方面建立了强大的实力。

受通用电气公司的成功（及其对戴比尔斯钻石业务的威胁）刺激，戴比尔斯公司开始加速钻石合成研究计划，并利用ASEA（戴比尔斯后来收购了ASEA部门）开发的高压压机于1959年取得成功（70克拉）。

10.4.3　孵化阶段

尽管通用电气公司和戴比尔斯公司都已成功合成了钻石，但这只是在实验室中的小规模合成。必须扩大工艺规模，才能以具有竞争力的价格生产出商业上可行的钻石数量（商业应用示范）。由于天然产业钻石已经有了市场（先驱市场活动），在现有市场上采用新的合成替代品几乎没有障碍。然而，合成金刚石在质量和可靠性方面具有相当大的优势，包括能够针对特定（和新的）应用定制金刚石特性。此外，一旦克服了扩大规模的挑战（性价比论证），生产量几乎没有实际限制。随着市场的扩大（大众市场示范），天然金刚石在产业应用中的地位几乎变得无关紧要。

通用电气公司在扩大生产和研发方面投入巨资，向戴比尔斯公司的天然产业钻石市场发起挑战，在20世纪60年代末建立了成功的业务。20世纪60年代初，戴比尔斯公司利用所在地区的特殊税收优惠，在南非和爱尔兰建立了试验工厂。然而，一开始戴尔比斯公司就遭受了严重的扩大规模和生产问题，因为戴比尔斯公司本质上是一家矿业公司，几乎没有生产经验（正如特斯拉在产能爬坡阶段遇到的巨大困难）。为了解决这些困难，管理层解散了研发团队，全部转向生产制造。结果证明，这是一个代价非常高昂的决定，因为它使通用电气公司在近十年的时间里几乎没有竞争对手。

10.4.4　生长阶段

20世纪70年代初，戴比尔斯公司管理层调整，再次对研发活动进行了大量投资，以建立基于研发能力的行业优势。但它用了多年才追上通用电气公司在超高压工程技术和石油化工领域的领先技术优势和市场地位。在此过程中，数值建模技术（有限元分析）和控制系统的发展在开发新一代高压系统中发挥了重要作用（外部技术刺激）。

此时，市场对钻石的需求已经远远超过了天然钻石的供应量。通用电气公司和戴比尔斯公司都投入巨资来扩大市场，包括赞助会议和参加贸易展。工具制造产业本质上是保守的，因此有必要采取风险共担的模式，即免费提供金刚石，建立合作开发项目，并提供优惠的付款条件，以刺激工具制造商采用新材料。

戴比尔斯公司在研发方面的投资开始得到回报，在技术和产品组合方面赶上了通用电气公司，并取得了领先地位。到20世纪80年代末，戴比尔斯在市场上确立了领先地位。

10.4.5 成熟阶段

在这一阶段，通用电气公司和戴比尔斯公司的人造金刚石业务都已站稳脚跟，产业可谓成熟。这一时期的主要技术进步是复合金刚石产品的开发，即使用少量金属溶剂将金刚石颗粒熔合在一起。这样就产生了一种坚韧、耐磨的材料，可以廉价地生产出各种形状和尺寸的产品，应用领域从汽车产业扩展到木工、陶瓷、玻璃、石油钻探和采矿业。

10.4.6 衰退/更新阶段

到20世纪90年代末，合成金刚石已被视为一种原料商品，这导致利润受到压力。通用电气公司剥离了合成金刚石业务（被视为非核心业务，其规模也不符合公司战略）。该业务被卖给了一家私募股权公司，但并不成功，最终被瑞典磨料磨具公司山特维克收购。

多年来，戴比尔斯公司一直关注着可能用于合成金刚石的低压替代技术（化学气相沉积-CVD）的发展。早在1911年，欧洲就首次尝试使用这种技术合成金刚石（应用科学示范）。20世纪80年代末，人们认为该技术已足够先进，值得进行大规模的研发工作，并于1989年进行了合成（技术示范）。研究计划启动后，进展迅速，并于1992年推出了第一款商业产品（商业应用示范）。这带来了大量新的商机。由于金刚石可以以大块薄片的形式生长，因此可以低成本生产从手术刀和切割工具到光学窗口等的多种产品（专业市场/早期市场）。

合成钻石案例说明了如何利用技术路线图来描绘从科学基础上产生的产业相关的事件和互动，如图10-14所示。

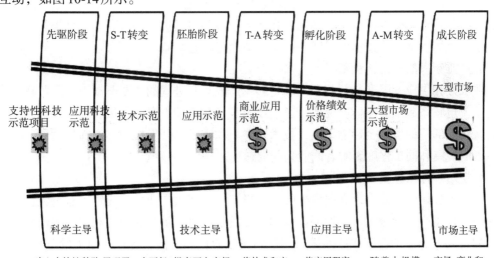

图10-14　价值视角的产业新兴路线图

10.5　进一步讨论

10.5.1　关于科技型产业形成的进一步讨论

综合本章前4节的内容，结合产业新兴路线图，可以归纳总结出科技型产业形成的一些典型模式。

1. 漏斗式的兴起模式

随着时间的推移，与科技发展相关的事件的种类和数量会逐渐减少，因为有前途的技术想法会经过筛选，并集中到成功的应用和产品上。随着产业的兴起，与技术和商业方面相关的不确定性也随之减少。这种产业层面的漏斗类似于著名的产品开发和开放式创新漏斗模型，这些模型考虑到了企业层面的相互作用与外部产业部门。与产业新兴路线图的阶段和过渡相关的资金投入决策，与广泛用于管理企业创新和新产品开发的阶段门（stage-gate）模型有些相似，因此产业新兴路线图可以被用于在产业层面指导新兴产业相关投资部门的决策过程。

2. 过渡是产业兴起的关键特征

尽管许多生命周期框架都确定了阶段，但很少有人强调阶段之间过渡的重要性，或划分这些阶段的具体示范里程碑。只有少量学者关注到了新兴技术产业形成过程中过渡阶段的重要性，例如罗杰在研究成果转化时提出的死亡谷、摩尔提出的鸿沟以及苏亚雷斯提出的主导设计形成过程的里程碑。这些过渡阶段的重要管理启示在于，新兴产业发展的创新重点、活动和资金投入都会发生变化，强调与阶段和过渡边界相关联的各种类型的示范物提供了一套切实可行的过程里程碑，可能有助于克服这些障碍。

3. 产业新兴的推动"引擎"

需求方和供应方因素及其相互作用是影响产业兴起进程的主要驱动力。示范物提供了将这些视角联系起来的载体，促成了影响技术和商业活动方向的积极反馈。外部因素也很重要，其他部门的发展会影响供应（技术发展）和需求（开发机会）方面的发展。这些驱动因素的规模和同步程度影响着产业兴起的速度。

4. 初始条件很重要

在一个公认的产业出现之前发生的科技投资，对新兴产业的形成轨迹有重大影响。在考虑一个相关产业领域的未来发展以及如何导航前进时，了解其历史和之前的演变是一项宝贵的投入。绘制产业新兴路线图强调这些早期阶段和过渡，提供了更大的分析颗粒度，以支持新兴产业形成早期的决策。

10.5.2　关于技术路线图和产业新兴路线图的讨论

绘制产业技术路线图所定义的阶段、过渡和示范物，为制定管理新兴技术和新兴产业的实用方法提供了潜在基础。这些方法和工具有助于企业和产业管理部门更好地管理从科学基础上兴起的创新。尤其是每个阶段的示范物，为企业战略制定、目标设定和管理复盘，提供了一套从科学到市场的阶段门模型。

产业技术路线图的绘制为开发若干支持战略和决策的管理工具提供了一个分析平台，其中包括以下四点。

（1）环境扫描：技术路线图可用于更好地了解影响公司或投资机构投资决策结果的广泛产业场景，将历史数据与来自公共领域路线图和其他展望报告的未来信息结合起来，为战略进程提供更好的市场和技术情报来源。

（2）组织扫描：技术路线图方法可用于获取和评估组织层面的历史数据和经验，以确定优势、劣势和其他学习点，作为战略、决策和行动的投入。在战略规划过程中，从历史中学习的重要性往往得不到重视，而将路线图扩展到过去的历史，则为实现这一目标提供了一种便捷的手段，将从文献来源收集到的数据以及在访谈和研讨会中收集到的专家知识纳入其中。

（3）产业兴起的路线图：该框架中的结构和原则可直接用于增强现有的路线图方法，以应用于产业新兴的早期阶段，在这些阶段，不确定性很高，决策的战略影响很大。

（4）合作研究战略框架：该框架提供了可以组织多方利益相关者综合研究计划的原则和结构。框架中确定的阶段和过渡、划分阶段和过渡的示范物以及主题视角，有助于以更加协调的方式设计、组建和管理此类计划，将阶段门概念扩展到产业新兴领域。

本章参考文献

［1］夏保华. 行业主导设计标准及其捕捉［J］. 科技进步与对策,2005(10):103-105.

［2］ABERNATHY W J,UTTERBACK J M. Patterns Of Industrial Innovation［J］. Technology review,1978,80(7):1-9.

［3］ARGYRES N. Dominant designs, innovation shocks, and follower's dilemma［J］. Strategic Management Journal,2015,36:216-234.

［4］BROWN T B, MANN B, RYDER N, et al. Language Models are Few-Shot Learners［J］. 2020.DOI:10.48550/arXiv.2005.14165.

［5］Christensen C M,Suarez F F,Utterback J. Strategies for Survival in Fast-Changing Industries［J］. Management Science,1998(12):207-220.

［6］DEVLIN J,CHANG M W,LEE K, et al. BERT:Pre-training of Deep Bidirectional Transformers for Language Understanding［C］. Conference of the North-American-Chapter of the Association-for-Computational-Linguistics - Human Language Technologies, 2018.

［7］LIU Y, OTT M, GOYAL N, et al. RoBERTa:A Robustly Optimized BERT Pretraining Approach［J］. 2019. DOI:10.48550/arXiv.1907.11692.

［8］Murmann P,Frenken K. Toward a Systematic Framework for Research on Dominant Designs,Technological Innovations,and Industrial Change［J］. Papers on Economics and Evolution,2002,35(7):925-952.

［9］Peng Y S,Liang I C. A dynamic framework for competitor identification:A neglecting role of dominant design［J］. Journal of Business Research,2016,69(5):1898-1903.

［10］Quintana-García C,Benavides-Velasco C A. Innovative competence, exploration and exploitation:The influence of technological diversification［J］. Research Policy,2008,37(3):492-507.

［11］R. BALACHANDRA,M GOLDSCHMITT,J. H F.RIAR The evolution of technology generations and associated markets:a double helix model［J］. IEEE Transactions on Engineering Management,2004,51(1):3-12.

［12］SUAREZ F F,UTTERBACK J. Dominant Designs and the Survival of Firms［J］. Wiley,1995（6）. 1995(6). DOI:10.1002/SMJ.4250160602.

［13］Tushman M L,Anderson P. Technological Discontinuities and Organizational Environments［J］. Administrative Science Quarterly,1986,31（3）:439-465.

［14］UTTERBACK J. Mastering the Dynamics of Innovation［J］. Research-Technology Management,1994,37（1）.

［15］UTTERBACK J M,ABERNATHY W J. A dynamic model of process and product innovation［J］. Omega, 1975,3（6）:639-656.

［16］VANHAVERBEKE,WIM,BEERKENS,et al. Explorative and Exploitative Learning Strategies In Technology-Based Alliance Networks.［J］. Academy of Management Annual Meeting Proceedings,2006:（1）: 11-16.

［17］YANG Z,DAI Z,YANG Y,et al. XLNet:Generalized Autoregressive Pretraining for Language Understanding［J］. 2019. DOI:10.48550/arXiv.1906.08237.

［18］［美］伯格曼罗伯特·A,麦迪奎莫德斯托·A,惠尔赖特史蒂文·C,等. 技术与创新的战略管理［M］. 陈劲,译. 北京:机械工业出版社,2004.

［19］邓龙安. 企业技术联盟与主导设计技术的形成［J］. 科技进步与对策,2007,24（8）:4.

［20］李冬梅. 复杂技术系统的主导设计形成机制研究［D］. 太原:山西大学,2018.

［21］马岳红,袁健红. 主导设计文献综述［J］. 科技进步与对策,2010,27（15）:5.

［22］宋艳,银路. 新兴技术的物种特性及形成路径研究［J］. 管理学报,2007（02）:211-215.

［23］谭劲松,薛红志. 主导设计形成机理及其战略驱动因素研究［J］. 中国软科学,2007（07）:41-53.

［24］陶建华,聂帅,车飞虎. 语言大模型的演进与启示［J］. 中国科学基金,2023,37（05）:767-775.

［25］王敏. 新兴技术"三要素多层次"共生演化机制研究［D］. 成都:电子科技大学,2010.

［26］吴定玉,张治觉. 主导设计:市场进入壁垒理论新范式［J］. 华东经济管理,2006,20（4）:4.

［27］徐河军,高建,周晓妮. 不连续创新的概念和起源［J］. 科学学与科学技术管理,2003,24（7）:4.

［28］SOH P H.Network patterns and competitive advantage before the emergence of a dominant design［J］. Strategic Management Journal,2010,31（4）:438-461.

［29］ANDERSON P,TUSHMAN M L. Technological discontinuities and dominant designs:A cyclical model of technological change.［J］Administrative science quarterly,1990,35（4）:604-633.

［30］R. PHAAL,E. O'SULLIVAN,M. ROUTLEY,S. FORD,D. PROBERT. A framework for mapping industrial emergence［J］. Technological Forecasting & Social Change,2011,78:217-230.

第4篇

政　策　篇

第11章
新兴技术的知识产权战略

新兴技术的创新过程具有高度不确定性，创新结果具有创造性毁灭特质，创新依赖的核心资源是知识产权。新兴技术的特质决定了知识产权在新兴技术管理中的重要战略地位。新兴技术的创新、转移和扩散的过程，实质上也是知识产权的创造、应用和保护的过程。与传统技术创新不同，知识产权不再是外在的附属因素，而是嵌入了新兴技术的整个创新、转移和扩散过程中，引领着新兴技术的创新、转移和扩散的路径和进程。在本章中，主要研究和分析知识产权的含义与功能变迁，新兴技术的知识产权战略结构分析和新兴技术创新的知识产权风险识别及其应对策略等内容。

11.1 知识产权的含义与功能变迁

11.1.1 知识产权的内涵和范围

知识产权（Intellectual property）这一概念迄今大约已使用了150年，是无形的私人权利的一种类型，在最广泛意义上被法律确认为具有保护价值的智慧和信息的集合，主要包括专利、著作权、数据库、著作权的邻接权、商标权、外观设计和未披露信息等。

刘春田（1999）将知识产权归属于形式产权，是人们基于他们所创造和利用的形式依法享有的权利。具体而言，是指基于创造性智力成果和工商业标记依法产生的权利的统称。基于此，知识产权存在两种分类方法，一是以对知识的消费方式为标准来划分，知识产权分为著作权和工业产权；二是以知识产权价值的来源为标准来划分，知识产权分为创造性智力成果权和工商业标记权。

吴汉东等（2005）研究认为，知识产权是人们对于自己的智力活动创造的成果和经营管理活动中的标记、信誉依法享有的权利。知识产权的用语不过是对各种非物质性财产权利的代名词，从而主张将知识产权细分为创造性成果权、经营性标记权和经营性资信权。

中国台湾学者谢铭洋（2004）则提出，智慧财产权（即知识产权）是法律对于人类运用精神力创作成果的保护，以及对于产业正当竞争秩序的保护。依据法律规范的目的为标准，将知识产权分为三大类，即以保护文化创作为目的的著作权及其邻接权、工业设计，以保护技术创新为目的的发明和实用新型，以保护正当交易秩序的商标、服务标记、商号名称、产地标记、防止不正当竞争等。

《成立世界知识产权组织公约》（Convention Establish the World Intellectual Property Organazation，1967）采用列举和概括性规定的方式，对知识产权给予了界定。根据WIPO的规定，知识产权是指一切来自工业、科学、文学和艺术领域的智力性活动（Intellectual activity）成果所享有的权利，权利对象包括文学、艺术和科学作品，表演艺术家的演出、录音和广播，发明，科学发现，工业设计，商标、厂商名称和标记，制止不正当竞争等。

随着新兴技术的不断涌现，知识产权的范围在WTO《Agreement on Trade-Related Aspects of Intellectual Property Rights》（TRIPS）中得到进一步拓展，该协定从国际贸易的角度，概括了知识产权的范围，具体包括版权和相关权利、商标、地理标识（geographical indications）、工业设计、专利、集成电路布图设计、未披露信息（undisclosed information）、许可协议中限制竞争行为的控制等。

国际保护工业产权协会（AIPPI）在1992年召开的东京大会上认为，知识产权分为创作性成果权利与识别性标记权利两大类。其中前一类包括七项，即发明专利权、集成电路权、植物新品种权、Know-How权、工业品外观设计权、版权、软件权。后一类包括三项，即商标权、商号权、其他与不正当竞争有关的识别性标记权。

11.1.2 知识产权在传统技术管理中的作用

大量的研究表明，技术创新是指新的技术（包括新的产品和新的生产方法）在生产等领域的成功运用。既包括新发明、新创造的研究和形成过程，也包括新发明的应用和实施过程，还包括新技术的商品化、产业化的扩散过程，也就是新技术成果商业化的全过程。在传统技术管理（相对于新兴技术而言）中，如图11-1所示，知识产权工作在技术管理系统中居于外在的附属地位，重知识产权保护，轻知识产权管理。一方面，在技术创新过程中，知识产权是对技术创新成果的一种事后保护；另一方面，在技术转移和扩散中，知识产权是制止侵权行为的一种工具和手段。概而言之，知识产权只是技术创新成果形成后寻求法律保护的偶然的阶段性工作。从这个意义上讲，技术创新过程对于知识产权来说是一个黑箱，知识产权只是技术创新成果的法律确认和保护。事实上，这种观点在我国实业界也颇具代表性，具体表现为两种倾向。一是把知识产权与专利、商标和版权等同起来，认为知识产权工作就是指将企业已有的智力成果去申请专利、商标注册或版权登记。而目前我国制止专利、注册商标和版权侵权的司法保护成本比较高，预防知识产权侵权的制度和措施还有待完善，知识产权保护是一件得不偿失的事情。二是我国很多企业还处于技术模仿或模仿创新阶段，认为知识产权保护事实上阻碍了科学技术的传播和进步，损害了国内民族工业的发展，政府职能部门、司法机关和行业协会等应当设法阻止国外跨国公司的知识产权要求。

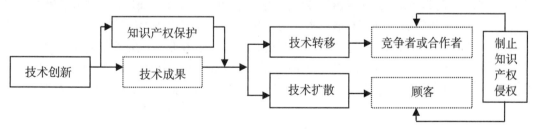

图11-1 传统技术管理中知识产权保护机制示意图

11.1.3 知识产权的功能演进

郑成思（2001）考察了知识产权在罗马法、英美法和法国民法中的不同状况后指出，虽然技术发明等知识产权所依附的客体自古就存在，但知识产权只是在生产力发展到一定阶段后才在法律中作为一种财产权出现的。随着社会向现代市场经济发展，以及微电子技术、生物技术和新材料技术等新技术对经济增长的贡献的增加，知识产权在整个财产权体系中的地位，正从附属向主导转化。

（1）许多国家（尤其是发达国家）用于研究和创造知识成果的投资日益增加。欧盟委员会发布的《2022年欧盟工业研发投资记分牌》显示，2022年，全球2500家公司，工业研发投入总额超过万亿欧元大关（10 939亿欧元），同比增长14.8%。美国以822家企业保持领先，研发投入总额占2500家企业总额的40.2%；中国大陆共计678家企业上榜，研发投入总额占比17.9%，超过欧盟的361家企业，研发投入总额占比17.6%，位居第二；日本233家企业则以1138亿欧元（10.4%）的投入额排名第四。研发投入最多的三大领域分别是半导体设计与制造、人工智能云计算、新能源汽车及其零部件。全球R&D投入最多的前十家企业分别为美国ALPHABET（279亿欧元）、美国META（218亿欧元）、美国微软（216亿欧元）、中国华为（195亿欧元）、美国苹果（193亿欧元）、韩国三星（168亿欧元）、德国大众（156亿欧元）、美国英特尔（134亿欧元）、瑞士罗氏（133亿欧元）、美国强生（130亿欧元）[①]。

（2）国际技术贸易额明显增加，知识产权转让正在取代过去货物买卖活动的主要地位。20世纪60年代中期，国际技术贸易额每年约为30亿美元，70年代中期增至100多亿美元，80年代中期增至500多亿美元，1990年已达1000多亿美元，1995年达到2500亿美元。1965年至1995年，国际技术贸易的增长率为15.82%，大大高于同期国际商品贸易6.3%的增长率。2002年国际技术贸易额已达近万亿美元。我国的进出口技术贸易额在2016年为542亿美元，在2019年增长到了673亿美元，在2022年已突破1500亿美元，增长显著。

（3）知识产权在企业资产结构中的地位日益突出，对企业的价值创造贡献率不断提升。在企业价值创造过程中，知识产权日益被认为是企业赢利能力和财务底线的重要因素。知识无形、产权有价，具备市场优势、符合市场需求的知识产权构成了企业的无形资产。在知识产权获得成本确定的情形下，获得后的管理、运营的成本要远低于有形资产、重资产，知识产权产生的经济效益远高于重资产。例如IBM公司每年的知识产权许可收入超过10亿美元，知识产权许可收入的增长在很大程度上支撑了IBM公司在竞争性市场中的增长。再如，全球销售的苹果手机有60%由富士康组装生产，然而富士康却只能拿到手机利润的2%，而其他58%的利润由苹果公司拿走。如果一部iPhone11 Max Pro手机的生产制造过程由富士康完成，每部制造成本约为500美元，在美国的售价为1500美元，则一部手机的利润就高达1000美元，而富士康只能拿到其中的20美元。为苹果公司贡献580美元利润的主要为其无形的知识产权，包括商标品牌价值、专利权价值、软件著作权价值，而为富士康贡献利润的却是大规模的工厂和数万计的工人，苹果和富士康两个公司的投入产出效率对比一目了然。

（4）新一轮知识产权国际立法正在兴起。从1623年英国颁布世界上第一部现代意义的专利法，到1883年颁布并六次修订的《保护工业产权巴黎公约》，是工业社会的知识产权保护从国内走向国际的历史过程。随着信息技术、生物技术等具有创造新产业和改变已有产业潜力的新兴技术不断涌现，发展中国家面临着新的发展和崛起的历史机遇。然而，

---

① 资料来源：European Commission. The 2022 EU Industrial R&D Investment Scoreboard［R］.（2024-4-15）. https://iri.jrc.ec.europa.eu/scoreboard/2022-eu-industrial-rd-investment-scoreboard.

以美国、日本、欧盟等为代表的发达国家已经先行一步，不断利用其技术优势，在国内加强信息技术、生物技术等新兴技术知识产权保护的同时，针对性地提出国际保护的要求，WTO《与贸易有关的知识产权协定》（TRIPS）和 WIPO（世界知识产权组织）于1996年通过的《表演和唱片条约》《版权条约》等就是其直接的表现。

随着科技创新对经济发展的支撑作用越来越强，大量研究探讨了知识产权对企业生存和发展的重要性。学者们从技术创新、市场拓展和组织构造等角度研究知识产权与企业核心能力的关系，结论是以专利为核心的知识产权是企业核心能力评价指标中非常关键的指标。知识产权战略是企业核心能力培育的外在表现，核心能力培育是知识产权及知识产权战略的目的与归宿。知识产权在企业核心能力的培育中具有重要的战略地位。理由是：（1）知识产权具有专有性、创新性和经济性特征。知识产权能够在很大程度上反映核心能力的特征。（2）知识产权，尤其是发明专利是评价企业技术创新能力的重要显性指标，而技术创新能力是核心能力的关键构成要素之一。

11.1.4 新兴技术领域的知识产权竞争

随着国际技术转移和技术扩散向国内加速渗透，国内技术创新及其市场变革呈现出国际化的趋势。随着中国加入世界贸易组织，国外跨国公司和企业出于战略考虑，以知识产权为盾牌，在我国设置了一道道知识产权的"封锁线"和"地雷阵"，严重制约了我国企业在国内市场上的生存和发展。在国际市场上，随着外国对我国企业的产品关税和数量限制等传统贸易壁垒大幅度降低，它们转而利用其占优势的知识产权作为技术壁垒阻挡我国产品和服务的出口。知识产权日益成为国外跨国公司争夺我国国内外市场份额，遏制我国成为竞争对手的重要战略和策略。外国企业凭借其拥有的自主知识产权的高技术及其产品对我国企业和经济发展构成了巨大的挑战。

近年来我国和国外发明、实用新型、外观设计三种专利的申请量见表11-1所列。

表11-1 近年来我国、国外三种专利申请量比较（单位：件）

类型		年份				
		2018年	2019年	2020年	2021年	2022年
三种类型合计		4 323 112	4 380 468	5 194 154	5 243 592	5 364 639
发明	合计	1 542 002	1 400 661	1 497 159	1 585 663	1 619 268
	国内	1 393 815	1 243 568	1 344 817	1 427 845	1 464 605
	国外	148 187	157 093	152 342	157 818	154 663
实用新型	合计	2 072 311	2 268 190	2 926 633	2 852 219	2 950 653
	国内	2 063 860	2 259 765	2 918 874	2 845 318	2 944 139
	国外	8 451	8425	7759	6901	6514
外观设计	合计	708 799	711 617	770 362	805 710	794 718
	国内	689 097	691 771	752 339	787 149	777 663
	国外	19 702	19 846	18 023	18 561	17 055

资料来源：国家知识产权局。

由表 11-1 看出，从 2018—2022 年，我国三种专利申请总量呈现上升趋势。其中，发明专利申请总量在 2019 年出现明显下降，随后逐年增加，其中国外组织或个人的发明专利申请量占国内外总量的比重在 2019 年达到 11.22%，成为近五年的峰值。实用新型专利申请总量整体不断上升，在 2021 年出现了小幅下降，其中国外组织或个人的发明专利申请量呈现下降趋势。外观设计专利申请总量在 2018—2021 年不断上升，并在 2021 年达到峰值，在 2022 年出现小幅下降。同时，历年国外发明专利申请占其申请总量的比重一直维持在 85% 左右，远远高于国内的水平。

近年来我国、国外发明实用新型和外观设计三种专利授权量见表 11-2 所列，其中 2022 年我国、国外三种专利的授权结构分别见图 11-2、图 11-3 所列。

表 11-2　近年来我国、国外三种专利授权量比较（单位：件）

类型		年份				
		2018 年	2019 年	2020 年	2021 年	2022 年
三种类型合计		2 447 460	2 591 607	3 639 268	4 601 457	4 323 409
发明	合计	432 147	452 804	530 127	695 946	798 347
	国内	345 959	360 919	440 691	585 910	695 591
	国外	86 188	91 885	89 436	110 036	102 756
实用新型	合计	1 479 062	1 582 274	2 377 223	3 119 990	2 804 155
	国内	1 471 759	1 574 205	2 368 651	3 112 795	2 796 049
	国外	7303	8069	8572	7195	8106
外观设计	合计	536 251	556 529	731 918	785 521	720 907
	国内	517 693	539 282	711 559	768 460	709 563
	国外	18 558	17 247	20 359	17 061	11 344

资料来源：国家知识产权局。

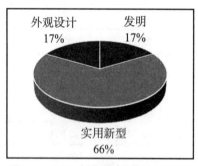

图 11-2　2022 年我国专利授权结构

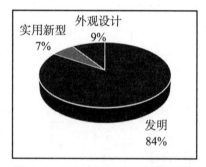

图 11-3　2022 年国外专利授权结构

表 11-2 中，从 2018 年至 2021 年，我国专利授权量逐年增长，但在 2022 年出现下降。其中发明专利授权总量整体呈现稳步上升趋势，2022 年的授权量约是 2018 年的 1.85 倍。对比国内和国外的专利授权量的结构可以看出，国内发明专利的授权量占发明授权总量的比重从 2018 年的 80.06% 上升到 2022 年的 87.13%，表明国内企业或其他组织的专利质量在不断提高。

从图11-2和11-3可以进一步看出，2022年国内专利授权中，发明、实用新型和外观设计分别占授权总量的17%、66%和17%；国外专利授权中，发明、实用新型和外观设计分别占授权总量的84%、7%和9%。也就是说，国内以实用新型为主，国外则以发明为主。这种专利结构并没有得到改善。

2022年中国专利申请量居前十位的国外企业和国内企业分别列于表11-3、表11-4中。

表11-3　2022年中国专利申请量居前十位的国外企业

序号	国别	企业名称	主要产品领域	数量/件
1	韩国	三星电子株式会社	半导体、移动电话、显示器、家电	2898
2	韩国	三星显示有限公司	半导体、显示器、电子产品	2502
3	日本	丰田自动车株式会社	汽车、钢铁、机床、农药、电子产品	2336
4	中国台湾	台积电股份有限公司	半导体、电子产品、显示器	1644
5	日本	本田技研工业株式会社	汽车、机床、电子产品	1632
6	韩国	现代自动车株式会社	汽车、新能源汽车、机床、载货汽车	1489
7	韩国	起亚株式会社	汽车、牵引车、机床、载货汽车	1485
8	美国	福特全球技术公司	家用汽车、卡车、机床、商用汽车	1375
9	德国	博世有限公司	汽油系统、汽车底盘、电动工具、家用电器	1324
10	美国	通用汽车有限责任公司	汽油、汽车控制系统、起动机与发电机	1179

资料来源：国家知识产权局。

表11-4　2022年中国专利申请量居前十位的国内企业

序号	企业名称	主要产品领域	性质	数量/件
1	国家电网有限公司	电力、热力、燃气及水生产和供应业	国有	12384
2	海尔智家股份有限公司	电器、电子产品、机械产品、通信设备及相关配件	民营	11423
3	珠海格力电器股份有限公司	空调、高端装备、生活品类、通信设备	民资	11333
4	腾讯科技(深圳)有限公司	计算机软硬件的技术开发、自行开发的软件	民营	4991
5	中国银行股份有限公司	商业银行业务、公司金融业务、金融市场业务	国有	4542
6	浙江吉利控股集团有限公司	汽车、电力电子元器件、电池、电动机	民营	4536
7	中国第一汽车股份有限公司	汽车制造及再制造、新能源汽车发动机、汽车零部件	国有	4402
8	华为技术有限公司	程控交换机、传输设备、数据通信设备	民营	4352
9	青岛海尔空调器有限总公司	家用电器研发、家用电器安装服务、家用电器零配件	民营	4270
10	京东方科技集团股份有限公司	电子产品、通信设备、机械电器设备、五金交电	民营	4176

资料来源：国家知识产权局。

从表11-3中可以看出，2022年我国国外专利申请排名前十位的企业中，韩国企业占了40%，日本企业占了20%，美国企业占了20%。从行业特征来看，这些企业主要集中在半导体、汽车、微电子、显示器和汽车系统等技术领域。

从表11-4可以进一步看出，2022年我国国内专利申请中居前十位的企业中，国有企业占到30%，而民营企业则占到了70%，说明国内民营企业的研发能力正在不断加强。从专利申请覆盖的技术领域来看，主要集中在微电子、计算机、通信、家电制造、汽车和金融领域。同时值得注意的是，对比表11-3和表11-4可以看出，随着我国国内企业的技术创新能力和市场拓展能力的不断增强，国内企业的专利申请量已经远远超过了外国竞争者，表现出国内企业在信息技术、半导体、家电制造、通信等技术领域与外国企业和外商投资企业的竞争中取得了优势地位。

11.1.5 知识产权在新兴技术创新中的作用机理

如前所述，新兴技术是指建立在科学基础上的革新，它们可能创造一个新行业或者改变某个老行业。新兴技术的属性特征，决定了新兴技术创新具有与传统技术创新不同的特质，正是这些特质决定了知识产权在新兴技术管理中的重要战略地位，如图11-4所示。

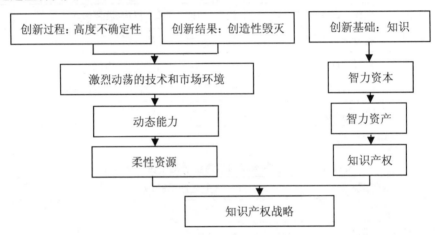

图11-4　新兴技术创新中的知识产权的战略地位的形成机理示意图

如图11-4所示，从创新过程来看，新兴技术创新面临着高度的不确定性和模糊性，包括技术不确定性（包括科学基础及其应用前景的不确定性、体系结构或者技术标准的不确定性等）、需求不确定性（包括用户的需求模糊性、使用行为与模式的不确定性、服务对象与需求空间的不确定性等）、竞争不确定性（包括竞争结构的不确定性、竞争规则的不确定性、竞争对手的不确定性以及竞争方式的不确定性）。从创新结果来看，新兴技术创新具有创造性毁灭特质，表现为它们可以创立一个新行业或者改变一个老行业，改变企业价值链结构，改变辅助价值链，并且重新定义其业务范围，改变竞争规则等。

新兴技术创新的高度不确定性和创造性毁灭，决定了新兴技术创新面临着激烈动荡的技术和市场环境。在这一环境下，企业如何才能具备独特、可持续的竞争力，获得并保持竞争优势，是战略管理的根本问题。动态的、不确定性的环境需要动态的能力来适应。企业动态能力的因时而变、因事而变、因势而变、因市而变，要求企业资源的柔性来保证。

从创新依赖的核心资源来看，新兴技术创新依赖的核心资源是知识。新兴技术的高技术特质，决定了新兴技术企业的技术创新更加取决于知识资源。提斯的研究表明，在不确定性的环境下，竞争优势来源于对难以模仿的知识资产（Knowledge assets）的创造、所有、保护。卓越的绩效取决于企业创新、保护和利用知识资产的能力。知识已经成为技术密集型企业赢利的基础性资产。在产品和业务系统表现出复杂性、不确定性的情况下，知识管理为一些企业如华为、字节跳动等提供了将复杂性变为竞争优势的可能性。

苏利文（Sullivan，1998）、波特拉克（Poltorak）和勒纳（Lerner）（2002）等人用智力资本（Intellectual Capital）替代知识资产这一术语，认为智力资本是指能转化为企业利润的知识。并进一步从企业智力资本（Intellectual Capital）、智力资产（Intellectual Assets）和知识产权（Intellectual property）的关系角度，提出知识产权居于企业价值链高端的思想。企业智力资本结构示意图如图11-5所示。

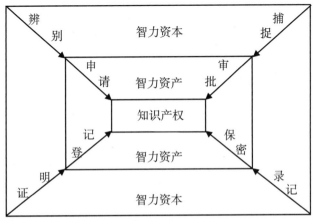

图11-5 企业智力资本结构示意图

图11-5中，智力资本是指存在于企业员工头脑中的所有知识的总和。绝大多数的智力资本都以无形的知识形式存储于员工的头脑中。当员工离开企业时，他（或她）也同时带走了存在于其头脑之中的智力资本。因此，智力资本管理者的首要任务是辨别、捕捉、证明和记录智力资本，并使企业中的其他成员享有获取使用这一智力资本的途径，也就是将智力资本上升为智力资产。智力资产是经过辨别、证明的智力资本，它可以在组织中共享和复制。而知识产权是指那些受到相关法律保护的智力资产。只是，智力资产要上升为知识产权，往往需要一个申请、审查或批准、登记、签订保密协议的过程。由此可见，智力资产是组成智力资本的一个具有重要价值的子集，而知识产权又是组成智力资产的一个更具重要价值的子集。正是这种价值的递增决定了管理者如何设计管理流程：从智力资本中过滤智力资产，再从智力资产中提取知识产权。简而言之，管理者的目标就是不断发掘知识产权。

与其他有形资源不同的是，知识产权作为企业知识资源的重要组成部分，具有企业在不确定技术和市场环境下形成和保持动态能力所需要的柔性资源特质。

（1）知识产权具有自我创造和再生的能力。这是指企业可以通过集成、整合其他资源特别是已有知识产权和人力资本，创造出新的知识产权，从而使企业知识产权之间具有连续性和关联性。

(2) 在技术实现路径和市场前景不确定的情况下，企业可以通过知识产权形成动态的竞争优势。例如，中兴通讯公司就采取突围加包围的策略，实现公司利益最大化目标。他们在个别技术点上，占据技术制高点，积极申请基础性专利，增加在专利许可证贸易谈判中的筹码；对于不掌握基础性专利的技术领域，采取改进专利申请策略，增加在专利许可证贸易谈判中交叉许可的砝码。

(3) 知识产权因保密或法律的保护而不易模仿。如TRIPS第10.1条规定，计算机程序，无论是源代码还是目标代码，应当根据《伯尔尼公约》作为文字作品给予保护，只允许以公平的方式对计算机程序进行反向工程。也就是说，禁止未经许可对计算机软件进行复制，允许以"克隆"的方式重复实现受保护的软件的功能的行为。因此如果一家企业拥有了这种竞争优势，其他企业必须经过相似的学习过程才能够具备这种竞争优势。

知识产权的柔性资源特质，使其成为新兴技术企业应对高度不确定的技术和市场环境，获得和保持动态能力的重要战略工具，知识产权战略成为新兴技术企业经营战略的重要组成部分。

11.2 新兴技术的知识产权战略结构分析

11.2.1 知识产权战略的基本框架

陈美章（2003）认为，知识产权战略是指为获得与保持市场竞争优势，运用专利制度提供的专利保护手段和专利信息，谋求获取最佳经济效益的总体性谋划。它是企业经营战略的重要子战略，其本身也是一个系统，有一定的基本结构要素，包括知识产权战略思想、战略方案、动态调节机制。知识产权战略思想，即企业在一定时期对专利具有的全局性、长期性的看法和打算而形成的观念体系；知识产权战略方案，即实现企业知识产权战略目标的可行途径。企业知识产权战略方案包括运用知识产权战略取得知识产权和运用知识产权保护手段获得市场竞争优势地位的策略两个方面。前者涉及知识产权的设计、开发、引进等；后者包括如进攻性专利策略、防御性专利策略等。动态调节机制，即知识产权战略是动态的，当社会政治、经济、技术等领域某些方面发生变化或企业外部竞争关系和市场形势发生变化时，战略需要进行相应调整。

冯晓青（2005）在总结已有研究成果的基础上，指出知识产权战略是运用知识产权保护制度，为充分地维护自己的合法权益，获得与保持竞争优势并遏制竞争对手，谋求最佳经济效益而进行的整体性筹划和采取的一系列策略与手段。企业知识产权战略具有五个特征，即全局性和长远性、法律性、保密性、时间性和地域性、整体上的非独立性。

从企业知识产权战略的研究内容来看，企业知识产权战略主要包括以下九个方面。

(1) 企业知识产权战略的基本理论；
(2) 企业知识产权战略与企业发展的关系；
(3) 企业知识产权资源如何实现优化配置；
(4) 企业知识产权战略的类型和具体的实施策略；
(5) 不同类型的企业的知识产权战略；
(6) 企业知识产权战略的定位；

（7）企业知识产权战略的实施环境；

（8）企业知识产权战略的法律保障；

（9）发达国家企业知识产权战略的实施及其对我国企业的启示等。

从企业知识产权战略的结构来看，企业知识产权战略包括战略思想、战略目标、战略定位、战略实施环境与支撑条件、战略原则、战略实施策略等。

11.2.2 新兴技术的知识产权战略系统

与一般技术管理不同的是，在新兴技术管理中，知识产权突破了单纯的事后保护功能，具有全局性、长期性战略意义。例如，中兴通讯公司将知识产权战略贯穿到整个公司运作过程中，从研发到市场，从产品到项目，都同知识产权管理工作有机结合。

通过图11-6可以看出，知识产权管理以动态、全方位方式存在，具体包括知识产权创造、知识产权应用和知识产权保护三个子系统。新兴技术的知识产权创造，是指在新兴技术创新过程中，形成并取得技术创新成果的知识产权。新兴技术的知识产权应用，是指在新兴技术创新、转移和扩散过程中，新兴技术的所有者或依法有权处分的组织和个人，通过自用、许可、转让、投资等方式应用知识产权，谋求或取得相应的竞争优势或收益的过程。新兴技术知识产权保护是指新兴技术创新、转移和扩散过程中，知识产权权利人（包括利害关系人）采取协商、行政申诉或司法途径预防和制止知识产权侵权的过程。

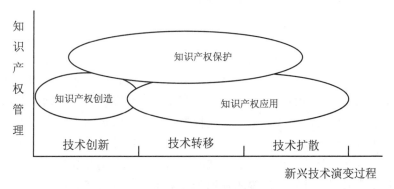

图11-6　新兴技术的知识产权管理系统

新兴技术的知识产权管理系统可以从以下两个方面来理解。

（1）新兴技术的创新、转移和扩散的过程，实质上也是知识产权的创造、应用和保护的过程。也就是说，知识产权管理不再是外在的附属因素，而是嵌入了新兴技术的整个创新、转移和扩散过程中，引领着新兴技术的创新、转移和扩散的路径和进程，成为技术管理的重要组成部分和内容。在这方面，小米科技有限责任公司（以下简称小米）做了积极的探索，并取得较大的成功。2022年，小米的净利润达到了2 800亿。同时，截至2023年3月31日，小米全球授权专利数超3.2万件。小米还坚持推动产学研协同创新，牵头建设了3C智能制造创新联合体等多个国家及省部级创新平台，并积极参与国家重大科研项目。在行业内率先设立院士工作站，未来将与中国工程院院士丁文华在芯片视频算法与图像优化技术、下一代终端技术等更多前沿领域开展积极探索。可以看出，小米飞速增长的业绩与其重视研发的策略是相呼应的。小米技术研发覆盖人工智能、云计算、机器人、无人工厂、智能电动汽车等12项前沿技术领域。2022年，小米研发投入约160亿，同比增长21%；未来五年（2022—2026年），研发投入将超过1000亿元。与此同时，小米研发人员数超1.6万人，占员工总数超过50%。小米公司在人工智能、新能源、芯片等新兴技术领域保持了积极的研发态度，在AI专利申请量上位居全世界第11位，小爱同学出货量超过1000万台，在我国排在数一数二的地位，小爱同学语音助理以月活跃3880万的数据排我国第一。同时小米已推出4款自研芯片，快速实现了在SoC、影像、充电等多个芯片细分领域的体系化能力搭建。小米在2010年8月发布的手机操作系统MIUI是国内第一个本土定制化系统，截至2023年5月21日，MIUI全球月活跃用户已经突破6亿。

（2）新兴技术的知识产权管理三个子系统相互关联，相互影响。

①知识产权创造、应用和保护三个子系统相互交融。例如，知识产权创造过程中，存在原有知识产权的应用和保护问题；知识产权的保护工作，有很大一部分也发生在知识产权创造和应用过程中。

②知识产权创造、应用和保护三个子系统相互影响，相互促进。知识产权创造是知识产权应用的不竭源泉，也是知识产权保护的基础；知识产权应用是知识产权创造和保护的目的和动力；知识产权保护为知识产权创造和应用提供制度保障，知识产权保护的水平直接影响知识产权创造和应用的效能。

11.2.3　新兴技术知识产权战略的实现机制

1. 新兴技术的知识产权创造机制

如图11-7所示，新兴技术的知识产权创造具体包括两个方面的内容。

（1）知识产权部门以参与者的身份介入了新兴技术创新的预研、计划、开发和发布等过程，并开展以下四个方面的知识产权管理工作：①开展知识产权培训，提高技术创新人员的知识产权意识和技能，扩大技术创新过程中知识产权管理的工作面和工作深度。②提供寻求技术创新路径和突破口的知识产权指导。知识产权部门通过查询和检索等，掌握相关领域的技术创新进展及其知识产权保护状况，指导研发机构及其相关人员尽可能避开竞争者或合作者在技术创新过程中设置的知识产权陷阱。③与研发人员充分沟通信息，了解组织内相关技术创新的最新进展，并根据组织的总体经营战略需要，结合自身的技术创新战略和竞争对手的研发情况，提出相应的建议。④评估和审验。包括对研发机构及其相关人员提出的研发计划进行知识产权预测和评估，以及对技术创新成果进行评估和审查验收，评估相应技术成果或产品的知识产权风险和知识产权效能。

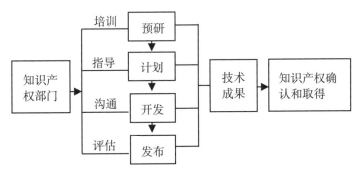

图11-7 新兴技术的知识产权创造机制示意图

（2）将技术创新成果或产品通过适当的途径获得法律的确认，取得相应的知识产权。在这个环节，知识产权部门根据对相应技术创新成果或产品的知识产权评估结果，分析不同技术创新成果或产品寻求知识产权保护的最佳方式，并分别向相应的知识产权主管机构办理申请、审批、登记、备案手续，或者与技术信息或商业信息的知情者签订保密协议，采用商业秘密的方式取得知识产权。最终形成适合公司发展战略的知识产权组合。

2. 新兴技术的知识产权应用机制

新兴技术的知识产权应用包括以下两个方面的内容（如图11-8所示）。

（1）技术转移中的知识产权许可和转让。知识产权许可是指知识产权权利人在未转让所有权的情况下转移知识产权中的财产权。知识产权许可包括三种形式，即独占性许可、排他性许可和普通许可。知识产权转让是指知识产权权利人通过转让所有权的形式让渡知识产权中的财产权和相应的人身权。知识产权权利人采用许可或转让方式让渡知识产权的权利，不仅可以获得一定的现金收益，而且可以通过交叉许可（cross-licensing）等方式，增加与竞争对手谈判的筹码，在激烈竞争中获得竞争优势。

（2）技术扩散中的知识产权使用。新兴技术创新成果或产品向顾客扩散的过程，也是新兴技术知识产权权利人使用知识产权的过程。在这个环节，有两点值得注意。一是避免知识产权侵权，即知识产权权利人在实施知识产权的权利过程中，应当避免侵犯他人的知识产权。例如在网络环境下发生的互联网域名与他人注册在先的商标专用权之间的侵权纠纷，再如国际贸易中的平行进口问题（典型事例是我国的DVD海外市场拓展中遭遇的窘境）等。二是避免滥用知识产权，确保知识产权的合法使用。知识产权制度本身就是权利人对智力成果享有的知识产权这种私权与科学技术的公益性之间"均衡"的产物。如果知识产权权利人在行使其权利时，违背了基本的公序良俗，严重阻碍了科学技术的传播和进步，抑或损害了人类的公共健康，那么知识产权权利人应受到限制。防止知识产权滥用是知识产权制度永恒的主题。新兴技术领域的企业在实施知识产权时，必须注意避免滥用知识产权，确保知识产权的合法使用。

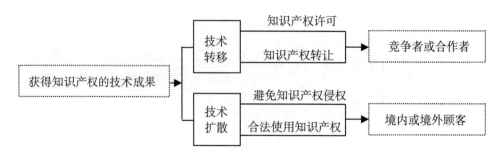

图 11-8　新兴技术的知识产权应用机制示意图

3. 新兴技术的知识产权保护机制

在新兴技术创新过程中，知识产权保护主要表现为权利人预防和制止未经其许可或授权的人员和组织的侵权行为。在这一环节有两点值得注意：一是要保护好自己的知识产权不受侵犯；二是要尊重他人的知识产权。与传统的制止知识产权侵权为主的知识产权保护方式不同，在新兴技术领域，知识产权权利人往往以团体或联盟的形式（如3C、6C联盟），利用其技术先动优势和强大的经济实力（如跨国公司），积极采用与潜在侵权人协商或寻求知识产权主管机关（包括海关）、司法机关加强监管和惩罚力度的办法，预防知识产权侵权。

11.3　新兴技术创新的知识产权风险识别

11.3.1　新兴技术知识产权风险的含义

知识产权本身就是双刃剑，在新兴技术企业纷纷把知识产权作为赢得技术创新所得的核心资源和获得并保持可持续竞争优势的重要战略工具的同时，新兴技术企业在实施技术创新的过程中也面临更大的知识产权风险。

新兴技术创新中的知识产权风险，是指在新兴技术研发、转移和扩散过程中，基于知识产权法律制度和竞争者、合作者以及其他利益相关者的知识产权，创新者的价值和竞争优势受到成本增加而非收益上涨的可能性。在新兴技术创新的不同阶段，知识产权风险的表现形式是不同的。新兴技术创新中的知识产权风险主要包括三类，即技术研发中的知识产权成本沉没风险，技术转移中的知识产权价值分享风险和技术扩散中的知识产权诉讼争议风险，如图11-9所示。

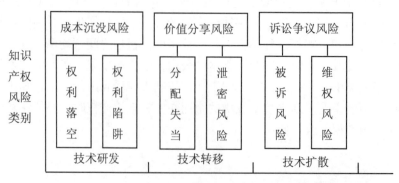

图 11-9　新兴技术创新中的知识产权风险结构

11.3.2　新兴技术创新的知识产权风险分析

1. 新兴技术研发中的知识产权成本沉没风险

新兴技术研发的过程，也是知识产权的创造过程，即通过技术研发，形成并取得新兴技术创新成果的知识产权的过程。在新兴技术研发过程中，创新者面临巨大的知识产权成本沉没风险。具体表现在以下两个方面。

（1）权利落空风险。这是指创新者的知识产权创造与企业价值创造不匹配，知识产权确认的技术成果对企业价值创造及其技术发展战略没有贡献，或者贡献相对于预期大大降低。①技术创新领先者在确定了一种路径后开展研发并最终使技术得以实现，并使其技术成果取得知识产权，从而获得先动者优势。但是在不确定环境中，如果企业停留在已有优势地位，仅仅追求已存在的竞争优势，难以识别突破性创新的微弱信号，新进入者一旦抓住机会，采用另一种更容易被市场接受的技术实现路径，并获得相应的知识产权，那么本企业的优势很快会被更具创新的竞争对手所取代。其先前的知识产权创造就没能对企业价值创造做出应有的贡献。②为了避免上述风险，一些新兴技术企业会仔细分析各种技术实现的可能性路径，并分别投资开展研发，最终使各种技术路径都得以实现，并获得相应知识产权。但是，市场或竞争者最终只接受或采用其中一种或两种技术实现路径，其余技术实现路径中知识产权对企业的价值创造几乎没有或较少有贡献。

（2）权利陷阱风险。指创新者的研发成果落入先动者的知识产权网，从而使企业丧失可能的市场机会或竞争优势，最终使技术成果的价值无法实现，研发投入化为泡影。相对于传统领域的技术创新来说，新兴技术研发信息量更大、技术变化和技术成长更快。如果在研发过程中没有掌握足够的信息，及时跟上技术变化和技术成长的步伐，研发成果落入他人的知识产权网的风险就比较大。对处于新兴技术领域的后动者、模仿创新者和中小企业来说，这方面的知识产权风险表现尤为明显。在调研新兴技术企业的过程中，经常会听到研发者发出这样的感叹：不是我们的研究开发人员不勤奋，不聪明。往往是等我们辛辛苦苦研发出新的成果，结果发现落入了竞争者已经获得的知识产权保护网之中。更有甚者，一些新兴技术领域的企业密切跟踪竞争者的研发动向，在竞争者研发过程中不露声色，一旦竞争者研发成功，就发来函件说，你公司的研发成果我们已在早些时候申请了专利或者得到了授权，请你公司放弃该项成果，或者缴纳专利许可费，从而使竞争者丧失竞争的能力。

2. 新兴技术转移中的知识产权价值分享风险

新兴技术转移是指技术提供方通过某种方式向技术需求方出让新兴技术的部分或全部权益的行为，包括高等院校、科研院所和一些专门从事技术研发的企业向以生产为主的企业的转移，新兴技术企业向新兴技术企业、新兴技术企业向传统企业的转移，企业内部研发部门向生产部门的转移、企业内部不同部门之间的转移等。技术转移的过程，事实上也是知识产权让渡的过程，主要包括知识产权许可和知识产权转让两种形式。知识产权权利人采用许可或转让方式让渡知识产权的权利，不仅可以获得一定的现金收益，而且可以通过交叉许可等方式，增加与竞争对手谈判的筹码，在激烈竞争中获得竞争优势。

知识产权许可和转让的过程，也是技术模仿和知识产权分享的过程。由于新兴技术创新具有高度不确定性和极度模糊性特点，为了分担新兴技术创新的成本，减少技术创新不确定性带来的投入风险，新兴技术创新往往是采用企业集群或联盟创新的方式，如微软、英特尔、IBM等的技术创新，是通过整合全球资源来实现的。加上新兴技术研发空前活跃，使得新兴技术转移的频率远远超过传统技术领域，因此，新兴技术转移中的知识产权分享风险表现得更加明显。

（1）价值分配失当风险。这是指新兴技术提供方和需求方在让渡知识产权时，出现的知识产权价值高估或低估的不确定性。导致知识产权价值分配失当的原因主要有三个：一是技术位势的巨大差异，使技术提供方和需求方在谈判时处于不对等的地位，从而导致需求方不得不接受苛刻的让渡条件或价格。例如，我国DVD厂商被东芝、日立等六家公司组成的6C联盟（IBM于2002年加入该联盟）等要求支付专利使用费，为了能够继续生产和出口DVD，经过中国电子音响工业协会（CAIA）与各专利权人的谈判，基本接受了专利权人的收费要求。但是，根据专利权人的收费标准，每台DVD收费为15～20美元（在实际操作中要低一些），而目前DVD国际市场的销售价格为30～40美元。签订许可协议的我国企业，要么因不堪高额专利费的重负而逐步减产，要么因无法支付专利费而被专利权人解除许可协议，要么处于担心负担巨额专利费债务的危机中。二是市场的高度不确定性导致技术转移当事人对技术的市场前景无法预测。一些新近出现的高技术具有爆发性市场，而另一些则可能不被市场所接受。在新兴技术环境中，需求会由于技术的快速进步而迅速变化，这种不确定性使得满足需求成为一个变动目标，从而使新兴技术市场具有高度的不确定性。三是由于技术提供方和需求方信息不对称，需求方无法完全掌握转移技术成果的知识产权情况，从而导致面临让渡的是无效知识产权等风险。以专利许可为例，在新兴技术领域，技术提供方在进行专利许可时，往往将其核心专利和外围专利一揽子许可。由于需求方信息不对称或者缺乏经验，许可使用的一揽子专利中就可能暗藏失效或无效专利。在上述DVD专利权人进行许可的格式化许可协议中，无一例外地都不保证其许可实施专利权的有效性，对任何第三方可能提出的专利侵权和专利无效，专利权人均不承担责任和义务。

（2）泄密风险。知识产权泄密风险是指因人力资本流动而造成的后来用工单位侵犯在先用工单位的知识产权的风险。新兴技术领域人力资本的流动和知识的转移速度快，很容易导致新兴技术企业在信息不对称的情况下过失或明知的情况下故意侵犯在先用工单位的知识产权，特别是商业秘密。新兴技术的集群创新和联盟创新特点，使得集群或联盟内企业的人力资本可以借助于发达的信息网络和其他工具，迅速获得对称的其他用工单位的用工信息。人力资本特别是研发人员在不同的用工单位之间的流动，其实也是一种技术转移方式。如果后来的用工单位稍不注意，就有可能因雇用新的员工而触犯在先用工单位的知识产权。这方面的事例是很多的，新兴技术企业必须高度关注这方面的风险。

3. 新兴技术扩散中的知识产权诉讼争议风险

新兴技术扩散是指在一定时期内，新兴技术创新成果通过某种途径在系统中各单位之间进行传播的过程，描述的是新兴技术成果在市场上得到消费者认可的过程。新兴技术扩散中的知识产权诉讼争议风险包括两个方面。

（1）被诉风险。这是指企业向顾客或用户传播其产品或服务的过程中可能遭遇的知识产权诉讼，包括在国内市场拓展中的知识产权诉讼和国外市场拓展中的知识产权诉讼。在这个方面，日韩知名企业都遭遇过知识产权诉讼，如IBM起诉富士通侵犯其操作系统软件以及手册著作权；英特尔警告NEC微处理器抄袭英特尔产品中的微程序；日立、三菱涉嫌非法获取IBM的基本软件和硬件的最新技术；德州AUSTIN-Saifun半导体公司起诉AMD和富士通专利侵权等。知识产权诉讼可能会导致新兴技术企业无法向市场推出相应的产品或服务，或者被阻止进入特定的市场，从而使企业先期的大量投入等无法收回。因此知识产权诉讼风险对于新兴技术企业的市场拓展来说，特别是对于处于模仿引进和模仿创新中的新兴技术企业来说，往往构成致命的威胁，必须引起高度重视。

（2）维权风险。这是指出现知识产权侵权或潜在侵权可能性时，技术创新主体或其他利害关系人出于维护自身的权益而采取相应行为所面临的不确定性。知识产权维权风险主要表现在以下三个方面。一是知识产权维权的货币成本高的风险。一般来说，权利主体的维权货币成本主要包括调查费、律师费、诉讼费、差旅费等。由于新兴技术领域的知识产权侵权往往比较隐蔽，取证比较困难，如果再加上非正常的地方保护等，上述货币成本就会大幅上升。对于本国企业来说，到其他国家开展知识产权维权的货币成本就更高了。二是知识产权维权的时间成本高的风险。知识产权维权时间成本高是指知识产权维权的时间周期一般比较长。以专利侵权案件为例，即使进入诉讼程序，诉讼期间也会因专利效力审查等而导致诉讼中止，从而使诉讼期限延长。三是知识产权维权失败的风险，特别是知识产权无效风险。以实用新型专利侵权诉讼为例，由于实用新型专利授权无须早期公开和实质审查，因此专利权人提起侵权诉讼后，被告往往都会提出无效审查申请，并导致很多实用专利被宣告无效，从而导致知识产权维权彻底失败。

11.3.3 新兴技术知识产权风险的应对策略

1. 加强自主知识产权能力建设，从根本上降低和转移知识产权风险

知识产权能力是指企业创造、应用和保护知识产权，将知识产权资源与其他资源整合，参与市场竞争尤其是国际市场竞争的能力。按功能分，知识产权能力由防御能力、进攻能力、动态整合能力组成。按管理过程，知识产权能力可分为创造能力、应用能力和保护能力。按照知识产权在企业价值创造中的功能和地位，可以将企业分为负值型、防御型、整合型、利润型四种不同的发展阶段或状态。

图11-10表示在同一企业的不同发展阶段或不同企业的发展状态，企业知识产权的能级。负值型的企业无自主知识产权，甚至为使用他人的知识产权付高额费用，只是产品的加工制造或经营，甚至贴牌生产或销售。如我国DVD、彩电生产企业。防御型的企业处于知识产权储备阶段，重视发明专利、商标的大量申请，把知识产权作为保护手段，以防御其他竞争对手利用知识产权手段对其打压，从而为产品制造服务。如华为技术有限公司、中兴通讯股份有限公司等。整合型的企业具备知识产权防御和进攻能力，拥有一部分核心发明专利等高质量的知识产权，不以专利为赢利的主要手段，而是以商品经营的模式经营专利技术，并为其垄断市场带来丰厚的价值回报。如飞利浦、三星、IBM等跨国公司。利润型的企业在其技术领域拥有大量核心或基础专利，具备很强的知识产权运营能

力，并为其带来高额利润，主要靠知识产权赢利，不制造产品，以专利授权许可、卖技术标准为生。如美国高通公司。

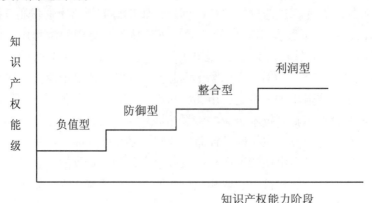

图11-10　知识产权能力阶段与能级模型

自主知识产权是指本国自然人、法人或其他组织经过其主导的研发或设计创作而形成的、依法拥有能够独立自主实现某种技术知识资产的所有权。自主知识产权能力是指创造、应用和保护自主知识产权的能力。

在不确定的技术和市场竞争条件下，跨国公司利用其雄厚的研发实力，开展战略性知识产权"圈地运动"，已经形成了强大的自主知识产权能力，能够有效遏制竞争对手及其产品拓展国内外市场。但是，新兴技术创新的高度不确定性、模糊性和创造性毁灭，为后来者通过模仿和学习，形成自主知识产权，降低知识产权诉讼风险提供了机会。日本企业在20世纪六七十年代也遇到发达国家强大的知识产权壁垒，但日本企业在引进和模仿核心技术的同时，围绕核心进行应用性开发，创造出许多由外围专利组成的应用性自主知识产权，由此围绕竞争对手的基础专利构筑起严密的专利网，限制竞争对手的基本性关键技术的研发，导致竞争对手在实施和转让基础专利时遇到层层壁垒，迫使其采取交叉许可战略，有效避免了知识产权诉讼争议风险。

2. 建立知识产权预警机制，将知识产权管理嵌入新兴技术创新的全过程

为了识别和化解新兴技术创新过程中的知识产权风险，有必要结合企业技术创新战略，将知识产权管理嵌入新兴技术研发、转移和扩散全过程，并在各个阶段建立起知识产权预警机制。有效的知识产权预警机制，可以使企业有能力预见、识别、监控、评价并规避或化解技术研发、转移和扩散中可能面临的知识产权风险。

知识产权预警机制的核心内容是充分利用国际组织以及国家专利、商标、版权等专业数据库和其他资讯工具和渠道，结合企业自身的发展阶段和所处技术领域特点，建立起开放的动态知识产权情报系统，并保证该情报系统的良好运行。在技术研发阶段，预警机制的重点是将知识产权工作延伸甚至主导企业研发前端和整个过程，注意根据企业技术转移和扩散的需要，确定研发成果的知识产权保护的方式、启动时间等，可以较好地识别和防范知识产权陷阱风险，并在一定程度上分散知识产权价值实现风险。在技术转移阶段，技术提供方的知识产权预警重点是监测技术受让人的知识产权创造、应用和保护能力，从而识别和预防泄密风险；技术需求方的知识产权预警重点是了解和识别拟受让知识产权的法律保护情况，降低知识产权价值失当风险和泄密风险。在技术扩散阶段，知识产权预警重点是竞争对手或其他权利人的知识产权布局情况，特别是专利权和商标权在不同区域市场的分布情况，可以预防知识产权诉讼风险，即使遭遇知识产权诉讼，也可以因预先的准备使自身处于比较有利的诉讼地位。

3. 建立有效的知识产权评估机制，适时对企业知识产权开展价值评估

如前所述，知识产权不再单纯被视为技术成果的法律保护手段，而是新兴技术企业在不确定的技术和市场环境下谋求可持续竞争优势的重要柔性资源。新兴技术企业应当从价值创造和核心能力提升的角度来考虑知识产权的运营和管理。这种知识产权管理思维方式的变革，使得新兴技术企业必须建立有效的知识产权评估机制，化解技术创新过程中可能出现的知识产权价值实现风险、价值分配失当风险，甚至诉讼风险等。考虑到运营成本和企业不同的成长阶段，一般来说，中小型成长企业应当更多借助社会知识产权中介机构，依托自身的知识产权部门或人员，在寻求知识产权保护的同时，适时开展知识产权评估。大型企业和跨国公司企业则可以在知识产权部门的基础上，建立知识产权审查委员会，联合研发、发展规划、生产和市场等部门，并辅之以社会中介机构的服务，开展知识产权价值评估；也可以将知识产权价值评估外包给社会中介机构或专业公司来管理。

当然，在技术创新的不同阶段，知识产权价值评估的重点有所不同。在技术研发阶段，评估的重点是对研发机构及其相关人员提出的研发计划进行知识产权预测和评估，以及技术创新成果进行评估和审查验收，评估相应技术成果或产品的知识产权风险和知识产权效能，从而确定技术成果或产品的知识产权保护方式、启动时间等。在技术转移阶段，评估的重点是让渡的知识产权的现金价值，从而减少知识产权的价值分配失当风险。特别需要注意的是，知识产权作为一种资源，对持有人来说，本身也会发生费用和成本，如专利和注册商标的年费等。面对高度不确定性和创造性毁灭，在特定的管理区间内，新兴技术企业一部分知识产权是有用的，一部分知识产权可能不再具有价值。所以企业也有必要依据企业技术发展战略和价值创造标准，定期对已有的知识产权进行价值评估，从而确定是放弃还是继续持有。在技术扩散阶段，评估的重点是竞争对手或其他权利人的知识产权分布情况，以及该区域知识产权保护的力度，从而综合评估出相应的诉讼风险和维权成本。

腾讯科技有限公司是我国最早、目前我国市场上最大的互联网即时通信软件开发商，知名的互联网服务及移动增值服务供应商。有力地创造和利用知识产权，给腾讯公司带来的价值体现在其各个业务领域，腾讯公司非常重视保护企业的自主知识产权，重视员工的知识产权教育，如新员工入职时的知识产权法律培训等。机构不仅设置有法务部，负责对公司的知识产权进行全面管理，包括知识产权日常维护管理和知识产权许可贸易的审查，同时在研发中心设置有专利组，负责对公司的技术发明进行专利管理和保护。还为新产品建立了一套内容涵盖域名、商标、版权、专利、商业秘密的全方位知识产权保护办法，该办法通过对即将面市的技术产品和业务产品进行分析，再根据对象的不同特点，指定相应的知识产权进行保护。在新产品的SCM（软件配置管理）系统中，加入对产品及新业务发布前的知识产权评审，以便及时发现新发明、新创造，并防止腾讯侵犯他人的知识产权。

4. 善于组合各种知识产权工具，最大限度实现知识产权的价值

专利、商标、著作权、商业秘密、地理标识等知识产权工具，在保护对象、获得保护所需具备的条件、权利产生的方式、权利保护期限上是明显不同的。以生物技术为例，专利可以使转基因研究、基因治疗、基因组研究方面有更多的发明与技术得到保护，然而专利权保护的局限性也同样是有目共睹的。为了化解和分散新兴技术创新的风险，企业应当善于组合各种知识产权工具，最大限度地实现知识产权的价值。知识产权组合包括以下三类。

（1）企业同一类型知识产权的组合。如专利技术中的基础专利和外围专利的组合，注册商标中的基础商标和防御性商标的组合等。

（2）企业不同类型的知识产权之间的组合。在生物技术企业管理过程中，专利和技术秘密这两种知识产权保护的途径各有优劣，对于企业的一项具体的产品、技术或方法来说，必须分析企业本身和某一项产品、技术或方法的具体特性，全面考察专利和技术秘密两种保护方式，充分认识到两种保护方式的相互补充而又不可互换性，做出正确的选择。

（3）知识产权与其他资源和能力的组合。知识产权作为企业的柔性资源，必须和其他资源共同作用才能形成和保持企业的动态能力。新兴技术企业有必要组合知识产权、补充性资产、时间领先、把握启动时机等，使企业在不确定条件下赢得创新所得。

以我国闪存技术开发与制造企业深圳朗科公司为例，该公司结合技术创新和市场拓展，将多项核心技术作为基础专利进行了申请，同时围绕基础专利又申请了多项其他外围专利，从而建立了在闪存盘领域较为严密的专利网，逐渐形成了高端进攻、终端跟进和低端防守的专利组合。同时，公司在注册"优盘"商标后，又相继申请注册了其他"优"系列商标，并在多个国家和地区申请注册了"Netac"商标，形成了移动存储技术的专利和注册商标有效组合，为企业在移动存储领域保持动态能力建立了良好的基础。

5. 善于有效选择利用各种知识产权争端解决机制，差异化应对专利主体的多元诉求

2014年7月，成立仅四年的小米决意踏上国际化征程，先后试水印度、巴西、南非、美国等国际市场。然而，来自欧美实体性跨国公司和NPE（非专利实施实体）的专利讼案却如影随形，在一定程度上延缓或阻滞了小米进军国际市场的步伐。小米国际化初期的专利困局，不禁让人联想到2003—2005年期间发生的思科诉华为专利侵权案、索尼诉比亚迪专利侵权案等系列讼案。不过，与十年前华为等国际化初期的专利竞争态势相比，以小米为代表的中国新一代创业型公司身处的专利竞争情境已经发生了根本性变化，远非仅仅汲取华为等上一代中国本土企业的经验或教训，就能安然走出国际化初期的专利困局。最终，小米通过各类有效的措施，有效选择利用各种知识产权争端解决机制并差异化应对专利主体的多元诉求，有效解决了其所面临的危机。

2014年7月22日，小米在印度首次启动网络销售，短短四个月，印度市场的小米智能手机销量就突破了100万部。这一发展势头引起了瑞典电信设备制造商Ericsson的注意。同年12月5日，Ericsson向印度德里高等法院提起诉讼，诉称小米侵犯其拥有的ARM（自适应多速率音频编码解码器）、EDGE（增强型数据速率GSM演进技术）和3G（第三代移动通信技术）标准中的8项标准必要专利。

2015年11月19日，Blue Spike又以专利故意侵权为由，将小米及在美国市场销售小米产品的海淘平台——TOMTOP（深圳通拓科技）列为共同被告，一并诉至美国得州东区联邦地方法院马歇尔分院。涉案专利为"Data Protection Method and Device"（专利号：US 8930719），一种采用整体方法对数字信息进行编码、解码并对数据予以保护的装置和方法，授权日期为 2015 年 1 月 6 日，发明人是斯科特·马斯克维茨（Scott A. Moskowitz）。Blue Spike 在起诉书中称，小米未经其许可，在米 4、米 5、米 Note Plus、红米 1S、红米 2 和红米 Note2 等 14 个产品中使用其专利技术，请求法院判令小米赔偿其因此遭受的实际损失并承担三倍惩罚性赔偿，同时请求法院签发临时性禁令和永久性禁令。根据美国专利公司 RPX 官网提供的案件信息统计，Blue Spike 是典型的 NPE，专利诉讼经验十分丰富，无论是产业领导者还是创业型公司，都是其专利讼案的"座上客"。

面对 Ericsson 和 Blue Spike 的国际专利诉讼，小米采取了分而治之的策略，针对不同专利主体采取差异化的应对措施。对于制定产业技术标准的主要制定者，如 Qualcomm、Ericsson，小米遵循公平、合理和非歧视原则进行谈判，并在专利诉讼中争取更合理的专利许可费率；而对于 NPE 提起的专利讼争，小米则通过雇用专业律师团队进行辩护，在相应法域应诉并据理力争，尽量避免因 NPE 的专利侵扰可能暂时影响国际化步伐而放弃诉讼努力；对于实体性跨国公司，特别是产业巨擘如苹果、三星等，小米则谨慎处理与其之间的专利纠纷，以维护自身的市场地位和商誉。同时，小米还采取内外兼修，多路径打造有价值的专利组合的策略，通过内部研发、开放式协同创新和业务收购多路径积累有价值的专利组合，确保在国际市场竞争中保持技术实力和商业模式的平衡发展。此外，采取合纵连横的战略，与互联网创业企业、移动通信产业领导者等形成产业价值网络，全方位谋划新兴商业生态中的专利位势，以提升专利竞争力，拓展国际市场，实现企业的战略目标。

小米通过灵活选择知识产权争端解决机制，针对不同的专利主体采取差异化的应对策略，不仅化解了国际化过程中不同专利主体对其专利诉讼的危机，还在国际专利领域建立了有力的竞争优势，为其未来的国际化发展战略奠定了坚实的基础。

本章参考文献

[1] BENTLY L, SHERMAN B. Intellectual property Law (2nd edition) [M]. London：Oxford University Press, 2004.

[2] Tina Hart, Linda Fazzani. Intellectual Property Law[M]. 北京：法律出版社, 2003.

[3] 刘春田.简论知识产权,载于郑成思主编的《知识产权研究》[M].北京：中国方正出版社,1996.

[4] 刘春田.知识产权法[M].3版.北京：高等教育出版社,北京大学出版社,2007.

[5] 吴汉东等.知识产权基本问题研究[M].北京：中国人民大学出版社,2005.

[6] 谢铭洋.智慧财产权之基础理论[M].3版.台北：翰芦图书出版公司,2001.

[7] 肖延康,韦永智.知识产权的特有属性及其价值研究[J].电子科技大学学报：社会科学版,2011,13(5):9

[8] [美]V.K.Narayanan.技术战略与创新——竞争优势的源泉[M].程源,高建,杨湘玉,译.北京：电子工业出版社,2002.

[9] 银路.技术创新管理[M].北京：清华大学出版社,2022.

[10] 郑成思.知识产权论[M].北京：法律出版社,2001:77-96.

[11] MANNY SCHECTER. IBM's Strategies for the Creation, Protection and Use of Intellectual Property in Software [C]. Mack Center for Technological Innovation-Impact Conference-managing Knowledge Assets-Nov.2001,30:1-15.

［12］PRABUDDHA GANGULI. Intellectual Property Rights：Mothering Innovations to Markets［J］. World Patent Information 22(2000)：43-52.

［13］ERIK A. BORG. Knowledge，Information and Intellectual Property Implications for Marketing Relationships［J］. Technovation 21(2001)：515-524.

［14］徐雨森.基于知识产权战略的工业企业核心能力培育［J］.研究与发展管理，2003，15(1)：69-73.

［15］DAVID J TEECE，GARY PISANO，AMY SHUEN. Dynamic capabilities and strategic management［J］. Strategic Management Journal. Chichester：Aug. Vol. 18，Iss. 1997，7：509-533.

［16］David J Teece. Capturing Value from Knowledge Assets：The New Economy，Markets for Know-How，and Intangible Assets［J］. California Management Review，1998，40(3)：55-79.

［17］BORG，ERIK A. Knowledge，information and intellectual property：implications for marketing relationships［J］. Technovation，2001，21：515-524.

［18］AMRIT TIWANA. The Knowledge Management Toolkit(Second Edition)［M］.董小英，李东，祁延莉等译.北京：电子工业出版社，2004：4.

［19］SULLIVAN，PATRICK H. Profiting from Intellectual Capital：Extracting Value from Innovation［M］. New York：John Wiley & Sons. 1998.

［20］ALEXANDER I. POLTORAK，PAUL. J. Lerner. Essentials of Intellectual Property［M］.于东智，谷立日，译. 北京：中国人民大学出版社，2004.

［21］冯晓青.企业知识产权战略［M］. 2 版. 北京：知识产权出版社，2005：12-21.

［22］李东华，包海波，徐竹青.日本知识产权战略及其启示［J］.中国软科学，2003，(12)：85-89.

［23］肖延高，童文锋.小米国际化如何突破专利困局［J］.清华管理评论，2016(7)：8.

第12章

新兴技术的治理

2023年11月最吸引人眼球的新闻莫过于"持续五天、被全球围观、反转再反转"的OpenAI的奥特曼（CEO）被罢免又回归的闹剧。导致这场硅谷大戏的一个重要原因是AI发展的"加速主义"与"安全主义"的路线之争。这一新闻再一次让新兴技术发展的风险及相关的安全问题受到高度的关注，引发广泛的讨论。这正是本章新兴技术的治理要讨论的核心议题。

由于技术创新的双刃剑效应，新兴技术在对经济社会发展带来巨大潜在影响的同时，其自身发展、未来应用前景及其可能带来的社会与伦理后果也具有突出的不确定性，并由此给社会、环境以及伦理等方面带来一系列风险。一方面，新兴技术的不确定性和风险性具有全球性和不可逆性特征；另一方面，全球性竞争已将新兴技术推向一种远离常规的状态，导致新兴技术发展中涌现出多种事实不确定、价值有争议、风险巨大、决策紧迫的典型争端，致使"没有任何一个机构能够提供支撑决策的全部知识"，也让新兴技术的治理面临"科林格里奇困境"[①]。种种迹象表明，在新兴技术发展过程中，传统的政府单一主导的技术发展会导致风险规避乏力、风险评估不足，继而引发了社会公众对于新兴技术发展的信任缺失。此种情形下，如何规约新兴技术的发展，有效预测新技术的应用前景，是新兴技术治理要回答的关键问题，也是当代新兴技术政策设计的重要内容。

12.1 新兴技术治理理论基础

12.1.1 科技风险及规制

德国社会学家乌尔里希·贝克（Ulrich Beck）认为，人与技术力量导致"在现代化进程中，生产力的指数式的增长，使危险和潜在威胁的释放达到了一个我们所前所未知的程度"。英国社会学者安东尼·吉登斯（Anthony Giddens）提出了"失控的世界"和"人造风险"的观点。他认为科学与技术的进步不仅没有使我们的生活更加确定和可预测，反而带来更多负面的影响。科技带来许多"人为的高后果风险"。在以上理论观点的基础上，对科技风险的讨论成为现代风险社会的一个重要关注点。

1. 科技风险的概念

科技本身负载风险，风险是科技的本质属性，不可避免。谢科范从非常局限的狭义视

[①] 科林格里奇困境（Collingridge's Dilemma）：英国技术哲学家大卫·科林格里奇（David Collingridge）在《技术的社会控制》（1980）中指出，一项技术如果因为担心不良后果而过早实施控制，那么技术很可能就难以爆发。反之，如果控制过晚，已经成为整个经济和社会结构的一部分，就可能走向失控，再来解决不良问题就会变得昂贵、困难和耗时间，甚至难以或不能改变。这种技术控制的两难困境就是科林格里奇困境。

角将科技风险界定为科研过程中所造成的环境污染等方面的社会风险。许志晋等认为科技风险是现代社会科学理性与社会理性断裂的结果。邬晓燕将科技风险界定为源于科技活动与人为决策的人造风险。具体而言，科技风险是指伴随着科学技术的发展、生产方式的改变而产生的威胁人们生产与生活的风险。蔡郁文等提出，科技风险是一个由原初型风险和派生型风险组成的双层结构体系。原初型科技风险是由科技本身带来的各种风险，属于科技维度，包括由科技复杂性和固有的不确定性带来的危害及科技副作用。而派生型科技风险则来自人类自身，属于管理维度，主要由于个人或专家、组织认知的有限性，在技术发明、政策制定中制造出来的衍生风险。

2. 科技风险的特征

科技风险具有以下特征。

（1）影响全球性。从范围和规模来看，科技风险的影响大大超越传统风险所波及的范围，例如杀虫剂、福岛核泄漏事件等的影响，无论从时间还是空间，都远离常规的风险状态。

（2）危害后果的高度不确定性。科技风险的高度不确定性更多源于认知和行为的不确定，科技风险的表现形式、危害可能性等将伴随人的行为不断变化。科技风险危害后果的不确定性源于两个方面。一方面，源于科学家都无法预知科学和技术未来进化的方向。新技术究竟对人类、环境产生何种影响，只有在影响发生后才会知悉。正如凯文凯利所讲：当发展着的科技生产力忽略、脱离民众精神力的时候，就会丧失它应受人控制并为人服务的真正本质，而变成与人对立的异化力量。另一方面，科技发展的速度已经远远超过人们的预测。无论是社会理念、认知，还是人的行为都只能在身后追赶科技发展。例如，AI打开社会发展的新领域，智能社会需要建立新的规则。

（3）潜在后果的极端性。从损害可能性程度分析，科技风险的潜在后果往往是不可计算的。例如对人工智能带来的潜在风险，可能会大大超出人们的想象力。这也是对AI安全性问题的讨论会形成巨大分歧的原因。

（4）表现形式的复杂性。技术应用于未来可能造成的危害之间具有复杂关联性，潜在危害难以预测。

（5）社会效应的集聚性。新奇事物总是更容易吸引全社会视线。一方面，技术炒作曲线表明，大众极易被各类新兴技术吸引，AI、区块链到VR/AR等各种新兴技术风口现象即是很好的例证；另一方面，新兴技术的发明与应用的负面效应和风险会引发社会轰动效应和恐慌效应。例如基因药物发展史上的若干次由于负面事件引发的轰动效应，极大地延缓了技术和应用的发展。社会效应的集聚性会进一步放大新兴技术治理的科林格里奇困境。

3. 科技风险的规制

政府规制、市场控制与个人分担是治理风险的基本方式。然而经验表明，在科技风险领域，市场自我控制会导致失灵，个人难以承担科技风险的极端后果。原因有两点。一方面，科技的发展与应用转变了生产方式，促进了生产力的提高，其本身就是市场主体追逐利益的工具与手段。资本的逐利性正是利益集团将科技风险抛之脑后的关键所在，这就让市场自我控制风险处于动力不足的状态。另一方面，不同于传统社会中的风险，个人难以分担科技风险的不利后果。因为科技风险的固有不确定性决定了风险规模的全球性、表现形式的多样性与危害后果的极端性，个人难以承受科技风险的可能危害后果，也难以承担规制科技风险的任务。因此，政府往往承担科技风险规制的主体责任。但是，随着科学技术的快速发展，政府规制风险也面临失灵，科技风险规制主体多元化成为趋势。由此，张哲飞提出了科技风险规制的含义：指包括政府、非政府组织、企事业单位、社会公众等主体在内采取的针对科技风险议题形成、标准制定、评估、沟通、交流和管理科技风险的活动，从而实现预防、规避、消灭科技风险的目标。

科技风险的规制手段包括法律、法规等强制性制度措施，也包括行业规范、倡议等"软"性措施。这些措施在新兴技术发展的不同阶段发挥不同的作用。

12.1.2　科学技术治理

1. 治理理论

英文中"治理"（governance）一词源于拉丁文和希腊文，原意为控制、引导和操纵。长期以来，它与统治（government）一词等同使用，主要是指政府的指挥和控制行为。20世纪 80 年代以来，社会和经济发展表明，许多领域的活动，单纯靠政府权力机制和管理机制是不够的，需要公私双方的协调管理，需要一些政府以外的其他机构和角色参加经济和社会的调节。由此，具有新意义的"治理"概念开始出现。罗伯特·罗茨（Robert A. Dahl）在"新的治理"一文中指出，治理标志着政府管理含义的变化，指的是一种新的管理过程，或者一种改变了的有序统治状态，或者是一种新的管理社会的方式。对治理的研究成为社会科学许多学科（如制度经济学、新公共管理理论、国际关系理论等）研究的关注焦点，这些研究相互补充，大大开阔了对治理问题的研究视野。根据治理关注的问题类型、参与者等要素的不同，治理理论包含不同的层次和内涵，具体如下：（1）作为最小国家管理活动的治理，强调政府的公共开支，负责任性，公正；（2）作为公司管理的治理，着重组织治理；（3）作为新公共管理的治理，将市场激励机制和私人部门管理手段引入政府的公共服务；（4）作为善治的治理，强调效率、法治、责任的公共服务体系；（5）作为社会-控制体系的治理，强调政府与民间、公共部门与私人部门之间的合作与互动；（6）作为自组织网络的治理，建立在信任与互利基础上的社会协调网络。格里·斯托克（Gerry Stoker）指出，各种治理理论从不同的方面刻画了治理的特征，并归纳了关于治理的 5 个基本观点：（1）治理意味着一系列来自政府、但又不限于政府的社会机构和行动者；（2）治理意味着在为社会和经济问题寻求解决方案的过程中存在着界线和责任方面的模糊性；（3）治理明确肯定了在涉及集体行为的各个社会公共机构之间存在着权力依赖；（4）治理意味着参与者最终将形成一个自主的网络；（5）治理意味着办好事的能力并不限于政府的权力，不限于政府发号施令或运用权威。斯托克进一步指出，这五个观点之间的关系是互补的而不是相互竞争的。

基于学术界对治理的不同定义，结合治理相关的实践，全球治理委员会（the Commission on Global Governance）1995 年给出了治理的权威定义："所谓治理是各种公共的或私人的个人和机构管理其共同事务的诸多方式的总和。它是使相互冲突的或不同的利益得以调和并采取联合行动的持续过程。这既包括有权迫使人们服从的正式制度和规则，也包括各种人们同意或认为符合其利益的非正式的制度安排，它有四个特征：治理不是一套规则，也不是一种活动，而是一个过程；治理过程的基础不是控制，而是协调；治理既涉及公共部门，也包括私营部门；治理不是一种正式的制度，而是持续的互动"。概括地说，治理是不同的社会行动者共同管理事务发展的过程，治理意味着行为角色之间以正式和非正式的多种形式的互动，它所创造的结构和秩序既依赖于正式的制度安排，也依赖于行为者磋商或互动形成的非正式制度安排。治理包括如下几个方面的内容：（1）治理的目标和对象；（2）政府与其他参与主体；（3）治理的机制；（4）治理工具。

2. 科学技术治理产生的背景

当代科学技术发生了一系列根本性的变化，需要治理。主要有以下三个方面的原因。

第一，现代科学技术对社会经济发展的影响遍及各个领域。科学技术不仅在传统的经济与贸易、社会发展和环境保护政策领域成为一个不可或缺的重要因素，而且在新出现的传染疾病防治、全球变化、食品安全等领域发挥着日益重要的作用。

第二，现代科学技术活动的组织特点发生了变化：技术由系统型、大型、集体型转向分散型、小型、个体型，像信息技术、生物技术这类技术本身分散在众多不同类型的执行者之中，其产生的社会效果程度大大强于传统的技术。

第三，现代科学技术的不确定性增强，带来的伦理和风险问题加大。因此，需要政府各部门、科技界、企业和相关利益方共同管理科学技术的发展。

3. 科学技术治理的含义和作用

对科学技术的治理从 21 世纪开始日益引起学术界和政策界的重视。科技治理具体包括以下内涵。

一是从科学在社会中的作用出发，对科学在社会治理中的相关问题进行讨论。这方面的典型研究有富勒，他在《科学的统治》一书中，从社会学和政治学对科学在当代社会中日益强大的治理作用这一主题作了全新的考察。

二是从科技政策视角，探讨科技与社会发展相关的治理问题。例如，约翰·德拉莫特（John de la Mothe）编辑的文集《科学、技术和治理》中，学者们对科学与政府的关系、科学政策与公共管理的相关问题进行了研究，其他相关主题还包括对欧洲科研群体的多层次治理、科学咨询支持决策等。

三是关于具体科学技术领域及伦理与风险治理的研究。典型的研究主题包括关于科学系统和创新系统的治理，如 OECD 对公共研究机构治理的研究、对国家创新系统治理的研究。这些研究表明，对科学技术的治理涉及很广，包括对科学技术活动及其后果的治理，重要科学技术发展领域的治理，对科学活动的过程的治理，对科学技术和创新系统的治理以及科学技术政策系统的治理等。这几个方面相互联系，例如，具体科学技术领域的发展与科技创新系统和政策决策是分不开的。各个方面的科技治理有共性，正如约翰·德拉莫特指出的，科学、技术和治理，不是关于核心化的思维模式和科层制，而是关于发现适合知识新生产、运用和扩散的决策与分配、权力与合法性、参与行动的最佳化水平。

从宏观层面来看，科技治理的特点是政策的灵活协调、目标的整合性，研究活动互动性和网络化。更一般地，可以把科学技术治理定义为以适当的机制和工具将有关科学技术的发展的不同利益者带到一起，以促进社会经济发展和人民幸福安康为目的，管理科学技术发展及其影响。更具体地，科学技术治理的作用包括以下几个方面：一是促进科学技术的发展（方向、速度和规模）；二是提高科技创新系统的成效；三是保障科学研究活动的健康和诚信；四是控制科学技术的后果。

4. 科学技术治理的构成

科学技术治理的构成要素包括以下五个。

（1）远景目标：科学发展的未来期望和图景，长远战略和目标；

（2）治理的内容：优先领域、资源分配、规范标准，知识产权；

（3）参与治理的主体和行为角色：政府、科技界、社会团体、利益相关者、公众；

（4）科技治理的工具：法律、政策、规则；

（5）科技治理的程序和机制：政策制定程序、咨询机制、协调机制、合作机制、评估机制、调整机制。

12.1.3　技术治理

为了应对新兴技术发展引发的巨大潜在风险，一种融合了伦理、法律和社会影响的研究（ethical，legal，social implication，简称"ELSI"）、科学技术学（science and technology studies，简称"STS"）等多个理论进路的技术治理思想悄然兴起。

大体来说，技术治理包含两个重要内涵。

（1）政府权威性的变化。技术治理理念下，政府不再独享技术决策的绝对权威，行动者网络代替等级关系主导着决策过程，相关领域、群体甚至非政府组织共同组成了技术治理的权威联盟，政府则降为新兴技术发展中的一个重要参与者和各种利益互动的推动者和协调者。

（2）技术决策方式的变化。权力运行不再具有自上而下的垂直结构，而是变成上下互动、左右融通的同一层面的网状结构。治理范式下，"国家成为斡旋者，多元的行动者参与到社会事务的治理中来，其政策目标也由一个单一的共同国家利益转变为统筹协调，达到多方利益的平衡"。

换言之，技术治理指来自政府同时又超越政府的关涉技术发展的社会性公共机构及其行为，是建立在多个行动者公共利益的相互认同和博弈基础上的集体互动的管理过程。它主要通过合作、协商、伙伴关系、确立认同和共同目标等方式对技术生产实施管理，从而将现代技术的发展从单一的政府发号施令或政府决策转向多元主体参与。事实上，新兴技术从研发、生产管理到市场推广等各个环节都关涉到很多利益相关者，他们之间通过磋商、对话甚至斗争吸引不同的利益相关者参与到新兴技术政策的制定和实施过程，其背后隐藏的是对于当代新技术发展中既有权力结构的批判。当代新兴技术发展中，单一主体、垂直结构的技术统治模式已无法回应多元主体的差异性诉求，而技术治理理论则适时地为其他行动者参与新兴技术的设计和发展提供了合理的制度保障，其实质在于"发展一种各有关利益方（政府、科学界、企业、社会团体、公众等）相互协调的机制"。而技术治理范式意味着传统的政府-专家共同体政策权威角色的消解，多元行动者的互动合作构成了新兴技术发展中的技术政策共同体，学者们认为，开放的共同体能够更好地缓解新兴技术领域中公民社会、科技与产业间的复杂与紧张关系。

12.2 新兴技术的伦理规约

12.2.1 基本概念与内涵

1. 伦理与道德

伦理（ethics）一词源于希腊文"ethos"，是调整人与人之间、人与社会之间的行为规范的综合，它以善与恶、正义与非正义、公正与偏私等标准来评判人们的行为，进而调节人们之间的关系。伦理一般是指一系列指导行为的观念，是从概念角度上对道德现象的哲学思考。它不仅包含着对人与人、人与社会和人与自然之间关系处理中的行为规范，也有人与人相处的各种道德标准。伦理学是关于道德的起源、发展，人的行为准则和人与人之间的义务的学说。

2. 道德与伦理的关系

在日常使用中，道德和伦理两个概念经常被认为是等价的，可以相互替换。但从上面关于伦理和伦理学概念的讨论不难看出，伦理是包含价值判断的观念（标准）体系，伦理判断的依据是道德行为。以下将从立场、属性特征、治理核心和治理逻辑四个维度对伦理和道德加以区分。

从立场来看，当使用道德时，往往是从个人的视角来看；而使用伦理这一概念时，虽然隐含了其社会规范的本质，但其判断往往是从社会视角展开的。

从概念的属性特征来看，道德这一"实体"依赖于个体，是个人的主观判断，是一种内在特征；相反，伦理的概念是基于一定的社会规范，因此具有客观性和社会性，是一种外在的表现。

从道德和伦理的价值核心对比来看，前者的核心是善或美德，是一种实体存在；而后者的价值核心是适当或适宜，是一种价值判断。

基于以上属性特征的差异，本书认为，在讨论道德行为的治理时，主要的治理逻辑是鼓励，而伦理的治理逻辑更多是惩罚。

3. 伦理风险

海思斯（Haynes）将风险定义为损害或损失发生的可能性。伦理风险是指人与人、人与社会、人与自然、人与自身的伦理关系由于正面或负面影响可能产生的不确定事件或条件，尤其指产生的不确定的伦理负效应，诸如伦理关系失调、社会失序、机制失控、人们行为失范、心理失衡等。

12.2.2 科技伦理的内涵与外延

1. 科技伦理

科技伦理规范是观念和道德的规范。是从观念和道德层面上规范人们从事科技活动的行为准则，其核心问题是使之不损害人类的生存条件（环境）和生命健康，保障人类的切身利益，促进人类社会的可持续发展。更具体地，技术伦理是围绕技术所产生的伦理关系中的应该具有的道德品质、应该遵守的道德规则和应该尽到的道德职责（如技术人员的一般道德行为规范、工程伦理准则等），它是对技术正面价值的维护和对其负面价值的制约或控制。随着新兴技术带来的科林格里奇困境越来越突出，学者们开始强调要在技术伦理的视角和方法外建立道德哲学的维度。

2. 科技伦理的外延

（1）生命伦理。

生命科学领域是科技伦理争论最为集中的领域，其相关的伦理问题主要包括（但不局限于）以下内容。

①克隆技术中的生命伦理问题。学者们认为，克隆是无性生殖，是一种低级的生殖方式，人类是有性生殖，再用克隆这种原始的生殖方式进行生殖，实际上是一种倒退。治疗性克隆，如家畜的育种、重现濒危动物等研究应用前景非常宽广。克隆技术对科学和社会的发展起重要的推动作用，但我国政府要加紧制定《克隆技术应用法规》，规定克隆技术的范围、条件和把克隆人类胚胎控制在一定的法律和伦理范围之内。

②基因伦理。对基因伦理的前瞻研究面对三个基本课题：基因技术的伦理学本质，到底是技术革命，还是道德哲学革命？基因伦理的文化反映，到底是提供伦理批评、伦理战略，还是进行道德哲学的准备？基因伦理学的研究视野，到底是常规伦理学，还是发展伦理学？随着基因技术的不断发展，未来的伦理世界、道德世界将呈现自然人-技术人、自然家庭-人工家庭混合共生的过渡形态，道德哲学应当以创造性的价值智慧，卓越地调和与解决这个矛盾。为此，必须进行道德哲学创新的理论准备。

（2）生态伦理。

人与自然环境的关系问题，自人类出现就已经存在。人既依赖自然而生存，又是改变自然的力量，人与自然是依存、适应、冲突与和谐的关系。随着科技进步和生产力的提高，人由自然的奴隶变成自然的主人，人与自然的关系也逐渐成了改造与被改造、征服与被征服的关系。人类对自然界的作用增强，出现了过分强调人类能动作用的思潮，人定胜天、人类中心论就是具体体现。人类以自然的主人自居，片面地按照人类的主观意志或需求去改造自然，往往会违背客观规律，酿成环境恶化、资源枯竭的苦果。

实践证明，人类中心论漠视自然客体，过分强调人类的价值主体地位，有悖于可持续发展思想，已渐渐失去社会思维主体地位。因此，构建适合时代发展的生态环境伦理体系是非常必要的。生态环境伦理学是人与自然道德生活的理论基础，它根据生态学揭示的人与自然相互作用的规律，对资源利用和环境保护进行深层次的哲学思考，从伦理道德的角度分析研究人与自然的整体关系，以尊重和保持生态环境为宗旨，以未来人类持续发展为着眼点，强调人的自觉和自律，强调人与自然环境的相互依存、相互促进、共存共融。它突出强调在改造自然中要保持自然的生态平衡，要尊重和保护环境，不能急功近利，不能以牺牲环境为代价取得经济的暂时发展。

当前，建构生态环境伦理要特别强调人类平等观和人与自然的平等观，主张人与人及人与自然的生存平等、利益平等和发展平等，即一部分人的发展不能以牺牲另一部分人的利益为代价，既要求代内平等，也要求代际平等。所谓代际平等的道德原则，就是当代人与后代人在享用自然、利用自然、开发自然上的权利要均等。要利在当代，功在千秋，不能吃祖宗饭，断子孙路，要尊重和保护子孙后代享用自然的平等权利。现今代际不平等现象十分严重，人口膨胀、资源短缺、环境污染、生态失衡，已严重威胁后代人的生存发展权。解决代际不平等现象，必须建构生态环境伦理，用理性约束人类的行为，树立可持续发展的生态环境观念。

（3）新材料伦理。

自20世纪90年代纳米产品进入人们的生活以来，纳米材料已经应用于大众生活的各个方面，显示出巨大的发展潜力。纳米技术是对结构尺寸在100纳米以下的物质进行操作，利用物质在这一尺度上表现出的独特性质来制造新产品。部分计算机芯片、防皱的裤子、DVD播放机、自洁玻璃、防晒霜中的遮光剂等产品，都是应用纳米技术的实例。

但随着技术的发展，纳米技术对人类健康和自然环境的负面影响，成了科学界研究的新课题。在美国化学学会2003年年会上，有3个研究小组分别报告说，纳米材料具有特殊的毒性。美国航空航天局太空中心的研究小组发现，向小鼠的肺部喷含有碳纳米管的溶液，碳纳米管会进入小鼠肺泡，并形成肉芽瘤，而用聚四氟乙烯制作的纳米颗粒毒性更强。纽约州罗切斯特大学的研究小组让大鼠在含有这种纳米颗粒的空气中生活15分钟，大多数老鼠在4个小时内死亡。研究人员指出，这只是初步结果，还需要做更深入的研究。

美国和英国政府已开始采取行动，加强对纳米技术的管理。英国政府要求皇家学会和皇家工程院考察探索纳米技术的优点与风险，研究纳米技术可能造成的伦理和社会问题，进而把纳米产品对人体健康和环境的潜在危害降到最低限度。加拿大环保组织ETC出于保护人类和地球的考虑，呼吁全世界暂停纳米研究。

迄今为止，影响最大的呼声当属绿色和平组织委托英国帝国理工学院所作的报告《未来的技术，今天的选择》，该报告归纳了一些科学家、环保主义者、伦理学家、社会学家对纳米技术可能造成危害的分析，指出纳米粒子及纳米产品可能包含科学家还未充分了解的全新污染物，由于纳米粒子和纳米产品不可生物降解或被错误使用，极可能造成灾难。报告警告说，尽管一些组织要求全面禁止纳米技术的研究并不现实，但如果纳米产业界不严肃对待公众关注的负面问题，它们最终将导致全面被禁的命运。

开展纳米技术的安全性研究，并不是要限制纳米技术的发展，而是要更科学地发展纳米技术。研究发现，纳米技术一旦渗透到生物学领域，将迅速改变农业和医学的面貌，人类生活方式也将在纳米技术与计算机和基因生物学的结合中迅速出现革命性的变化。同时，在人类健康、社会伦理、生态环境、可持续发展等方面将会引发诸多问题。

（4）信息伦理。

20世纪90年代以来，以数字技术、多媒体技术和网络技术为代表的现代信息技术推动着人类社会从后工业社会向信息社会迅速转变，引发了信息传播在媒介形式、报道方式、受众地位、受众行为等多方面产生一系列深刻的变革，同时也带来了信息伦理问题。

网络的开放性使得文化和价值观各异的人们参与到网络中来，在网络交往活动中，首先面临的是对个人隐私的挑战，如何保护合法的个人隐私、如何防止把个人隐私作为谋取经济利益的手段，成为网络时代的主要伦理问题。虚拟与现实之间，一系列其他新的社会问题诸如网络犯罪、网络病毒、网络黑客、垃圾邮件、网络安全、信息垄断、网上知识产权，以及利用信息网络进行恐怖活动和发动信息战争，危害社会公共利益和威胁国家安全等随之产生，这些都引发了计算机网络技术与信息伦理的激烈冲突。

信息伦理的特征包括行为约束的自律性，评判标准的模糊性，道德主体的自由性，承受对象的全球性，其具体表现有信息犯罪、隐私权受扰、知识产权受损、信息垄断、信息安全、信息污染等。信息伦理只是一种软性的社会控制手段，它的实施依赖于人们的自主性和自觉性，因此在针对各类性质严重的信息犯罪时，信息伦理规范将显得软弱无力。只有进行信息立法，将那些成熟的、共性的伦理规范适时地转化为法律法规，才能构筑信息安全的第一道防线。

要构建新形势下的信息伦理，必须在四个方面有所突破：一是提高公民的信息伦理意识；二是制定出清晰的信息伦理准则；三是超前预示各类信息伦理问题；四是进行信息立法，互补信息伦理。而要改进网络社会的人际和科研环境，可采取下列具体措施：①开展信息立法，加强网络信息管理。②制定行业信息伦理准则，约束个体信息行为。③加强网络道德教育，使个体由"他律"走向"自律"。④从技术角度控制和过滤违法与有害信息。⑤制定国际化的信息伦理公约，促进全球伦理道德建设。

12.2.3　新兴技术发展的伦理困境

1. 技术伦理挑战的核心逻辑

技术社会的出现及其演化为人类提出了两个共识性问题：一是在技术工具的世界中如何保证人的主人地位？二是人类文明与新技术是否和如何兼容？实际上，工业社会以来的历史发展表明，所有技术社会形态都在面对三重逻辑悖逆，分别是：①主奴悖论，制造者与制造物关系悖逆，如何防止技术失控？②不均衡悖论：技术与社会制衡力量的不均衡发展悖论；③工具和目的悖论：技术作为工具角色与技术成为整体性生活方式统摄的悖逆。

20世纪以来，技术的快速发展与相应社会规范体系缓慢演化之间的"不均衡悖论"日益凸显，技术的指数增长对社会伦理规约体系带来巨大挑战。正如鲍曼在《后现代伦理学》中指出，现代技术表明人类行为可能对事物产生巨大影响，而人类的道德能力却不能做出相匹配的拓展。

在现代性伦理学中，现代技术行为的目标是人的具体特性而非整体的人，技术行为的道德评价被相对忽略了。毫无疑问，新兴技术的发展为人类社会生活提供了多种可能性，如何从伦理学上加以规范，提出"应该如何做"的问题，是摆在伦理学面前的一个重要挑战。现代性伦理学是理解技术的重要背景，在新的历史情境下，应当对道德规范的"应该"、技术行为的"能"与现实条件下的"是"之间的交互作用进行新的反思。

现代技术发展带来了新的历史情境及人类行为模式的变革，人类行为已经从近距离行为转变为远距离行为。由于现代技术已经在新的时空结构、新的规模上进行，因此传统伦理学框架已经不能对技术行为目标和结果进行有效调控。传统伦理学局限性表现在：很少或者几乎没有涉及自然本身的价值、权力与意义；未顾及遥远的人类与世界未来，对人类作为一个种类的整体性存在缺乏关注；着眼于某个具体行为的本身的道德性，而不注重对行为后果评价。随着技术结构和社会结构、伦理体系的不匹配问题激增，技术的增长速度过快，社会结构、伦理还不能及时做好应对技术增长的准备，就会导致社会恐慌性认知和不稳定因素的产生。

2. 新兴技术带来的伦理、法律和社会问题

2018年11月26日，南方科技大学副教授贺建奎宣布，一对名为露露和娜娜的基因编辑婴儿于11月在中国诞生。这一消息迅速激起轩然大波，震动了世界，引发了广泛的讨论。随后，贺建奎等3名相关人员因"共同非法实施以生殖为目的的人类胚胎基因编辑和生殖医疗活动，构成非法行医罪"，获刑3年。由此可见，新兴技术可能产生的后果不仅仅是伦理方面的，还有法律和社会方面的各种问题。归纳来看，新兴技术带来的伦理、法律和社会问题包括（不局限于）以下几个方面。

（1）有关侵犯人的尊严的问题。例如，胚胎干细胞的伦理地位、嵌合体等，这方面深层次的问题涉及有关生命的宗教、哲学和文化问题。

（2）风险和安全性问题。包括对人体健康和生命、工作场所、环境和生态系统等。例如，基因编辑、纳米材料等的安全性问题。安全性问题是由技术的不完善或可能的负面效果带来的，但它不仅仅是技术问题，该不该应用、如何应用技术还是一个伦理和社会问题。

（3）有关侵犯人权利的问题。例如，大数据带来的侵犯隐私问题，基因信息的隐私和保密，涉及人体实验的知情同意等。

（4）公平性问题。如信息技术使用的公平性，全球资源使用的公平性问题等。

（5）影响人与人之间正常的伦理关系。例如，辅助生殖技术引发的家庭伦理问题，以及在涉及人体遗传学临床试验中的个人同意与家庭同意问题。

（6）科学研究公共性与商业利益的冲突。

阅读思考　生殖系基因编辑的三大伦理难点[①]

由于生殖系基因编辑可以导致有机体特征被遗传给下一代，是否应当被允许，一直以来在国际上存在很多辩论。

反对的人认为，生殖系基因编辑侵犯了未来世代形成个体自身身份的权利，因此类似于奴役，而这种奴役采取控制或影响其生物特征的方式；另一些人则以宗教或自然为反对的理由；还有人认为，当一个人知道自己的特征在产前就被他人所决定时，可能会产生对自身平等和自治能力的理解上的冲击。随着时间的推移和技术的发展，一些学者认为，生殖系基因编辑至少在某些情况下可以被允许，持这种观点的有政治哲学家桑德尔和法学家芬伯格，这也是目前国际学界的基本共识。另一些人则走得更远，如最近有美国法学者辩称，目前暂时禁止生殖系基因编辑临床应用的规定有违宪之嫌。

然而这种支持性的观点，在具体操作时，将面临三个理论上的难点：

第一个难点涉及基因编辑是否必要的问题，即是否以及如何认定基因编辑有利于人类繁衍和健康。

第二个难点涉及如何去区分道德上允许或不允许的界限，即什么样的基因编辑行为可以被允许，另一些不可以被允许的基因编辑的道德边界在哪，其理由何在。

第三个难点在于，如何论证基因例外主义，即如果那些可以被允许的基因编辑所想要达到的目的，比如变得更聪明或跑得更快，可以通过诸如环境改变、治疗、后天的教育和训练治疗等达到同样的效果，那么允许这些基因编辑行为，是否能够再得到辩护。

---

① 吴庆懿，杨怀中. 人类生殖系基因编辑的伦理问题——基于桑德尔基因伦理思想分析[J]. 自然辩证法研究，2020，36（4）：5. DOI：CNKI:SUN:ZRBZ.0.2020-04-011.

12.2.4 新兴技术风险、不确定性与伦理规约

1. 不确定性与新兴技术风险

社会生活的稳定在很大程度上依赖于社会成员对共同约定的道德规范、伦理规则的遵守。通过遵守规范、规则，社会共同体的存在能获得一种安全感。当下，融合了技术力量的远距离行为越来越多地成为在公共领域引起争论的行为，转基因食品、克隆生命、基因编辑婴儿等无疑都在对一般的社会价值和道德规范形成挑战，或者表明了特定的价值体系的冲突。技术进步观念的另一极端立场是对技术进步毫无批判地接受，尽管从科学无禁区的角度，科学家有进行基因编辑技术研究的权利，但是如果研究结果及其应用构成对社会秩序的威胁，涉及对人的尊严的侵犯，那么该研究行为就应当得到法律、社会规范及伦理价值的规约。尽管当代科学技术带来了人类福祉，但它同时也是巨大甚至可怕的力量，伦理学与法律是解决技术社会控制的重要手段。按照贝克的理解，在风险社会中不明确的和无法预料的后果将成为历史和社会发展的主要力量，尽管风险只是一种发生的可能性，但是危险一旦证实有可能意味着无可挽回的后果。新技术发展的未知性、新技术社会后果的不确定性，以及与新技术产物互动的无法预见的结果，都会导致新技术的风险问题。技术风险必然带来相应的伦理问题，这些问题既包括应对可能风险所采取的措施本身的伦理问题，也包括在风险应对过程中，社会共同体内部互动中产生的伦理问题。

科技成果之应用是如何被认定为对人们的健康、福利，甚至人类自身构成风险的? 风险社会学的研究表明：一般而言，人们依赖媒体来了解技术应用的健康风险、生命安全威胁等；医疗机构有定义风险的权力，但人们越来越对医疗机构和政策制定者提供可信赖风险解释能力表示怀疑；在媒体信息渠道多元的情况下，最有可能消除公众恐慌的专家意见会被采纳。在此情形下，伦理学研究中的预防原则值得提倡：在即便没有获取确切证据的情形下，以所能设想的最糟糕情形作为预防性行动之基础。如果我们能找出风险问题中的确定性行为的基础，就可以发现决定论式的决策和行为规范的问题所在。技术发展后果往往具有不可预料性，技术后果在总体上可以分为"不可预测但在意料之中"和"不可预测且在意料之外"，不可预测性是技术过程的显著标志和内在特征。

2. 风险伦理与新兴技术伦理规约

风险伦理的一个基本假定是认为人类需要应对风险和不确定性，但并不是把不确定性变为确定性，而是要与不确定性共存。风险伦理规约的核心是以保持相关主体的不确定性，并重新在不确定性情景中进行风险决策为目标和结果，亟待重构。在重构过程中，责任成为新兴技术伦理中的核心概念。责任并非来自他者需要，而是来自内在道德推动力对道德本身的关注，责任具有非互惠性。在宏观上实现作为伦理学崇高目标的正义，需要在微观上承担起对他者的责任。伦理学需要回应风险及不确定性挑战，责任作为核心原则，要求我们从与他者共在转向为他者而在，要求我们回到道德原初场景去构建道德空间。在传统社会中，对公民的要求是做一个好公民，尽自己的本分，遵守与其在社会中的位置相应的约定俗成的规则。在技术社会中，对公民的要求是做一个负责任的公民，个人不仅要追求自己的利益，也要承认和考虑他人的利益。因此，技术伦理首先是一个责任伦理。我们需要把"用来考虑的时间"从"用来生产的时间"中分离出来，从创造财富转向不去毁

灭，负责任的研究与设计应当成为新兴技术发展的核心准则。目前新兴技术发展的社会环境存在不确定性和复杂性，而不确定性语境导致未来社会构想的复杂性和不确定性。应当充分认识技术生产、扩散和使用的社会环境的复杂性和多元性，认真对待不同国家和地区社会发展阶段的差异性，充分考虑和尊重各国国情；同时应当加强新兴技术的全球治理，促进多元主体之间的对话与协商。

新技术革命浪潮正在重构人类生活，人类对于新技术革命的到来应当欢迎而非拒斥，人类对自动化技术、基因编辑技术、人工智能技术的生产、扩散和采用的可能带来的新的社会变化和挑战要有充分准备。在新兴科技不断引发各种社会危机的当代语境下，认识新兴科技风险的特征，反思当前新兴科技风险治理模式所面临的问题，以及研究更为合理的新兴科技风险治理模式，对于引导新兴科技走向"与人善"的发展之路具有非常重要的意义。

研究前沿　生成式人工智能发展中的风险样态——以 ChatGPT 为例①

基于 ChatGPT 底层技术的透视，陈锐和江奕辉从训练过程、内容生成以及应用三个维度归纳了生成式人工智能可能带来的风险样态。

1. 模型训练中的风险样态

一是训练数据的合规风险。具体表现为：（1）训练数据的不法获取，最为典型的不法行为就是在未经许可的情况下使用网络爬虫等技术手段，入侵相关信息系统获取所需数据，侵犯数据主体的权利；（2）训练数据使用不当，例如，未告知数据出体使用目的；（3）使用个人数据训练造成不当关联行为，进而引发关联歧视危机。

二是训练数据质量相关的风险。具体表现为：（1）训练数据内容失范风险，即训练数据内容存在虚假、敏感或不良信息；（2）训练数据代表性不足风险；（3）训练数据的时效性偏差风险；（4）"劣质"训练数据使用造成失范内容的传播，进而引发社会风险；（5）"劣质"数据训练产生算法歧视等社会风险。

三是人工智能训练师接入的风险。人工智能训练师主要是在微调阶段对人工数据进行标注，并在反馈强化阶段给予模型奖励或惩罚信号，是人工智能生成能力提升的重要一环。因此，这一特定人群也是生成式 AI 的一个风险要素，可能造成人工智能训练师"污染"ChatGPT 的风险。

2. 内容生成中的风险样态

一是生成虚假信息的风险。在与 ChatGPT 互动的过程中，用户经常发现 ChatGPT 会生成一些有明显事实错误的虚假信息，并且不会给予用户任何提示，更不会拒绝回答用户的问题。在这种情况下，用户一旦没有及时识别 ChatGPT 提供的虚假信息，不仅会给用户自身带来难以估量的损失，还有可能因虚假信息的传播而引发社会风险。

二是生成有害信息的风险。具体是指在 ChatGPT 生成的结果中，存在违反伦理或相关法律等有害的信息内容。DAN（do anything now）测试的结果就是最好的例证，这是一个名为 Session Gloomy 的用户发布在 Reddit 论坛上，关于如何诱使 ChatGPT 生成有害信息的测试。在 DAN 测试中，Session Gloomy 通过让 ChatGPT 扮演一个名为 DAN 的 AI，以

---

① 陈锐，江奕辉. 生成式 AI 的治理研究：以 ChatGPT 为例[J/OL]. 科学学研究. https://doi.org/10.16192/j.cnki.1003-2053.20231017.003.

及使用相应的诱导提问，使 ChatGPT 成功地逃脱 OpenAI 公司为其设置的安全机制，不仅回答了暴力问题，而且还生成了一些关于种族、性别等问题的歧视性话语。

三是著作权风险。主要表现在两个方面：（1）生成的内容可能会侵犯第三者的著作权。例如，2022 年一家日本公司开发的图片类生成式 AI—Mimic，由于能够按照用户指定的要求生成其他绘画师风格的绘画作品，因此很快就遭到了日本绘画师的群体抵制。（2）生成内容的著作权属性模糊。由于立法的滞后性，因此现有的《著作权法》并不能为 ChatGPT 生成内容的属性以及权利归属提供明确的指引，不仅造成现有著作权体系的混乱，更使得相应的权利得不到保障。

3. 应用中的风险样态

一是数据泄露的风险。部分用户反馈，他们在使用 ChatGPT 的过程中，不仅可以看到一些其他用户与 ChatGPT 对话的历史记录，甚至还能看到这些用户的姓名、电子邮件地址、支付地址、信用卡号后四位以及信用卡到期时间等极为重要的个人信息。这暴露出 ChatGPT 的数据安全仍然堪忧。除了有可能将用户的注册信息或是用户与 ChatGPT 的对话泄露外，OpenAI 公司还存在将其在预训练过程中获得的未公开的数据泄露的风险。针对这一风险，金融服务巨头摩根大通已禁止其员工使用 ChatGPT，亚马逊公司也禁止员工使用 ChatGPT，以避免可能出现的商业秘密泄露。意大利政府更是基于这一风险，宣布对 ChatGPT 立案调查，并限制 ChatGPT 在意大利的使用。

二是学术伦理风险。ChatGPT 出色的自然语言处理能力，使其能够在人类的考试中取得高分。这就难免导致部分学生会违反学术规范将其运用在考试之中以帮助其作弊。在论文撰写方面这一问题就更为突出了，因为 ChatGPT 生成的文本高度拟人化，所以违规使用 ChatGPT 写作已经成了普遍现象。根据 2023 年 1 月在线课程平台"Study.com"对 18 岁以上的美国学生进行的一项调查显示，在 1000 名接受调查的学生中，89% 以上的学生使用过 ChatGPT 完成家庭作业，超过 50% 的学生使用过 ChatGPT 写论文，22% 的学生曾要求 ChatGPT 提供论文大纲。

三是沦为犯罪工具的风险。ChatGPT 沦为犯罪工具的风险，已经引起了如欧洲警察组织在内的各界人士关注。并且，以上的担忧正在逐步成为现实。绍兴警方公布，其于近日摧毁了一个利用 ChatGPT 自动生成脚本和相关视频素材制作虚假视频的团伙。

12.3 负责任创新与新兴技术治理

新兴技术治理研究试图回应技术演进的不确定性，并对其在技术、经济、环境、伦理、社会等方面的潜在风险及负外部性予以管控，以实现新兴技术对发展的正向驱动。基于此，欧盟委员会提出责任式创新，主张新兴技术等创新在面向未来发展的集体管理下，反映社会需求，应对重大挑战，使创新在符合技术可行与先进、经济效益基础上，进一步实现道德伦理可接受、社会期望、安全可持续发展等目标。

12.3.1 负责任创新概述

1. **概念和内涵**

负责任创新是以社会共性需求为出发点，通过对科学研究和创新过程进行集体管理来关注未来。其本质是把伦理道德和利益相关者需求纳入技术创新行为中，对科研创新起到系统性引导作用。换言之，负责任创新就是用价值理性来约束工具理性，将价值设计融入技术创新活动的互动过程。

2. 理论框架

斯达哈（Stahl）的三度空间理论从科技创新的"元责任"出发，认为创新是一个具有复杂性、不确定性的集体行为，参与主体应当对环境、社会、道德等因素进行预测评估，关注社会与环境效益，促进社会与公众利益的提升，实施开放与透明的创新行为。

斯第格（Stilgoe）等从内生属性角度构建 AIRR 模型框架，以预测性（anticipating）、自省性（reflexivity）、包容性（inclusion）、响应性（responsiveness）四个维度分析创新责任与社会的互动关系，强调创新主体责任与社会价值导向相匹配，通过责任共担、共享与反馈实现负责任的治理过程。

欧文（Owen）的四维度模型应用最为广泛，基于预测（anticipation）、反思（reflexivity）、协商（inclusion）和反馈（responsiveness）四个维度进行分析。他认为预测是把负责任创新的关注重点从下游风险转移到上游创新，将社会、经济、环境等一切可能出现的和潜在的影响进行预期，包括预见、技术评估、远景扫描、情景规划、场景模拟、愿景评估等内容，为创新过程中的反思阶段提供了价值起点。反思是从社会需求角度出发，对已经出现或将要出现的价值冲突进行反思，针对问题提出调整和解决方案，为技术治理提供指导性思路。协商是把多元主体的目标、愿景、问题及困境加入治理背景中，通过参与、对话、辩论等途径来实现集体审议，用以审视问题和识别潜在争论领域，是技术治理的目标所指。反馈则是以开放、包容、互动的态度汲取技术创新所需的社会因素，对框架与方向进行调整，使技术治理策略与治理行动协同一致。

12.3.2　新兴技术治理综合框架

1. 治理策略

在技术治理实践中，国际组织及各个国家基于不同的治理逻辑、治理目标、政策工具、行动方案等情境因素，开展形式各异的负责任创新治理策略，可归纳为前瞻性治理策略和适应性治理策略两大类。

（1）前瞻性治理策略是指以预测分析为逻辑起点，对未发生的事情进行实验和探索，包括试探性治理、探索性治理、反思性治理、预测性治理等模式。其中，试探性治理是在动态发展的情境下，通过灵活性、可修改性、开放性的治理方法实现治理过程的完全反思，通过不断试错的"试探"行为实现整体性稳定的治理模式。探索性治理是一种将探索与实验相结合，通过社会网络连接建立社会治理网络结构的一种治理模式。反思性治理侧重对环境、条件、认知、制度等治理基础做出及时反应，为应对技术、环境的不确定性、未知性、异质性、模糊性等问题所构建的一套解决程序。预测性治理从实践角度出发，强调复杂背景下的各类参与者彼此合作，通过预见、参与和整合等治理策略对技术创新进行实时评估。

（2）适应性治理策略是从实际问题出发，侧重对多主体间共同治理和合理分配治理责任问题的讨论，包括自适应治理、实验主义治理、分配治理等。其中，自适应治理是一个多边、多中心集合的互动系统，其本质是适应性共管的治理策略，通过在国家、地区、社区等不同层面分享权力，以实现利益相关者共同参与决策制定。实验主义治理又被称为直接协商多头制（DDP），是不同行动主体在统一框架下发挥主观能动性，以共同学习作为协调各方的行动基础，通过同行评估不断修正策略方案以适应外部环境变化的治理策略。分配治理也被称为分布式治理，是一种基于多边治理理念形成的新模式，通过一个或多个治理框架，使利益相关者以一种平衡决策的方式参与政策制定，将治理责任分配给最合适的治理主体或目标实现机构。

2. 新兴技术治理的过程框架

李冲等（2023）借鉴Owen的四维度模型和威克（Wiek）的因果-功能分析框架，将新兴技术治理划分为4个阶段和4类系统变量，在此基础上提出了新兴技术治理的过程框架，如图12-1所示。

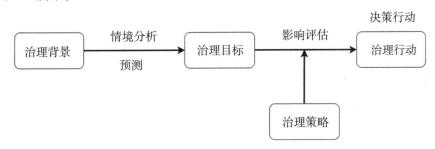

图12-1 新兴技术治理的过程框架

资料来源：李冲，张婷婷.负责任创新的技术治理何以可能——基于欧盟、美国、中国纳米技术治理的案例分析，科技导报，2023，41（7）.

（1）新兴技术治理阶段。

新兴技术治理过程可以划分为情境分析、预测、影响评估、决策行动四个阶段。首先，情景分析阶段是新兴技术治理的准备阶段，对技术需求情境、技术现状、法律规范等治理背景做系统分析，为技术创新可能带来的风险预测提供充分信息。其次，预测阶段是基于需求情景分析，各方参与者对技术可行性、经济效率提升及技术创新可能带来的风险做出预判，是构建新兴技术治理目标的关键阶段。再次，影响评估阶段是在预测判断的基础上进一步对技术创新各个层面的安全性、可接受性、可持续性做系统评估，包括技术风险的鉴别、预期收益评估等，是对技术本身的价值衡量与判断，为制定适合的治理策略奠定基础。最后，决策行动阶段是负责任创新技术治理的实践阶段，一方面通过实践行动检验前期各阶段的科学性与适用性，另一方面为负责任创新提出实践反馈，掌握外部环境变化。

（2）新兴技术治理的变量要素。

新兴技术治理的变量要素包括治理背景、治理目的、治理策略、治理行动四个维度。具体而言，治理背景是新兴技术治理的环境条件，既受社会经济、法律制度、价值观、治理理念等外部因素影响，又与技术研发创新、应用范围、规模、产业链等内部因素密切联系，是协调外部环境与治理目标、治理策略、治理行动关系的系统变量。治理目标是实现特定社会需求的目的与原则，不仅能反映技术发展亟须解决的矛盾问题和未来趋势，还表现治理的一般原则、标准与先决条件，使其符合社会期望与特定需求。治理策略是在充分考虑社会背景、预期目标、原则标准等一系列因素基础上，各方参与者提出的治理举措、预期挑战和计划。其不仅包括政策法规、制度规范、评估标准等正式性、封闭性、强制性的治理策略，也包括共同商议、政府倡议、公众感知等非正式性、开放性、协商性的治理策略。治理行动是治理策略的实践过程，是新兴技术治理的理论建设与创新，也是治理方法、治理工具、流程等实践经验的反馈。

案例实践　纳米技术发展中的共同责任实现[①]

第一阶段：研究热情与高度的不确定性

由于纳米尺度范围内的微粒在磁、光、电、敏感等方面呈现出常规材料所不具备的特性，因此，以研究纳米尺度范围内原子、分子等物质的运动变化并对其进行操纵和加工的纳米技术具有广阔的应用前景。20世纪90年代以来，世界各国政府、产业界纷纷对纳米技术表示出了极大的兴趣和热情。在巨额财政支持下，短时间内，纳米技术就从一种只有少数物理学家和化学家研究的专业技术，迅速发展为一项全球性的科学与产业活动。尽管发展势头迅猛，但当前的纳米技术仍处在襁褓期，在概念、对象和研究范围上，在其发展和应用目标上及其对人类健康、自然环境和社会的影响上都存在着不确定性。

第二阶段：负面效应的担忧

早在2003年，著名的《科学》和《自然》杂志就先后发表文章，指出纳米材料与生物环境相互作用可能产生的生物安全问题。同时，对于科学界传出的有关纳米材料潜在环境、健康与安全风险的警告，欧美诸多非政府组织（加拿大的ETC组织、英国绿色和平组织、地球之友组织等）也表示了深度的关切和忧虑，发布了一系列的呼吁性报告，如Bill Joy等技术先驱人物发表文章表示自己的担忧，在欧美公众间造成了巨大影响，以至于在关于纳米技术早期社会争论中，技术发起者勾勒的"纳米天堂"骤然间成了终结人类的"世界末日"。

对此，欧美各国不仅迅速兴起了纳米毒理学，关注纳米技术的环境、健康和安全（environmental，health and safety，简称EHS）问题，与纳米技术有关的伦理、法律和社会问题研究（ethical，legal，social implication，简称ELSI）也几乎在同时被提上了议事日程。

第三阶段：技术治理的举措

在国家纳米技术计划（NNI）启动后不久，美国就提出了"负责任的纳米技术发展"口号。欧洲则延续了由来已久的对科技发展伦理和社会影响的关注，非常强调通过公众参与和有关纳米技术的人文社会研究，来保证"负责任的纳米技术创新"。

NNI将联邦政府资助纳米技术研究经费的4%用于ELSI及相关的推广。作为这项经费的主要支付机构NSF，更是要求所有NSF资助的纳米技术项目都设立ELSI子项目。2003年，美国国会又制定了《21世纪纳米技术研究与发展法案》（公法108-153），要求纳米技术的发展中保证伦理的、法律的、环境的和其他恰当的社会考量得到考虑。具有突破性意味的是，这一法案不仅要求建立一个研究项目、建立跨学科的纳米技术研究中心从事相关

---

① 樊春良，李玲. 中国纳米技术的治理探析[J]. 中国软科学，2009（8）：51-60.

问题的研究，更明确提出要"尽可能地将对纳米技术社会、伦理和环境考量的研究整合进纳米技术研发中"。

具体到 EHS 问题上，为了维系纳米技术的发展，同时保障公众的健康和环境的安全，在当时对纳米技术的健康和环境影响知之甚少的情况下，欧美各国政府不约而同地采用了以自愿章程、自愿报告等软性监管措施。例如，2008 年发布的《负责任地开展纳米科学与纳米技术研究的行为准则》，具体规定了欧洲纳米技术研究者应当遵循的自愿性的原则规范。纳米产业界也涌现出许多自发制定的各种纳米技术伦理章程，如德国巴斯夫公司、美国杜邦公司等，以期维护消费者和公众对纳米技术产品的信任感和安全感。

在纳米技术发展上，欧盟在 2004 年颁布的"朝向欧洲的纳米战略"报告中明确指出，要采取积极的态度、将社会考量整合进纳米技术的研发过程。从第五个框架计划开始，欧盟就投入了大量的资金开展有关纳米技术的 ELSI 研究。此外，欧盟"科学在社会中"（science in society）计划也启动了一系列针对纳米技术治理和伦理学的研究项目，规定所有由欧盟资助的研究活动都必须遵守严格的伦理章程。

3. 新兴技术的协作治理

结合新兴技术特征和协作治理理论，周晨等提出新兴技术协作治理的概念，并将其定义为：为解决新兴技术研发和应用过程中存在的问题，企业、行业组织、学界和公众等利益相关主体在政府部门的主导和协调下，形成跨界协作的治理模式。在该模式的推动下，各主体能够广泛地参与到新兴技术决策和相关事务的管理过程中，并就相关议题展开讨论，确定共同的治理目标和行动策略，从而达到资源与信息整合、降低不确定性，以及平衡价值和利益冲突的效果。他们还提出了新兴技术协作治理的运作过程分析框架，如图12-2 所示。

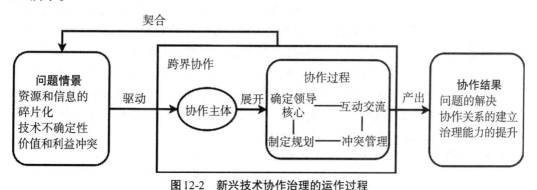

图 12-2　新兴技术协作治理的运作过程

案例分析　美国自动驾驶汽车协作治理实践①

自动驾驶汽车（automatic vehicle），即搭载自动化设备、能够实现自主驾驶操作的机动车。尽管其具有减少交通事故和推动产业革新等优势，但作为多项新兴技术与传统机动车的结合，管理起来并非易事：人机共驾情况下如何判定事故责任？车辆在运行中会被要求做出何种道德判断？现有的道路交通等基础设施又如何适应自动驾驶汽车发展需求？这些问题给当时的监管体系、基础设施、产业结构都带来了一定挑战。面对上述问题，美国

---

① 周晨，王璞. 新兴技术协作治理：运作过程和机制研究——基于美国自动驾驶汽车管理实践的分析[J/OL]. 科学学研究. https://doi.org/10.16192/j.cnki.1003-2053.20230922.001.

交通运输部于2016年9月发布《联邦政府自动驾驶汽车政策》(也称安全愿景1.0)，强调自动驾驶汽车相关标准制定以及应用和发展中可能引发的伦理、隐私和网络安全等问题，都需要利益相关主体和公众的共同商议，并由此确定了多元主体协同合作的基调。随后，基于多元主体间的"沟通网"，交通运输部相继发布了一系列凝聚共识的战略规划和指引性政策文件，初步形成跨越政府部门、产业、学界、社会公众间的协作体系。在此基础上，美国逐步建立起统一的监管框架和完备的基础设施，所提供的自动驾驶汽车服务也延伸至网约出租车、无人巴士、货运等多个领域，有效奠定了美国在自动驾驶汽车领域的领先地位。

以下是对美国自动驾驶汽车协作实践过程的分阶段描述。

1. 探索阶段（2010—2015）：笼统弥散的萌芽时期

2010年初，美国自动驾驶汽车处于萌芽阶段。为推动其技术和产业的发展，美国交通运输部发布《智能交通系统战略研究计划（2010—2014）》，首次从国家层面确定发展车联网等自动化技术。随后，内华达州于2011年通过《交通运输委员会第511法案》，该法案对自动驾驶汽车的安全性能、保险要求和路测标准等提出框架性要求。佛罗里达州、加利福尼亚州等也相继制定了自动驾驶汽车道路测试规范。而隶属于交通运输部的国家公路交通安全管理局（NHTSA）于2013年发布《对自动驾驶车辆监管政策的初步意见》，明确参与车辆测试的驾驶人应具有安全控制车辆的能力，企业应具备风险应急能力。上述法规、意见的出台为技术和产业的发展提供了初步保障，但自动驾驶汽车开发、测试和部署过程仍是举步维艰。一方面，关于车辆等级划分、测试申请许可资质、数据公开和共享程度等关键问题，相关政府部门尚未做出明确规定，且出现了监管滞后于技术和产业发展需求的情况；另一方面，尽管一些州、地方政府对自动驾驶汽车道路测试、牌照申请等作出了相关规定，但因为各州之间的测试标准、审批所需材料、认可程序尚未达成一致，所以企业面临重复审批和认可、测试数据不通用的困境。究其原因主要在于三个方面：一是规制所需的资源和信息分散在不同政府部门、研发主体之间，而各主体仍旧处于分散化状态；二是自动驾驶汽车技术和产业尚处于萌芽阶段，其未来的研发与应用路径以及可能造成的风险场景与后果都尚未明确，导致决策者和相关专家难以依据以往的经验制定出合理的监管标准；三是自动驾驶汽车涉及的主体多，有关技术和产业发展的价值与利益诉求激增，给相关政策法规和标准的制定增加了阻力。

2. 发展阶段（2016—2019）：建立交通运输部主导、多元主体协作的治理体系

为解决萌芽阶段的现实难题，美国交通运输部在2016年9月发布《联邦政府自动驾驶汽车政策》，该政策对自动驾驶汽车的整体性能要求、示范州具体性政策，以及交通运输部的管理权限和监管工具均做出了统领性规定，并明确交通运输部在自动驾驶汽车管理中的领导地位，为利益相关方的行动方向和任务分工提供了必要的制度支撑。此外，该政策提出自动驾驶汽车作为不断发展的领域，亟须利益相关主体以发展的视角采取联合行动。基于该政策，交通运输部后续出台了安全愿景2.0和3.0版本，针对高级别的自动驾驶系统研发和测试制定标准，以及为联邦和州、地方政府在监管职责中可能存在的冲突做出进一步规范。安全愿景系列文件的出台减少了自动驾驶汽车发展的张力，尤其是在上述政策法规的推动和协调下，截至2019年年底，美国已建立了包括交通运输部、联邦政府机构、州政府、自动驾驶相关企业、社会公众在内的协作体系，各主体通过联盟、协会、合作中心等沟通渠道与平台建立彼此间的联系，并及时获取所需的资源和信息，有力推动

自动驾驶汽车的进一步发展。

3. 完善阶段（2020 至今）：拓宽协作主体的行动范围和领域

2020 年初，随着自动驾驶汽车研发等级的提高和产业链的逐渐完善，量产和全面商业化成为可能。同年 4 月，交通运输部发布安全愿景 4.0，明确了自动驾驶汽车下一阶段的发展目标、优先领域及三类公共平台。在该政策的指引下，政府、产业、学界、社会公众之间的分工更加明确，并从监管、基础设施和服务三个层面展开协作，为自动驾驶汽车的安全、高效和公平发展提供充分保障。

12.4 AI 技术的治理

12.4.1 AI 技术治理的含义

作为智能技术应用的先进形态，AI（artificial intelligence，人工智能）在近年来逐步兴起、发展并嵌入社会治理体系之中，推动了新一轮的治理技术变革与社会结构转型。广义的 AI 技术治理，是指公共部门如何设计战略以治理 AI，在促进 AI 发展和创新的同时，确保对 AI 进行伦理审查和技术监管，即将 AI 作为治理对象。从这一含义出发，对 AI 的治理包含两层含义：一是引导性的治理，一般表现为"战略设定、路线指引和发展号召"，以鼓励合作、创新和持续发展，是 AI "加速主义"的政策遵循；二是规制性的治理，主要表现为"对不当行为的规范、对不可控风险的前瞻性治理"，是 AI "安全主义"奉行的制度逻辑。狭义的 AI 技术治理主要是指对 AI 发展的规制性治理。本部分主要讨论狭义的 AI 治理。

2020 年，哈佛大学伯克曼·克莱因中心（Berkman Klein center）发布题为"Principled Artificial Intelligence：Mapping Consensus in Ethical and Rights-based Approaches to Principles for AI"（有原则的人工智能：基于伦理及权利的人工智能原则共识归纳）的报告。在该报告中，研究团队提出了人工智能治理原则的概念。所谓人工智能治理原则是关于人工智能通常应该如何开发、部署和治理的规范性声明。既包括宏观层次和抽象的价值声明，也涵盖狭义的技术和政策建议。基于全球各国、不同主体发布的相关文件的系统性分析，该报告梳理了全球 AI 治理的进程及关键主题。以下将做简单介绍。

12.4.2 全球 AI 技术治理的进程

关于 AI 治理的第一份文件是 2016 年由非营利组织"人工智能伙伴关系（Partnership on AI）[①]"发布的标题为"信条（Tenets）"的宣言。2018 年以后，关于 AI 治理的各类文档快速增加，AI 治理的关键议题不断涌现、并逐步达成共识。表 12-3 是对 2016 年来全球范围内 AI 治理相关文件的归纳总结，从中可以看出，治理的主体包括政府部门、国际政府间组织、企业，以及社会组织等多种类型利益相关者。治理的工具包括宣言、政策以及相应规范等多种类型。充分体现了新兴技术的"多主体、多元共治"的特征。2023 年 6 月，欧洲议会以 499 票赞成、28 票反对和 93 票弃权，高票通过了《人工智能法案》谈判授

---

① 人工智能伙伴关系(PAI)是一个由学术界、民间社会、工业界和媒体组织组成的非营利性伙伴关系，旨在创造解决方案，使人工智能为人类和社会带来积极成果。通过召集不同的国际利益攸关方，寻求汇集集体智慧来实现变革。

权草案，推动了该法案进入立法程序的最后阶段，即举行欧洲议会、欧盟成员国和欧盟委员会的"三方谈判"，以确定法案的最终条款。一旦法案最终条款确定，即标志着AI治理进入"软"到"硬"的转折期。

表12-3　国际AI治理概览

时间	标题	机构	国家/机构类型
2016.9	Tenets	Partnership on AI	多主体联合
2016.10	Preparing for the future of AI	U.S. National science and technology council	美国，政府部门
2017.1	Asilomar AI Principles	Future of life institute	多主体联合
2017.4	Six Principles of AI	Tencent Institure	中国，企业
2017.10	AI Policy Principles	ITI	企业
2017.12	Top 10 principles of ethical AI	UNI Global Unior	美国，社会组织
2018.1	White paper on AI standardization	Standers Administration of China	中国，政府部门
2018.2	Microsoft AI principles	Microsoft	美国，企业
2018.3	For a meaningful AI	Mission assigned by the French prime minister	法国，政府部门
2018.4	AI in the UK	UK house of Lords	英国，政府部门
2018.4	AI for Europe	European commission	欧盟，政府
2018.5	Toronto Declaration	Amnesty international access now	加拿大社会组织
2018.6	AI in Mexico	British embassy in Mexico city	墨西哥，政府
2018.6	National strategy for AI	Niti Aayop	政府
2018.6	AI at Google: our Principles	Google	美国，企业
2018.7	Future of Work and Education for the Digital Age	T20: Think 20	社会组织
2018.10	AI principles of Telefonica	Telefonica	企业
2018.10	Universal Guidelines for AI	The public voice coalition	社会组织
2018.11	AI strategy	German Federal Ministries of Educaion,Economic affairs, and labor and social affairs	德国，政府部门
2018.11	Human rights in the age of AI	Access now	社会组织
2018.12	European ethical charter on the use of AI in Judicial system	Council of Europe: CEPEJ	政府间组织
2018.12	Montreal declaration	University of Montreal	美国，多主体
2019.1	Guiding principles on trusted AI ethics	Telia company	企业
2019.1	AI principles and ethics	Smart Dubai	迪拜，政府
2019.2	Principles to promote FEAT AI in the financial sector	Monetary authority of Singapore	新加坡，政府部门

续表

时间	标题	机构	国家/机构类型
2019.2	Declaration of the ethical principles for AI	AI LATAM	拉美,企业
2019.3	Social principles of Human-centric AI	Government of Japan,Cabinet office, Council for science technology and innovation	日本,政府部门
2019.3	Seeking ground rules for AI	The new york times	美国,多主体
2019.3	Ethically aligned design	IEEE	多利益相关者
2019.4	Draft ethics guidelines for trustworthy AI	European high level expert group on AI	欧盟,政府部门
2019.5	OECD principles AI	OECD https://oecd.ai/en/ai-principles	政府间组织
2019.5	Beijing AI principles	Beijing Academy of AI	中国,多主体利益相关者
2019.6	AI code of Conduct	Artificial intelligence industry alliance	多主体利益相关者。
2019.6	Governance principles for a new generation of AI	Chinese national governance committee for AI	中国,政府部门
2019.6	G20 AI principles	G20	政府间组织
2019.10	IBM everyday ethics for AI	IBM	美国,企业
2021	Unesco Recommendation on AI ethics	Council of Europe and Artificial Intelligence	政府间组织
2022	China regulation of recommendation Algoriths	互联网信息办公室、工业和信息化部、公安部、国家市场监督管理总局	中国,政府部门
2022	Blueprint for an AI Bill of Rights	OSTP, white house	美国,政府
2023.6	EU AI Act	《人工智能法案》谈判授权草案,推动了该法案进入立法程序的最后阶段	欧盟,政府

12.4.3 全球 AI 治理的主题和原则

通过对AI治理相关文件的内容分析,伯克曼·克莱因中心的研究团队归纳出全球AI治理的八大主题,具体如下。

1. 主题一:隐私原则

同意:个人资料不应在不知情和未经许可的情况下使用。

控制资料的使用:资料当事人应在如何及为何使用有关他们的资料方面,有一定程度的影响力。

限制处理能力:资料当事人有权限制其资料与人工智能技术有关的用途。

改正权:指资料当事人在资料管制员所持有的资料不正确或不完整时,修改或更改该资料的权利。

删除权：指可强制执行的资料当事人删除其个人资料的权利。

设计隐私：是人工智能开发人员和操作人员的义务，将数据隐私的考虑融入人工智能系统的构建和数据的整体生命周期中。

建议数据保护法律：面对人工智能技术，新的政府监管是保护隐私的必要组成部分。

2. 主题二：责任分配

可验证性和可复制性：有效地防止扭曲、歧视、操纵和其他形式的不当使用。

影响评估：既包括对人权影响评估的具体要求，也包括对人工智能技术负面影响的更普遍要求。

环境责任：建造和实施人工智能技术的人必须对其生态影响负责。

评估和审计要求：技术能够被审计，还要将从评估中获得的经验反馈到系统中，并确保系统不断得到改进。

设立一个监测机构：需要一些新的组织或结构来设立和监督人工智能方面的标准和最佳做法。

上诉能力：作为人工智能所做决定的主体的个人，有可能质疑该决定。

为自动决策提供补救措施：随着人工智能技术被部署在越来越关键的环境中，它的决策将产生真正的后果，补救措施应该像对人类行为的后果一样可用。

责任和法律责任：确保人工智能系统造成的伤害的责任人或实体可以被追究责任的概念。

建议采用新法规：人工智能技术代表着与现状的重大背离，因此需要新的监管制度，以确保人工智能技术以一种道德和尊重权利的方式建立和实施。

3. 主题三：安全

安全（safe）：要求人工智能系统是可靠的，并且"该系统将做它应该做的事情，而不伤害生物或（其）环境"。

安全（security）：涉及人工智能系统抵御外部威胁的能力。

设计安全：与安全AI系统的开发有关。

可预测性：要使一个系统具有可预测性，规划过程的结果必须与投入相一致。

4. 主题四：透明和可解释

透明：人工智能系统的设计和实现应尽可能地监督其运行。

可解释性：有多种定义，但其核心是将技术概念和决策输出转换为可理解的、可理解的、适合于评估的格式。

开源数据和算法：是技术治理中一个熟悉的概念，它在AI的上下文中与在其他计算机系统中一样运作。

公开政府采购：要求政府在使用人工智能系统时保持透明。

知情权：指的是个人有权了解人工智能系统的使用及其相互作用的各个方面。

当人工智能系统做出关于个人的决定时通知：人工智能在哪里被使用，它的服务对象应该知道。

在与人工智能系统交互时发出通知：是对人工智能至少在有限的应用程序中通过图灵测试的能力不断增强的一种认可。

5. 主题五：公平&非歧视

不歧视和防止偏见：人工智能中的偏见（在训练数据、技术设计选择或技术部署方面）应该得到减轻，以防止歧视性影响。

有代表性和高质量的数据：由"垃圾输入，垃圾输出"问题驱动，被定义为对人工智能系统使用适当的输入，它准确地与感兴趣的人群相关。

公平：是指人工智能系统对资料当事人的公平和不偏不倚的处理。

平等：代表着这样一种理念，即随着人工智能技术的兴起，人们无论是否处于类似的境况，都应该得到同样的机会和保护。

设计的包容性：代表了这样一种理念，即伦理和尊重权利的人工智能需要在人工智能系统的开发过程中有更多样化的参与。

6. 主题六：自主性

人工审查自动决策：在实施人工智能系统的地方，受其决策支配的人应该能够请求并接受对这些决策的人工审查。

选择不参与自动决策的能力：为个人提供机会和选择，让他们不受实施人工智能系统的影响。

7. 主题七：专业&责任

准确性：人工智能做出正确的预测，建议，或决策的数据与模型。

负责任的设计：个人在参与人工智能系统的设计时必须认真、周到。

考虑长期影响：在设计和实现过程中刻意关注人工智能技术可能产生的影响，尤其是遥远的未来影响。

多方利益相关者：鼓励或要求人工智能系统的设计者和用户在开发和管理人工智能应用程序时咨询利益相关者群体。

科学诚信：意味着那些建立和实施人工智能系统的人应该以既定的专业价值和实践为指导。

8. 主题八：提升人类福祉

人类价值和人类繁荣：参照流行的社会规范、核心文化信仰和人类的最大利益开发和使用人工智能。

技术可获取：人工智能技术的广泛可用性及其带来的好处是伦理和尊重权利的人工智能的一个重要因素。

利用人工智能造福社会：代表了人工智能系统应该为公益目标服务的理念。

12.4.4 我国的AI治理

1. 我国AI治理的现状

自2015年起，我国逐步搭建了AI技术发展的顶层规划指引，以激发人工智能对各领域的带动作用。现阶段，人工智能技术已基本形成了基础层、技术层和应用层的差异化产业链分层，各产业核心领域发展所引致的技术风险引发广泛关注，我国也通过出台法律法规、发布监管原则、制定多维度的部门规章、形成伦理规范、对重点事件集中治理等方式对人工智能技术研发及相关应用展开多形式的规范监管活动，以引导其在广泛赋能的同时实现底线合规、技术向善、增进福祉。

具体来讲，目前我国引导性的治理主要体现在推动人工智能技术发展和产业应用的顶层规划指引中，具体可划分为三个时期：（1）战略部署期（2015—2017），通过夯实智能制造基础、开启 AI 技术发展规划、上升为国家战略并加速战略部署等方式进一步激发市场活力，进而推动技术与实体经济快速融合与转型。（2）基础稳固期（2018—2020），通过建设与人工智能技术战略部署相适应的人才保障、产业结构、新型基础设施，培育新一代 AI 产业试验区、创新主力军及重点战略领域的发展，营造产业良性发展环境。（3）快速推进期（2020至今），通过构建算力、算法及数据一体化的核心集群，合理优化总体布局，推动发展战略性新兴产业，促进应用场景的创新及示范作用，推进国家战略技术核心竞争力的整体跃升。

在推动人工智能创新生态系统构建的同时，我国还通过实施"部门管理办法、技术标准和指南、法律规范"等规制性制度来规范技术发展。首先，国务院各部委在权限范围内，制定了各细分领域的技术管理规定和办法，以部门规章的形式划定了不同人工智能技术应用场景中的主体范围、行为规范及责任义务，指出了 AI 技术发展的"应然"方向。其中，人工智能"技术形态、智能医疗、网络安全、数据安全、伦理治理、测绘涉密及智能汽车安全应用"是部门规章规范的关键领域，形成了体系化的技术发展规范。其次，人工智能技术关键应用领域的技术标准与指南，以安全为出发点，提出了等级划分标准、技术要求及评估规范等实操性治理规则，2018—2022 年，我国共发布人工智能技术相关的国家标准、行业标准/指南37 项，逐步构建起关键核心领域的人工智能技术标准体系框架，这些技术标准与指南作为技术法规，有效契合了人工智能技术的治理需求。再次，具有国家强制力的法律和法规，为人工智能技术风险的治理画定了红线。如 2021 年颁布实施的《数据安全法》是我国第一部有关数据安全的专门法，是数据治理领域的基础性法律，与后续出台的一系列地方性法规及配套政策，共同构成了规范数字经济健康发展的制度依据。

此外，人工智能技术发展在战略安全、道德伦理及军事应用等方面的潜在致毁性风险引发了普遍关注，需要广泛寻求全球共识，构建协同有效的治理机制。基于对这一议题的关切，我国外交部发布了《关于规范人工智能军事应用的立场文件》（2021）、《关于加强人工智能伦理治理的立场文件》（2022）两份文件，发出了跨越国界和组织边界协同促进人工智能安全治理的呼吁。值得注意的是，除了上述制度供给形式，由国家机关、其他团体、组织（如研究机构、企事业单位、社团组织）发布的研究报告/白皮书为人工智能技术理论发展、风险构成评估、治理路径探索及伦理准则制定提供了来自技术端和产业界的思考，丰富了人工智能制度供给的治理维度，形成了推进治理实践的一致性认知规范。

2. 我国AI治理的困境

（1）AI技术发展与风险治理的矛盾。

人工智能战略的技术属性使之成为推动新一轮科技革命和产业变革的关键核心技术，GPT 的出现标志着通用人工智能的起点和强人工智能的拐点，探索大模型广泛赋能的商业模式成为未来一定时期的发展重心，这将带来社会生产生活方式的巨大变革，也引发了新的治理问题，如生成式人工智能的应用监管、AI 深度伪造换脸诈骗等。政府监管的范围逐渐扩大，但因缺乏成熟的智能治理经验，对风险认知与应对能力有限，故既有制度供给的适用性及有效性受到挑战。要在保证人工智能技术发展的同时引导其合规向善，科学把握制度供给的"提前量与冗余度"，实现包容审慎的监管，因此如何处理好发展与治理的矛盾成为人工智能技术治理的困境之一。

（2）多元需求与供给不足的矛盾。

随着促进人工智能技术演进的知识诱因和生态诱因逐渐多元化，技术迭代速度加快且自组织能力加强，AI 技术发展的后果更难以预测，不同主体对技术发展的感知存在较大差异，由此产生了多维度的、异化的技术治理需求。企业期望对技术应用的模糊地带能留有容错空间，鼓励通过大量的技术应用产生的迭代进化来增强智能；公众希望在享受便利的同时要最大限度地保障安全与隐私，明确数据权属，尽可能少地数据搜集和个人监控；政府希望在有限的治理成本下，在技术发展的风险领域均有相应的制度设置，并且尽可能体现工具性、合法性逻辑和情境性要求，但对公共数据的开放与共享持审慎态度。当多元主体治理需求背离，难以形成协同一致时，极易引发系统失灵，这也使得精准判断一定时期内的主要治理目标和干预重心变得困难，极易导致制度供给不足或不准，难以精准把握人工智能技术的治理需求和治理走向。

（3）理论响应与实践转化的矛盾。

全球范围内以人工智能伦理准则为代表的软体系，是广泛讨论技术风险，提出预期治理目标、构建预测性治理机制、细化敏捷治理方案、实现硬法规制的先导性探索，但其实践适用性受到质疑。贾婷等（2023）认为额外成本导致伦理准则的可操作性受限、文化差异导致伦理准则考量要素不同质、技术能力缺乏导致准则存在伦理洗白可能，瓦库里（Vakkuri）等人（2020）的研究也揭示了 AI 伦理准则与实践之间存在显著差距。可见，面对可能出现的商业竞争风险，科技企业很难在人工智能技术发展的上升期去思考伦理"减速"机制，也很难对自身的技术治理主体地位产生客观认知且具有较强的可信 AI 实践意愿，共识性的伦理准则在产业界实践适用性受限。

本章参考文献

[1] 张哲飞.科技风险规制过程中的行政法问题研究[M].武汉:湖北人民出版社,2019.

[2] 吴昊,李建军.合成生物学技术应用研究中的伦理问题和规制原则[J].自然辩证法研究,2013,29(2):5.

[3] 樊春良,张新庆,陈琦.关于我国生命科学技术伦理治理机制的探讨[J].中国软科学,2008(8):58-65.

[4] 樊春良,李玲.中国纳米技术的治理探析[J].中国软科学,2009(8):51-60.

[5] 陆群峰.转基因技术的哲学审视[M].北京:中国社会科学出版社,2023.

[6] 丁大尉,李正风,胡明艳.新兴技术发展的潜在风险及技术治理问题研究[J].中国软科学,2013(6):9.

[7] 张成岗.新时代高科技伦理的困境与对应[J].中国科技论坛,2019(1):1-3.

[8] 杨素雪.新兴技术的预期治理研究[D].北京:中国科学技术大学,2019.

[9] 贾婷,陈强.三重逻辑下 AI 技术治理制度供给质效提升研究[J/OL].科学学研究:1-16[2024-04-16].
https://doi.org/10.16192/j.cnki.1003-2053.20231016.005.

［10］梅亮，陈劲，吴欣桐.责任式创新范式下的新兴技术创新治理解析——以人工智能为例［J］.技术经济，2018，37（1）：8.

［11］胡雯.新兴技术的治理困境与应对路径［J］.科技管理研究，2023，43（8）：47-54.

［12］李冲，张婷婷.负责任创新的技术治理何以可能——基于欧盟、美国、中国纳米技术治理的案例分析，科技导报，2023，41（7）.

［13］郭滕达，胡志坚，朱欣乐.国家安全视域下新兴技术治理的中国路径［J/OL］.科学学研究：1-14［2024-04-16］.https://doi.org/10.16192/j.cnki.1003-2053.20230829.001.

［14］樊春良，李东阳.新兴科学技术发展的国家治理机制——对美国国家纳米技术倡议（NNI）20年发展的分析［J］.中国软科学，2020（8）：14.

［15］周晨，王璞.新兴技术协作治理：运作过程和机制研究——基于美国自动驾驶汽车管理实践的分析［J/OL］.科学学研究：1-17［2024-04-16］.https://doi.org/10.16192/j.cnki.1003-2053.20230922.001.

［16］梁正，王尚瑞.人工智能与公共治理实证研究前沿：一项文献综述［J］.公共管理评论，2023，5（3）：178-200.

［17］陈锐，江奕辉.生成式AI的治理研究：以ChatGPT为例［J］.科学学研究，2024，42（01）：21-30.DOI：10.16192/j.cnki.1003-2053.20231017.003.

［18］杰西卡·费耶德等. Principled Artificial Intelligence：Mapping Consensus in Ethical and Rights-Based Approaches to Principles for AI［R］. 2024-4-16.https://cyber.harvard.edu/publication/2020/principled-ai.